Studien zum Internationalen Wirtschaftsrecht/
Studies on International Economic Law

Herausgegeben von

Prof. Dr. Marc Bungenberg, LL.M., Universität Siegen

Prof. Dr. Christoph Herrmann, LL.M., Universität Passau

Prof. Dr. Markus Krajewski, Friedrich-Alexander-Universität
Erlangen-Nürnberg

Prof. Dr. Carsten Nowak, Europa Universität Viadrina,
Frankfurt/Oder

Prof. Dr. Jörg Philipp Terhechte,
Leuphana Universität Lüneburg

Prof. Dr. Wolfgang Weiß, Deutsche Universität
für Verwaltungswissenschaften, Speyer

Band 11

Melanie Nadine Eckardt

Die Entwicklung des Individualrechtsschutzes im internationalen Investitionsschutzrecht

Nomos

Die Deutsche Nationalbibliothek verzeichnet diese Publikation in
der Deutschen Nationalbibliografie; detaillierte bibliografische
Daten sind im Internet über http://dnb.d-nb.de abrufbar.

Zugl.: Erlangen, Friedrich-Alexander-Univ. Erlangen-Nürnberg, Diss., 2013

ISBN 978-3-8487-0842-0

1. Auflage 2014
© Nomos Verlagsgesellschaft, Baden-Baden 2014. Printed in Germany. Alle Rechte, auch
die des Nachdrucks von Auszügen, der fotomechanischen Wiedergabe und der Übersetzung, vorbehalten. Gedruckt auf alterungsbeständigem Papier.

Meiner Mutter

Vorwort

Die vorliegende Arbeit wurde im Sommersemester 2013 als Dissertation an der Rechtswissenschaftlichen Fakultät der Friedrich-Alexander-Universität Erlangen-Nürnberg angenommen. Die mündliche Prüfung fand am 26. Juli 2013 in Erlangen statt.

Während der Vorarbeiten zu dieser Dissertation fand in Frankfurt am Main eine Konferenz zum fünfzigjährigen Bestehen des ersten bilateralen Investitionsschutzvertrages zwischen der Bundesrepublik Deutschland und der Islamischen Republik Pakistan statt. Die Vorträge und Diskus-sionen zeigten, dass auch fünfzig Jahre später im internationalen Investitionsschutzrecht viele Fragen ungeklärt sind und das Rechtsgebiet einem stetigen Wandel unterliegt. Grundlegende dogmatische Fragen werden aufgrund der zumeist drängenderen praktischen Auswirkungen von Vertragsverletzungen eher vernachlässigt. Deswegen reizte es mich, zu klären, welche Stellung der Investor im internationalen Investitionsschutzrecht innehat und diese Frage allgemein in den Kontext der Stellung des Individuums im Völkerrecht einzubetten.

Ein Vorwort bietet seit jeher Gelegenheit zum Dank. Zuvorderst möchte ich meinem Doktorvater *Prof. Dr. Bernd Grzeszick* für die fachlich hochwertige und umfassende Betreuung während der Entstehung dieser Arbeit danken. Für die zügige Erstellung des Zweitgutachtens danke ich *Prof. Dr. Markus Krajewski*. Ihm gebührt darüber hinaus der Dank für die ehrenvolle Aufnahme in diese Schriftenreihe.

Danken möchte ich schließlich meiner Mutter. Während meiner gesamten schulischen und universitären Ausbildung hat sie mich immer liebevoll unterstützt, mich ermuntert, neue Ziele anzustreben und vor allem immer an mich geglaubt. Ihr widme ich diese Arbeit.

Frankfurt am Main, im Dezember 2013   *Melanie Nadine Eckardt*

Inhaltsverzeichnis

10

11

12

Abkürzungsverzeichnis

ArbInt'l	Arbitration International
ABAJ	American Bar Association Journal
Am J EcoSoc	American Journal of Economics & Sociology
AJIL	The American Journal of International Law
AJIL Supp	The American Journal of International Law Supplement
AmRev IntlArb	American Review of International Arbitration
AMRK	Amerikanische Menschenrechtskonvention
AÖR	Archiv des öffentlichen Rechts
AVR	Archiv des Völkerrechts
BDGV	Berichte der Deutschen Gesellschaft für Völkerrecht
BIT	Bilateral Investment Treaty
BGBL	Bundesgesetzblatt
BTW	Beiträge zum Transnationalen Wirtschaftsrecht
BYIL	British Yearbook of International Law
Cal W Int'l LJ	California Western International Law Journal
Colum J Transnat'l L	Columbia Journal of Transnational Law
ColumLRev	Columbia Law Review
Cornell Intl LJ	Cornell International Law Journal
Cornell LQ	Cornell Law Quarterly
DÖV	Die Öffentliche Verwaltung
Duke LJ	Duke Law Journal
DVwBl	Deutsche Verwaltungsblätter
Ecosoc	Economic and Social Council
EJIL	European Journal of International Law
EMRK	Europäische Konvention zum Schutz der Menschenrechte
EPIL	Encyclopedia of Public International Law
EuGRZ	Europäische Grundrechte-Zeitschrift
FET	Fair and equitable treatment
GYIL	German Yearbook of International Law
HarvILJ	Harvard International Law Journal
HYIL	Hague Yearbook of International Law
HRLJ	Human Rights Law Journal
HRLR	Human Rights Law Review
IBRD	International Bank for Reconstruction and Development
ICC	International Chamber of Commerce
ICJ	International Court of Justice

ICLQ	International and Comparative Law Quarterly
ICSID	Convention on the Settlement of Investment Disputes between States and Nationals of other States
ICSID Rev	ICSID Review – Foreign Investment Law Journal
ICTR	International Criminal Tribunal for Ruanda
ICTY	International Criminal Tribunal for the Former Yugoslavia
IGMR	Interamerikanischer Menschengerichtshof
IIA	International Investment Agreement
ILM	International Legal Materials
ILO	International Labour Organization
IMF	International Monetary Fund
Int'l B Lawyer	International Business Lawyer
Ind J Global Legal Stud	Indiana Journal of Global Legal Studies
Int'l Lawyer	The International Lawyer
IOC	Internationale Olympische Komitee
IPbpR	Internationale Pakt über bürgerliche und politische Rechte
IPwskR	Internationale Pakt über wirtschaftliche, soziale und kulturelle Rechte
JA	Juristische Arbeitsblätter
JbÖR	Jahrbuch des öffentlichen Rechts
JArabArb	Journal of Arab Arbitration
J Droit Int'l	Journal du droit international
JIntlArb	Journal of International Arbitration
JIntlEconL	Journal of International Economic Law
J Transnat'l L & Pol	Journal of Transnational Law and Policy
JuS	Juristische Schulung
JWIT	Journal of World Investment and Trade
JZ	Juristen Zeitung
L & Pol'y Int'l Bus	Law and Policy in International Business
LJIL	Leiden Journal of International Law
MFN	Most favoured nation
MJIL	Michigan Journal of International Law
MPEPIL	Max Planck Encyclopedia of Public International Law
MP UN Yb	Max Planck UN Yearbook
NAFTA	North American Free Trade Agreement
NILR	Netherlands International Law Review
NJW	Neue Juristische Wochenschrift
NVwZ	Neue Zeitschrift für Verwaltungsrecht
NYIL	The Netherlands Yearbook of International Law
NYLJ	New York Law Journal
NYLSch J Int'l & Comp L	New York Law School Journal of International and Comparative Law

NYU EnvironLJ	New York University Environmental Law Journal
OECD	Organisation for Economic Co-operation and Development
ÖZöR	Österreichische Zeitschrift für Öffentliches Recht und Völkerrecht
PCIJ	Permant Court of International Justice
RdC	Recueil des Cours
SCL Rev	Santa Clara Law Review
SchiedsVZ	Zeitschrift für Schiedsverfahren
StanJIL	Stanford Journal of International Law
StIGH	Ständiger Internationaler Gerichtshof
TDM	Transnational Dispute Management
TILJ	Texas International Law Journal
TRIPS	Agreement on Trade-Related Aspects of Intellectual Property Rights
UCD JIntlLPol	University of California Davis Journal of International Law and Policy
UN	United Nations
UChiLRev	The University of Chicago Law Review
UNCTAD	United Nations Conference on Trade and Development
UPenn J Int'l Eco L	University of Pennsylvania Journal of International Economic Law
Vand J Transnat'lL	Vanderbilt Journal of Transnational Law
Vgl	Vergleiche
WIPO	World Intellectual Property Organization
WIR	World Investment Report
WKK	Wiener Konsularrechtskonvention
WTO	World Trade Organisation
WVK	Wiener Vertragsrechtskonvention
WWF	World Wildlife Fund
YB Int'l Inv L Pol	Yearbook on International Investment Law & Policy
YCommArb	Yearbook of Commercial Arbitration
YJIL	Yale Journal of International Law
YILC	Yearbook of the International Law Commission
ZaöRV	Zeitschrift für ausländisches öffentliches Recht und Völkerrecht
ZVglRWiss	Zeitschrift für Vergleichende Rechtswissenschaft

17

Erstes Kapitel Einleitung

"Herzlichen Glückwunsch zum Geburtstag!" Am 1. Dezember 2009 feierte der erste bilaterale Investitionsschutzvertrag zwischen der Bundesrepublik Deutschland und der Islamischen Republik Pakistan seinen fünfzigsten Geburtstag.[1] Dieses Jubiläum wurde durch die Unterzeichnung eines neuen deutsch-pakistanischen Investitionsschutzvertrages, der inhaltlich den modernen Standards der bilateralen Investitionsschutzverträge angepasst wurde, gebührend gefeiert.[2] Durch den Abschluss des ersten deutsch-pakistanischen Investitionsschutzvertrags im Jahre 1959 wurde eine Erfolgsgeschichte zur Verbesserung des Schutzes von Investoren im Ausland ins Leben gerufen, die im Völkerrecht einmalig ist. Heute existieren weltweit circa 2800 dieser bilateralen, teilweise auch multilateralen Investitionsschutzverträge, die ein komplexes, engmaschiges Netz zum Schutz von Auslandsinvestitionen auf völkerrechtlicher Ebene bilden, losgelöst von überkommenen völkergewohnheitsrechtlichen Schutzmechanismen.[3]

Das vornehmlich durch diese internationalen Investitionsschutzverträge errichtete Rechtsgebiet des internationalen Investitionsschutzrechts kann nur schwerlich einem der etablierten Rechtsgebiete, sei es dem Völkerrecht oder dem internationalen Handelsrecht, zugeordnet werden:

> „(…) this is not a sub genre of an existing discipline. It is dramatically different from anything previously known in the international sphere."[4]

Aufgrund seiner einzigartigen Charakteristika, wie beispielsweise den materiell-rechtlichen Schutzstandards über die Behandlung ausländischer Investoren im Gastland oder dem internationalen Durchsetzungsmechanismus zwischen Gaststaat und Investor, bildet das internationale Investi-

---

1   Treaty between the Federal Republic of Germany and Pakistan for the Promotion and Protection of Investments, in: BGBl. II (1964), 794.
2   Der neue deutsch-pakistanische BIT wurde am 1. Dezember 2009 in Berlin unterzeichnet, ist aber bisher noch nicht in Kraft getreten. Mit seinem Inkrafttreten wird dieser Vertrag den alten BIT ersetzen. Informationen abrufbar auf www.pakistan.diplo.de.
3   UNCTAD, World Investment Report 2010, Overview, 21, www.unctad.org/WIR; UNCTAD, IIAs, IIA Monitor No. 2 (2007), 2
4   So der Versuch von *Paulsson*, das internationale Investitionsschutzrecht zu beschreiben: Arbitration Without Privity, in: ICSID Rev 10 (1995), 232, 256.

tionsschutzrecht einen Teil des Völkerrechts von besonderer Bedeutung für den Individualrechtsschutz. Es stellt neben dem Welthandelsrecht die zweite Säule des modernen Wirtschaftsvölkerrechts dar.[5] Das internationale Investitionsschutzrecht bildet die praktische Antwort auf veränderte Anforderungen im Völkerrecht, die durch eine rasant voranschreitende Globalisierung und Internationalisierung der Wirtschaftsbeziehungen seit Ende des zweiten Weltkrieges hervorgerufen wurden. Von größter Bedeutung im Rahmen des internationalen Investitionsschutzrechts ist das Vorhandensein eines internationalen Durchsetzungsmechanismus, durch den der private Investor die Beachtung materiell-rechtlicher Gewährleistungen, die in den völkerrechtlichen Investitionsschutzverträgen versprochen werden, gegenüber dem Gaststaat prozessual durchsetzen kann. Doch die völkerrechtliche Einordnung dieser Investitionsschiedsverfahren und der durch sie verwirklichten direkten Klagemöglichkeit des privaten Investors erweist sich als Herausforderung:

> „Arbitration of a private law character, but guaranteed by an international procedure sanctioned by a treaty (…).“[6]

Eines wird ganz klar deutlich: Gerade durch das Vorhandensein dieses internationalen Durchsetzungsmechanismus erhalten die materiell-rechtlichen Gewährleistungen der Behandlungsstandards, die in den internationalen Investitionsschutzverträgen festgelegt sind, größte Effektivität in ihrer Beachtung und es wird dem internationalen Investitionsschutzrecht insgesamt eine besondere Durchschlagskraft verliehen. Unschwer lässt sich erkennen, dass im Zentrum des internationalen Investitionsschutzrechts nicht der Staat als eigentlicher Hauptakteur des Völkerrechts, sondern nicht-staatliche Akteure, das heißt private Investoren, stehen, die durch die prozessuale Durchsetzung völkerrechtlicher Gewährleistungen die Weiterentwicklung des internationalen Investitionsschutzrechts hauptsächlich vorantreiben. Damit bildet das internationale Investitionsschutzrecht den Teil eines modernen Völkerrechts, in dem sich die Position von Individuen und juristischer Personen des Privatrechts gleichermaßen immer deutlicher wandelt. Die Diskussion um die Stellung des Individuums im Völkerrecht allgemein ist weder neu noch überraschend. Jedoch erhielt sie vor dem Hintergrund der Geschehnisse im zweiten Weltkrieg neuen Antrieb und es zeigte sich ihre unabdingbare Notwendigkeit als alle (zwi-

---

5   *Griebel*, Investitionsrecht, S. 3; *Reinisch*, Investitionsschutzrecht, in: *Tietje*, Internationales Wirtschaftsrecht, 346, 347; *Krajewski*, Wirtschaftsvölkerrecht, 167.
6   Vgl. die Definition bei *Sacerdoti*, BITs, in: RdC 269 (1997), 251, 452.

schen-)staatlichen Schutzsysteme versagten. Infolgedessen nahmen die neuen Entwicklungen bezüglich der Stellung des Individuums im Völkerrecht ihren Ausgang im Bereich des internationalen Menschenrechtsschutzes. Was auf den ersten Blick wie eine rein theoretische oder wissenschaftliche Diskussion der Völkerrechtslehre ohne praktische Relevanz anmutet, spitzte sich Ende der neunziger Jahre zu einer Frage über Leben und Tod zu. Im Fall *LaGrand*[7] musste der Internationale Gerichtshof (IGH) darüber befinden, ob sich aus dem Konsularrecht unmittelbare Rechte für den Einzelnen auf völkerrechtlicher Ebene herleiten lassen. Das durchaus positive Urteil, das ein Vorhandensein unmittelbarer Individualrechte im Konsularrecht bestätigte, wurde dadurch überschattet, dass die von dem Rechtsstreit eigentlich betroffenen Individuen das Urteil nicht mehr erlebten. In dieser Entscheidung beschritt der IGH neue Wege zur Bejahung von völkerrechtlichen Individualrechten im Bereich des Konsularrechts und bestärkte dadurch die Annahme einer allgemeinen Wandlung der Stellung des Individuums im Völkerrecht.

Wenn sich nun bereits im allgemeinen Völkerrecht eine veränderte Stellung des Individuums weg von der traditionellen Mediatisierung und Objektivierung hin zur eigenen Völkerrechtssubjektivität abzeichnet, muss dies umso mehr für den Bereich des internationalen Investitionsschutzrechts gelten. Denn gerade in diesem Bereich profitiert der private Investor von materiellen Schutzstandards aus völkerrechtlichen Verträgen und kann diese im Gegensatz zum Konsularrecht auf völkerrechtlicher Ebene selbst in effektiver Weise prozessual durchsetzen. Umso überraschender mutet es an, dass die Frage nach der Inhaberschaft dieser den Investitionsschutzverträgen entspringenden materiellen Berechtigungen weder in der Schiedsgerichtspraxis noch in der Investitionsrechtslehre bisher ausführlich analysiert oder gar endgültig beantwortet wurde. Deswegen widmet sich folgende Arbeit der Frage nach der Inhaberschaft der materiellen und prozessualen Rechte aus den internationalen Investitionsschutzverträgen oder allgemein gesprochen der Stellung des Investors im internationalen Investitionsschutzrecht. Im modernen Völkerrecht sind zwar weiterhin die souveränen Staaten die Hauptakteure auf internationaler Ebene. Jedoch treten besonders im Wirtschaftsvölkerrecht neben den Staaten vermehrt andere nicht-staatliche Akteure, wie beispielsweise internationale Organisationen oder transnationale Unternehmen, auf. Deswegen werden in einem einführenden Kapitel zum ersten Teil der Untersuchung die wichtigs-

---

7   ICJ, *LaGrand*, ICJ Rep 2001, 466, 492.

ten Akteure des Wirtschaftsvölkerrechts vorgestellt, um in den folgenden Abschnitten der Untersuchung auf diese Begriffsbestimmung zurückgreifen zu können. Historisch betrachtet kam dem Individuum im Völkerrecht keine Rechtsfähigkeit oder Rechtssubjektivität zu. Seine „Stellung" war vornehmlich durch Mediatisierung und Objektivierung geprägt. Im modernen Völkerrecht hingegen wurde von der reinen Objektsstellung des Individuums immer mehr Abstand genommen. Da die Völkerrechtssubjektivität des Individuums eine notwendige Grundlage der folgenden Analyse subjektiver Rechte im Völkerrecht und speziell im Investitionsschutzrecht darstellt, soll zunächst der aktuelle Streitstand dargestellt werden. Im Ergebnis soll aufgezeigt werden, dass durch die Zuweisung eigener völkerrechtlicher Rechte und Pflichten das Individuum nunmehr als partielles Völkerrechtssubjekt angesehen werden kann.

Nimmt man somit die grundsätzliche Bejahung einer, wenn gleich nur partiellen Völkerrechtssubjektivität des Individuums an, stellt sich konsequenter Weise die Frage nach den konkreten Anforderungen an die Bejahung subjektiver Rechte des Individuums auf völkerrechtlicher Ebene. Deren Beantwortung widmen sich die folgenden zwei Kapitel. Zunächst überrascht, dass eine strenge Dogmatik subjektiver Individualrechte, wie man sie aus dem deutschen Recht kennt, im Völkerrecht scheinbar nicht existiert. Dennoch muss jede Rechtsordnung, somit auch das Völkerrecht, Vorkehrung für die Einhaltung ihres objektiven Rechts treffen. Hierzu werden zwei dogmatische Ansatzpunkte für das Völkerrecht vorgestellt. Am Beispiel der Staatenverantwortlichkeit und des Rechts des diplomatischen Schutzes soll veranschaulicht werden, dass trotz der scheinbaren Nichtexistenz der Dogmatik subjektiver Rechte das Völkerrecht zur Durchsetzung des objektiven Rechts auf diese zurückgreift. In einem nächsten Schritt sollen dann die konkreten Voraussetzungen an subjektive Individualrechte im Völkerrecht unter Berücksichtigung der gewandelten Stellung des Individuums als partiellem Völkerrechtssubjekt herausgearbeitet werden.

In diesem Zusammenhang steht auch die IGH Entscheidung im Fall *LaGrand*. Das sechste Kapitel beginnt deshalb mit einer Darstellung dieser Entscheidung sowie ihrer rechtlichen Hauptprobleme. Obwohl der IGH in dieser Entscheidung einen wichtigen Wechsel von formellen hin zu materiellen Kriterien bei der Bestimmung subjektiver Individualrechte im Völkerrecht vollzog, wurde anderen Gesichtspunkten der Entscheidung, nämlich der Frage nach der Verbindlichkeit einstweiliger Anordnungen des IGH, in der Völkerrechtswissenschaft größere Aufmerksamkeit zu Teil. Dem soll dieser Teil der Untersuchung Abhilfe schaffen, indem die Vorgehensweise des IGH zur Bejahung subjektiver Individualrechte kritisch analysiert und bewertet wird.

Unter Zugrundelegung der in den ersten beiden Teilen der Untersuchung gewonnenen Erkenntnisse zur allgemeinen Stellung des Individuums im Völkerrecht und den konkreten Voraussetzung subjektiver Individualrechte soll in einem dritten Schritt die Stellung des Investors im internationalen Investitionsschutzrecht untersucht werden. Hierzu erfolgt zuerst eine ausführliche Einführung zur Entwicklung sowie zu den besonderen Charakteristika des internationalen Investitionsschutzrechts. Um die Frage nach der Inhaberschaft aus dem Investitionsschutzrecht fließender Berechtigungen beurteilen zu können, muss man sich zunächst mit der wirtschaftlichen Bedeutung von grenzüberschreitenden Investitionen und den für sie bestehenden Risikofaktoren vertraut machen. Das internationale Investitionsschutzrecht besteht vorwiegend aus bilateralen, vereinzelt auch aus multilateralen Investitionsschutzabkommen. Haupterkenntnisquelle für die Untersuchung sind mithin die bilateralen Investitionsschutzverträge sowie deren praktische Anwendung durch die internationalen Investitionsschiedsgerichte.

Am Ende der Arbeit soll durch Übertragung der in den vorhergehenden Abschnitten erarbeiteten Ergebnisse dazu Stellung genommen werden, ob die in den internationalen Investitionsschutzverträgen enthaltenen materiellen und prozessualen Berechtigungen eigene Rechte des Investors darstellen und dadurch die Aufwertung der Stellung des Einzelnen zum partiellen Völkerrechtssubjekt im internationalen Investitionsschutzrecht verfestigt ist. Auf diese Weise soll die Arbeit einen Beitrag dazu leisten, dass der veränderten Stellung des Individuums im Völkerrecht und besonders im internationalen Investitionsschutzrecht im Rahmen des völkerrechtlichen Diskurses mehr Aufmerksamkeit geschenkt wird.

Zweites Kapitel Begriffsbestimmung Akteure im Wirtschaftsvölkerrecht

Zwar spielen Staaten im Wirtschaftsvölkerrecht sowohl als Inhaber von Hoheitsgewalt[8] als auch als unmittelbare wirtschaftliche Akteure[9] immer noch eine vorherrschende Rolle, aber sie sind seit längerem nicht die einzigen Akteure auf internationaler wirtschaftlicher Ebene. Im Wirtschaftsvölkerrecht findet sich eine Vielzahl[10] von Beteiligten, die ohne zwingend zugleich Völkerrechtssubjekt zu sein, an der Fortentwicklung dieses Rechtsgebiets und der Entstehung institutionalisierter internationaler Kooperationsformen mitwirken.[11] In dieser Arbeit soll die Völkerrechtsubjektivität des Individuums eine notwendige Grundlage der Analyse sein und näher untersucht werden. Teilnehmer können im Völkerrecht aber nicht nur das einzelne Individuum sein, sondern auch juristische Personen und internationale nichtstaatliche Organisationen.

A. Die einzelnen Akteure im Wirtschaftsvölkerrecht

I. Einzelpersonen

Begonnen werden soll diese Begriffsbestimmung mit einer Definition von Privat. Privat ist demnach alles, was nicht als staatlich anzusehen ist.[12]

---

8   Aufgrund der ihnen eigenen Hoheitsgewalt treten sie im Rahmen der Schaffung nationaler Gesetze, aber auch als Rechtssetzer völkerrechtlicher Wirtschaftsregelungen und bei der Mitwirkung in internationalen Organisationen in Erscheinung, vgl. *Nowrot*, in: *Tietje*, Internationales Wirtschaftsrecht, § 2 Rn. 9.

9   Sie wirken als wirtschaftliche Akteure bei internationalen Transaktionen unmittelbar mit, z. B. als Inhaber von Wirtschaftsgütern, jedoch finden auf sie oft Sonderregelungen wie beispielsweise hinsichtlich der Staatenverantwortlichkeit Anwendung, vgl. *Herdegen*, Internationales Wirtschaftsrecht, § 3 Rn. 10 ff.

10 *Nowrot* spricht hier von Pluralität an Steuerungssubjekten und –mechanismen, die dem internationalen Wirtschaftsrecht immanent sind, in: *Tietje*, Internationales Wirtschaftsrecht, § 2 Rn. 3.

11 Vgl. *Nowrot*, in: *Tietje*, Internationales Wirtschaftsrecht, § 2 Rn. 1 ff.

12 So für Individuen, eventuell Gruppen, juristische Personen und Unternehmen ohne staatlichen Bezug *Mössner*, in: GYIL 24 (1981), 63 Fn. 2; siehe auch *Epping*, in: *Ipsen*, Völkerrecht, § 7 Rn. 5; *Schwartmann*, Private im Wirtschaftsvölkerrecht, 15.

Diese sehr weite und konturlose Definition wird den heutigen Gegebenheiten im Völkerrecht und im Wirtschaftsvölkerrecht im Besonderen
kaum gerecht, da die Beteiligungsformen und Zusammenschlüsse häufig
Anteile von sowohl öffentlich-rechtlichen als auch zivilrechtlichen Handlungsformen enthalten. Am einfachsten zu bestimmen ist aber die Beteiligung von Privatpersonen. Individuum im Völkerrecht, somit privater Teilnehmer am internationalen Wirtschaftsverkehr, ist der rechtsfähige
Mensch, den sowohl die völkerrechtliche als auch die nationale Rechtsordnung wirksam mit Rechten ausstatten kann. Private Akteure sind im internationalen Wirtschaftsvölkerrecht maßgeblich an den internationalen
Interaktionen beteiligt und spielen im Rahmen der nachfolgenden Untersuchung eine zentrale Rolle.[13]

II.   Unternehmen und juristische Personen

„Was   über   die   grundsätzliche   Möglichkeit   einer   unmittelbaren
v[ölker]r[echtlichen] Berechtigung von natürlichen Personen gesagt wurde, gilt
mutatis mutandis auch für juristische Personen des innerstaatlichen Rechts"[14]

Insbesondere im Bereich des Wirtschaftsvölkerrechts wird man nicht so
häufig den Einzelmenschen alleine als Akteur antreffen, sondern seinen
Zusammenschluss mit anderen zu juristischen Personen des nationalen
Privatrechts, das heißt Unternehmen zumeist in der Form von Kapitalgesellschaften. Die Erscheinungsformen dieser juristischen Personen können
sehr unterschiedlich sein und variieren nach dem Recht des Inkorporation-
sortes. In Deutschland kommen zum Beispiel juristische Personen in der
Form einer deutschen Gesellschaft mit beschränkter Haftung (GmbH) o-
der einer Aktiengesellschaft (AG), die im innerstaatlichen Recht am häufigsten verbreitet sind, in Betracht. Auch juristische Personen des innerstaatlichen Rechts müssten unmittelbarer Träger völkerrechtlicher Rechte
und Pflichten sein, um sowohl als Akteur im Wirtschaftsvölkerrecht und
als Völkerrechtssubjekt zu gelten. Als völkerrechtlichen Rechtssatz, der
unmittelbar auf Unternehmen Bezug nimmt, kann zum Beispiel die ICSID

---

13   Vgl. hierzu *Nowrot*, § 2 Rn. 26 mit Verweis auf WTO, US-Section 301-310, Pa-
      nel v. 22.12.1999, WT/DS152/R para. 7.76: „the multinational trading system is,
      per force, composed not only of States but also, indeed mostly, of individual eco-
      nomic operators".
14   *Verdross/Simma*, Völkerrecht, 259; ähnlich auch *Barberis*, RdC 179 (1983-I),
      145, 181.

Konvention[15] angeführt werden, die Unternehmen das Recht zur direkten Teilnahme in einem völkerrechtlichen (Schieds-)Verfahren gewährt, auch wenn dieses Recht in der Regel von der Einwilligung der Vertragsstaaten im Einzelfall abhängt.[16]

Einen Sonderfall nationaler juristischer Personen des Privatrechts bilden die sogenannten Staatsunternehmen. Sie stellen Handlungsformen für Staaten im internationalen und nationalen Wirtschaftsverkehr dar, die aber entgegen der teilweise irreführenden Bezeichnung als Staatsunternehmen durch die Organisationsform rechtlich verselbstständig sind.[17] Aufgrund der Wahlfreiheit des Staates bezüglich der Rechtsform seines Handelns können Staatsunternehmen sowohl in der Form von rechtlich verselbstständigten Einheiten der Verwaltung auftreten als auch in Form von staatlich beherrschten, von der Rechtsform her aber privatrechtlichen Kapitalgesellschaften.[18] Für diese privatrechtlichen Unternehmen in der Hand des Staates gelten dann aber grundsätzlich dieselben Vorschriften wie für jede andere private juristische Person ebenso, da durch die Unternehmensgründung der Tätigkeitsbereich aus der staatlichen Sphäre ausgegliedert wird und dadurch ein privatrechtlicher Träger eigener Rechte und Pflichten entsteht.[19] Umstritten ist in diesem Bereich das Haftungsverhältnis zwischen Staat und Staatsunternehmen in Privatrechtsform. Problematisch ist hierbei insbesondere die Frage nach der Zurechnung des privaten Handelns des Unternehmens gegenüber dem Staat, da das an sich private Unternehmen nur ein Deckmantel für das Handeln des Staates sein kann.[20]

---

15 Convention on the Settlement of Investment Disputes between States and Nationals of other States, 18. März 1965, in Kraft getreten am 14. Oktober 1966.

16 Vgl. *Kischel*, State Contracts, 248, der richtigerweise klarstellt, dass auch wenn hier die Ausübung des Rechts "Teilnahme am Schiedsverfahren" noch von einer Voraussetzung, der Einwilligung, abhängt, dies nicht zur Ablehnung des Charakters der Vorschrift als Recht führt, da Rechte noch von bestimmte Voraussetzungen abhängen können, sowie auch ein bedingtes Recht ein Recht bleibt.

17 *Herdegen*, Internationales Wirtschaftsrecht, § 3 Rn. 17.

18 Ibid.

19 Ibid.

20 Z. B. ein möglicher Haftungsdurchgriff wegen Staatsverbindlichkeiten auf das Unternehmen oder im umgekehrten Fall gegenüber dem Staat und die Berufung der Staatsunternehmen auf staatliche Sonderrechte wie die Immunität, vgl. hierzu *Herdegen*, Internationales Wirtschaftsrecht, § 3 Rn. 17 ff.

III. Transnationale oder multinationale Unternehmen

Sonderformen juristischer Personen, in gewisser Weise könnte man sagen herausgelöst von der innerstaatlichen juristischen Person des Privatrechts, sind transnationale oder multinationale Unternehmen, die aufgrund ihrer internationalisierten Unternehmensstruktur gesondert behandelt werden sollen. Multinationale Unternehmen sind private Unternehmensformen, die grenzüberschreitend am Wirtschaftsleben teilnehmen.[21] Diese Unternehmen sind nichtstaatliche, körperschaftliche Organisationsformen, die aufgrund ihrer weltweiten Präsenz[22] und Vornahme von Investitionshandlungen über einen großen wirtschaftlichen Einfluss[23] auf internationaler Ebene verfügen und durch den Transfer von Kapital in Entwicklungsländer entscheidend zu deren industriellen und technologischen Entwicklung und einer Belebung deren Arbeitsmarktes beitragen.[24] Diese „Weltkonzerne" agieren durch und profitieren von einer internationalen Vernetzung von Entscheidungs- und Betriebsstrukturen.[25] Durch die Zerstreuung dieser Unternehmen auf dem weltweiten Markt können die Unternehmen ihre Tätigkeit im internationalen Handel optimieren, entziehen sich aber auch gleichzeitig ein Stück weit der Kontrolle durch innerstaatliche Institutionen zur Durchsetzung berechtigter nationaler Regelungsinteressen, weil sie aufgrund der weiten Verzweigung des Unternehmens schwer zu fassen sind; im Zusammenhang mit dieser weltweiten Verzweigung beziehungsweise Vernetzung wird kritisch angemerkt, dass diese zu Problemen wie

---

21 *Epping*, in: *Ipsen*, Völkerrecht, § 8 Rn. 16 ff; *Kischel*, State Contracts, S. 250 f; *Böckstiegel/Catranis*, Verhaltenskodex, in: NJW 1980, 1823, 1824.

22 Beispielsweise in Form von Zweigniederlassungen, Tochtergesellschaften oder Mehrheitsbeteiligungen an selbstständigen Unternehmenseinheiten in verschiedenen Ländern und Rechtsformen. Vgl. zu den Anforderungen ausführlich *Wildhaber*, Multinationale Unternehmen, in: BDGV 18 (1987), 7, 14 ff.

23 Die Bedeutung der wirtschaftlichen Tätigkeit dieser Unternehmen auf internationaler Ebene, insbesondere im Bereich ausländischer Direktinvestitionen (foreign direct investment) lässt sich an dem ökonomischen Anteil erkennen, den sie im Weltwirtschaftssystem an sich und im Welthandel einnehmen. Vgl. für eine graphische Darstellung mit genauen Angaben, *Nowrot*, in: *Tietje*, Internationales Wirtschaftsrecht, § 2 Rn. 27 in Fn. 115, 117.

24 *Muchlinski*, Multinational Enterprises and the Law, 7 ff.; *Wildhaber*, Transnational Corporation, in: NILR 27 (1980), 79, 80; *Nowrot*, in: *Tietje*, Internationales Wirtschaftsrecht, § 2 Rn. 26; Dahm/Delbrück/Wolfrum, Völkerrecht I/2, § 108 I (S. 245).

25 *Wildhaber*, Multinationale Unternehmen, in: BDGV 18 (1987), 7, 10 f.; *Herdegen*, Internationales Wirtschaftsrecht, § 3 Rn. 66.

beispielsweise der Einhaltung gewisser arbeitsrechtlicher und sozialer Mindeststandards beim Tätigwerden in einem Entwicklungsland führt und auch sonst die Unterwerfung unter die staatliche Regelungsgewalt sich als schwierig erweist.[26]

Diese transnationalen Unternehmen haben auch ein Interesse daran, ihre Verträge aus Gründen der Risikoverringerung dem innerstaatlichen Recht des Gastlandes zu entziehen und auf eine internationale Ebene zu heben, sozusagen zu internationalisieren, indem sie den Vertrag durch sogenannte „choice of law clauses" rechtlich dem Völkerrecht unterstellen.[27] Es ist strittig, welche rechtlichen Wirkungen solchen Vereinbarungen in Verträgen zwischen Gaststaat und transnationalem Unternehmen zukommen. Bisher wurde überwiegend angenommen, dass es sich nicht um einen völkerrechtlichen Vertrag handeln könnte, da das transnationale Unternehmen kein Völkerrechtssubjekt sei, und das Völkerrecht nicht allein aufgrund einer privatautonomen Verweisung angewendet werden könnte.[28] Dies führt zu einem weiteren Problem im Zusammenhang mit multinationalen Unternehmen, das sich auch aus ihrer zumindest noch mehrheitlich bewerteten Rechtsstellung als private Teilnehmer im internationalen Wirtschaftsverkehr ergibt.[29] Aufgrund dieser Einschätzung sind diese Unternehmen grundsätzlich nicht an internationale Standards und Normen des Völkerrechts gebunden, wie beispielsweise menschenrechtliche Mindeststandards des Völkerrechts oder andere Standards aus völkerrechtlichen Verträgen, da diese nur die Vertragsstaaten und andere Völkerrechtssubjekte binden können. Wenn man aber transnationale Unternehmen im Hinblick auf diese Verträge als partielle Völkerrechtssubjekte versteht, handelt es sich um völkerrechtliche Verträge mit unmittelbar auf dem Völkerrecht basierenden Rechten und Pflichten für die multinationalen

---

26 Vgl. die ausführliche Schilderung auftretender Probleme durch multinationale Unternehmen in Entwicklungsländern *Kokkini-Iatridou/de Waart*, Foreign Investments, in: NYIL 14 (1983), 87, 87 f.; *Kischel*, State Contracts, 250 ff.; *Böckstiegel/Catranis*, Verhaltenskodex, in: NJW 1980, 1823; *Herdegen*, Internationales Wirtschaftsrecht, § 3 Rn. 66.

27 Vgl. *Wilhaber*, Multinationale Unternehmen, in: BDGV 18 (1987), 7, 37 ff.; *ders.*, Transnational Corporation, NIRL 27 (1980), 79, 84 f.

28 *Kischel*, State Contracts, S. 233 ff; siehe zur Problematik auch *Wildhaber*, Multinationale Unternehmen, in: BDGV 18 (1987), 7, 10 ff.

29 Vgl. *Schmalenbach*, Multinationale Unternehmen und Menschenrechte, in: AVR 39 (2001), 57 ff; *Knox*, Horizontal Human Rights Law, in: AJIL 102 (2008), 1 ff.

Unternehmen.[30] Diese vereinfachte Darstellung darf nicht darüber hinweg
täuschen, dass sich äußerst große definitorische Schwierigkeiten ergeben,
wenn die Merkmale für ein transnationales Unternehmen allgemein bestimmt werden sollen.[31] Als Hilfestellung können die Anwendungsdefini-
tionen verschiedener Verhaltenskodizes für multinationale Unternehmen
internationaler Organisationen herangezogen werden, denen sich diese
Unternehmen im Rahmen der sogenannten „good governance" freiwillig
selbst unterwerfen können. Durch die in diesen entwickelten Grundsätzen
soll gerade den Gefahren einer möglichen Stellung dieser Unternehmen in
einem rechtsleeren Raum, wie sie bereits beispielhaft skizziert wurde, entgegen gewirkt werden. So lautet zum Beispiel die Anwendungsdefinition
in den OECD Richtlinien für Multinationale Unternehmen[32]:

> „Multinationale Unternehmen bestehen gewöhnlich aus Gesellschaften oder ande-
> ren Einheiten, die in privatem, staatlichem oder gemischtem Eigentum stehen, in
> verschiedenen Ländern etabliert und so miteinander verbunden sind, dass eine o-
> der mehrere der Gesellschaften nachhaltigen Einfluss auf die anderen nehmen
> kann und alle untereinander „know how" und Ressourcen teilen können."[33]

In ähnlicher Weise beschreiben die von den Vereinten Nationen geschaffenen Verhaltensregeln transnationale Unternehmen als

---

30 Ausführliche Behandlung von state contracts bei *Kischel*, State Contracts, insbe-
    sondere S. 233 ff.; *Kokkini-Iatridou/de Waart*, Foreign Investments in Develo-
    ping, in: NYIL 14 (1983), 87, 104 ff.
31 Es wird um Kriterien wie das Ausmaß der Transnationalität, die Umsätze des Un-
    ternehmens auf internationaler Ebene, die Zugehörigkeit zu den westlichen In-
    dustrienationen und ähnliche gestritten. Vgl. *Dahm/Delbrück/Wolfrum*, Völker-
    recht I/2, § 108 I 1 (S. 245); *Wildhaber*, Multinationale Unternehmen, in: BDGV
    18 (1987), 7, 13 ff.
32 Derartige Codes of Conducts (Verhaltensregeln) sollen der Tatsache Rechnung
    tragen, dass multinationale Unternehmen national schwer zu kontrollieren sind
    und sollen den Interessenkonflikt zwischen Industrienationen und Entwicklungs-
    ländern abmildern, vgl. *Kischel*, State Contracts, 251 ff.; *Schmalenbach*, Multina-
    tionale Unternehmen und Menschenrechte, in: AVR 39 (2001), 57, 65 ff.;
    Nowrot, UN-Norms on the Responsibility of Transnational Corporations, in: *Tiet-
    je/Kraft/Sethe*, BTW Heft. 21, 5 ff.
33 OECD Guidelines for Multinational Enterprises, Annex to the Declaration of 21st
    June 1976 by Governments of OECD Member Countries on International In-
    vestment and Multinational Enterprises, Preamble, para. 8, in: ILM 15 (1976),
    969 ff.

„an economic entitity operating in more than one country or a cluster of economic entities operating in two or more countries – whatever their legal form, whether in their home country or country of activity, and whether taken individually or collectively".[34]

Auch wenn es an einer gültigen Definition fehlt, können entscheidende Charakteristika herausgefiltert werden, die gemeinhin akzeptiert werden. Zusammenfassend kommt es danach darauf an, dass das in Frage stehende Unternehmen von mehreren Standorten aus international agiert, sei es durch Tochterunternehmen, Filialen der Muttergesellschaft oder anteilhafte Beteiligungen, und diese in einem hierarchischen Verhältnis stehen, was die Einflussnahme der Führung auf wirtschaftliche Entscheidungen und Entwicklungen ermöglicht, sowie ein gemeinsames „Unternehmenswissen" teilen. Bei Unternehmen mit derartigen Charakteristika kann man von einem sogenannten Konzern[35] sprechen. Die rechtliche Beurteilung dieser „Weltkonzerne" richtet sich nach dem innerstaatlichen Recht, in dem die Unternehmensteile gegründet wurden.[36] Transnationale Unternehmen in dieser Form[37] entstanden im Zeitraum ab dem zweiten Weltkrieg, als diese begannen den Weltmarkt für sich zu erschließen und zu beherrschen.[38] Man kann folglich behaupten, dass eine identische und miteinander verbundene Entwicklung zwischen dem rasanten Fortschreiten der Globalisierung der Weltwirtschaft, der Zunahme von Auslandsinvestitionen[39] beginnend mit der Rohstofferschließung, der Entstehung transnationaler, die Welt umspannender Unternehmen und der neuen Entwicklung im Hinblick auf die Stellung von Individuen im Völkerrecht festgestellt werden kann. Diese Geschehnisse zeugen von einer neuen Weltordnung über die Grenzen des Staates hinaus, wodurch das Völkerrecht selbst

---

34 UN Norms on the Responsibility of Transnational Corporations and Other Business Enterprises with Regard to Human Rights, UN Doc. E/CN.4/Sub.2/2003/12/Rev.2 (2003), para. 20.

35 Zum Beispiel British Petroleum, IBM, Siemens, Shell, Strabag.

36 *Kokkini-Iatridou/de Waart*, Foreign Investment, in: NYIL 14 (1983), 87, 95 f.

37 Vgl. zu dem Ansatz, dass transnationale Unternehmen durchaus bereits „historische Vorgänger" wie die Hanse, das Postunternehmen Thurn und Taxis und die britischen und holländischen Handelsgesellschaften hatten mit ausführlichen Nachweisen *Dahm/Delbrück/Wolfrum*, Völkerrecht I/2, § 108 I 2 (S. 246 ff.); *Kokkini-Iatridou/de Waart*, Foreign Investment in Developing Countries, in: NYIL 14 (1983), 87, 102.

38 *Kokkini-Iatridou/de Waart*, Foreign Investment, in: NYIL 14 (1983), 87, 88 f.; *Dahm/Delbrück/Wolfrum*, Völkerrecht I/2, § 108 I 2 (S. 246).

39 Für statistische Wert *Wildhaber*, Multinationale Unternehmen, in: BDGV 18 (1987), 7, 20 f.

sich weiterentwickeln musste, um den Anforderungen dieser Veränderungen der wirtschaftlichen und politischen Gegebenheiten gerecht zu werden. Die Staaten als territorialen Gebietsherrn sind insofern nicht mehr die alleinigen Herrscher über die internationaler Verhältnisse. Deswegen muss das Völkerrecht die anderen Akteure einbeziehen, um deren Verhalten beeinflussen und gegebenenfalls regulieren zu können.[40] Nicht selten wird den transnationalen Unternehmen vorgeworfen, dass sie in den Gaststaaten unkontrolliert ihre Ziele, insbesondere ihren Gewinn, verfolgen und dabei die Angewiesenheit der Entwicklungsländer auf Auslandsinvestitionen ausnutzen, um (Produktions-, Arbeits- oder Sozial-) Standards zu umgehen. Es stellt sich dann die Frage der Kontrollmöglichkeit. Das Gastland als Entwicklungsland hat häufig nicht die Macht, den transnationalen Unternehmen Verpflichtungen aufzuerlegen und der Heimatstaat hat bezüglich der Tätigkeit im Ausland keine Kompetenz. An dieser Stelle kommt das Völkerrecht in den Blickwinkel. Durch dessen Weiterentwicklung und Einbeziehung anderer Rechtspersonen als Staaten könnten wichtige wirtschaftliche Entwicklungen kontrolliert werden. Die größten der multinationalen Unternehmen sind bereits zunehmend, meistens indirekt, am internationalen Rechtssetzungs- und Standardisierungsprozessen beteiligt.[41] Zwar wird die Völkerrechtssubjektivität transnationaler Unternehmen weiterhin von der Mehrheit des Schrifttums abgelehnt,[42] eine pauschale Betrachtung verbietet sich aber, sondern muss nach den auf internationaler Ebene unmittelbar zuerkannten Rechten und Pflichten beurteilt werden. Diese Ansicht erscheint aufgrund der Stellung der transnationalen Unternehmen im Investitionsschutzrecht und der Berufung juristischer Personen auf Individualgarantien der EMRK als nicht mehr tragbar. Im Umfang der zugewiesenen Rechte kann man transnationale Unternehmen somit als partielle Völkerrechtssubjekte bewerten.[43]

---

40 Z. B. durch die völkerrechtlich verbindliche Geltung der UN-Norms on Corporate Responsibility, vgl. *Böckstiegel/Cantranis*, Verhaltenskodex, in: NJW 1980, 1823, 1826 f.; *Nowrot*, UN-Norms Responsibilty, in: *Tietje/Kraft/Sethge*, BTW Heft 21, 1, 26 f.

41 *Nowrot*, in: *Tietje*, Transnationales Wirtschaftsrecht, § 2 Rn. 28 f.

42 *Kokkini-Iatridou/de Waart*, Foreign Investment, in: NYIL 14 (1983), 87, 101 ff.; *Vogelaar*, Multinational Corporations, in: NIRL 27 (1980), 69, 75 f.; *Hailbronner*, in: *Vitzthum*, Völkerrecht, 178; *Epping*, in: *Ipsen*, Völkerrecht, § 8 Rn. 16 ff; *Wildhaber*, Transnational Corporation, in: NIRL 27 (1980), 79, 81.

43 So auch *Schmalenbach*, Multinationale Unternehmen und Menschenrechte, in: AVR 39 (2001), 57, 64; *Kischel*, State Contracts, 248; *Nowrot*, Die UN-Norms on Responsibility, in: *Tietje/Kraft/Sethe*, BTW Heft 21, 5, 26.

IV. Internationale Organisationen

Der Begriff internationale Organisation im weiteren Sinne kann in zwei, voneinander zu unterscheidende Gruppen untergliedert werden, die internationalen nichtstaatlichen Organisationen[44] und die internationalen Organisationen im engeren Sinne, die teilweise auch als internationale zwischenstaatliche Organisationen bezeichnet werden. Jedoch ist letzterer Begriff etwas unscharf, weil die Mitgliedschaft internationaler Organisationen auch nichtstaatlichen Mitgliedern offenstehen kann und daher sie nicht zwingend nur aus Staaten bestehen müssen.[45]

1. Internationale Organisationen im engeren Sinne

Internationale Organisationen im engeren Sinne sind institutionalisierte, Zusammenschlüsse von Völkerrechtssubjekten, zumeist von Staaten, auf der Grundlage eines völkerrechtlichen Vertrags, die auf Dauer angelegt sind, um einen gemeinsamen Zweck zu verfolgen und durch eigene, handlungsfähige Organe ihre vertragsmäßigen Aufgaben von gemeinsamen Interesse wahrzunehmen.[46] Ein weiteres Kennzeichen internationaler Organisationen ist ihre institutionelle Verfestigung und Verselbständigung ihres in Organen gebildeten Willens.[47] Die rapid ansteigende Zahl internationaler Organisationen ist auf ein intensiveres Bedürfnis der Staaten nach internationaler institutionalisierter Zusammenarbeit zurückzuführen, um auf die zumeist nur global anzugehenden Herausforderungen der Weltgemeinschaft, insbesondere der grenzüberschreitenden Wirtschaftsbeziehungen wirksam antworten zu können.[48] Die internationalen Organisationen können zudem von den Staaten für die unterschiedlichsten Zwecke mit funktionsadäquaten Kompetenzen ins Leben gerufen werden.[49] Da die in-

---

44 Siehe dazu unten V.
45 *Nowrot*, in: *Tietje*, Internationales Wirtschaftsrecht, § 2 Rn. 18 mit Verweis auf das Beispiel der EG bzw. EU in der WTO, Art. XI:1, XII:1 WTO-Übereinkommen; *Epping*, in: *Ipsen*, Völkerrecht, § 6 Rn. 1 ff.
46 *Döhring*, Völkerrecht, Rn. 202; *Epping*, in: *Ipsen*, Völkerrecht, § 6 Rn. 6 f.
47 *Klein*, in: *Vitzthum*, Völkerrecht, 278; *Epping*, in: *Ipsen*, Völkerrecht, § 6 Rn. 13.
48 Vgl. *Nowrot*, in: *Tietje*, Internationales Wirtschaftsrecht, § 2 Rn. 19 der als einen der auslösenden Faktoren für diese Entwicklung die durch die Industrielle Revolution im 19. Jahrhundert hervorgerufene Internationalisierung nennt.
49 *Epping*, in: *Ipsen*, Völkerrecht, § 6 Rn. 5ff. mwN zum Prinzip der begrenzten Ermächtigung und zur implied powers Lehre.

ternationalen Organisationen Staaten die Möglichkeit zum Austausch und der Kooperation bieten, kann ihnen auch eine befriedende Wirkung zugesprochen werden.[50] Beispiele für internationale Organisationen zugeschnitten auf universelle oder beschränkte, bereichsspezifische Mitgliedschaft im Bereich des Wirtschaftsvölkerrechts sind allen voran die WTO[51], die OECD[52], der IMF[53] und die Weltbank[54], die ILO[55] und die WIPO[56].

Internationale Organisationen besitzen aufgrund ihrer Struktur als mitgliedschaftlich organisierte Verbände nicht von Natur aus die Fähigkeit, Träger völkerrechtlicher Rechte und Pflichten, also Völkerrechtssubjektivität.[57] Durch die vermehrte Zusammenarbeit und Koordination von Staaten auf völkerrechtlicher Ebene in Form von internationalen Organisationen und deren Einfluss auf die materielle Weiterentwicklung des Völkerrechts wurden internationale Organisationen in den Kreis der Völkerrechtssubjekte aufgenommen, da die effektive Wahrnehmung ihrer Funktionen die Völkerrechtssubjektivität, zum Beispiel zum Abschluss völkerrechtlicher Verträge, erfordert und sie sich im Rahmen ihrer Aufgaben von den sie gründenden Völkerrechtssubjekten loslösten.[58] Grundsätzlich können daher internationale Organisationen nach modernem Völkerrechtsverständnis aber durchaus abgeleitete Völkerrechtssubjektivität, also eine eigene Rechtspersönlichkeit erlangen, wenn diese Intention der Staaten aus dem Gründungsvertrag hervorgeht oder auf diesen Willen anhand des Zwecks und der Aufgaben geschlossen werden kann.[59] Diese Völker-

---

50 *Klein*, in: *Vitzthum*, Völkerrecht, 280.

51 Gegründet durch das Übereinkommen zur Errichtung der Welthandelsorganisation, BGBl. 1994 II, S. 1625, baut auf dem GATT 1947 auf.

52 Soll ein Forum für die großen Industrienationen der Welt bilden und das Wirtschaftswachstum in den Entwicklungsländern fördern.

53 Sollte eigentlich zur Stabilität staatlicher Währungsordnungen beitragen und erlangte insbesondere in der gegenwärtigen Wirtschaftskrise Bedeutung.

54 Vergibt insbesondere Darlehen zu günstigen Konditionen an Entwicklungsländer und fördert grundsätzlich die Weiterentwicklung von Drittweltländern.

55 Setzt sich für die Herstellung angemessener Arbeitsstandards weltweit ein.

56 Förderung der Rechte an immateriellen Gütern weltweit.

57 *Klein*, in: *Vitzthum*, Völkerrecht, 307.

58 Vgl. zur Völkerrechtssubjektivität internationaler Organisationen *Mosler*, Völkerrechtssubjekte, in: ZaöRV 22 (1962), 1 ff.; *Herdegen*, Völkerrecht, § 7 Rn. 4.

59 Vgl. dazu mit Berücksichtigung der geschichtlichen Entwicklung, *Fassbender*, Völkerrechtssubjektivität internationaler Organisationen, in: ÖsterrZÖVR 37 (1986), 17, 25 ff.; Vgl. *Dahm/Delbrück/Wolfrum*, Völkerrecht I/2, § 105 (S. 207 ff.) mwN; *Nowrot*, in: *Tietje*, Transnationales Wirtschaftsrecht, § 2 Rn. 19.

rechtssubjektivität besteht immer nur im Rahmen ihrer Funktionen, also partiell.[60] Diese Position wurde vom IGH zum ersten Mal bezüglich der internationalen Organisation der Vereinten Nationen in seinem Bernadotte-Gutachten[61] eingenommen, das die Völkerrechtssubjektivität bestätigte, obwohl Mitte des letzten Jahrhunderts dieser Themenbereich noch äußerst umstritten war:

> „In the Opinion of the Court, the Organization was intended to exercise and enjoy, and is in fact exercising and enjoying functions and rights which can only be explained on the basis of the possession of a large measure of international personality and the capacity to operate upon an international plane. It [the United Nations] is at present the supreme type of international organizations, and it could not carry out the intention of its founders if it was devoid of international personality. (…) Accordingly, the Court has come to the conclusion that the Organization is an international person. That is not the same thing as saying that it is a state, which it certainly is not, or that its legal personality and rights and duties are the same as those of the State. “

An sich kann diese abgeleitete und partielle Völkerrechtssubjektivität wegen des Grundsatzes, dass völkerrechtliche Verträge immer nur die Mitgliedstaaten binden, nur gegenüber den Gründerstaaten bestehen, wenn Drittstaaten die Völkerrechtsfähigkeit der internationalen Organisation nicht ausdrücklich oder implizit anerkennen.[62] Im Rahmen dieser Thematik nehmen aber seit dem besagten Bernadotte-Gutachten die Vereinten Nationen als allgemein-politische Organisation eine Sonderstellung ein, da aus ihrer weitgehenden Repräsentation der Staaten der Welt auf ihre objektive Völkerrechtssubjektivität geschlossen wird.[63] Internationale Organisationen treten durch unterschiedliche Funktionen auf internationaler Ebene auf. So schaffen sie verbindliche Regelungen für ihre Mitglieder oder Erlassen Verhaltenskodizes und Empfehlungen für internationale wirtschaftliche Tätigkeitsfelder oder das gegenseitige Miteinander; aber sie bieten auch die Möglichkeit zwischenstaatlicher Koordination und Konsultation und nehmen als verselbstständigte Rechtspersonen am internationalen Wirtschaftsverkehr teil.[64] Besonders hervorgehoben werden

---

60 *Mosler*, Völkerrecht als Rechtsordnung, ZaöRV 36 (1976), 6, 29; *ders.* 6, 30 f. für das Individuum; *Hobe*, Nichtregierungsorganisationen, in: AVR 37 (1999), 152, 158.

61 ICJ, *Bernadotte*, ICJ Rep 1949, 174, 178 f.

62 *Klein*, in: *Vitzthum*, Völkerrecht, S. 308; *Hobe*, Nichtregierungsorganisationen, in: AVR 37 (1999), 152, 158.

63 ICJ, *Bernadotte*, ICJ Rep 1949, 174, 185.

64 *Herdegen*, Internationales Wirtschaftsrecht, § 3 Rn. 20.

muss die bedeutende Rolle, die internationalen Organisationen im Bereich der Menschenrechte und der Selbstbestimmung durch die Entwicklung von aus politischen Zielbestimmungen entstandenen Völkerrechtsnormen, die die Handlungsfreiheit der Staaten verbindlich einschränken.[65]

2.   Supranationale Organisationen

Ein Sonderfall der internationalen Organisationen im engeren Sinn stellen die Supranationalen Organisationen dar. Supranationale Organisationen sind der Gründung nach internationale Organisationen und beruhen wie diese auf völkerrechtlichem Gründungsvertrag. Sie sind jedoch in der Ausgestaltung wesentlich intensivere Formen der internationalen Integration, insbesondere auf rechtlicher, wirtschaftlicher und politischer Ebene, da sie nicht nur zwischen ihren Mitgliedstaaten, sondern auch unmittelbar in den Mitgliedstaaten rechtliche Wirkung beanspruchen, somit in die innere Souveränität der Mitgliedsstaaten ohne Umsetzungsbedürfnis hineinreichen.[66] Einzigartiges Beispiel für eine supranationale Organisation ist aufgrund ihrer weitreichenden Tiefe und Breite der Integration die Europäische Union[67]. Aufgrund einheitlicherer oder ähnlicherer Interessen sowie rechtlichen, religiösen, kulturellen Vorstellungen auf regionaler Ebene, ist es eine logische Konsequenz, dass die Integration auf diesem Level weiter voranschreiten kann als es auf weltweiter Ebene derzeit möglich erscheint.[68]

V.   Internationale nichtstaatliche Organisationen

Internationale nichtstaatliche Organisationen werden oft unter dem Namen Non-Governmental Organisations (NGOs) thematisiert und haben insbesondere im Rahmen der WTO und dem Wirtschafts- und Sozialrat der UN

---

65 *Klein*, in: *Vitzthum*, Völkerrecht, 280.
66 *Herdegen*, Internationales Wirtschaftsrecht, § 3 Rn. 34; *Epping*, in: *Ipsen*, Völkerrecht, § 6 Rn. 15 ff.
67 Mit dem Vertrag von Lissabon bzw. dem sogenannten Vertrag über die Arbeitsweise der Europäischen Union am 1. Dezember 2009 wurde ein weiterer wichtiger Schritt im Hinblick auf die Vereinheitlichung der verschieden „Säulen" der Europäischen Union getan. Durch den Vertrag von Lissabon existiert nur noch die EU, die dadurch auch völkerrechtliche Rechtspersönlichkeit erlangt hat.
68 *Klein*, in: *Vitzthum*, Völkerrecht, 276.

einen hohen Stellenwert erlangt. Diese NGOs unterscheiden sich von den internationalen Organisationen dadurch, dass sie keinen zwischenstaatlichen Charakter haben, weil sie nicht durch ein zwischenstaatliches Übereinkommen ins Leben gerufen wurden und keinen demokratisch legitimierten Zusammenschluss bilden.[69] Nichtstaatlichen internationalen Organisationen sind auf Dauer oder zumindest für bestimmte Zeit bestehende private, nicht völkerrechtliche Zusammenschlüsse, die grenzüberschreitend auf internationaler Ebene bestimmte, schützenswerte Interessen[70] wahrnehmen und der Mitgliedschaft international zugänglich sind.[71] Diese NGOs müssen eine gewisse Organstruktur aufweisen und einen eigenen Sitz haben, jedoch dürfen sie keine hoheitlichen Aufgaben wahrnehmen und unterliegen der innerstaatlichen Rechtsordnung des Sitzes, nicht dem Völkerrecht.[72] Zwischen nichtstaatlichen internationalen Organisationen bestehen große Unterschiede hinsichtlich der Organisationsstruktur, gemeinsam ist ihnen jedoch die in der Regel nicht gewinnorientierte, sondern ideale Zwecksetzung zur internationalen Durchsetzung von Gemeinwohlbelangen, die sie ihrer Funktion nach insbesondere von den multinationalen Unternehmen unterscheidet.[73] Sie entbehren in der Regel einer wirtschaftlichen Zielsetzung. Diese nicht-gewinnorientierten NGOs verfolgen in der Regel nach ihrer Funktion und ihrem Selbstverständnis die Verwirklichung von Gemeinwohlbelangen, wie zum Beispiel dem Schutz der Menschenrechte, dem Umweltschutz[74], die Einhaltung von Arbeits-

---

69 Als Beispiel für NGOs sind Umweltorganisation wie Cap Anamur, Greenpeace oder WWF zu nennen, im internationalen Sport IOC oder auch internationale Menschenrechtsorganisationen wie Amnesty International.

70 Inhaltlich bedienen diese NGOs eine sehr weite Spannbreite, die vom Menschenrechtsschutz, dem Einsatz für den Weltfrieden, der Wahrnehmung religiöser Aufgaben, dem internationalen Umweltschutz bis hin zu Aufgaben im Bildungsbereich reicht, siehe für eine ausführliche Auflistung *Dahm/Delbrück/Wolfrum*, Völkerrecht I/2, § 107 I 1 (S. 233); *Hobe*, Nichtregierungsorganisationen, in: AVR 37 (1999), 152, 153 f.

71 *Müller-Terpitz*, Beteiligungs- und Handlungsmöglichkeiten, in: AVR 43 (2004), 466; *Epping*, in: *Ipsen*, Völkerrecht, § 6 Rn. 19 ff.

72 *Herdegen*, Völkerrecht, § 10 Rn. 10; *Nowrot*, in: *Tietje*, Internationales Wirtschaftsrecht, § 2 Rn. 30.

73 *Hobe*, Nichtregierungsorganisationen, in: AVR 37 (1999), 152, 156; *Hempel*, Die Völkerrechtsfähigkeit internationaler nichtstaatlicher Organisationen, 19 ff.; zu den vielfältigen Betätigungsfeldern vgl. *Klein*, in: *Vitzthum*, Völkerrecht, 279.

74 *Herdegen*, Völkerrecht, § 10 Rn. 11 mit ausführlicher Darstellung des Greenpeace Engagements, die Bohrinsel Brent Spar im Meer zu versenken. Kein Staat war für das Terrain auf Hoher See zuständig, deswegen war es überaus schwierig diese Versenkung zu verhindern.

und Sozialstandards, von denen sie annehmen, dass die Staatengemeinschaft oder internationale Organisationen sich nicht ausreichend für diese Sachgebiete auf internationaler Ebene einsetzen.[75]

Auch wenn die Völkerrechtssubjektivität von NGOs weiterhin einhellig verneint wird,[76] kann die steigende Bedeutung nichtstaatlicher internationaler Organisationen in ihrer rapid steigenden Anzahl und der zunehmenden Einbindung in Entscheidungs- und Beratungsprozesse[77] auf internationaler Ebene, insbesondere in die Aktivitäten internationaler Organisationen, gesehen werden, bei denen sie aufgrund des bedeutenden, in ihnen gebündelten Sachverstandes gebraucht werden.[78] Entgegen der überwiegenden Völkerrechtslehre nimmt Hobe jedoch richtigerweise an, dass mangels Homogenität nicht allen NGOs eine partielle Völkerrechtssubjektivität zukommen kann, anderen NGOs insbesondere im Bereich des Menschenrechts- und Umweltschutzes aufgrund der Zuweisung eigener völkerrechtlicher Rechtspositionen dogmatisch die partielle Völkerrechtssubjektivität zugesprochen werden muss.[79]

B.   Ergebnis zum Zweiten Kapitel

Neben den angesprochenen Teilnehmern am internationalen Wirtschaftsverkehr mag es noch zahlreiche andere geben, die nicht erwähnt wurden. Die Darstellung soll der Einfachheit halber auf die wichtigsten beschränkt bleiben. Auch wenn die Völkerrechtsfähigkeit von internationalen nichtstaatlichen Organisationen oder transnationalen Unternehmen weiterhin umstritten ist, lässt sich eine dahingehende neue Entwicklung des Völker-

---

75 *Hobe*, Individuals, in: *Hofmann*, Non-State-Actors, 131 f.

76 *Hempel*, Die Völkerrechtsfähigkeit internationaler nichtstaatlicher Organisationen, 81; *Lador-Lederer*, Nichtstaatliche Organisationen, in: ZaöRV 23 (1963), 657, 658; *Hobe*, Nichtregierungsorganisationen, in: AVR 37 (1999), 152, 153; *Müller-Terpitz*, Beteiligungs- und Handlungsmöglichkeiten, in: AVR 43 (2004), 466 ff.

77 So können nichtstaatliche internationale Organisationen im UN-Wirtschafts- und Sozialrat (ECOSOC) aufgrund ihres Sachverstandes konsultiert werden, Art. 71 UN-Charta; vgl. mit ausführlicher Analyse hierzu *Hobe*, Nichtregierungsorganisationen, in: AVR 37 (1999), 152, 161 ff; *Müller-Terpitz*, Beteiligungs- und Handlungsmöglichkeiten, in: AVR 43 (2004), 466, 468 ff.

78 *Klein*, in: *Vitzthum*, Völkerrecht, 279; *Nowrot*, in: *Tietje*, Internationales Wirtschaftsrecht, § 2 Rn. 31; *Epping*, in: *Ipsen*, Völkerrecht, § 6 Rn. 22.

79 Vgl. mwN *Hobe*, Nichtregierungsorganisationen, in: AVR 37 (1999), 152, 171 ff.; ähnlich auch *Epping*, in: *Ipsen*, Völkerrecht, § 6 Rn. 20.

rechts nicht verneinen. Es kann somit eine Öffnung des Völkerrechts für die neuen wirtschaftlichen Gegebenheiten festgestellt werden, deren genaue Ausgestaltung noch abzuwarten bleibt. Für die folgende Beschäftigung mit dem internationalen Investitionsschutzrecht sind nicht alle der genannten Akteure von Bedeutung. Auf der einen Seite treten im Investitionsschutzrecht immer die souveränen Staaten auf, sei es als Gaststaat, beziehungsweise Investitionsstaat, oder sei es als Heimatstaat des Investors. Interessanter für die Betrachtung ist jedoch die weitaus problembehaftetere Gegenseite, die Seite des Investors. Deswegen spielen vor allem Individuen im Sinne von Privatpersonen und juristischen Personen des Privatrechts, nämlich nationale Unternehmen, für die folgende Untersuchung der Seite des Investors die größte Rolle. Zur sprachlichen Vereinfachung sollen mit der Verwendung des Begriffs „Individuum" oder „der Einzelne" zugleich auch immer nationale Unternehmen mit umfasst sein, es sein denn es wird ausdrücklich auf eine unterschiedliche Behandlung Bezug genommen.

Drittes Kapitel   Völkerrechtssubjektivität des Individuums

Die grundlegende Frage, welche Rolle dem Individuum in einem traditionell zwischenstaatlichen Rechtsbereich, dem „ius gentium", einem Recht der Völker, zukommt, wird mit unterschiedlicher Vehemenz und Intensität seit langem im Völkerrecht diskutiert. Sie spielt nicht nur im Bereich des Menschenrechtsschutzes, in dem der hohe Stellenwert dieser Problematik mit oft drastischen Vorkommnissen und Auswirkungen zu Tage tritt, eine Rolle, sondern auch in anderen Themenbereichen des Völkerrecht, wie beispielsweise dem Recht über konsularische Beziehungen oder dem internationalen Wirtschaftsrecht. Die Bewertung der Stellung des Einzelnen im Völkerrecht ist gerade deshalb von Bedeutung, weil die überwiegende öffentliche Meinung der Wirksamkeit des Völkerrechts mit großer Skepsis gegenüber tritt.[80] Man könnte das Völkerrecht als rein ‚politisches Geplänkel' oder gar als komplett wirkungslos abschreiben. Ein positives Ergebnis durch eine Aufzeigung von Völkerrechtsbereichen, in denen das Individuum durchaus nicht eine rechtlose Randposition einnimmt, könnte diese negative Einstellung abmildern. Zwar stellt die Schwäche des Völkerrechts gegenüber nationalen Rechtsordnungen sicherlich das Fehlen einer zentralen Rechtsdurchsetzungsgewalt dar - ein Grund dafür, warum der Einzelne oft von der Existenz des Völkerrechts wenig Kenntnis erlangt - und die ablehnende Haltung der meisten Staaten sich bindenden, durchsetzbaren Normen zu unterwerfen.[81] Auch wenn man grundsätzlich vom Völkerrecht als Recht zwischen Staaten spricht, werden neuerdings Begrifflichkeiten wie Völkerrecht als „Recht der Weltbevölkerung" oder „völkerrechtliche Konstitutionalisierung" vorgebracht.[82] Daraus kann man auf eine neuere Entwicklung schließen, von einem Völkerrecht als Recht der Staaten im klassischen Sinne, das für den Menschen eigentlich keine Bedeutung hat, abzugehen und den tatsächlichen Stand der Diskussion näher zu betrachten. Bevor eingehend der Schutz des Individuums im inter-

---

80   *Seidl*, Völkerrechtsordnung, in: AVR 38 (2000), 23.

81   Die obligatorische Gerichtsbarkeit des IGH wurde bisher nur von 61 Staaten anerkannt; eine Tatsache, die wohl auf der Angst der Staaten gründet, die eigene Souveränität aufzugeben. *Seidl*, Völkerrechtsordnung, in: AVR 38 (2000), 23, 28.

82   *Aden*, Völkerrechtssubjektivität der Menschheit, in: ZVglRWiss 105 (2006), 55; *Fassbender*, Schutz der Menschenrechte, in: EuGRZ 2003, 1, 5.

nationalen Investitionsschutzrecht analysiert wird, sollen im Folgenden grundsätzliche Überlegungen zur seiner Position im Völkerrecht, also zur Völkerrechtssubjektivität des Einzelnen, als allgemeiner Ausgangspunkt für die weitere Untersuchung angestellt werden.

A. Definition der Völkerrechtssubjektivität als Untersuchungsgrundlage

Was ist aber ein Völkerrechtssubjekt oder die Völkerrechtssubjektivität? Bevor einzelne Standpunkte zur grundsätzlichen Stellung des Individuums im Völkerrecht aufgeführt werden können, ist es notwendig eine Definition des Begriffs der Völkerrechtssubjektivität herauszuarbeiten. Ein Völkerrechtssubjekt ist eine Rechtspersönlichkeit im Völkerrecht, die Träger von Rechten und Pflichten sein kann.[83] Diese Rechte und Pflichten müssen sich allein aus dem Völkerrecht ergeben und ein gefordertes Verhalten muss sich unmittelbar nach Völkerrecht bestimmen. Der Begriff der Völkerrechtssubjektivität ist hierbei mit den Begriffen der Völkerrechtsfähigkeit oder Völkerrechtspersönlichkeit synonym zu gebrauchen.[84] Völkerrechtsfähig ist demnach derjenige, der Träger einer unmittelbar aus dem Völkerrecht zugewiesenen Rechtsposition, in Form eines Rechts oder Pflicht, sein kann.[85] Man kann die Völkerrechtspersönlichkeit allgemeiner als ein Mittel beschreiben, um festzustellen, ob ein Gebilde oder eine Person für das betreffende Rechtssystem im rechtlichen Sinne existiert.[86] Solche völkerrechtlichen Rechtspositionen können ihrer Form nach grundsätzlich verschieden sein, demnach partiell, partikulär oder unbeschränkt vorkommen.

Obwohl die hier für die Völkerrechtssubjektivität gewählte Definition auf den ersten Blick sehr griffig und eingängig erscheint, so ist sie es inhaltlich nicht. Ist für die Völkerrechtsfähigkeit ein Alternativverhältnis im Hinblick auf Rechte und Pflichten[87] erforderlich? Muss für die Bejahung

---

83 *Herdegen*, Völkerrecht, § 7 Rn. 1; *Verdross/Simma*, Universelles Völkerrecht, § 375 (S. 221 f.); *Kischel*, State Contracts, 235.

84 *Walter*, Subjects of International Law, in: MPEPIL 2009, Rn. 21.

85 *Mosler*, Völkerrechtssubjekte, in: ZaöRV 22 (1962), 1, 18 f; *Kischel*, State Contracts, 235; *Verdross/Simma*, Universelles Völkerrecht, § 375 (S. 221 f.).

86 *Clapham*, Human Rights Obligations, 70.

87 So nehmen die Erforderlichkeit von Rechten und Pflichten an *Verdross/Simma*, Universelles Völkerrecht, § 375 (S. 221 f.); *Epping*, in: *Ipsen*, 2. Kapitel vor Rn. 1; *Hobe*, Nichtregierungsorganisationen, in: AVR 37 (1999), 152, 158.

der Völkerrechtsfähigkeit eine bestimmte Mindestanzahl von Rechten und Pflichten oder nur eine einzelne Pflicht oder ein einzelnes Recht existieren? Reicht das Bestehen dieses Rechts oder Pflicht für eine Bejahung hinsichtlich der Völkerrechtssubjektivität aus oder muss verlangt werden, dass das Individuum seine Rechte auch effektiv geltend machen kann und seine Pflichten sanktionsbewehrt sind? Anhand der aufkommenden Fragen zeigt sich, dass diese zuerst so als nachvollziehbar und leicht zu handhabende Definition der Völkerrechtsfähigkeit, wenn man vom unproblematischen Fall des Staates einmal absieht, doch diverse Fragen[88] aufwirft, die zum Zwecke einer klaren Untersuchungsgrundlage nachfolgend geklärt werden müssen. Trotz der Notwendigkeit einer einheitlichen Definition der Völkerrechtssubjektivität als begrifflicher Ausgangspunkt für eine Untersuchung muss klargestellt werden, dass verschiedene Rechtspersonen als Völkerrechtssubjekte anerkannt sind, zwischen denen jedoch - teilweise auch große - Unterschiede bestehen können. So erkannte der IGH in seinem Bernadotte Gutachten die Unterschiedlichkeit von Völkerrechtspersonen ausdrücklich an:

> „The subjects of law in any legal system are not necessarily identical in their nature or in the extent of their rights. (...)Throughout its history, the development of international law has been influenced by the requirements of international life, and the progressive increase in the collective activities of States has already given rise to instances of action upon the international plane by certain entities which are not States. (...)This development culminated in the establishment (...) of (...) the United Nations. But to achieve these ends the attribution of legal personality is indispensable."[89]

Darüber hinaus muss für die Untersuchung der Völkerrechtssubjektivität des Individuums die besondere Struktur der Völkerrechtsordnung zugrunde gelegt werden. Eine nationale Rechtsordnung wie zum Beispiel die deutsche ist in der Regel ein aufeinander abgestimmtes, hierarchisch angeordnetes System von Normen, Rechtszweigen und der sie durchsetzenden Institutionen.[90] Ähnlich ausdifferenziert wie manche nationale Rechtsordnungen kann die Völkerrechtsordnung ihrer Natur nach nicht sein, aber sie stellt auch nicht mehr ein Gebilde von wahllos nebeneinan-

---

88 Zu den Ungenauigkeiten und Problemen bei der Anwendung dieser Definition siehe auch *Kischel*, State Contracts, 235 mit Verweis auf eine Darstellung einer älteren Auffassung bei *Grassi*, Die Rechtsstellung des Individuums im Völkerrecht, 83 ff.
89 ICJ, *Bernadotte*, ICJ Rep 1949, 174, 178.
90 *Seidl*, Völkerrechtsordnung, in: AVR 38 (2000), 23, 36; *Aden*, Völkerrechtssubjektivität der Menschheit, in: ZVglRWiss 105 (2006), 55.

der stehenden Rechtssätzen und Konventionen zur bloßen Abstimmung unter souveränen Staaten dar.[91] Man kann also durchaus eine Herausbildung einer hierarchischen Völkerrechtsordnung mit verschiedenen Rechtszweigen, Rechtinstituten und auch Einzelnormen bejahen, wenn gleich die anerkannte und offenbare Schwäche der Völkerrechtsordnung in dem Fehlen eines zentralen Vollzugsapparats in Fällen der Rechtsverletzung zu sehen ist.[92] Die Völkerrechtssubjektivität muss im Rahmen des Gegenstandes des Völkerrechts als immer noch überwiegend zwischenstaatlichem Recht beurteilt werden.[93]

Zwar sind neben den Staaten im Völkerrecht auch andere Handlungsträger aktiv, allein das Tätigwerden auf internationaler Ebene reicht aber für die Annahme der Völkerrechtssubjektivität nicht aus, sondern die Rechtsperson muss Träger völkerrechtlicher Rechte und Pflichten sein, wodurch sein Verhalten unmittelbar durch das Völkerrecht geregelt wird.[94] Es dürfen daher Völkerrechtssubjektivität und die Aktivität auf internationaler Ebene nicht verwechselt werden, da letztere einen weiteren Kreis umfasst als den der Völkerrechtssubjekte. Wie Art und Umfang der Völkerrechtsfähigkeit in concreto aussieht, muss im Einzelfall anhand der Natur des einzelnen Rechtsträgers und seiner Stellung in der Völkerrechtsordnung festgestellt werden.[95] Mögliche Kennzeichen der Völkerrechtsfähigkeit bei traditionellen Völkerrechtssubjekte sind der Abschluss von völkerrechtlichen Verträgen, die Unterhaltung diplomatischer Beziehungen und die Möglichkeit der Durchsetzung völkerrechtlicher Rechtspositionen vor internationalen Ausschüssen oder Gerichten.[96] Zu unterscheiden von der grundsätzlichen Frage nach der Völkerrechtsfähigkeit, sozusagen der Rechtssubjektivität im Völkerrecht, ist die völkerrechtliche Handlungsfähigkeit, also die Fähigkeit, rechtlich relevante Handlungen

---

91 Eine Beschreibung wie die Hierarchie und Zusammensetzung der modernen Völkerrechtsordnung aussehen könnte, vgl. mit der UN-Charta als „Völkerrechtsverfassung" *Seidl*, Völkerrechtsordnung, in: AVR 38 (2000), 22, 37.

92 *Fassbender*, Schutz der Menschenrechte, in: EuGRZ 2003, 1, 14; *Seidl*, Völkerrechtsordnung, in: AVR 38 (2000), 22, 47.

93 *Herdegen*, Völkerrecht, § 7 Rn. 3; *Kischel*, State Contracts, 245; *Schmalenbach*, Multinationale Unternehmen und Völkerrecht, in: AVR 39 (2001), 57, 65.

94 *Hobe*, Nichtregierungsorganisationen, in: AVR 37 (1999), 152, 158; *Hailbronner*, in: *Vitzthum*, Völkerrecht, 176; *Herdegen*, Völkerrecht, § 7 Rn. 1.

95 *Schmalenbach*, Multinationale Unternehmen und Völkerrecht, in: AVR 39 (2001), 57, 65; *Hailbronner*, in: *Vitzthum*, Völkerrecht, 176.

96 *Hailbronner*, in: *Vitzthum*, Völkerrecht, 176.

auf der Ebene des Völkerrechts wirksam vorzunehmen.[97] Der Völkerrechtsfähigkeit an sich ist keine Aussage darüber zu entnehmen, welche Handlungen das Rechtssubjekt völkerrechtlich wirksam vornehmen kann; eine verständliche Annahme, wenn man die Unterschiede zwischen einzelnen Völkerrechtssubjekten, beispielsweise einem Staat, dem Heiligen Stuhl und einer internationalen Organisation bedenkt. Dennoch sind Völkerrechtsfähigkeit und völkerrechtliche Handlungsfähigkeit oft komplementär.

Die verschiedenen Konzepte zur Stellung des Individuums im allgemeinen Völkerrecht, seiner Völkerrechtssubjektivität, werden historisch dargestellt. Es soll zuerst der klassische Standpunkt, der eine Völkerrechtssubjektivität des Einzelnen kategorisch ablehnt, als Ausgangspunkt vorgestellt werden. Danach werden die moderne Auffassung der partiellen Völkerrechtssubjektivität und die Notwendigkeit internationaler Durchsetzungsmechanismen erörtert.

B.   Die klassische Betrachtung der Völkerrechtssubjektivität des Einzelnen

Für die klassische und traditionelle Auffassung zur Völkerrechtssubjektivität des Menschen kann die Entscheidung des IGH im Fall Barcelona Traction als repräsentativ angesehen werden, wonach dem Einzelnen unmittelbar aus dem Völkerrecht keine direkten Rechte oder Pflichten zustehen können und er allenfalls als Angehöriger seines Heimatstaates, der Inhaber unmittelbarer völkerrechtlicher Rechte ist, in Erscheinung tritt.[98] Das Individuum wird danach von der Völkerrechtsordnung unmittelbar nicht erfasst.

---

97   Als Beispiel wird angeführt, dass das Deutsche Reich mit der Kapitulation im Jahre 1945 nicht als Völkerrechtssubjekt untergegangen ist, sondern lediglich mangels handlungsfähiger Organe nicht nach außen tätig werden konnte und daher die Alliierten die Regierungsgewalt ausgeübt haben. In ähnlicher Weise verlor Somalia mangels effektiver Staatsgewalt die Fähigkeit nach außen zu handeln, nicht jedoch die Völkerrechtssubjektivität an sich. Vgl. *Herdegen*, Völkerrecht, § 7 Rn. 2; *Schwartmann*, Private im Wirtschaftsvölkerrecht, 11; *Hailbronner*, in: *Vitzthum*, Völkerrecht, Rn. 10.

98   ICJ, *Barcelona Traction*, ICJ Rep 1970, 3.

I. Historischer Hintergrund

Wie sich die Auffassung, dass Staaten die einzigen oder zumindest wichtigsten Subjekte des Völkerrechts darstellen, herausgebildet hat, kann anhand der geschichtlichen Entwicklung des Völkerrechts erklärt werden. Seit der Entstehung der zentral organisierten Flächenstaaten ging man davon aus, dass die Staatsangehörigen beziehungsweise die auf dem Staatsgebiet lebenden Individuen dieser Staatsgewalt unterworfen sind, wohingegen das Verhältnis der Staaten untereinander durch das Völkerrecht geregelt wird.[99] Das Völkerrecht wurde als Recht zwischen Staaten, daher "ius gentium", angesehen. Deswegen galten als traditionelle Völkerrechtssubjekte, von denen das Gros des ‚Völker-Rechts' geschaffen wurde sowie die auf eine Koordination auf internationaler Ebene angewiesen waren und diese anstrebten, neben den wenigen auch historisch gewachsenen atypischen Völkerrechtssubjekten[100] die Staaten als Hauptakteure auf völkerrechtlicher Ebene und deren wahre Subjekte.

Diese Entwicklung blieb grundsätzlich erst einmal bestehen, wenn gleich sie durch die Auswirkungen zweier Weltkriege erschüttert wurde und immer mehr Stimmen gehört werden konnten, die nach einer anderen regulierenden Gewalt außerhalb der Staaten riefen, da die Völkerrechtsordnung im Sinne einer Konsensbildung durch die Staaten in dieser Epoche kläglich versagte.[101] Zwar konnte man aufgrund der Geschehnisse im Zweiten Weltkrieg danach neue Bemühungen um eine engere Bindung zwischen den einzelnen Staaten durchaus erkennen.[102] Doch noch vor einem Vierteljahrhundert sah man die Möglichkeit von Rechten oder Pflichten von Individuen sowohl im Bereich des Menschenrechtsschutzes als auch im restlichen Völkerrecht als reine Grundsatzaussage oder gar Utopie an.[103] Eine Konkretisierung von Grundsatzaussagen hinzu Rechten und

---

99 *Verdross/Simma*, Universelles Völkerrecht, § 47 (S. 39); *Franck*, Individuals, in: *Hofmann*, Non-State Actors, 98 ff.

100 Neben den Staaten als eigentlichen Völkerrechtssubjekten, erkannte man seit dem 18. Jahrhundert atypische Völkerrechtssubjekte oder Völkerrechtssubjekte sui generis genannt an, wie zum Beispiel der Heilige Stuhl oder der Malteser Orden, vlg. *Walter*, Subjects of International Law, in: MPEPIL 2009, Rn. 2.

101 *Franck*, Individuals, in: *Hofmann*, Non-State Actors, 97 f.; *Hobe*, Individuals, in: *Hofmann*, Non-State Actors, 119 f.

102 Z. B. dafür die Präambel und Art. 1 UN-Charta; vgl. *Dahm/Delbrück/Wolfrum*, Völkerrecht I/2, § 109 III 4 (S. 265); *Hobe*, Individuals, in: *Hofmann*, Non-State Actors, 120; *Franck*, Individuals, in: *Hofmann*, Non-State Actors, 103 f.

103 *Tomuschat*, Grundpflichten des Individuums, in: AVR 21 (1983), 289, 292, 312.

Pflichten scheitert an der gehüteten Festung staatlicher Souveränität beziehungsweise Selbstbestimmung, die auch aktuell im Völkerrecht noch einen hohen Stellenwert einnehmen.[104] So wurde hinsichtlich der Möglichkeit von Individualpflichten im Völkerrecht vertreten, dass jegliche Inpflichtnahme des Individuums aufgrund des Völkerrechts abzulehnen und bereits wegen der Wesensunterschiede zwischen beiden dem nationalen Recht, insbesondere dem nationalen Verwaltungsrecht, vorbehalten sei.[105] Abgesehen von einer streng individualbezogenen Ansicht, die von den Individuen als dem einzigen echten Subjekt des Völkerrechts ausgeht und den Staaten keine relevante Rolle zukommen lässt, wurde im Völkerrecht des 18. bis 20. Jahrhunderts überwiegend diese klassische Lehre vertreten.

Die sogenannte Objektstheorie wurde von den meisten Vertretern des Völkerrechts zu Anfang des 20. Jahrhunderts im Rahmen der positivistischen Schule vertreten und stellte insofern die herrschende Meinung dar.[106] Ausgangspunkt der Objektstheorie war das nur Staaten Völkerrechtssubjekte sind und gerade das Individuum weder Rechtssubjektivität noch Rechtspersönlichkeit im Völkerrecht innehatte.[107] Die Objektstheorie wurde von ihren Vertretern damit begründet, dass die Konzeption des Völkerrechts als Recht zwischen Staaten oder zwischenstaatliche Rechtsordnung einfach kein anderes Verständnis zulasse, so dass ihre positiven Rechtssätze eben nur ihre Angehörigen, die Staatengemeinschaft, berechtigen und verpflichten.[108] Das brachte mit sich, dass der Einzelne weder Rechte noch Pflichten im Völkerrecht besitzen konnte, da er kein Rechtssubjekt dieser Rechtsordnung darstellte.[109] Selbst wenn völkerrechtliche Verträge als Gegenstand den Schutz des Menschen beinhalteten, wurden sie so verstanden, dass sie keine Rechte des geschützten Menschen begründen, sondern lediglich die Staaten zum Schutz auf zwischenstaatlicher

---

104 *Tomuschat*, Grundpflichten des Individuums, in: AVR 21 (1983), 289, 307, 309; BVerfGE 2, 374 f. zur damaligen Ansicht, Völkerrechtssubjekt könne nicht sein, wer in jeder Hinsicht einer übergeordneten staatlichen Gemeinschaft unterworfen sei; im Hinblick auf dieses Unterworfen sein könne keine Rechts- oder Handlungsfähigkeit dieser Rechtspersonen im Völkerrecht angenommen werden.

105 *Tomuschat*, Grundpflichten des Individuums, in: AVR 21 (1983), 289, 312.

106 *Schwartmann*, Private im Wirtschaftsvölkerrecht, 11; *Dahm/Delbrück/Wolfrum*, Völkerrecht I/2, § 109 I 1 (S. 259 f.).

107 *Manner*, The Object Theory, in: AJIL 46 (1952), 428 mit ausführlichen Nachweisen zu den Vertretern der Objektstheorie zu Anfang des 20. Jahrhunderts.

108 *Manner*, The Object Theory, in: AJIL 46 (1952), 428, 429.

109 *Franck*, Individuals, in: *Hofmann*, Non-State Actors, 98; *Schwartmann*, Private im Wirtschaftsvölkerrecht, 11, vgl. dort Fn. 31.

Ebene verpflichten.[110] Im Ergebnis wurde also die vorherrschende Objektstheorie zur Bestimmung und Begründung der Völkerrechtssubjektivität
angewandt, wonach der einzelne Mensch lediglich durch seinen Heimatstaat als dessen Angehöriger am Völkerrecht teilhaben konnte. Er selbst
wurde als nicht rechtsfähig angesehen und war daher von der Völkerrechtsordnung ausgeschlossen. Es scheint jedoch, dass der Hauptgrund in
der Nichtanerkennung der Völkerrechtssubjektivität des Einzelnen wohl
eher darin lag, dass die Völkerrechtsnormen zum Zeitpunkt der Begründung der Objektstheorie den einzelnen Menschen nicht als Rechtssubjekt
berücksichtigten und anerkannten und bis auf wenige Ausnahmen tatsächlich allein auf Belange von Staaten inhaltlich ausgerichtet waren. Die
Hauptauswirkung der Objektstheorie für den Menschen im Völkerrecht,
nämlich seine Mediatisierung und Objektivierung, soll wird im Anschluss
näher erörtert werden.

II.   Mediatisierung und Objektivierung des Einzelnen

1.   Mediatisierung und Objektstheorie

Ausgangsbasis für die klassische Ansicht von der Völkerrechtssubjektivität oder auch Objektstheorie genannt ist das Verständnis des Verhältnisses
von nationalem Recht und internationalem Recht im Sinne des Dualis-
mus.[111] Im klassischen Völkerrecht bis zum Ende des zweiten Weltkriegs
waren, wie bereits erörtert, nur Staaten als Völkerrechtssubjekte anerkannt, wobei das Individuum selbst nur mittelbar über das Medium des
Staates ähnlich wie im klassischen deutschen Staatsrecht mit dem Völkerrecht in Berührung kam.[112] Eine der wenigen Möglichkeiten, wie das Völkerrecht überhaupt Wirkung für den Einzelnen entfaltete, war durch Vermittlung seines Heimatstaats, falls dieser aufgrund eigener völkerrechtlicher Rechte oder Pflichten entsprechende innerstaatliche Regelungen mit

---

110 Vgl. *Franck*, Individuals, in: *Hofmann*, Non-State Actors, 98 ff.
111 *Verdross/Simma*, Universelles Völkerrecht, § 423 (S. 255 f.); unterschiedliche
     Auffassungen zur Völkerrechtssubjektivität nicht-territorialer Einheiten ist auf
     die Prägung durch unterschiedliche Erkenntnismethoden, nationale Rechtssyste-
     me und der sie vertretenden Persönlichkeiten zurückzuführen, *Mosler*, Völker-
     rechtssubjekte, in: ZaöRV 22 (1962), 1, 11.
112 *Wahl*, Der Einzelne, in: Der Staat 40 (2001), 45, 57; *Dahm/Delbrück/Wolfrum*,
     Völkerrecht I/2, § 109 I 1 (S. 259).

48

Bezug auf den Menschen schuf.[113] Das Individuum wird somit im klassischen Völkerrecht nur durch staatliche Vertretung in das Völkerrecht einbezogen und erlangt nur insoweit Bedeutung als es Angehöriger eines Staates ist. Als Beispiele für diese Mediatisierung können die Gewährung diplomatischen Schutzes[114] und die Geltendmachung von Wiedergutmachungsansprüchen angeführt werden.[115] Durch die Mediatisierung konnte und war der Einzelne zwar Gegenstand völkerrechtlicher Regelungen, auch zu seinem Schutz, war aber zu deren Inanspruchnahme auf den Heimatstaat angewiesen, sozusagen „Nutznießer"[116]. Aber es wurden dem einzelnen Individuum keine eigenen Rechte verliehen. Die von der Objektstheorie vertretene Mediatisierung führte also nicht zur Annahme oder Verleihung eigener Rechtspersönlichkeit, sondern lediglich zu einem eigenen Status. Da der Einzelne insofern keine Rechte oder Pflichten im Völkerrecht besitzen konnte, hatte er auch keine Partei- und Prozessfähigkeit vor internationalen Gerichten.[117]

2. Kritikpunkte

Diese vorherrschende Objektivierung des Einzelnen im Völkerrecht wurde vor allem von der rechtssoziologischen Schule[118] vehement kritisiert, weil es ein Widerspruch in sich ist, dass alle höher entwickelten Staatsformen, die einzelne Person als das anerkennen, was sie ist, nämlich ein Mensch und sie nur im Völkerrecht auf unnatürliche Weise wie eine gewöhnliche

---

113 *Manner*, The Object Theory, in: AJIL 46 (1952), 428.

114 Im Rahmen des diplomatischen Schutzes kann nur der Heimatstaat gegenüber dem Gaststaat eine Verletzung der Rechte seines Staatsangehörigen auf dem Gebiet des Gaststaates geltend machen. Vgl. *Hailbronner*, in: *Vitzthum*, Völkerrecht, S. 170, wonach der Heimatstaat wirksam auf das Recht des diplomatischen Schutzes verzichten kann, nicht jedoch der Staatsangehörige selbst, mit Verweis auf *Vicuna*, ILA, London Conference 2000, 30 f.

115 *Verdross/Simma*, Universelles Völkerrecht, § 47 (S. 39); eigener Status konnte z. B. die Eigenschaft als Flüchtling oder Fremder sein, siehe *Schwartmann*, Private im Wirtschaftsvölkerrecht, 13.

116 *Wahl*, Der Einzelne, in: Der Staat 40 (2001), 45, 57; *Hailbronner*, in: *Vitzthum*, Völkerrecht, 170; *Manner*, The Object Theory, in: AJIL 46 (1952), 428, 432 f.

117 *Dahm/Delbrück/Wolfrum*, Völkerrecht I/2, § 109 I 1 (S. 260).

118 Unter anderen vertreten von *Krabbe*, Die Lehre von der Rechtssouveränität; *Politis*, Les nouvelles tendences du droit international; *Duguit*, Traité du droit constitutionnel; vgl. *Salle*, 29 ff.

Sache behandelt werden sollte.[119] Nach dieser Gegenauffassung wäre der Mensch das einzige, eigentliche und endgültige Subjekt des Völkerrechts.[120] Dieser Pauschalisierung ist entgegenzutreten, da das Völkerrecht des 19. Jahrhunderts nicht mit einer ausdifferenzierten innerstaatlichen Rechtsordnung verglichen werden kann. Doch der Grund für diese Animosität, Menschen an sich Regelungen nicht rechtlos zu unterwerfen, gegenüber der Objektstheorie mag verständlich sein. Einige Regelungen des Völkerrechts nahmen auch in irgendeiner Weise auf den Einzelmenschen oder dessen Umfeld Bezug, dabei darf aber nicht übersehen werden, dass dieser dadurch nicht zum eigentlichen Subjekt dieser Regelungen wurde. Dies entsprach nicht der Intention der die Regelungen schaffenden Staaten. Den Einzelmenschen traf lediglich ein Reflex dieser Regelungen. Von der Gegenposition wird weiter vorgebracht, dass die strenge Objektstheorie lediglich zu einer Schädigung der demokratischen Ausrichtung von Staaten führt und die Sicherheit und das Bestehen der ganzen Völkerrechtsordnung gefährdet.[121] Infolge der fehlenden Einklagbarkeit völkerrechtlicher Anforderungen an den Staat als einzigem Adressaten dieser Rechtssätze wird außerdem deren effektive Beachtung und Weiterentwicklung durch die in die Pflicht genommenen Staaten gehemmt, ganz nach dem Motto „Wo kein Kläger, da kein Richter".[122] Dagegen wenden Befürworter der Objektstheorie ein, dass auch nur ein Staat der internationalen Verantwortlichkeit für die völkerrechtswidrigen Handlungen seiner Organe, hinter denen letzten Endes Menschen stehen, haftet und nicht der einzelne Amtsträger, der die Handlung in Wirklichkeit vorgenommen hat

---

119 *Manner* mwN, The Object Theory, in: AJIL 46 (1952), 428, 430.
120 Diese Extremposition vertritt, dass der Mensch das einzige Völkerrechtssubjekt ist, da es nur ihm möglich ist, seinen eigenen Willen zu bilden und zu äußern. Zu dieser Annahme gelangt diese Meinung, indem sie juristische Personen und auch den Staat als bloße Fiktion ohne selbstständige Rechtspersönlichkeit ansieht. Diese Ansicht ist aber im Hinblick auf die gegebene Rechtsrealität abzulehnen, da sie aus einer praktischen Perspektive nicht handhabbar ist und die Unterschiede zwischen rein privatem und öffentlichem Handeln für den Staat verkennt oder anders gesprochen „von einem philosophischen Standpunkt aus mag Scelle [der Hauptvertreter der rechtssoziologischen Schule] völlig recht haben, zu Definition eines Hilfsbegriffs der Rechtswissenschaft bei der Beschreibung konkreter Rechtsordnungen sollte er jedoch nicht verwandt werden"; so formuliert sehr treffend die Ablehnung der rechtssoziologischen Schule *Kischel*, State Contracts, 243; *Dahm/Delbrück/Wolfrum*, Völkerrecht I/2, § 109 I 2 (S. 260); Hobe, Nichtregierungsorganisationen, in: AVR 37 (1999), 152, 157.
121 *Manner*, The Object Theory, in: AJIL 46 (1952), 428, 431.
122 Ibid., 431.

und konsequenterweise dann auch die Rechte seiner verletzten Staatsangehörigen auf völkerrechtlicher Ebene durchsetzen müsste.[123] Viele dieser
Positionen sind vom heutigen Entwicklungsstand des Völkerrechts nicht
mehr haltbar. Die Regelungsbereiche des Völkerrechts des 21. Jahrhunderts betreffen kaum noch Sachverhalte, die sich nur auf das Verhältnis
zwischen Staaten beziehen, sondern schlagen vielfach auf den Lebens-
und Wirkbereich des Menschen durch. Seit der Schaffung der völkerrechtlichen strafrechtlichen Verantwortlichkeit kann auch nicht mehr damit für
die strenge Objektstheorie ins Feld geführt werden, dass den Staat auch alle völkerrechtlichen Pflichten, insbesondere die Haftung für das Handeln
seiner Staatsorgane selbst trifft.

Derartige Weiterentwicklung und Neuerungen[124] konnten daher auch
von Vertretern der Objektstheorie im Völkerrecht nicht ignoriert werden.
Es wurde eingeräumt, dass ausnahmsweise ein Individuum Völkerrechtssubjekt sein könnte, wenn eine völkerrechtliche Regelung ihm ausdrücklich ein Recht verleiht oder eine Pflicht auferlegt.[125] Trotz dieser teilwei-
sen Akzeptanz subjektiver völkerrechtlicher Rechte des Einzelnen aus
dem Völkerrecht, wurde die Annahme einer (partiellen) Völkerrechtssubjektivität des Einzelnen weiterhin von einer großen Mehrheit als „indivi-
dualistische Schaffung einer Gleichheit", die es im Völkerrecht nicht gibt
oder auch als „Entstaatlichung des Einzelmenschen" abgelehnt.[126] Im Angesicht der neuen Entwicklung, direkte Rechte oder Pflichten des Individuums im Völkerrecht zu bejahen, sehen die Anhänger der Objektstheorie
dennoch keinen Widerspruch zu ihrem Standpunkt, sondern eine logische
Konsequenz, da der Einzelne zwar der Endadressat völkerrechtlicher Regelungen ist, jedoch auf eine teleologische, nicht juristische Weise, was im
Völkerrecht nur durch Mediatisierung des Menschen als Objekt des Völkerrechts verwirklicht werden kann.[127] Der Konflikt, dass nach der Praxis
im Völkerrecht beginnend nach dem ersten Weltkrieg, der Einzelne
durchaus vereinzelt direkte Rechte oder Pflichten aus dem Völkerrecht erhält, jedoch weiterhin auf einer Objektivierung bestanden wird, wird von
Vertretern der Objektstheorie mit dem Hinweis abgetan, dass es sich hier-

---

123 Ibid., 431.
124 Z. B. aufgrund des Vertrags von Washington über die Errichtung eines Gerichts-
     hofes für Zentralamerika 1907, der auf den Einzelnen nicht nur als Begünstigter,
     sondern als Rechtsinhaber internationaler Rechtspositionen Bezug nahm.
125 *Manner*, The Object Theory, in: AJIL 46 (1952), 428, 434.
126 *Dietze*, Europarecht als Einheit, in: ZfV (1936), 290 ff., 319 ff.; *Walz*, in: 3 Völ-
     kerbund und Völkerrecht (1936-1937), 594 ff.
127 *Manner*, The Object Theory, in: AJIL 46 (1952), 428, 437.

bei um Ausnahmefälle handelt, was ihn nicht zu einem Völkerrechtssubjekt werden lässt.[128] Dagegen ist einzuwenden, dass nach der allgemeinen Definition der Völkerrechtssubjektivität keine konkrete Anzahl von Rechten oder Pflichten einer Rechtsperson verlangt wird, sondern eben nur das Bestehen von unmittelbar aus dem Völkerrecht fließenden Rechten oder Pflichten. Danach können wohl schon „isolierte" Ausnahmefälle ausreichen. Die Objektstheorie war sicherlich aufgrund der Natur und den Regelungsbereichen des Völkerrechts im 19. Jahrhundert angebracht. Es muss jedoch berücksichtigt werden, dass sich das Völkerrecht gewandelt und weiterentwickelt hat. Eine strenge Objektstheorie ist nicht mehr vertretbar, da es unbestritten ist, dass dem Einzelnen unmittelbare völkerrechtliche Rechte und Pflichten zukommen können. Ob diese Entwicklung zur Völkerrechtssubjektivität des Individuums im Allgemeinen geführt hat und welche Anforderungen an völkerrechtliche Rechte und Pflichten für eine Völkerrechtssubjektivität des Individuums zu stellen sind, ist nachfolgend zu untersuchen.

C. Partielle Völkerrechtssubjektivität des Individuums

Durch die Weiterentwicklung des Völkerrechts könnte sich der Kreis der Völkerrechtssubjekte vergrößert haben. Es soll demnach erörtert werden, ob der Einzelne eine - womöglich nur partielle - Völkerrechtssubjektivität erlangt hat, was mit der Frage nach dessen völkerrechtlicher Rechts- und Pflichtenstellung beziehungsweise dessen Rechtspersönlichkeit gleichgesetzt werden kann. Wie bereits als allgemeine Definition festgelegt, ist Rechtssubjekt des Völkerrechts, wer Träger von völkerrechtlichen Rechten und Pflichten sein kann.[129] Mosler gibt wahrscheinlich zu Recht kritisch zu bedenken, dass man die Bezeichnung Rechtspersönlichkeit für andere Gebilde als Staaten im Völkerrecht meiden sollte, da es zweifelhaft ist, ob

> „der Begriff der Völkerrechtspersönlichkeit, der an der im großen und ganzen einheitlichen Vorstellung vom Staate gebildet war, geeignet ist, auch Wirkungseinheiten aufgeprägt zu werden, die nur in einzelnen, oft sehr begrenzten Beziehungen [im Völkerrecht] rechtsfähig sind."[130]

---

128 *Manner*, The Object Theory, in: AJIL 46 (1952), 428, 447.
129 Siehe oben unter A.; vgl. mwN *Hailbronner*, in: *Vitzthum*, Völkerrecht, 168 ff.; *Verdross/Simma*, Universelles Völkerrecht, § 375 (S. 221 f.), §§ 422 ff (S. 255).
130 *Mosler*, Völkerrechtssubjekte, in: ZaÖRV 22 (1962), 1, 19.

Diese Problematik lässt sich sehr elegant und funktionell umgehen, wenn man die Frage der Rechtspersönlichkeit von Individuen in Bezug auf die ihm faktisch zukommenden Rechte und Pflichten beurteilt, also nach seiner tatsächlichen Position im Völkerrecht und nicht nach seiner Struktur.[131] Teilweise wird aus diesem Grund zwischen Völkerrechtsperson und Völkerrechtssubjekt getrennt, um damit den strukturellen Unterschied zwischen den einerseits Völkerrecht schaffenden Staaten und andererseits den diesen Rechtssätzen unterworfenen Rechtssubjekten.[132] Die Frage nach der Völkerrechtssubjektivität des Einzelnen drängt sich immer stärker auf wegen der Vielzahl einzelner (Rechts-)Gebiete und Normen, in denen sich der Einzelne aus der staatlichen Mediatisierung herausgelöst hat. Zu diesen dogmatischen Veränderungen kommt es durch die Schaffung neuer oder einer dementsprechenden Anwendung und Auslegung bereits bestehender völkerrechtlicher Verträge, die nicht nur auf die Interessen des Individuums Bezug nehmen, sondern es als unmittelbaren Träger völkerrechtlicher Rechte und Pflichten, eventuell mit der Möglichkeit, diese auf internationaler Ebene durchzusetzen, empor heben. Hinzukommt die Diskussion über einen Mindeststandard universeller Menschenrechte, die unabhängig von einer völkervertraglichen Bindung von allen Staaten beachtet werden müssen.[133]

I. Historische Entwicklung der Theorie einer partiellen Völkerrechtssubjektivität des Einzelnen

Die Frage nach der Völkerrechtssubjektivität des Individuums erlangte seit dem Ende des zweiten Weltkriegs immer mehr Bedeutung, was unter anderem mit der Ausweitung und der steigenden zwischenstaatlichen Bedeutung des internationalen Schutzes der Menschenrechte in dieser Zeitperiode in Verbindung gebracht werden kann.[134] Dass der Bereich der Völkerrechtsfähigkeit bzw. der am Völkerrechtsverkehr teilnehmenden

---

131 So nämlich zuerst *Verdross*, Völkerrecht, 1962, 127 ff.
132 *Mosler*, Völkerrechtssubjekte, in: ZaÖRV 22 (1962), 1, 22; *Verdross*, Völkerrecht, 1962, 128 f.
133 *Verdross/Simma*, Universelles Völkerrecht, § 48 (S. 39).
134 *Shaw*, International Law, S. 257 f.; Der bekannte Ausspruch aus dem Urteil kann im Völkerrecht des 21. Jahrhunderts keine Geltung mehr beanspruchen, PCIJ, *Serbian Loans*, PCIJ, Serie A, No. 20/21, 41: „Tout contrat qui n'est pas un contrat entre des Etats en tant que sujets du droit international a son fondement dans une loi internationale".

Subjekte, sich wandeln kann und nicht von vornherein mit wenigen Ausnahmen auf die Staaten festgelegt ist, zeigt das Beispiel der internationalen Organisationen: in der Neuzeit sind diese unproblematisch als Völkerrechtssubjekt anerkannt und der Völkerrechtsverkehr würde ohne derartige Formen der institutionalisierten Zusammenarbeit nicht mehr effektiv funktionieren können.[135] Im Einklang dazu steht die Annahme, dass die einzige historische Voraussetzung der Völkerrechtsfähigkeit zwar ein gewisser territorialer Bezug[136] war, aber sie grundsätzlich kein Gebilde darstellen sollte, was nur für Staaten Anwendung finden konnte.[137] In der immer wieder aufflammenden Diskussion um andere Völkerrechtssubjekte als die mit Gebietshoheit ausgestatteten Staaten am Anfang des 20. Jahrhundert wurde vor allem das Argument angeführt, dass eine derartige Anerkennung anderer Völkerrechtssubjekte ohne Gebietsherrschaft die Souveränität der Staaten abschaffen würde.[138] Deswegen ging die - wahrscheinlich heutzutage überkommene - positivistische Lehre davon aus, dass aufgrund der Rechtsnatur des Völkerrechts als zwischenstaatliches Recht nur Staaten als Völkerrechtssubjekte anerkannt werden können.[139] Spätestens seit der Anerkennung von internationalen Organisationen als Völkerrechtssubjekte dürfte diese Ansicht als realitätsfern und veraltet zurückzuweisen sein. Eine wichtige Erkenntnis, die aus diesen Diskussionen um eine Völkerrechtsfähigkeit anderer Einheiten als den Staaten aber gezogen werden kann, ist die Tatsache, dass der Kreis der Völkerrechtssubjekte zwar nicht abschließend ist, es aber Unterschiede zwischen den einzelnen Völkerrechtssubjekten ihrer Natur nach geben muss.

Des Weiteren kann eine unterschiedliche Dynamik bei der Entwicklung hinsichtlich einer Völkerrechtsfähigkeit des Einzelnen vor und nach dem zweiten Weltkrieg beobachtet werden. Spielte vor dem zweiten Weltkrieg eine dahingehende Lehre kaum eine Rolle, wurde sie durch die geschichtlichen Vorkommnisse dieser Zeit zum Leben erweckt. Dieses neue Bewusstsein kann man wohl mit den im Zweiten Weltkrieg gemachten Erfahrungen im Zusammenhang mit äußerst schwerwiegenden Verletzungen

---

135 *Walter*, Subjects of International Law, in: MPEPIL 2009, Rn. 4; *Mosler*, Völkerrechtssubjekte, in: ZaöRV 22 (1962), 1, 2 mwN.

136 Z. B. der Heiligen Stuhl, der sicher kein Staat im ursprünglichen Sinne ist, aber bei dem ein territorialer Bezug oder Basis festgestellt werden kann.

137 *Mosler*, Völkerrechtssubjekte, in: ZaöRV 22 (1962), 1, 7; *Hobe*, Individuals, in: *Hofmann*, Non-State Actors, 118 f.

138 *Franck*, Individuals, in: Hofmann (Hrsg.), Non-State-Actors, 97 f.; *Mosler*, Völkerrechtssubjekte, in: ZaöRV 22 (1962), 1, 9.

139 M.w.N. *Kischel*, State Contracts, 240.

der Menschenrechte erklären.[140] Durch diese Situation wurde aufgezeigt, dass ein intensives Bedürfnis besteht, Menschenrechte unabhängig von einer Mediatisierung durch den Heimatstaat zu schützen, weil dieser beispielsweise nicht mehr in der Lage ist, seine Angehörigen zu schützen, der Staat nicht mehr funktionsfähig ist oder aber die Menschenrechte bestimmter Angehöriger einfach nicht zu schützen gewillt ist. Im Zuge dieser Entwicklung wird erstmals eine Art völkerrechtliche Verantwortlichkeit für den Einzelnen im Bereich des Strafrechts in der sogenannten Nuremberg Charter 1945/46[141] für Verbrechen gegen den Frieden, Kriegsverbrechen und Verbrechen gegen die Menschlichkeit auferlegt; ähnliche Tatbestände folgten in der Genocide Konvention 1948[142] und der Konvention zur Verurteilung der Apartheid 1973[143]. Trotz der Veränderungen und man könnte sagen eines größeren Bewusstseins für Individualrechte und Menschenrechte insbesondere nach Ende des Zweiten Weltkriegs, eine Periode, die sicherlich eine neue Entwicklung eingeläutet hat, sind sichtliche Veränderungen nach der Beendigung der Kriegsverbrecherprozesse in der Nachkriegszeit zunächst für die Stellung des Individuums nicht eingetreten.[144]

Ein weiteres geschichtliches Ereignis hatte maßgeblichen Einfluss auf die Weiterentwicklung der Völkerrechtssubjektivität des Menschen, das Ende des Ost-West-Konflikts. Während der Schlussphase des Kalten Krieges nahm die Anteilnahme und das Interesse der Öffentlichkeit an den Geschehnissen im Ost-West-Konflikt und seiner Austragung in Satellitenstaaten bedingt durch verbesserte Kommunikationsmöglichkeiten immer mehr zu und es versuchten vor allem nichtstaatliche Rechtspersonen, wie Individuen, internationale Organisationen und nichtstaatliche Interessenverbände Einfluss auf seine Entwicklung und die staatlichen Akteure zu nehmen.[145] Dadurch traten sie vermehrt auf völkerrechtlicher Ebene als

---

140 *Franck*, Individuals, in: *Hofmann*, Non-State Actors, 97 f.; *Dahm/Delbrück/Wolfrum*, Völkerrecht I/2, § 109 III 4 (S. 265 f.).

141 UN, Charter of the International Military Tribunal – Annex to the Agreement for the prosecution and punishment of the major war criminals of European Axis (London Agreement), 82 U.N.T.S. 284, in Kraft getreten am 8.08.1945.

142 UN, Convention on the Prevention and Punishment of the Crime of Genocide, Res. 260 A (III), 09.12.48, in Kraft getreten am 12.01.51, BGBl. 1954 II, 730 ff.

143 UN, International Convention on the Suppression and Punishment of the Crime of Apartheid, Res. 3068 (XXVIII), 30.11.73, in Kraft getreten am 18.07.76, U.N.T.S. Vol. 1015, 243.

144 *Hobe*, Individuals, in: *Hofmann*, Non-State-Actors, 120.

145 *Wagner*, Non-State Actors, in: MPEPIL 2009, Rn. 18; *Hobe*, Individuals, in: *Hofmann*, Non-State Actors, 131 f.

neue Akteure in Erscheinung und versuchten, die Schaffung neuer völkerrechtlicher Mechanismen zur Bekämpfung globaler Probleme und die Entstehung neuer völkerrechtlicher Konventionen voranzutreiben. Zudem
wurde durch das Ende des Ost-West-Konfliktes eine weltweite Weiterentwicklung des Völkerrechts überhaupt erst möglich.[146]

Daher kann im modernen Völkerrecht nicht mehr von einer strengen
Mediatisierung des Individuums im Völkerrecht ausgegangen werden, da
dem Individuum bestimmte völkerrechtliche Rechte und Pflichten unabhängig von einer Vermittlung durch den Staat zuerkannt werden.[147] So
stellte bereits der StIGH im Danziger Bahnbeamtenfall[148] fest, dass entgegen des vorliegenden Falles subjektive Recht durch Völkervertragsrecht
und nicht nur durch nationales Recht den Individuen zugewiesen werden
können, wenn das die Absicht der Vertragsparteien war. Diesem Fall kann
bereits entnommen werden, was auch das BVerfG[149] in seinen Urteilen
angemerkt hat, dass grundsätzlich ein völkerrechtlicher Vertrag sehr wohl
subjektive Rechte an den Einzelnen verleihen kann, dies aber das Ergebnis
einer unmissverständlichen Intention der Vertragsparteien sein muss. So
erkennt auch der deutsche Bundesgerichtshof einen Wandel im modernen
Völkerrecht und daher die partielle Völkerrechtsfähigkeit des Individuums
an:

„Die Mediatisierung des Einzelnen durch den Staat im Völkerrecht hat allerdings
im Zusammenhang mit der Fortentwicklung und Kodifizierung des internationalen
Menschenrechtsschutzes nach dem Zweiten Weltkrieg Korrekturen erfahren. Diese Entwicklung gebietet es, das Individuum zumindest als partielles Völkerrechtssubjekt anzuerkennen (...).“[150]

Wenn aber dem Individuum eigene Rechte und Pflichten unmittelbar
durch das Völkerrecht zugewiesen werden, muss konsequenterweise auch
die Frage der Völkerrechtssubjektivität des Einzelnen anders beurteilt
werden. Richtigerweise ist die Veränderung der Stellung des Einzelnen
seit Mitte des 20. Jahrhunderts aber ein partieller und fragmentarischer

---

146 *Grzeszick*, Rechte des Einzelnen im Völkerrecht, in: AVR 43 (2003), 312, 315;
    Hobe, Individuals, 123 f.
147 *Shaw*, International Law, 259; *Seidl*, Völkerrechtsordnung, in: AVR 38 (2000),
    23, 33; *Verdross/Simma*, Universelles Völkerrecht, § 430 (S. 260).
148 PCIJ, *Courts of Danzig*, PCIJ Serie B, Nr. 15 1982, 4, 287: „But it cannot be dis-
    puted that the very object of an international agreement, according to the inten-
    tion of the contracting Parties, may be the adoption by the parties of some defi-
    nite rules creating individual rights and obligations (...)“.
149 BVerfG, NJW 2006, 2542, 2543.
150 BGH, Urteil vom 2. November 2006, Az. III ZR 190/05, Rz. 7.

Vorgang.[151] Ausgangspunkt für diese Entwicklung sind die Menschenrechte als existenzielle Rechtsposition.[152] Als Glanzstück und Vorantreiber der Entstehung völkerrechtlicher Rechtspositionen des Individuums kann sicherlich die EMRK[153] als regionaler völkerrechtlicher Vertrag angesehen werden, der neben zahlreichen Individualrechten und -garantien nachträglich auch eine Individualrechtsbeschwerde, somit einen effektiven völkerrechtlichen Durchsetzungsmechanismus, einführte. Daneben sind auch der Abschluss anderer, teils regionaler Menschenrechtskonventionen wie die AMRK[154] und die Afrikanische Menschenrechtskonvention[155] sowie der IPBPR[156] und der IPwskR[157] mit unterschiedlicher Schutzintensität im Hinblick auf das Individuum zu nennen.

Man kann also auf eine beachtliche Weiterentwicklung in speziellen Bereichen, nicht aber in der Breite des Völkerrechts zurückblicken, wobei die Entwicklung in den speziellen Bereichen des Völkerrechts unterschiedlich verläuft. Zum Beispiel im Umweltvölkerrecht nicht durch eine Subjektivierung, sprich Zuweisung völkerrechtlicher subjektiver Rechte, sondern durch Einräumung prozeduraler Befugnisse wie beispielsweise Beteiligungs- und Informationsrechte, Inspektionssysteme und Compliance Control oder in der weitestgehenden Form durch die Verpflichtungen der Staaten, den Einzelnen auf nationaler Ebene subjektive Rechte und Klagebefugnisse zu gewähren.[158]

---

151 *Wahl*, Der Einzelne, in: Der Staat 40 (2001), 45, 57; *Kimminich*, Völkerrecht, 198 mit deutlicher Charakterisierung und Zurückweisung der Objektstheorie; *Hobe/Kimminich*, Völkerrecht, 160 ff.

152 *Seidl*, Völkerrechtsordnung, in: AVR 38 (2000), 22, 35 f.; *Schwartmann*, Private im Wirtschaftsvölkerrecht, 14.

153 Vom 4.11.1950, in der Fassung der Neubekanntmachung vom 17.05.2002 (BGBl. II S. 1054), in Kraft getreten am 3.09.1953. Für eine kurze Schilderung der Entwicklung und Bedeutung der EMRK, vgl. *Hobe*, Individuals, in: *Hofmann*, Non-State Actors, 123.

154 American Convention on Human Rights (Pact of San José) 1969, in Kraft getreten am 18.07.1978.

155 African Charter on Human and Peoples' Rights, 27.06.1981, U.N.T.S. Vol. 1520, I-26363.

156 Vom 19.12.1966 (BGBl. 1973 II S., 1534), in Kraft getreten am 23.03.1976, auch für die BRD.

157 Vom 9.12.1966 (BGBl. 1973 II S. 1570), in Kraft getreten am 3.01.1976, ebenfalls für die BRD.

158 *Wahl*, Der Einzelne, in: Der Staat 40 (2001), 45, 61.

II. Abgeleitete und originäre, partielle und unbeschränkte Völkerrechtssubjekte

Eine wichtige Erkenntnis, die aus diesen Diskussionen um eine Völkerrechtsfähigkeit nicht territorialer Einheiten gezogen werden kann, ist die Unterscheidung zwischen ursprünglichen und umfassenden Völkerrechtssubjekten, die „grundsätzlich alle im Völkerrecht möglichen Funktionen ausüben und grundsätzlich alle Rechts- und Pflichtpositionen einnehmen können"[159] und der auf ein gewisses Recht oder Rechtsgebiet begrenzten Völkerrechtssubjekte. So unterscheidet Mosler soziologisch-rationell eine qualitativ abgestufte Ordnung an Völkerrechtssubjekten, nämlich

> „(…) notwendigen Rechtssubjekten, d.h. solchen, zwischen denen sich die Ordnungs- und Gerechtigkeitsfunktion der Völkerrechtsordnung vollzieht, und Rechtssubjekten, die ihre beschränkte Fähigkeit, an dieser Rechtsordnung teilzunehmen, von der ersten Gruppe ableiten."[160]

Die Aufgabe der Erzeugung von neuem Völkerrecht wird zumeist von den Staaten wahrgenommen, die Träger von allen völkerrechtlichen Rechten und Pflichten sein können und daher auch den Namen „geborene" Völkerrechtssubjekte tragen.[161] Unbeschränkte oder auch originäre[162] (notwendige) Völkerrechtssubjekte sind nur Staaten[163], da sie keinen Beschränkungen hinsichtlich ihrer völkerrechtlichen Rechte und Pflichten unterliegen. Auch wenn sich seit dem Ende des zweiten Weltkriegs die Anzahl der Völkerrechtssubjekte nicht nur der Anzahl[164] nach, sondern auch inhaltlich verändert hat, zeigt ein Blick auf verschiedene Völkerrechtssätze[165], dass die Staaten weiterhin eine vorrangige Rolle im Völkerrecht spielen. Unbestritten ist, dass das Völkerrecht historisch die Rechtsordnung souveräner Staaten ist, die nach ihrer Funktion Völkerrecht schaffen und denen alle

---

159 *Mosler*, Völkerrechtssubjekte, in: ZaÖRV 22 (1962), 1, 10.
160 Ibid., 25.
161 *Hobe*, Nichtregierungsorganisationen, in: AVR 37 (1999), 152, 158.
162 Originär, da die Völkerrechtssubjektivität der Staaten aus ihrer Natur als souveräner Staat heraus fließt und selbst Völkerrecht schaffen; vgl. *Verdross/Simma*, Universelles Völkerrecht, §§ 376, 377 (S. 222).
163 Abgesehen von den Völkerrechtssubjekten sui generis wie Heiliger Stuhl, Souveräner Malteser Orden und Internationales Komitee des Roten Kreuz.
164 Die Anzahl der auf der Welt befindlichen Staaten stieg im 20. Jahrhundert schlagartig an, z. B. durch die Bildung und Unabhängigkeit der afrikanischen Staaten oder Zerfall der Sowjetunion und Gründung neuer Staaten in Osteuropa.
165 Gem. Art. 34 IGH Statut sind nur Staaten parteifähig vor dem IGH, nach Art. 3,4 UN-Charta können nur Staaten Mitglieder der UN werden oder nach Art. 35 UN-Charta den UN-Sicherheitsrat anrufen.

Rechtspositionen zustehen können. Um solchen Umständen Rechnung zu tragen, muss bei verschiedenen Völkerrechtssubjekten nach Art und Umfang ihrer völkerrechtlichen Rechts- oder Pflichtenstellung unterschieden werden.[166] Deswegen unterscheidet man einerseits unbeschränkte und andererseits beschränkte, also partielle Völkerrechtssubjekte, um die unterschiedlich weitgehende Rechts- oder Pflichtenstellung deutlich zu machen. Zur Schaffung partieller Rechtsfähigkeit sind nur die Staaten als originäre Völkerrechtssubjekte aufgrund dieser Vorrangstellung in der Völkerrechtsordnung befugt und die geschaffenen Rechtssubjekte haben im Verhältnis zu ihren Schöpfern oder sie anerkennenden Dritten relative Wirkung.[167] Der Rechtsverkehr zwischen den verschiedenen Völkerrechtsubjekten unterschiedlicher Abstufung erfolgt aber auf gleicher Ebene.[168] Da ihr Entstehen, Bestand und ihre Ausgestaltung von den Staaten bestimmt werden, sollten sie als abgeleitete oder nach ihrer Stellung in der Völkerrechtsordnung zweitrangige[169] Völkerrechtssubjekte bezeichnet werden. Ein Wechsel aus der Gruppe der abgeleiteten Rechtssubjekte hin zu den notwendigen ist dennoch möglich, wenn deren Funktion in der Völkerrechtsordnung so verselbstständigt ist und für deren Bestehen elementar wird, so dass sie zum notwendigen Rechtssubjekt aufsteigen unabhängig von Partikularinteressen.[170] Die abgeleitete Völkerrechtssubjektivität erstreckt sich auf Teile oder Positionen, die durch die Staaten zugewiesen wurden und ist infolgedessen auf die zugewiesenen Bereiche oder Einzelrechte beschränkt, das heißt partiell und nicht allumfassend wie die der originären Völkerrechtssubjekte.

Das Individuum kann somit von den originären Völkerrechtssubjekten, den Staaten, eigene Rechtsfähigkeit im Völkerrecht verliehen bekommen, was dem Einzelnen zu einer abgeleiteten Völkerrechtssubjektivität verhilft. Die abgeleitete partielle Völkerrechtsfähigkeit des Individuums beruht zumeist auf völkerrechtlichen Verträgen, dem häufigsten völkerrechtlichen Rechtssetzungsmechanismus. Wenn diese Rechtssubjektivität durch

---

166 *Schmalenbach*, Multinationale Unternehmen und Völkerrecht, in: AVR 39 (2001), 57, 65; *Hailbronner*, in: *Vitzthum*, Völkerrecht, 168.

167 *Mosler*, Völkerrechtssubjekte, in: ZaÖRV 22 (1962), 1, 32; *Schwartmann*, Private im Wirtschaftsvölkerrecht, 12.

168 *Mosler*, Völkerrechtssubjekte, in: ZaÖRV 22 (1962), 1, 47.

169 Dieser Begriff mag jedoch nach der Entwicklung in den letzten 60 Jahren auf die meisten der internationalen Organisationen nicht mehr zutreffen, was ein gutes Beispiel für die Entwicklung eines Völkerrechtssubjekts ist.

170 *Mosler*, Völkerrechtssubjekte, in: ZaÖRV 22 (1962), 1, 27; IGH, *Bernadotte*, ICJ Rep 1949, 185.

Vertrag geschaffen werden kann, bedeutet das aber auch für sie, dass sie nach den allgemein anwendbaren Grundsätzen des Vertragsrechts[171] verändert oder gar ganz beendet werden kann.[172] Solange dies aber nicht eintritt, bestehen die zugewiesenen Rechte in der vorgesehenen Form wirksam fort. Als Konsequenz hängt die Rechtsfähigkeit davon ab, dass der Einzelne irgendeine Rechts- oder Pflichtenposition im Völkerrecht innehat. Demnach muss von der Rechts- und Pflichtenstellung auf die Völkerrechtssubjektivität geschlossen werden und nicht umgekehrt, da die Bejahung einer Völkerrechtsfähigkeit oder –subjektivität an sich keine eigene Rechtsstellung verleihen kann. Diese muss für das Individuum als abgeleitetes, beschränktes Völkerrechtssubjekt durch die Verleihung von Rechten oder Pflichten durch völkerrechtliche Rechtserzeugung erst entstehen. Insofern ist das Individuum zwar kein dem Staat vergleichbares Völkerrechtssubjekt, man kann aber von einer partiellen Völkerrechtsfähigkeit ausgehen, wenn ihm konkrete Rechte und Pflichten zugewiesen werden.

III.   Zuweisung eigener Rechte und Pflichten

Im Gegensatz zu nationalen Rechtsordnungen finden sich im Völkerrecht bestimmte dogmatische Begrenzungen der sogenannten Völkerrechtsfähigkeit oder -subjektivität, da im Völkerrecht anders als im nationalen Recht kein zentraler Rechtssetzungs- oder Vollzugsapparat existiert und von der Bezeichnung als Völkerrechtssubjekt als solche keine Rechte oder Pflichten hergeleitet werden können.[173] Dies muss bei der Frage nach der Zuweisung völkerrechtlicher Rechte und Pflichten an den Einzelnen berücksichtigt werden. Bei dem Herangehen an diese Frage muss zuerst zwischen der grundsätzlichen Fähigkeit, Träger von Rechten und Pflichten, also Rechtssubjekt, sein zu können, und der Fähigkeit diese Rechte auch in einem internationalen Verfahren durchzusetzen, also einer Aktiv- bzw. Passivlegitimation, unterschieden werden. Ausgangspunkt für die Bestimmung der partiellen, abgeleiteten Völkerrechtssubjektivität des Einzelnen muss eine Untersuchung von Normen sein, erzeugt in einem zwischenstaatlichen Verfahren wie zum Beispiel dem Völkervertragsrecht, die den Einzelnen unmittelbar berechtigen oder verpflichten und keine re-

---

171 Die Beendigungstatbestände eines völkerrechtlichen Vertrages Art. 54 ff. WVK.
172 *Epping*, in: *Ipsen*, Völkerrecht, § 7 Rn. 4 ff.; *Dahm/Delbrück/Wolfrum*, Völkerrecht I/2, § 109 II 3 (S. 264).
173 Richtiger Weise *Clapham*, Human Rights Obligations, 71.

flexhafte Begünstigung des Einzelnen darstellen ohne ihm eine eigene Rechtsposition zu verleihen.[174] Bei Letzteren handelt es sich um Rechtsakte, die nach ihrem Regelungsgehalt, manchmal sogar zentral, Einzelinteressen abdecken oder Einzelnen sogar zu Gute kommen sollen, deren Rechtspositionen aber ausschließlich Rechte der Staaten darstellen. Derartige reflexhafte Begünstigungen von Individuen finden sich im Fremdenrecht, bei dem es sich um Rechte zwischen Gast- und Heimatstaat handelt, deren Einhaltung den Einzelnen aber unmittelbar begünstigt.[175] Gesteht man dem Individuum die Möglichkeit einer partiellen, abgeleiteten Völkerrechtsfähigkeit, die durchaus eine andere Wertigkeit als die der Staaten besitzt grundsätzlich zu, müssen also völkerrechtliche Normen existieren, die sich unmittelbar an den Einzelnen richten und ihm eigene Rechte oder Pflichten zuweisen.

1. Die Voraussetzung der Inhaberschaft eigener Rechte

Rechtsfähigkeit oder Subjektivität darf nicht gleichgesetzt werden mit der Fähigkeit, alle Rechte und Pflichten für sich in Anspruch zu nehmen, wie es im Völkerrecht oft für Staaten als klassische Völkerrechtssubjekte angenommen wird, sondern mit der grundsätzlichen Fähigkeit hinsichtlich bestimmter, eventuell einzelner Rechte oder Pflichten Rechtsträger zu sein.[176] Ein erster und äußerst wichtiger Schritt weg von der rechtlichen Nichtexistenz des Individuums im Völkerrecht wurde vom StIGH im Fall Jurisdiction of the Courts of Danzig getan.[177] In diesem Fall ging es um einen Vertrag (das Beamtenabkommen) zwischen Polen und Danzig, in dem die Aufnahme von Bahnbeamten und deren Arbeitsbedingungen geregelt war, die Polen in seinen Bahnbeamtenstab aufgenommen hatte. Polen ging davon aus, dass dieser Vertrag völkerrechtlicher Natur ist und deswegen Rechte und Pflichten für Danzig und Polen allein begründe. Die Gerichte von Danzig wären somit nicht zuständig, über Klagen zu entscheiden, die ein Teil dieser Bahnbeamten zur Entscheidung über deren

---

174 Vgl. *Verdross/Simma*, Universelles Völkerrecht, § 423; *Schwartmann*, Private im Wirtschaftsvölkerrecht, 5; Clapham, Human Rights Obligations, 70.

175 *Schwartmann*, Private im Wirtschaftsvölkerrecht, 22; *Verdross/Simma*, Universelles Völkerrecht, § 423 (S. 255 f.).

176 *Clapham*, Human Rights Obligations, 71; Wahl, Der Einzelne, in: Der Staat 40 (2001), 45, 58.

177 PCIJ, *Courts of Danzig*, PCIJ Serie B, Nr. 15 (1928) 4, 17-21.

Ansprüche vor sie gebracht hatten. Der StIGH formulierte in seiner Entscheidung folgende, entscheidende Worte:

> „It may be readily admitted that, according to a well established principle of international law, the *Beamtenabkommen*, being an international agreement, cannot, as such, create direct rights and obligations for private individuals. But it cannot be disputed that the very object of an international agreement, according to the intention of the contracting Parties, may be the adoption by the parties of some definite rules creating individual rights and obligations and enforceable by the national courts. That there is such an intention in the present case can be established by reference to the terms of the *Beamtenabkommen*."[178]

Dieser Aussage des StIGH ist zu entnehmen, dass es nicht von vornherein unmöglich ist, dass Einzelne völkerrechtliche Rechte und somit Völkerrechtssubjektivität erlangen, sondern dass es den Staaten frei steht, diese zu schaffen. Trotzdem wollte der StIGH zur damaligen Zeit damit nicht ausdrücken, dass das Beamtenabkommen dem Individuum unmittelbare Rechte verleiht, sondern lediglich betonen, dass es auf die Ausgestaltung des Vertrages ankommt und Staaten durchaus frei sind, ein zwischen ihnen geschlossenes Abkommen direkt auf den begünstigten Einzelnen anzuwenden.[179] Das steht in Einklang mit der Herangehensweise, dass Individuen Völkerrechtssubjektivität durch völkerrechtliche Rechtssetzung von den Staaten, also abgeleitet, erhalten können, wohingegen die Staaten eine originäre, nicht von irgendeiner Intention abhängige Völkerrechtssubjektivität innehaben. Für die Beantwortung der Frage nach der Völkerrechtssubjektivität von Individuen kommt es somit nicht auf eine historisch bedingte These an, sondern auf eine konkrete Untersuchung völkerrechtlicher Normen, auf den in ihnen zum Ausdruck kommenden Willen des Rechtssetzers. Danach wird das Individuum zum Rechtssubjekt, wenn eine völkerrechtliche Rechtsnorm ihm ein Recht unmittelbar gewährt. So wird von einer großen Mehrheit[180] angenommen, dass das Vorhandensein eines Rechts oder Pflicht unmittelbar aus dem Völkerrecht ausreicht, ohne dass für dieses Recht ein völkerrechtlicher Durchsetzungsmechanismus vorhanden sein müsste.

Schwartmann kategorisiert Verträge die Individuen völkerrechtlich berechtigen oder verpflichten als völkerrechtliche Verträge zur Berechtigung Dritter, da die Einzelperson im Hinblick auf die Völkerrechtsordnung Au-

---

178 Ibid., 17 f.

179 *Hobe*, Individuals, in: *Hofmann*, Non-State-Actors, 118; mwN *Dahm/Delbrück/Wolfrum*, Völkerrecht I/2, § 109 II 2 (S. 262), Fn. 16.

180 *Lauterpacht*, International Law, 61; *Brownlie*, International Law, 60; *Barberis*, in: RdC 179 (1983-I), 145, 185 ff.; *Clapham*, Human Rights, 71.

ßenstehender und demnach Dritter ist.[181] Echte völkerrechtliche Berechtigungen Dritter sind nach dieser Kategorisierung diejenigen völkerrechtlichen Verträge, die gemäß dem Willen der vertragsschließenden Staaten dem Einzelnen ein subjektives Recht sowie ein völkerrechtlich garantiertes Verfahren zu dessen Durchsetzung anbieten.[182] Bezeichnendes Merkmal dieser Verträge ist, dass sie das subjektive völkerrechtliche Recht des Einzelnen nicht nur materiell zur Verfügung stellen, sondern auch prozessual absichern, indem sie die Verfolgung der Rechte vom Willen der Staaten unabhängig machen.[183] Ein Beispiel für diese „echte völkerrechtliche Berechtigung" Privater ist die EMRK, die zur Durchsetzung ihrer materiell-rechtlichen Garantien das Verfahren der Individualbeschwerde in Art. 34 zur Verfügung stellt. Aus dem Bereich des Wirtschaftsvölkerrechts ist hier Art. 26 ECT anzuführen, der den privaten Akteuren im Bereich des Energiesektors die Anrufung eines internationalen Schiedsgerichts ermöglicht, unabhängig von einer Zustimmung durch den betroffenen Staat. Als unechte völkerrechtliche Berechtigungen zugunsten privater Dritter sollen Verträge gelten, die Individuen zwar materielle Rechte zuweisen, ihnen aber keine prozessuale Absicherung zu Seite stellen, sondern es auf die innerstaatliche Durchsetzung verweisen.[184] In diesem Fall ist es fraglich, ob ein Staat innerstaatlich zur Durchsetzung dieser Rechte bereit ist. Insoweit stellen diese materiellen Rechte ohne internationalen Durchsetzungsmechanismus in tatsächlicher Hinsicht schwächere Berechtigung für den Einzelnen dar. Bei einer rein materiell völkerrechtlichen Berechtigung des Individuums ohne prozessuale Absicherung verbirgt sich selbstverständlich das Risiko einer unzureichenden Umsetzung auf nationaler Ebene oder verschärfter, die fehlende Durchsetzbarkeit auf innerstaatlicher Ebene, da deren Beachtung zwangsläufig nicht erzwungen werden kann und sie als rein politische Zielbestimmungen abgewertet werden könnten, es sei denn ihre Effektivität wäre durch Institutionen für ihre Anwendung und Durchsetzung gleichzeitig gesichert. Im Bereich dieser Rechte entsteht zwar unbenommen ein völkerrechtlicher Anspruch, trotzdem bedarf es zur effektiven Wahrnehmung dieser Rechte eines innerstaatlichen

---

181 *Schwartmann*, Private im Wirtschaftsvölkerrecht, 19; siehe auch *Verdross/ Simma*, Universelles Völkerrecht, § 424 ff. (S. 256 ff.).

182 *Schwartmann*, Private im Wirtschaftsvölkerrecht, 20.

183 Ibid.

184 Ein Anwendungsbeispiel hierfür ist TRIPS im Rahmen der WTO, das formelle und materielle Rechte als Vorgabe an die Staaten gewährt ohne jedoch eine Durchsetzungsmöglichkeit für den Einzelnen zur Verfügung zu stellen.

Durchführungsakts oder einer verfassungsrechtlich erforderlichen Adoption[185] ins nationale Recht. Auf diese Weise gewährte Rechte muss der Vertragsstaat trotzdem einhalten, da er sich anders völkerrechtswidrig verhalten würde und möglicherweise mit Sanktionen rechnen müsste.

Es erscheint zweifelhaft, ob wirklich von einer echten oder andererseits unechten völkerrechtlichen Berechtigung gesprochen werden sollte. Ob man ein subjektives Recht hat oder nicht, hängt im Völkerrecht genauso wie im nationalen Recht davon ab, ob die in Rede stehende Vorschrift dem Einzelnen dieses Recht inhaltlich verleiht. Es gibt in dieser Hinsicht kein echt oder unecht, sondern eben nur ein bestehendes Recht oder kein Recht. Wenn man danach differenziert, ob der Betroffene ein internationales Durchsetzungsverfahren bei der Hand hat, spricht man über die Thematik seiner „procedural capacity", seiner prozessualen (Durchsetzungs-) Fähigkeit. Das Fehlen eben jener lässt aber ein wirksam bestehendes Recht nicht unecht werden, sondern möglicherweise uneffektiv. Deshalb sollte von der Begrifflichkeit echt und unecht Abstand genommen werden. Hierdurch könnte der falsche Anschein erweckt werden, dass es sich um echte und unechte, somit falsche Rechte handelt. Vielmehr sollte man eher zu einer weniger missverständlichen Begrifflichkeit wie „subjektives Recht mit eigener internationaler Durchsetzungsmöglichkeit" oder „prozessual effektives subjektives Recht" übergehen. Essentiell ist, dass beide Formen ihrem Inhalt nach materielle, völkerrechtliche Berechtigungen dem einzelnen Menschen verleihen, einziger, wenn auch wichtiger Unterschied, ist die Zurverfügungstellung einer prozessualen Absicherung. Internationale Verträge können dem Einzelnen Rechte verleihen, wenn dies die darin zum Ausdruck kommende Intention der Vertragsschließenden ist, ohne dass es der staatlichen Vermittlung dieser Rechte durch nationales Recht zwingend bedarf.[186] Aus dieser Aussage muss man sich trotzdem bewusst machen, dass es sich um eine Möglichkeit handelt, nicht alle Rechtsinstitute diesen Effekt jedoch haben. Zur Unterscheidung einer reflexhaften Begünstigung des Einzelnen im Völkerrecht und der Verleihung materieller Rechte kann nicht auf das Bestehen eines internationalen Durchsetzungsmechanismus abgestellt werden, sondern einzig und allein auf die Intention der vertragsschließenden Staaten, die dem Einzelnen durch die in Rede stehende Vorschrift bewusst und final Rechte einräumen wollten. Der Vertragstext muss somit dem Einzelnen eindeutig ein

---

185 Umsetzung völkerrechtlicher Verpflichtungen ins deutsche Recht Art. 25, 59 GG.
186 *Tomuschat*, Grundpflichten, 298 f.; *Clapham*, Human Rights Obligations, 74; mwN *Dahm/Delbrück/Wolfrum*, Völkerrecht I/2, § 109 V (S. 266) Rn. 42.

Recht verleihen wollen. Schließlich kann man davon ausgehen, dass das moderne Völkerrecht auch dem Individuum unmittelbare völkerrechtliche Rechte zuweist, wenn diese Intention der Vertragsparteien aus dem Völkerrechtsvertrag eindeutig hervorgeht und dessen partielle, auf diese Anwendungsfälle beschränkte Völkerrechtssubjektivität anzuerkennen ist im Falle der Zuweisung eigener Rechte. Die grundsätzliche Bejahung der Völkerrechtssubjektivität des Individuums bestimmt sich nach der Trägerschaft einzelner eigener Rechte oder Pflichten. Sie kann nicht pauschal dadurch abgelehnt werden kann, dass ihm im Vergleich zu anderen Völkerrechtssubjekten nur beschränkte oder auf Teilbereiche begrenzte Rechte und damit Rechtsfähigkeit zugesprochen wird. Für die Rechtssubjektivität kommt es daher nicht auf eine allumfassende Rechtsfähigkeit an, sondern auf die zumindest hinsichtlich eines einzigen Rechts bestehende Rechtsfähigkeit.

2. Die Voraussetzung der Zuweisung eigener Pflichten

Folgt man der Ansicht, dass eine Völkerrechtsfähigkeit des Einzelmenschen grundsätzlich hinsichtlich der Zuweisung eigener Rechte in Betracht kommt, stellt sich die Frage nach seiner Pflichtenträgerschaft[187] im Völkerrecht. Per oben festgelegter Definition müsste das Individuum Träger von unmittelbar aus dem Völkerrecht fließender Rechte und Pflichten sein. Infolgedessen müssen dem Individuum nicht nur Rechte zugewiesen, sondern auch Pflichten auferlegt worden sein. Das Individuum müsste Inhaber zumindest einer unmittelbar aus dem Völkerrecht fließenden Pflicht sein. Die Pflichtenträgerschaft scheint vor allem vor dem Hintergrund der Entwicklung einer *international criminal responsibility,* der Schaffung der völkerstrafrechtlichen Verantwortlichkeit von Individuen bejaht werden zu können, im Rahmen derer der Einzelmensch selbst für sein Handeln in öffentlicher Funktion im Namen des Staates in begrenztem Rahmen völkerrechtlich verantwortlich gemacht werden kann ohne die Erforderlichkeit einer Umsetzung in innerstaatliches Recht.[188] So wird die Schaffung einer völkerrechtlichen Strafbarkeit von Verbrechen gegen die Mensch-

---

187 Siehe dazu ausführlich *Tomuschat*, Grundpflichten, in: AVR 21 (1983), 289; *Seidl*, Völkerrechtsordnung, in: AVR 38 (2000), 22, 34.

188 *Shaw*, International Law, 259, 397 ff.; *Seidl*, Völkerrechtsordnung, in: AVR 38 (2000), 22, 34; *Lauterpacht*, International Law, 38, 43; *Hobe*, Individuals, in: *Hofmann*, Non-State Actors, 125 f.

lichkeit als eine indirekte Anerkennung von fundamentalen subjektiven Rechten des Einzelnen im Völkerrecht unabhängig vom innerstaatlichen Recht angesehen.[189] Dem Einzelnen werden durch das Völkerrecht im Hinblick auf bestimmte Regelungsbereiche unmittelbar Pflichten auferlegt im Sinne einer beschränkten Pflichtenträgerschaft. Meilenstein der Entwicklung einer völkerrechtlichen Pflichtenträgerschaft des Individuums ist sicherlich das Kriegsverbrechertribunal von Nürnberg und seine Rechtsprechung[190] (The Nuremberg Tribunal[191] and the Nuremberg Principles). In diesem Verfahren wurde deutlich gemacht, dass Einzelpersonen Pflichten oder Verbindlichkeiten aufgrund von Völkerrecht genauso innehaben können wie Staaten.[192] Die an das Übereinkommen[193] über die Bestrafung und Verfolgung von Kriegsverbrechen angehängte Charter und die sie anwendenden Gerichtsurteile haben eine unmittelbare Auswirkung auf die Anerkennung von Individualpflichten im Völkerrecht, insbesondere weil diese Taten wegen ihrer Schwere unabhängig davon strafbar sind, ob sie gegen innerstaatliches Recht verstoßen oder nicht und eine Berufung auf die staatliche Immunität ausscheidet.[194] Es kommt somit nicht auf das nationale Recht des Staates an, in dem die Tat begangen wird, sondern auf höherrangiges Recht, nämlich Völkerrecht, für die Bewertung des Verhaltens an. Diese Strafbarkeit auf völkerrechtlicher Ebene lässt auf die Aner-

---

189 *Fassbender*, Menschenrechte, in: EuGRZ 2003, 1, 7 f.; *Lauterpacht*, International Law, 62.

190 Judgment of the Nuremberg International Military Tribunal 1946, in: AJIL 41 (1947), 172.

191 Charter of the International Military Tribunal – Annex to the Agreement for the Prosecution and Punishment of the Major War Criminals of the European Axis (London Agreement), 08.08.45, in Kraft getreten am 08.08.45, 82 U.N.T.S. 284.

192 Die Charter regelte die persönliche Verantwortlichkeit für und Strafbarkeit von Verstößen durch Verbrechen gegen den Frieden, Kriegsverbrechen und Verbrechen gegen die Menschlichkeit. Die Strafbarkeit von Verbrechen gegen die Menschlichkeit wurde im Pariser Friedensvertrag von 1947 aufgegriffen, worin eine Loslösung von der Spezialsituation der deutschen Kriegsverbrechen gesehen werden kann. Seit der Bekräftigung der in dieser Charter festgelegten Prinzipien durch die Generalversammlung der Vereinten Nationen in Resolution 95 (1), kann diese zweifellos heute zum Völkerrecht und unter Berücksichtigung der Entwicklungen der Gegenwart wohl zum Völkergewohnheitsrecht gezählt werden; vgl. *Lauterpacht*, International Law, 35; *Shaw*, International Law, 399 f.; *Brownlie*, International Law, 565 f.

193 Agreement for the Prosecution and Punishment of the Major War Criminals of the European Axis (London Agreement), 82 U.N.T.S. 280.

194 *Lauterpacht*, International Law, 36; *Seidl*, Völkerrechtsordnung, in: AVR 38 (2000), 22, 35; *Hailbronner*, in: *Vitzthum*, Völkerrecht, 171 f.

kennung fundamentaler Individualpflichten durch das Völkerrecht schließen.[195] Diese Auffassung wurde durch die Schaffung eines permanenten Internationalen Strafgerichtshofs (Weltstrafgerichtshof)[196] im Jahr 2002, durchaus noch bekräftigt, der zum ersten Mal in der Geschichte die völkerstrafrechtliche Verantwortlichkeit[197] von Individuen unmittelbar durchsetzt.[198] Der geschaffene Ständige Internationale Strafgerichtshof verfügt über eine sachliche Kompetenz bezüglich einer kodifizierten Liste von Verbrechen wie beispielsweise das Verbrechen des Völkermords.[199] Fälle wie die Verbrechen im ehemaligen Jugoslawien[200], der Völkermord an den Tutsis durch ihre eigenen Mitbürger, die Hutus, in Ruanda[201] und die Verbrechen gegen die Menschlichkeit in Sierra Leone[202] zeigen deutlich, dass eine Verantwortlichkeit von Einzelpersonen und Zivilbürgern nach Völkerrecht wünschenswert ist und bereits besteht. Zwar sind diese Sonderstrafgerichtshöfe sachlich beschränkt und nicht auf Dauer eingerichtet, gelten aber als wichtige Zwischenstationen auf dem Weg zu einem permanenten internationalen Strafgerichtshof.[203] Die Pflichtenträgerschaft ist die spiegelbildliche Ergänzung der Rechtsträgerschaft, die nach der Defi-

---

195 *Fassbender*, Menschenrechte, in: EuGRZ 2003, 1, 7 f.; *Lauterpacht*, International Law, 36; *Wagner*, Non-State Actors, in: MPEPIL 2009, Rn. 24.

196 Das Römische Statut des Internationalen Strafgerichtshofes vom 17.07.1998, in Kraft getreten am 1.07.2002, rief den Internationalen Strafgerichtshof in Den Haag ins Leben, EUGRZ 1998, 618; *Kinkel*, Der Internationale Strafgerichtshof, in: NJW 1998, 2650 ff.; *Ambos*, Internationaler Strafgerichtshof, in: JA 1998, 988 ff; *Seidel/Stahn*, Weltstrafgerichtshof, in: JURA 1999, 14 ff.

197 Gem. Art. 5 des Statuts zuständig für Völkermord, Verbrechen gegen die Menschlichkeit, Kriegsverbrechen und Aggression als Verbrechen gegen das Völkerrecht; wichtig war die Anklageerhebung gegen den amtierenden Präsidenten der Föderativen Republik Jugoslawien Milosevic ohne Rücksicht auf seine, möglicherweise nach nationalem Recht bestehenden Immunität, vor dem Internationalen Strafgerichtshof für das ehemalige Jugoslawien (ICTY).

198 Art. 27 des Statuts gilt für Personen unabhängig von deren amtlicher Eigenschaft, die Amtsträgerschaft ist kein Entschuldigungs- noch Strafmilderungsgrund.

199 Siehe die abschließende Aufzählung über die sachliche Zuständigkeit des Weltstrafgerichtshofs in Art. 5 des Rom-Statuts über die Errichtung eines ständigen internationalen Strafgerichtshofs, A/CONF.183/9 of 17 July 1998.

200 ICTY, Sec. Council Resolution 827 of 25.05.93, geändert durch Res. 1166 vom 13.05.98, UN Doc. S/25704, in dem auf die materiellen Grundtatbestände von Art. 6 des Statuts für das Interalliierten Militärtribunal Bezug genommen wird.

201 ICTR, Sec. Council Resolution 955 of 08.11.94, geändert durch Res. 1165 vom 30.04.1998, ILM 33 (1994), S. 1598.

202 Special Court for Sierra Leone, Sec. Council Resolution 1315 (2000) of 14.08.00.

203 *Hailbronner*, in: *Vitzthum*, Völkerrecht, 173; *Wagner*, Non-State Actors, in: MPEPIL 2009, Rn. 24.

nition der Völkerrechtssubjektivität erforderlich ist.[204] Voraussetzung der partiellen Völkerrechtsfähigkeit des Menschen sind das Vorhandensein von Rechten und auch Pflichten, die unmittelbar aus dem Völkerrecht entspringen. Da beides aufgrund der gegenwärtigen völkerrechtlichen Ausgangslage angenommen werden kann, ist insoweit eine partielle, abgeleitete Völkerrechtssubjektivität des Individuums zu bejahen.

3. Erforderlichkeit eines völkerrechtlichen Durchsetzungsmechanismus

Ob das Individuum tatsächlich beschränkte Völkerrechtssubjektivität besitzt, könnte davon abhängen, dass ihm neben der Zuweisung eigener Rechte zugleich ein völkerrechtlicher Durchsetzungsmechanismus zur Seite gestellt wird und die Auferlegung unmittelbarer völkerrechtlicher Pflichten mit einem völkerrechtlichen Sanktionsmechanismus einhergehen. In diesem Sinne wird als weitere Voraussetzung der Völkerrechtssubjektivität des Individuums neben dem Bestehen eines Rechts die prozessuale Durchsetzungsmöglichkeit eigener Rechtspositionen auf internationaler Ebene verlangt, da nur so von einer Aufhebung der grundsätzlichen Mediatisierung ausgegangen werden kann.[205] Das nahm auch der IGH in seinem Bernadotte Gutachten an:

> „(...) that it is a subject of international law and capable of possessing international rights and duties, and that it has capacity to maintain its rights by bringing international claims"[206]

Eine Klagebefugnis sei die Grundvoraussetzung für eine völkerrechtliche Berechtigung des Individuums.[207] Ein Recht ist nur dann als unmittelbar aus dem Völkerrecht entstammend anzusehen, wenn es auch effektiv und nicht nur eine reflexhafte Begünstigung vermittelt durch eine Verpflichtung des Staates ist, somit in einem völkerrechtlichen Verfahren eingefor-

---

204 *Lauterpacht*, International Law, 45, der davon ausgeht, dass je intensiver die Einzelnen in die völkerrechtliche Pflicht genommen werden, desto größer würde auch die völkerrechtliche Moral steigen. Die völkerstrafrechtliche Verantwortlichkeit wird als eine Art Anreiz zur Selbstkontrolle der Machthabenden.
205 *Seidl*, in: Völkerrechtsordnung, in: AVR 38 (2000), 23, 33; *Epping*, in: *Ipsen*, Völkerrecht, § 7 Rn. 3, 5.
206 ICJ, *Bernadotte*, ICJ Rep 1949, 174, 179.
207 *Döhring*, Völkerrecht, § 20 Rn. 246 ff.

dert werden kann.[208] Das Verfahrenskriterium wird insofern als Abgrenzungskriterium einer lediglich reflexartigen Begünstigung durch primäre
Staatenverpflichtungen und -berechtigungen verstanden.[209] Nach dieser
Ansicht kann also grundsätzlich jede Erscheinungsform Völkerrechtssubjekt sein, wenn sie nur tatsächlich die entsprechenden rechtlichen Voraussetzungen erfüllt. Eine derartige Aussage erscheint jedoch zu undifferen-
ziert. Man muss auf den Wortlaut und die Umstände des in Rede stehenden völkerrechtlichen Vertrages abstellen, um zu analysieren, ob es sich
im Verhältnis zum Individuum um eine objektive Pflicht des Staates oder
aber um ein unmittelbares Recht des Einzelnen handelt, dieser somit selbst
Rechtsträger ist.[210] In einem derartigen Fall kann es infolgedessen nicht
auf das Vorhandensein eines internationalen Verfahrens ankommen.[211]
Ohne internationalen Durchsetzungsmechanismus ist der Einzelne auch
nicht komplett schutzlos gestellt, da unter anderem nichtstaatliche Organisationen es sich zu ihrer Aufgabe gemacht haben, insbesondere Missach-
tungen von Menschenrechten offenzulegen und ebenso kann der Heimatstaat politischen Druck und seinen zwischenstaatlichen Einfluss ausüben.[212] Gestärkt wird dieses Verständnis von der Rechtsstellung des Individuums im Völkerrecht durch gerade die Fälle, in denen das Völkerrecht
sehr wohl ein internationales Verfahren vorgesehen hat. Des Weiteren hat
Rechtsbesitz ganz allgemein nicht die prozessuale Ausübungsmöglichkeit
als Existenzvoraussetzung, denn Individualrechte ohne Durchsetzungsmechanismus müssen trotzdem als Individualrechte qualifiziert werden, denn
ihr Status bleibt unbenommen.[213] Die fehlende prozessuale Durchsetzungsmöglichkeit völkerrechtlicher Normen ist gerade eine typische
Schwäche des Völkerrechts und kann deswegen nicht als signifikantes
Entscheidungskriterium herangezogen werden. Grundsätzlich muss man
im Völkerrecht davon ausgehen, dass es den Regelfall darstellt, dass Indi-

---

208 *Verdross/Simma*, Universelles Völkerrecht, § 424 (S. 255 f.), § 439 (S. 264);
Dahm/Delbrück/Wolfrum, Völkerrecht I/2, § 109 II 1 (S. 261) mwN.

209 *Schmalenbach*, Multinationale Unternehmen, in: AVR 39 (2001), 57, 63.

210 *Dahm/Delbrück/Wolfrum*, Völkerrecht I/2, § 109 II 1 (S. 261) mit Hinweis auf
Art. 5 EMRK, der deutlich macht, dass der Einzelne selbst Träger des genannten
Rechts sein soll; *Lauterpacht*, International Law, 27.

211 So der IGH im Fall LaGrand, Urteil vom 27. Juni 2001, in: EuGRZ 2001, 287 ff.

212 *Dahm/Delbrück/Wolfrum*, Völkerrecht I/2, § 109 II 1 (S. 261).

213 Siehe *Kischel*, State Contracts, 243 mit Verweis auf den Peter Pázmány University Fall, PCIJ, Ser. A/B, No. 61, 231: „It is scarcely necessary to point out that the
capacity to possess civil rights does not necessarily imply the capacity to exercise
those rights oneself"; vgl. auch *Clapham*, Human Rights Obligations, 74: "The
remedy does not generate the right".

viduen nicht parteifähig vor internationalen Gerichten sind.[214] Diese Parteifähigkeit kommt zumeist nur den Staaten zu. Gleichermaßen muss Art. 34 IGH Statut als das verstanden werden, was es in Wirklichkeit ist, eine Bestimmung über die sachliche Zuständigkeit des Internationalen Gerichtshofs. Es ist nicht beabsichtigt, dass diese Bestimmung ein völkerrechtliches Grundprinzip schriftlich niederlegt, noch irgendeine Aussage über die Völkerrechtsfähigkeit des Einzelnen zu trifft.[215] Nichtsdestotrotz könnte das IGH Statut selbstverständlich und wünschenswerter Weise derart geändert werden, dass es nur verlangt, dass ein Staat Partei des Verfahrens ist, das Verfahren jedoch auch von einer nichtstaatlichen Rechtseinheit eingeleitet werden könnte.[216] Ein nachvollziehbarer Grund für die fehlende internationale Prozessfähigkeit des Einzelnen ist die begründete Befürchtung eines drastischen Anstiegs anhängiger Rechtsstreite, also eine Klageflut, allein aus dem Grund, dass Individuen nicht dieselbe Zurückhaltung wie Staaten, z. B. aus politischen Zielen, in gleichgelagerten Sachverhalten walten lassen würden oder müssten.[217] Lauterpachts Vorschlag für eine Neufassung des Art. 34 IGH Statut hat durchaus eine gewisse Attraktivität und könnte für die Stellung des Einzelnen im Völkerrecht klarstellende Wirkung haben:

„The Court shall have jurisdiction:

(1) In disputes between States;

(2) In disputes between States and private and public bodies or private individuals in cases in which States have consented, in advance or by special agreement, to appear as defendants before the Court."[218]

Besonders die Aufnahme des Konsensprinzips würde die Erhaltung staatlicher Souveränität als eines der tragenden Prinzipien des Völkerrechts absichern. So erstrebenswert diese Reform von Art. 34 IGH Statut auch durchaus ist, muss sie doch als Utopie erscheinen. Denn so sehr sich auch die Stellung des Individuums im Völkerrecht verändert hat, so hat sich doch in den dazwischenliegenden Jahren keine derartige Reform durchge-

---

214 Siehe zum Beispiel Art. 34 IGH Statut.
215 *Lauterpacht*, International Law, 46, laut den Verfassern des IGH Statuts, steht diese Regelung einer zukünftigen Entwicklung des Gerichts nicht entgegen.
216 Siehe zur Befürwortung der Parteifähigkeit des Einzelnen oder sonstigen nichtstaatlichen Verbänden mit dem Ziel, mehr Gerechtigkeit zu erreichen, *Lauterpacht*, International Law, 52 ff.
217 So auch *Lauterpacht*, International Law, 57, der jedoch in den immensen Kosten eines internationalen Rechtsstreits das größere Hemmnis sieht.
218 *Lauterpacht*, International Law, 58.

setzt. Genauso muss hinsichtlich völkerrechtlicher Pflichten des Individuums argumentiert werden. Eine Pflicht ändert nicht ihre Erscheinungsform als Pflicht, wenn ihr kein Sanktionsmechanismus zu Seite steht.[219] Bei der Bestimmung der Rechte und Pflichten zur Völkerrechtssubjektivität muss auf die tatsächlich verliehenen Pflichten abgestellt werden und nicht auf die reine Fähigkeit, da diese grundsätzlich jedem von der Rechtsordnung zugeteilt werden könnte und sie daher als Abgrenzungskriterium nicht handhabbar und inhaltlich unfruchtbar wäre.[220] Richtigerweise hängt zwar das Bestehen eines subjektiven Rechts nicht vom Vorhandensein eines Durchsetzungsmechanismus ab. Jedoch sagt das Vorhandensein eines effektiven Durchsetzungsmechanismus etwas über die Wertigkeit dieser subjektiven Rechte beziehungsweise über die Effektivität des Schutzes dieser Rechte aus. So gewährt beispielsweise das ICSID Übereinkommen[221] der Weltbank[222], was im Folgenden einen Schwerpunkt der Untersuchung ausmacht, dem Einzelnen das Recht, eigene Rechte gegenüber dem Völkerrechtssubjekt Staat geltend zu machen, wobei die ICSID Konvention selbst nur ein Verfahrensrecht gewährt, nicht jedoch materielle Rechte der Investoren. Diese müssen aus anderen völkerrechtlichen Normen kommen, wie zum Beispiel aus den materiell-rechtlichen Investitionsschutzverträgen mit ICSID als möglicher Streitbeilegung. Würde man aber jetzt davon ausgehen, dass ein materielles Recht keines sei, solange kein Durchsetzungsmechanismus vorgesehen ist, würde das ICSID Übereinkommen mit seiner prozessualen Durchsetzungsmöglichkeit seines Sinns beraubt werden. Denn wozu gibt es ein allgemeines Durchsetzungsverfahren, wenn materielle Rechte allein nicht bestehen können? Vorher vereinbarte, materiell-völkerrechtliche Rechte könnten keine darstellen, da es zu dieser Zeit keinen Durchsetzungsmechanismus gab. Wohingegen dieselbe Formulierung eines Rechts nach dem Vorhandensein eines Durchsetzungsmechanismus als materielles Recht verstanden würde. Indi-

---

219 *Seidl*, Völkerrechtsordnung, in: AVR 38 (2000), 23, 33; *Kischel*, State Contracts, 244: „Wenn eine Norm mit Hilfe ihrer Appellfunktion menschliches Verhalten direkt regelt, so bedeutet dies nicht, daß die Person, deren Verhalten geregelt wird, deshalb nicht Subjekt dieser Norm ist, es aber auf der Stelle würde, wenn eine Sanktionsmöglichkeit hinzuträte".

220 *Kischel*, State Contracts, 245.

221 Convention on the Settlement of Investment Disputes between States and Nationals of Other States, 18.03.1965, in Kraft getreten am 14.10.1966.

222 Bsp.: Art. 34 EMRK und das Klagerecht vor einem Internationalen Schiedsgericht nach Art. 20 II, 37 Annex VI iVm Art. 187 c-e Seerechts-Konvention vom 10.12.82, in Kraft getreten am 16.11.1994, BGBl. 1994 II, S. 1799.

vidualrechte ohne Durchsetzungsmechanismus müssen trotzdem als Individualrechte qualifiziert werden, denn ihr Status als Individualrecht bleibt unbenommen, da die Möglichkeit zur Geltendmachung eines Rechts kein notwendiges Kriterium der Inhaberschaft eines Rechts, auch nicht eines völkerrechtlichen Rechts, ist.[223] Bei einem Vergleich mit der Situation im innerstaatlichen deutschen Recht, in dem die Dogmatik subjektiver Rechte besonders ausgeprägt ist, muss man zu demselben Ergebnis gelangen, dass es auf den Inhalt, somit die Qualität der Vorschrift ankommt und nicht auf das Vorhandensein eines Durchsetzungsmechanismus. Subjektive Rechte können grundsätzlich isoliert ohne Durchsetzungsmechanismus existieren, wenn eine Vorschrift aufgrund von Auslegung ihres Inhalts als Individualrecht zu qualifizieren ist. Als aussagekräftiges Beispiel ist die Rechtsposition eines geschäftsunfähigen Kindes zu nennen, das zwar die subjektiven Rechte persönlich innehat, aber nicht in der Lage ist, sie selbstständig durchzusetzen.

Zugestimmt werden kann aber Schwartmann, wenn er die völkerrechtliche Durchsetzungsmöglichkeit als wesentliches Indiz für die partielle Völkerrechtssubjektivität des Einzelnen bezeichnet.[224] Der Wille der vertragsschließenden Staaten, der für die Annahme einer unmittelbaren völkerrechtlichen Berechtigung erforderlich ist, kann aus der Tatsache geschlossen werden, dass durch die zur Verfügung Stellung eines internationalen Verfahrens dem Recht zur effektiven Wirksamkeit verholfen wird und sich darin die bewusste Rechtsgewährung durch die Vertragsstaaten wiederspiegelt.[225] Ein positiver Rückschluss ist demnach von dem Bestehen eines internationalen Durchsetzungsmechanismus auf das Bestehen einer partiellen Völkerrechtsfähigkeit, nicht jedoch ein negativer vom Fehlen einer prozessualen Absicherung auf das Fehlen einer partiellen Völkerrechtssubjektivität möglich. Die Frage nach der Völkerrechtsfähigkeit des Einzelnen muss zuerst in jedem Einzelfall gesondert beurteilt werden im Hinblick auf den in Rede stehenden völkerrechtlichen Normenkomplex und so dann in einem zweiten Schritt auf die Möglichkeit eigener prozessualer Rechte in Beziehung auf den jeweiligen Normenkomplex beantwortet werden.

---

223 *Hobe/Kimminich*, Völkerrecht, 161; Hailbronner, Völkerrecht, 170.
224 *Schwartmann*, Private im Wirtschaftsvölkerrecht, 14; *ders.*, in: ZVglRWiss 102 (2003), 75, 92; *Tietje*, Entwicklungen, in: *Tietje/Kraft*, BTW, Heft. 10, 5, 16.
225 Ähnlich *Schwartmann*, Private im Wirtschaftsvölkerrecht, 20.

D. Ergebnis zu C

Die Völkerrechtssubjektivität ist ein Rechtsgebilde, das von vornherein dogmatisch nicht auf Staaten beschränkt war, sondern es muss lediglich die Voraussetzung der Zuweisung unmittelbarer völkerrechtlicher Rechte und Pflichten erfüllt sein. Ein strikter Ausschluss anderer Völkerrechtssubjekte als souveräner Staaten ist im Angesicht der Entwicklung der tatsächlichen Gegebenheiten seit dem Ende des zweiten Weltkrieges und des Ost-West-Konflikts im Völkerrecht nicht mehr tragbar. Wenn gleich die Stellung des Individuums im Völkerrecht weiterhin auch durch Mediatisierung geprägt ist, kann dies für das Völkerrecht, insbesondere in seinen „moderneren" Bereichen, nicht mehr einheitlich angenommen werden. Anhand des Befundes im gegenwärtigen Völkerrecht kann die beschränkte und abgeleitete Völkerrechtssubjektivität des Individuums angenommen werden, da diesem unmittelbare völkerrechtliche Rechte und Pflichten in Teilbereichen auferlegt wurden. Nach dem tatsächlichen Bestehen dieser völkerrechtlichen Rechte und Pflichten richtet sich dann Art und Umfang der Völkerrechtssubjektivität des Individuums. Da dem Individuum nur in Teilbereichen Rechte gewährt oder Pflichten auferlegt wurden, besteht seine Völkerrechtsfähigkeit nur insoweit, mithin partiell, und nicht allumfassend. Ein ähnlicher Ansatz wird im Allgemeinen auch für internationale Organisationen vertreten. Der Bestand dieser partiellen Völkerrechtssubjektivität hängt vom Willen der Staaten ab, diese Rechte und Pflichten weiterhin zu gewähren und anzuerkennen. Deswegen handelt es sich um eine abgeleitete und nicht originäre Völkerrechtsfähigkeit. Die Forderung nach einem völkerrechtlichen Durchsetzungsmechanismus für die Bejahung eines Rechts oder einer Pflicht als notwendige Voraussetzung der Völkerrechtssubjektivität des Individuums ist abzulehnen. In Anlehnung an die Rechtsgrundsätze zahlreicher Staaten muss dogmatisch zwischen dem materiellen und dem prozessualen Recht unterschieden werden. Voraussetzung für das Bestehen des materiellen Rechts ist nicht die prozessuale Fähigkeit, dieses in einem Verfahren rechtlich durchzusetzen. Aber ein prozessualer Durchsetzungsmechanismus verhilft gewährten Rechten und Pflichten, besonders im Völkerrecht, das nicht über einen zentralen Rechtsetzungs- und Vollzugsapparat verfügt, zu größerer Beachtung und Effektivität. Ist ein materielles Recht im Völkerrecht mit einem internationalen Durchsetzungsmechanismus ausgestattet, kann darin eine starke Indizwirkung für das tatsächliche Bestehen dieses Rechts gesehen werden. Für die Bejahung eines völkerrechtlichen Rechts muss dennoch vornehmlich auf seine inhaltliche Ausgestaltung abgestellt werden.

Viertes Kapitel Die Auslegung von Völkervertragsrecht – Auslegungsgrundsätze und Methoden

A. Die Auslegung nach der Wiener Vertragsrechtskonvention – Das Recht der Verträge

Das Recht der völkerrechtlichen Verträge beschäftigt sich im Allgemeinen mit Abschluss, Interpretation und Beendigung völkerrechtlicher Verträge, kurz gesagt deren Form und Geltung im Gegensatz zum Völkervertragsrecht an sich, dessen Inhalt eine der Rechtsquellen des Völkerrechts bildet.[226] Da aus dem Text des Vertrages, Rechte und Pflichten der Vertragsparteien hervorgehen, muss der Inhalt des Textes in der Regel durch einen Auslegungsvorgang ermittelt werden. Für das Verständnis völkerrechtlicher Regelungen sind die völkerrechtlichen Auslegungsregeln essentiell, die zwar größtenteils innerstaatlichen Auslegungsregeln entsprechen, jedoch aufgrund der Natur des Völkerrechts als Konsensrechtsordnung auf überstaatlichem Niveau gewisse Besonderheiten innehaben, die im Folgenden kurz skizziert werden sollen.

I. Kodifikationsbemühungen im Bereich des Völkergewohnheitsrechts

Traditionell waren Fragen im Zusammenhang mit der rechtlichen Wirksamkeit und dem Verständnis von völkerrechtlichen Verträgen dem Völkergewohnheitsrecht zu entnehmen.[227] Da aber das Völkergewohnheitsrecht als ungeschriebenes, auf gewöhnlicher Übung beruhendes Recht im Hinblick auf Umfang, Verbindlichkeit und konkreten Inhalt eines Rechtssatzes eine gewisse Unsicherheit in sich birgt, lassen sich im Völkerrecht zahlreiche Bestrebungen erkennen, derartige Rechtssätze niederzuschreiben und in Kodifikationen, regelmäßig multilateralen Konventionen als

---

226 *Aust*, Vienna Convention, in: MPEPIL 2010, Rn. 1; *Vitzthum*, in: *ders.*, Völkerrecht, 57; *Döhring*, Völkerrecht, Rn. 327; *Schollendorf*, Auslegung, 28; *Dahm/Delbrück/Wolfrum*, Völkerrecht, I/3, § 153 I 1 (S. 634).

227 *Heintschel v. Heinegg*, in: *Ipsen*, Völkerrecht, 141; *Verdross/Simma*, Universelles Völkerrecht, § 672 (S. 432); *Hobe/Kimminich*, Völkerrecht, 207.

geschriebenes (Völkervertrags-) Recht.[228] Auf diese Weise soll die mit dem Völkergewohnheitsrecht einhergehende Rechtsunsicherheit über die Frage der Existenz und Ausgestaltung eines Rechtssatzes behoben werden und der Inhalt des Rechtssatzes verbindlich festgelegt werden.[229] Mit der Kodifikation völkergewohnheitsrechtlicher Normen wurde auch die Schwierigkeit umgangen, die sich im Zusammenhang mit dem Nachweis eines verbindlichen Rechtssatzes im Bereich des Völkergewohnheitsrechts ergeben.[230]

Unter einer Kodifikation ist die schriftliche Formulierung bereits geltenden Völkergewohnheitsrechts zu verstehen, wobei die völkergewohnheitsrechtlichen Normen zumeist noch durch Hinzufügung zusätzlicher Regelungen ergänzt werden, um die geregelte Materie sinnvoll weiterzuentwickeln und abzurunden.[231] Die Regeln des Völkergewohnheitsrechts bleiben trotz der Schaffung einer schriftlichen Fixierung weiterhin wirksam bestehen, wenngleich sie nur noch gegenüber Staaten Anwendung finden, die der Konvention nicht als Vertragsstaaten beigetreten sind.[232] Der neue völkerrechtliche Vertrag ist wegen der Relativität von Vertragsbeziehung nur für die Staaten verbindlich, die ihm wirksam beigetreten sind.[233] Etwaige ergänzende Regelungen der Kodifikation sind für Drittstaaten mangels Status als Völkergewohnheitsrecht nicht verbindlich. Wegen der Rechtssicherheit, sowie -klarheit und der Selbstverpflichtung[234] der Vereinten Nationen zu einem Engagement für die Kodifizierung von Völkergewohnheitsrecht wurde durch die von der Generalversammlung der Vereinten Nationen ins Leben gerufene International Law Commis-

---

228 *Stein/v. Buttlar*, Völkerrecht, 49; *Aust*, Vienna Convention, in: MPEPIL 2010, Rn. 2; *Döhring*, Völkerrecht, Rn. 297; *Hobe/Kimminich*, Völkerrecht, 193.

229 *Verdross/Simma*, Universelles Völkerrecht, § 593 (S. 376); *Döhring*, Völkerrecht, Rn. 297; *Aust*, Vienna Convention, in: MPEPIL 2010, Rn. 2.

230 *Stein/v. Buttlar*, Völkerrecht, 49; *Döhring*, Völkerrecht, Rn. 297; *Hobe/ Kimminich*, Völkerrecht, 184.

231 *Verdross/Simma*, Universelles Völkerrecht, Rn. 589 ff; *Hobe/Kimminich*, Völkerrecht, 193.

232 *Vitzthum*, in: *ders.*, Völkerrecht, 57; *Heintschel v. Heinegg*, in: *Ipsen*, Völkerrecht, 141; *Hobe/Kimminich*, Völkerrecht, 193.

233 *Bernhardt*, Interpretation in International Law, in: *ders.*, EPIL II, S. 1416, 1418; *Stein, v. Buttlar*, Völkerrecht, 48.

234 Art. 13 UN-Charta.

sion[235] die Kodifikation auf Gebieten wie dem Konsularrecht[236], dem Völkervertragsrecht, dem Fremden Recht, dem Recht der Hohen See, dem Recht der Staatensukzession und Staatenhaftung[237] vorangetrieben.[238] So überzeugend die Vorteile von der Kodifikation von Völkergewohnheitsrecht auch sein mögen, erweist es sich oft als schwierig, einen allgemeinen Konsens zwischen den Staaten für einen regen Beitritt der Staatenwelt zur Konvention zu erreichen, der für das Ziel der Universalität einer Kodifikation ähnlich wie das zugrundeliegende Völkergewohnheitsrecht unerlässlich ist.[239]

Vor diesem Hintergrund gelang es der International Law Commission der Vereinten Nationen die Konvention über das Recht der Verträge ins Leben zu rufen. Die Wiener Vertragsrechtskonvention oder Konvention über das Recht der Verträge (WVK)[240], die am 27. Januar 1980 in Kraft getreten ist, stellt ein umfassendes Werk im Hinblick auf Abschluss, Wirksamkeit, Anwendung, Interpretation und Beendigung völkerrechtlicher Verträge als Hauptrechtsquelle[241] des Völkerrechts dar.[242] Prägnant zusammengefasst enthält die WVK eine umfassende Darstellung, wie mit völkerrechtlichen Verträgen umgegangen werden muss und wie sie vom Rechtsanwender zu verstehen sind. Die Besonderheit der WVK liegt in der weitgehenden Kodifizierung bereits vorher verbindlichen Grundsätzen des Völkergewohnheitsrechts im Hinblick auf das Recht der völkerrechtlichen Verträge. Im Umgang mit der WVK muss unterschieden werden

---

235 Siehe das Statut über die Gründung einer Internation Law Commission.

236 Wiener Übereinkommen über konsularische Beziehungen vom 24.04.1963 in BGBl. 1969 II S. 1585, in Kraft getreten am 19.03.1967, für die Bundesrepublik Deutschland am 7.10.1971.

237 ILC Draft Articles on State Responsibility (bisher ohne Rechtsverbindlichkeit).

238 *Aust*, Vienna Convention, in: MPEPIL 2010, Rn. 2 ff.; *Döhring*, Völkerrecht, Rn. 297; *Verdross/Simma*, Universelles Völkerrecht, § 591(S. 374).

239 Siehe dazu *Dahm/Delbrück/Wolfrum*, Völkerrecht I/3, § 143 I 1 (S. 513 f.); *Tietje*, Changing Legal Structure of International Treaties, in: GYIL 42 (1999), 26 ff; *Stein/v. Buttlar*, Völkerrecht, 49; *Vitzthum*, in: *ders.*, Völkerrecht, 78, der anmerkt, dass die Kodifizierung die Rechtsentwicklung verlangsamt.

240 Wiener Übereinkommen über das Recht der Verträge vom 23.05.1969 (BGBl. 1985 II S. 927), in Kraft getreten am 27.01.1980, für die Bundesrepublik Deutschland am 20.08.1987.

241 Siehe auch Präambel zur WVK: „in Erkenntnis der ständig wachsenden Bedeutung der Verträge als Quelle des Völkerrechts...".

242 Nach Art. 1 WVK findet die WVK nur Anwendung für Verträge zwischen Staaten; der Inhalt solcher Verträge ist kein Regelungsgegenstand. Im August 2009 zählte die WVK 110 Vertragsstaaten, wobei 15 der unterzeichnenden Staaten die Konvention bis dato nicht ratifiziert haben, http://treaties.un.org.

zwischen den Regelungen, die bereits dem Völkergewohnheitsrecht angehören und daher auch für Staaten bindend sind, die keine Vertragsstaaten
der Konvention („Drittstaaten") sind, und den weiterentwickelten, rein
völkervertraglichen Vorschriften, so zum Beispiel die Bestimmungen über
die Vorbehalte, die nur für Vertragsstaaten Verbindlichkeit beanspruchen.[243] Die im Folgenden darzustellenden Art. 31 bis Art. 33 WVK
stimmen mit den völkergewohnheitsrechtlichen Auslegungsgrundsätzen
weitestgehend überein.[244] Deswegen haben sie im Umfang ihres völkergewohnheitsrechtlichen Gehalts universelle Geltung.

II. Die Grundregel des Art. 31 WVK

Art. 31 WVK, den man als Grundregel oder Ausgangspunkt der völkerrechtlichen Auslegung bezeichnen könnte,[245] gibt allgemeine Kriterien für
die Auslegung von völkerrechtlichen Verträgen wieder. Bei der Anwendung der Auslegungskriterien in Art. 31 WVK ist zu berücksichtigen, dass
alle der genannten Kriterien gleichberechtigt anzuwenden sind.[246] Völkerrechtliche Verträge sind gemäß Art. 31 Abs. 1 WVK nach den Geboten

---

243 *Aust*, Vienna Convention, in: MPEPIL 2010, Rn. 14 ff, 18; *Bernhardt*, Interpretation in International Law, in: *ders.*, EPIL II, 1416, 1418; *Hobe/Kimminich*, Völkerrecht, 207; *Vitzthum*, in: *ders.*, Völkerrecht, 57; *Verdross/Simma*, Universelles
Völkerrecht, § 672 (S. 432 f.); *Döhring*, Völkerrecht, Rn. 350 ff.

244 *Bernhardt*, Interpretation in International Law, in: *ders.*, EPIL, II, 1416, 1419;
Aust, Vienna Convention, in: MPEPIL 2010, Rn. 15; *Schwartmann*, Private im
Wirtschaftsvölkerrecht, 77; *Heintschel v. Heinegg*, in: *Ipsen*, Völkerrecht, § 11
Rn. 11; *Döhring*, Völkerrecht, Rn. 327.

245 Siehe hierzu die verbindliche Überschrift des Art. 31 WVK „General Rule of Interpretation" beziehungsweise „Allgemeine Auslegungsregel".

246 Die in Art. 31 Abs. 1 und 2 ist das Prinzip der sog. „authentischen Auslegung"
als Ausprägung des Konsensprinzips niedergelegt, als die mangels zentralem Ge-
setzgebungsorgan in Völkerrecht nachfolgende entsprechende Praxis aller Vertragsstaaten im Gegensatz zu „individuellen Auslegung" von einer Vertragspartei
oder der „judiziellen Auslegung" bei der Anwendung der Norm durch ein Gericht, *Verdross/Simma*, Universelles Völkerrecht, § 774 (S. 490); *Schollendorf*,
Auslegung, 74; *Schwartmann*, Private im Wirtschaftsvölkerrecht, 64; *Dahm/
Delbrück/Wolfrum*, Völkerrecht I/3, § 153 I 2 (S. 635), der als Formen der authentischen Auslegung die Aufnahme von Legaldefinitionen in den Vertragstext
selbst, die ausdrückliche spätere Vereinbarung und die übereinstimmende Ver-
tragspraxis nennt und siehe auch ders., § 153 II 1 (S. 640), der in der einheitlichen Formulierung verschiedener Auslegungsgrundsätze in Art. 31 WVK auf das
Nichtbestehen einer Rangordnung unter diesen schließt.

von Treu und Glauben auszulegen im Sinne ihrer herkömmlichen Bedeutung im Lichte des Vertragszusammenhangs zu verstehen. Treu und Glauben ist somit der umfassende Maßstab einer einheitlichen Vertragsauslegung.[247] Zur Auslegung des Vertrags nach Treu und Glauben müssen die Bedeutung seiner Bestimmungen in ihrem Zusammenhang sowie im Lichte des Ziels und Zwecks des gesamten Vertrages analysiert werden.[248] Da Art. 31 WVK einen objektivierten Auslegungsansatz verfolgt, ist während des Auslegungsvorgangs als erstes und vorrangig auf den Wortlaut der Bestimmung abzustellen.[249] Die Art und Weise der Berücksichtigung des systematischen Zusammenhangs einer in Rede stehenden Bestimmung des Vertrages konkretisiert Art. 31 Abs. 2 WVK, in dem er näher auf den Bedeutungsgehalt des Merkmals „Zusammenhang" mit einer Aufzählung der zu betrachtenden Dokumente und Instrumente eingeht. Art. 31 Abs.1 und Abs. 2 WVK im Zusammenspiel können somit die auch im nationalen Recht anerkannten Auslegungsparameter Wortlaut, Systematik und Ziel und Zweck (telos) entnommen werden. Zu den Dokumenten, die während des Auslegungsvorgangs zur Bestimmung der soeben genannten Auslegungsparameter herangezogen werden können, gehören Präambel, Anhänge und klarstellende Vereinbarungen der Vertragsparteien mit Bezug auf den zu beurteilenden Vertrag sowie jede Urkunde der Parteien anlässlich des Vertrages.[250] Alle Auslegungsparameter stehen gleichwertig nebeneinander und sind nacheinander für die Bestimmung des Auslegungsinhalts zusammen heranzuziehen. Die genannten Auslegungsparameter entsprechen im Wesentlichen denjenigen, die in Deutschland auf nationaler Ebene zur Bestimmung des Bedeutungsgehalts innerstaatlicher Normen, zumeist verwandter unbestimmter Rechtsbegriffe, herangezogen werden.[251]

Art. 31 Abs. 3 WVK zählt zusätzliche Auslegungsparameter auf die „in gleicher Weise" wie Abs. 2 bei der Auslegung Anwendung finden, wie

---

247 *Döhring*, Völkerrecht, Rn. 390; *Dahm/Delbrück/Wolfrum*, Völkerrecht I/3, § 153 I 3, II 1 (S. 639 f.); *Verdross/Simma*, Universelles Völkerrecht, § 776 (S. 492).

248 „Ein Vertrag ist nach Treu und Glauben in Übereinstimmung mit der gewöhnlichen, seinen Bestimmungen in ihrem Zusammenhang zukommenden Bedeutung und im Lichte seines Zieles und Zweckes auszulegen", Art. 31 Abs. 1 WVK.

249 *Dahm/Delbrück/Wolfrum*, Völkerrecht I/3, § 153 II 1 (S. 640); *Vitzthum*, in: ders., Völkerrecht, 62 f.; *Stein/v. Buttlar*, Völkerrecht, 24 f.

250 Siehe Art. 31 Abs. 2 WVK.

251 *Heintschel v. Heinegg*, in: *Ipsen*, Völkerrecht, § 11 Rn. 13, 15; *Verdross/Simma*, Universelles Völkerrecht, § 777 (S. 492); *Döhring*, Völkerrecht, Rn. 389; *Hobe/Kimminich*, Völkerrecht, 216.

zum Beispiel von den Parteien später getroffene Übereinkünfte über die Auslegung oder auch Anwendung des Vertrages. Sollte von den Vertragsparteien eine besondere Bedeutung gewollt sein, so können sie nach Art. 31 Abs. 4 WVK eine besondere Auslegungsregel als vorrangig festlegen, ansonsten wird man sich an der gewöhnlichen Bedeutung eines Ausdrucks orientieren. Eine Besonderheit der Auslegung im Völkerrecht, die von der der nationalen Methodik abweicht, ist die Berücksichtigung der späteren Übung[252] (common practice) der Vertragsstaaten bei der Anwendung des Vertrages.[253] Sie kann Aufschluss darüber geben, wie die Vertragsparteien eine Vertragsnorm verstehen, anwenden oder auslegen. Zusammenfassend wird nach der WVK ein völkerrechtlicher Vertrag zur Auslegung nach seinem Wortlaut, seiner Systematik, seinem Ziel und Zweck und der bestehenden späteren Übung ausgelegt.

III.   Die ergänzende Vertragsauslegung nach Art. 32 WVK

Art. 32 WVK enthält eine nicht abschließende Aufzählung ergänzender Auslegungsmittel, wie beispielsweise die vorbereitenden Arbeiten, also Vertragsmaterialien (travaux préparatoire) und Umstände im Zusammenhang mit dem Vertragsschluss. Die WVK bewertet insofern die Verhandlungsgeschichte eines Vertrages als zweitrangiger und zugleich subsidiärer Auslegungsparameter, der nur zur Anwendung gelangt, wenn Art. 31 WVK zu keinem annehmbaren Ergebnis geführt hat und die Auslegung nach dessen Methoden bereits abgeschlossen ist.[254] Es besteht also auch die Möglichkeit einer historischen Auslegung nach der WVK, die schwerpunktmäßig die Umstände vor Vertragsschluss beleuchten soll, wohingegen die in Art. 31 WVK genannten Auslegungskriterien dem Verständnis ab Vertragsschluss Bedeutung beimessen. Die Berücksichtigung der historischen Ausgangssituation oder der historischen Rahmenbedingungen für einen Vertragsschluss wie Interessen und Bedürfnisse der Vertragsparteien kann durchaus zu einem besseren Verständnis des Vertragswerks und der

---

252 Vgl. dazu Art. 31 Abs. 3 lit. b) WVK.
253 *Heintschel v. Heinegg*, in: *Ipsen*, Völkerrecht, § 11 Rn. 14; *Verdross/Simma*, Universelles Völkerrecht, § 778 (S. 492).
254 *Hobe/Kimminich*, Völkerrecht, mit Nachweisen zur Auslegung völkerrechtlicher Verträge, 217.

darin enthaltenen Wertigkeiten beitragen.[255] Eine zusätzliche Besonderheit, die bei multilateralen Verträgen beachtet werden muss, ist die Tatsache, dass man sich nur dann auf die Verhandlungsmaterialien beziehen darf, wenn alle Vertragsparteien einerseits den Vertragstext abgefasst haben oder andererseits im Falle eines späteren Beitritts von diesem Kenntnis genommen und ihn daraufhin angenommen haben.[256] Die Möglichkeit einer historischen Auslegung soll jedoch nur insoweit Anwendung finden, wie sich nach den in Art. 31 WVK genannten Kriterien keine verständliche oder sinnvolle Bedeutung ermitteln lässt oder zur Bestätigung der gefundenen Bedeutung eines Vertrages im Rahmen von Art. 31 WVK. Bereits aus dem Wortlaut des Art. 32 WVK[257] lässt sich schließen, dass Art. 32 WVK eine nachrangige Stellung unter den Auslegungsmethoden der WVK zukommt. Im Ergebnis stellen die Art. 31 f. WVK demnach eine primär am objektiven Wortlaut orientierte Auslegung dar.

IV.   Mehrsprachigkeit bei völkerrechtlichen Verträgen, Art. 33 WVK

Zuletzt geht die WVK im Zusammenhang mit der Auslegung völkerrechtlicher Verträge noch darauf ein wie mit der Problematik umgegangen werden soll, wenn multilaterale völkerrechtliche Verträge in mehreren Sprachen abgefasst sind, insbesondere für den Fall, dass keine einsprachige, authentische Fassung existiert, sondern mehrere Vertragssprachen vorgesehen sind. Art. 33 Abs. 1 WVK bestimmt, dass wenn ein Vertrag „(...) in zwei oder mehr Sprachen als authentisch festgelegt worden [ist], so ist der Text in jeder Sprache in gleicher Weise maßgeblich, sofern nicht der Vertrag vorsieht oder die Vertragsparteien vereinbaren, dass bei Abweichungen ein bestimmter Text vorgehen soll"[258]. Je mehr Sprachen als authentisch festgelegt werden, desto größer ist die Gefahr, dass die Texte in den jeweiligen Sprachfassungen nicht miteinander übereinstimmen oder

---

255 *Dahm/Delbrück/Wolfrum*, Völkerrecht I/3, § 153 II (S. 646) mit der zutreffenden Abschwächung, dass es sich hierbei nur um objektive Umstände handeln dürfe, da man ansonsten bei zu starker Berücksichtigung der Vorstellung der Vertragsparteien die objektivierte zu einer subjektiven Auslegung umkehren würde.

256 *Verdross/Simma*, Universelles Völkerrecht, § 779 (S. 492 f.) in Fn. 8; *Heintschel v. Heinegg*, in: *Ipsen*, Völkerrecht, § 11 Rn. 18 mit Verweis auf StIGH, *River Oder*, Series A, No. 23, 4, 42; StIGH, *Danube*, Series B, No. 14, 4, 31 f.

257 „Ergänzende Auslegungsmittel (...) können herangezogen werden (...)".

258 Vgl. Art. 31 Abs. 1 WVK.

sich gar inhaltlich widersprechen. Deswegen stellt Art. 33 Abs. 4 WVK[259] die Vermutung auf, dass diejenige Bedeutung vorgezogen werden sollte, die nach Ziel und Zweck des Vertrages am besten die unterschiedlichen Wortlaute aussöhnt, wenn eine Auslegung nach Art. 31 und 32 WVK zu keinem sinnvollen Ergebnis geführt hat.[260]

B.   Die Auslegung nach Völkergewohnheitsrecht

Das Völkergewohnheitsrecht zeichnet sich dadurch aus, dass es weder von einem Gesetzgeber noch durch explizite Übereinkunft von Staaten oder anderen Völkerrechtssubjekten geschaffen wurde und es sich um ungeschriebenes Gesetzesrecht handelt.[261] In der Regel hat die Annahme eines völkergewohnheitsrechtlichen Rechtssatzes zwei Voraussetzungen, eine mit entsprechenden Inhalt bestehende Staatenpraxis (consuetudo), die von einer subjektiven Überzeugung (opinio iuris), zu diesem Verhalten rechtlich verpflichtet zu sein, komplementiert wird.[262] Beide Voraussetzungen müssen für die Entstehung von Völkergewohnheitsrecht universell oder partiell kumulativ vorliegen.[263] Die erforderliche Staatenpraxis muss unmittelbar im Hinblick auf die konkrete Regelung bestehen, um rechtsschaffende Wirkung zu haben.[264] Wie bereits angesprochen kann die WVK und ihre Auslegungsregeln in Art. 31 ff. WVK nur Geltung für diejenigen Staaten beanspruchen, die ihr wirksam beigetreten sind. Zwar sind der WVK bereits über 100 Staaten beigetreten,[265] bedauerlicherweise fehlen darunter aber wahrscheinlich immer noch einige der bedeutendsten wirtschaftlichen und internationalen Akteure wie die Vereinigten Staaten von Amerika, sowie Frankreich und Indien, deren Bedeutung auf internationaler Ebene auch nicht zu gering zu bemessen ist. Deswegen kann bei

---

259 Insbesondere von Bedeutung im Falle LaGrand des IGH zur Bindungswirkung einstweiliger Maßnahmen im Sinne von Art. 41 IGH-Statut, siehe dazu IGH, *La Grand*, ICJ Rep 2001, 466 ff., para. 101.

260 Vgl. Art. 33 Abs. 4 WVK.

261 *Döhring*, Völkerrecht, Rn. 285 ff; *Vitzthum*, in: *ders.*, Völkerrecht, 67 ff.

262 *Vitzthum*, in: *ders.*, Völkerrecht, 126; *Stein/v. Buttlar*, Völkerrecht, 37 f.; *Verdross/Simma*, Universelles Völkerrecht, § 551 (S. 346) mwN zu den Theorien über die Entstehung von Völkergewohnheitsrecht.

263 *Verdross/Simma*, Universelles Völkerrecht, § 552 (S. 348 f.); *Stein/v. Buttlar*, Völkerrecht, 39 f.; *Hobe/Kimminich*, Völkerrecht, 184.

264 *Hobe/Kimminich*, Völkerrecht, 187; *Döhring*, Völkerrecht, Rn. 287 f.

265 Mittlerweile zählt die WVK 110 Vertragsstaaten, siehe http://treaties.un.org.

Beteiligung von Nichtvertragsstaaten an anderen völkerrechtlichen Vertragswerken nicht auf die WVK im Rahmen der Auslegung zurückgegriffen werden. In diesen Fallkonstellationen finden dann aber wieder die völkergewohnheitsrechtlichen Auslegungsmethoden Anwendung. Da die völkergewohnheitsrechtlichen Anforderungen an eine Auslegung in Art. 31 ff. WVK größtenteils übereinstimmend kodifiziert wurden,[266] muss man weder vertieft auf die Thematik eingehen, wie eine völkergewohnheitsrechtliche Norm überhaupt festgestellt wird, noch sich mit einer unterschiedlichen Herangehensweise in der folgenden Untersuchung beschäftigen. Neben den allgemeinen (völkergewohnheitsrechtlichen) Auslegungsregeln der WVK gibt es auch noch andere völkerrechtliche Auslegungsgrundsätze, wie beispielsweise den Effektivitätsgrundsatz, im Zusammenhang mit der Vertragsauslegung. Da sie aber nur Hilfsmittel zur Vertragsauslegung darstellen, wurden sie nicht in die WVK aufgenommen und auch ansonsten ist ihnen wohl der zwingende, völkergewohnheitsrechtliche Charakter abzusprechen, sie stellen eben nur ergänzende Hilfen dar.[267]

C.   Die verschiedenen Auslegungsmethoden

I.   Die Wortlautauslegung – ordinary meaning approach

Den Ausgangspunkt bei der Interpretation völkerrechtlicher Verträge bildet der Wortlaut. Bei der Auslegung nach dem Wortlaut einer völkerrechtlichen Vorschrift (*ordinary meaning approach*) ist ein Begriff grundsätzlich im Sinne seiner üblichen oder gewöhnlichen Bedeutung zu verstehen.[268] Für die Feststellung der gewöhnlichen Bedeutung ist zum einen auf den allgemeinen Sprachgebrauch eines Wortes oder einer Phrase abzustellen, zum anderen muss aber auch ein etwaiges fachspezifisches Verständnis eines Begriffs zu Grunde gelegt werden, wie beide zum Zeitpunkt

---

266 vgl. *Dahm/Delbrück/Wolfrum, Völkerrecht* I/3, § 153 II 4, III (S. 640, 647), der den völkerrechtlichen Charakter der Art. 31 und 32 WVK auch anhand ihrer Anerkennung in der Praxis internationaler Gerichte gründet.

267 *Dahm/Delbrück/Wolfrum*, Völkerrecht I/3, § 153 II 1 (S. 640).

268 *Thirlway*, Law and Procedure, in: BYIL 62 (1991), 1, 20;. So auch der StIGH in *Polish Postal Service*, Series B, No. 11, S. 39: „It is the cardinal principle of interpretation that words must be interpreted in the sense which they would normally have in their context, unless such interpretation would lead to something unreasonable or absurd.".

des Vertragsschlusses existierten.[269] Im Rahmen der wörtlichen Auslegung sind Begriffswandlungen im Laufe der Anwendung des Vertrages grundsätzlich kein zu berücksichtigendes Kriterium. Trotzdem muss eine stattgefundene Begriffswandlung wohl besonders im Falle von auf unbegrenzte Dauer angelegten Verträgen im Rahmen einer dynamischen Auslegung Rechnung getragen werden.[270] Abgesehen von der gewöhnlichen oder fachspezifischen Bedeutung eines Wortes können die Parteien selbst festlegen, wenn sie eine besondere Bedeutung eines Begriffs anstreben, welche dann der Wortlautauslegung zu Grunde gelegt werden muss.[271]

Oftmals wird eine reine Wortlautauslegung nicht möglich sein, weil es durchaus möglich ist, dass sich die gewöhnliche Bedeutung eines Begriffs nicht aus ihm selbst heraus erschließen lässt. In so einem Fall muss die Bedeutung eines Begriffs aus einer Auslegung im systematischen Zusammenhang mit anderen Begriffen bestimmt werden, wonach „jede Bestimmung so aufzufassen ist, wie sie ein vernünftiger Beurteiler in ihrem Zusammenhang mit anderen Bestimmungen auffassen würde".[272] Es muss in einem nächsten Schritt der Begriff in seinem Zusammenhang mit anderen Begriffen analysiert werden, um auf die gewöhnliche Bedeutung des in Rede stehenden Begriffs schließen zu können. Bei dieser Vorgehensweise stellt man dann bereits eine systematische Auslegung des Begriffs an. Insofern erscheint es auch zweifelhaft, ob allein der Wortlaut einer Vorschrift ausreicht, es also keiner weiteren Auslegung bedarf, wenn es sich um einen verständlichen Wortlaut handelt.[273] Der Wortlaut ist grundsätzlich der erste Ausgangspunkt für das Verständnis einer völkerrechtlichen Norm, genauso wie im nationalen Recht. Wenn der Wortlaut allein bereits zu einem unzweifelhaften Verständnis der Regelung führt, wird vertreten,

---

269 *Dahm/Delbrück/Wolfrum*, Völkerrecht I/3, § 153 II 1 (S. 641); *Heintschel v. Heinegg*, in: *Ipsen*, Völkerrecht, § 11 Rn. 6; *Thirlway*, Law and Procedure, in: BYIL 62 (1991), 1, 57 f.

270 *Bernhardt*, Interpretation in International Law, in: *ders.*, EPIL II, 1416, 1420; *Schollendorf*, Auslegung, 49.

271 Vgl. Art. 31 Abs. 4 WVK; *Schollendorf*, Auslegung, 48.

272 So zutreffend *Dahm/Delbrück/Wolfrum*, Völkerrecht I/3, § 153 II 1 (S. 642); *Heintschel v. Heinegg*, in: *Ipsen*, Völkerrecht, § 11 Rn. 6; vgl. auch ICJ, *Admission to the UN*, ICJ Rep 1950, 4, 8.

273 So der IGH im Gutachten über die Zuständigkeit der Generalversammlung zur Aufnahme eines Staates in die Vereinten Nationen, „If the relevant words in their natural and ordinary meaning make sense in their context, that is an end of the matter", ICJ, *Admission to the UN*, ICJ Rep 1950, 4, 8; siehe auch *Thirlway*, Law and Procedure, in: BYIL 62 (1991), 1, 24 f.

dass keine weitere Auslegung durchgeführt zu werden braucht.[274] Zu diesem Verständnis muss jedoch die kritische Anmerkung gehört werden, dass die Entscheidung darüber, ob der Text eindeutig, also „klar und unmissverständlich" ist, wohl bereits selbst eine Auslegung des Wortlauts darstellt und das Prinzip des klaren Wortlauts somit zu einem Zirkelschluss führt.[275]

II.   Die systematische Auslegung

Bei der Auslegung nach der Systematik einer Norm beziehungsweise eines Wortes versucht man deren Bedeutung anhand ihres Zusammenhangs mit anderen im Vertragstext verwendeten Begriffen zu ergründen.[276]

> „A word obtains its meaning from the context in which it is used. If the context requires a meaning which connotes a wide choice, it must be construed accordingly, just as it must be given a restrictive meaning, if the context in which it is used so requires."[277]

Danach ergibt sich die Bedeutung eines Wortes aus seinem Sprachgebrauch und seinem Zusammenhang mit anderen Wörtern, wobei dieser dann maßgeblich ist für ein weites oder enges Verständnis des Begriffs. Das auszulegende Wort muss in seinem Zusammenhang mit der Vorschrift, in dem es vorkommt, dem Absatz und dem ganzen Vertragstext verstanden werden.[278] Nur wenn man ein Wort oder eine Regelung vor dem Hintergrund des gesamten Vertragswerks, also Präambel, andere Bestimmungen und Anlagen als Sinnzusammenhang versteht, kann man davon ausgehen, dass man ihm eine Bedeutung beimisst, die den Vertragsparteien bei Schaffung des Werks vorschwebte.

---

274 Vgl. zu dieser auf dem „Vattel'schen Maxim" beruhenden Grundsatz, dass eine Auslegung nicht möglich ist, wenn der Text klar und unmissverständlich ist, *Heintschel v. Heinegg*, in: *Ipsen*, Völkerrecht, § 11 Rn. 7; *Dahm/Delbrück/ Wolfrum*, Völkerrecht I/3, § 153 I 3 (S. 637); *Thirlway*, Law and Procedure, in: BYIL 62 (1991), 1, 20 f.

275 *Bos*, Treaty Interpretation, in: NILR 27 (1980), 3, 15.

276 *Bernhardt*, Interpretation in International Law, in: *ders.*, EPIL II, 1416, 1420; *Thirlway*, Law and Procedure, in: BYIL 62 (1991), 1, 29 f.; *Heintschel v. Heinegg*, in: *Ipsen*, Völkerrecht, § 11 Rn. 8.

277 ICJ, *Maritime Safety Committee*, ICJ Rep 1960, 150, 158.

278 *Oppenheim/Jennings/Watts*, Vol. I/2-4, 1274; *Bernhardt*, Interpretation in International Law, in: *ders.*, EPIL II, 1416, 1420; *Schollendorf*, Auslegung, 50.

III.   Die Auslegung nach Ziel und Zweck des Regelungswerks – teleologische[279] Auslegung

Bei der teleologischen Auslegung nach dem Sinn und Zweck des Vertrags (*object and purpose*), müssen Begriffe und Regelungen im Vertrag unter Zugrundelegung des Ziels und Zwecks des Vertrages, also „im Lichte seines Zieles und Zweckes" verstanden werden.[280] Ziel und Zweck des Vertrages ergeben sich auch aus dem Vertrag selbst, also seiner Präambel und den Vertragsbestimmungen insgesamt.[281] Die vertragsschließenden Parteien wollten durch den Vertragsschluss ein Ziel verwirklichen, im Hinblick auf welches die Vertragsbestimmungen als Mittel seiner Verwirklichung formuliert wurden. Die Durchführung einer teleologischen Auslegung soll dem Ziel des Vertrages zu größtmöglicher Beachtung und Effektivität verhelfen, indem unter möglichen Auslegungen einer Vertragsbestimmung diejenige ausgewählt wird, die dem Ziel und Zweck des gesamten Vertrages am besten gerecht wird.[282] Deswegen muss man dieses Endziel für ein genaues Verständnis jeder einzelnen Vorschrift berücksichtigen. Nur so kann sichergestellt werden, dass dem Zweck und Ziel des Vertrages bestmöglich zur Wirksamkeit verholfen wird.

IV.   Die Historische Auslegung

Im Rahmen der historischen Auslegung eines völkerrechtlichen Vertrages soll der Wille der Parteien bei Vertragsschluss sowie die Umstände und Gegebenheiten, die zum Abschluss des Vertrages geführt haben, ermittelt werden, um dadurch zu einem besseren Verständnis der konkreten, zu betrachtenden Vorschrift im Rahmen der Auslegung zu gelangen.[283] Haupt-

---

279 Τέλος (gr.): Ziel, letztes Ziel, Endziel, Zweck, Endzweck, Bestimmung.
280 *Dahm/Delbrück/Wolfrum*, Völkerrecht I/3, § 153 II 1 (S. 644).
281 *Heintschel v. Heinegg*, in: *Ipsen*, Völkerrecht, § 11 Rn. 10; *Schollendorf*, Auslegung, 52 f.
282 *Dahm/Delbrück/Wolfrum*, Völkerrecht I/3, § 153 II 1 (S. 644); *Heintschel v. Heinegg*, in: *Ipsen*, Völkerrecht, § 11 Rn. 10; ICJ, *Crime of Genocide*, ICJ Rep 1951, 15, 24; ICJ, *Rights of US nationals in Marocco*, ICJ Rep 1952, 176, 197f.
283 *Thirlway*, Law and Procedure, in: BYIL 62 (1991), 1, 33 f.; *Verdross/Simma*, Universelles Völkerrecht, S. 492 f.; *Dahm/Delbrück/Wolfrum*, Völkerrecht I/3, §

erkenntnisquelle für eine historische Auslegung sind die *travaux prépa-ratoire,* die Verhandlungsgeschichte und die Vertragsschluss vorbereiten-den Materialien. Der Begriff der Vertragsmaterialien ist weit zu verstehen, so dass eine große Spannbreite von Dokumenten darunter fallen kann, wie beispielsweise Verhandlungsprotokolle, offizielle Erklärungen der ver-tragsschließenden Staaten, Aussagen von diplomatischen Vertretern, De-legierten, Staatsorganen oder anderen Vertretern in der Öffentlichkeit so-wie nationale Informationsquellen wie Erklärungen oder Resolutionen des Parlaments, wenn und soweit sie inhaltlich unmittelbar den Vertragsab-schluss betreffen.[284] Bei der historischen Auslegung stellt es immer eine Schwierigkeit dar, dass die dafür nötigen Materialien vorhanden und zu-gänglich sind. Gerade bei multilateralen völkerrechtlichen Verträgen wird es außerdem schwierig sein, einen einheitlichen Willen der Parteien aus den Materialien mit Sicherheit festzustellen, da der geschlossene Vertrag in der Regel eine Reihe von Kompromissen darstellt, auf die man sich bei der Unterzeichnung geeinigt hat. Deshalb ist es problematisch, aus den *travaux preparatoire* und den Umständen des Vertragsschlusses verlässli-che Aussagen, die hinsichtlich aller Parteien Allgemeingültigkeit bean-spruchen, zu beziehen.

V.   Die Dynamische Auslegung

Durch die dynamische Auslegung wird der Möglichkeit Rechnung getra-gen werden, dass seit dem Vertragsschluss im Laufe der Zeit diverse sozi-ale oder politische Veränderungen eingetreten sind, die eine inhaltliche Anpassung des Vertrages erfordern, um seinem Ziel und Zweck weiterhin gerecht werden zu können.[285] Im Rahmen der dynamischen Auslegung, teilweise auch evolutive Auslegung genannt, kann eine eingetretene Ände-rung des Sprachgebrauchs hinsichtlich einzelner im Vertragstext verwen-deter Begriffe berücksichtigt werden.[286] Dies entspricht dem objektiven

153 I 4 (S. 645 f.); *Bernhardt,* Interpretation in International Law, in: *ders.,* EPIL II, 1416, 1420 f.

284 *Dahm/Delbrück/Wolfrum,* Völkerrecht I/3, § 153 II (S. 646); *Thirlway,* Law and Procedure, in: BYIL 62 (1991), 1, 36.

285 *Jennings/Watts,* International Law, Vol. I/2-4, 1268, 1282; *Döhring,* Völkerrecht, Rn. 394 f; *Stein/v. Buttlar,* Völkerrecht, 25.

286 *Verdross/Simma,* Universelles Völkerrecht, § 782 (S. 496 ff.); unter dem Namen der „evolutiven Auslegung" siehe auch *Bernhardt,* Evolutive Treaty Interpretati-on, in: GYIL 42 (1999), 11 ff.

Auslegungsansatz der WVK, nach dem der subjektive Parteiwille nicht das ausschlaggebende Kriterium bei der Vertragsauslegung ist, sondern auch die Weiterentwicklung im Sinne der Vertragsparteien durch Untersuchung der späteren Übung oder darauffolgenden Übereinkünfte der Vertragsstaaten herangezogen werden kann.[287] Jedoch darf eine dynamische Auslegung sich nicht so weit vom Vertragstext lösen, dass sie nicht mehr den Konsens der Vertragsparteien wiedergibt und die Vertragsbestimmung einfach dem gewandelten Völkerrecht anpasst.[288] Die Möglichkeit einer dynamischen Auslegung bestimmter Vertragsbegriffe, um ihnen die Bedeutung beizumessen, die sie im Wandel der Verhältnisse über die Zeit hinweg erfahren haben, findet deswegen dort ihre absolute Grenze, wenn die erschlossene, neue Bedeutung derart vom Vertragsinhalt abweicht, dass sie Sinn und Zweck des Vertrages widersprechen würden und somit mit Treu und Glauben unvereinbar wäre.[289] Bei der Vertragsregelung muss demzufolge inhaltlich berücksichtigt werden, wie sich ein Begriff zur Zeit der Auslegung im geltenden Völkerrecht als üblich entwickelt hat. So wird es auch vom IGH ausgedrückt:

> „(…) an international instrument has to be interpreted and applied within the framework of the entire legal system prevailing at the time of the interpretation. (…) In the domain to which the present proceedings relate, (…) the corpus iuris gentium has been considerably enriched, and this Court, if it is faithfully to discharge its functions, may not ignore."[290]

Herausragende Bedeutung hat die dynamische Auslegung im Zusammenhang mit der Auslegung, man könnte sogar sagen der „kompetenziellen Weiterentwicklung", der Charta der Vereinten Nationen[291] und der Europäischen Konvention für Menschenrechte[292] erfahren.[293] Der dynamischen Auslegung sind aber nicht alle Begriffe in völkerrechtlichen Verträgen zugänglich, sondern nur solche, die für Begriffswandlungen offen sind, sowohl nach dem Verständnis der Vertragsparteien, als auch nach allgemei-

---

287 Siehe ICJ, *Namibia*, ICJ Rep 1971, 3, 31 f.; ICJ, *Aegean Sea Continental Shelf*, ICJ Rep 1978, 3, 34 f: „(…) must be interpreted in accordance with the rules of international law as they exist today, and not as they existed in 1931".
288 *Verdross/Simma*, Universelles Völkerrecht, § 782 (S. 496 f.).
289 Vgl. zu den Grenzen *Doehring*, Völkerrecht, Rn. 395 f.; *Dahm/Delbrück/ Wolfrum*, Völkerrecht I/3, § 153 II 1 (S. 641).
290 ICJ, *Namibia*, ICJ Rep 1971, 3, 31 f.
291 Vgl. dazu *Döhring*, Völkerrecht, 171 f; *Stein/v. Buttlar*, Völkerrecht, 26.
292 *Verdross/Simma*, Universelles Völkerrecht, § 782 (S. 498 f.).
293 Eine ausführliche Darstellung soll hier unterbleiben; siehe dazu *Dahm/Delbrück/ Wolfrum*, Völkerrecht I/3, § 153 III (S. 650 ff.).

nem Sprachverständnis, die also evolutiv sind, so dass ihre Bedeutung dem Wandel der Verhältnisse und der rechtlichen Wertung angepasst wer den muss.[294] Ob ein Begriff zur dynamischen Interpretation offen ist, muss wiederum anhand der anerkannten Auslegungsmethoden, insbesondere der Staatenpraxis, festgestellt werden.[295]

VI. Spätere Übung der Vertragsstaaten

Zur Auslegung kann auch die spätere Übung, beziehungsweise Praxis, der Vertragsstaaten herangezogen werden, um die Bedeutung einer Vertragsnorm zu ermitteln. Nach Art. 31 Abs. 3 lit. b WVK gehört die spätere Übung der Vertragsstaaten bei der Anwendung des Vertrages zum Kontext im weiteren Sinn. Das heißt, werden die Bestimmungen in ihrem Zusammenhang ausgelegt, muss eine etwaige existierende Übung in gleicher berücksichtigt werden. Die spätere Übung der Vertragsstaaten bezieht sich auf deren Verhalten, also jedes Tun oder Reden im Hinblick auf einen völkerrechtlichen Vertrag nach dessen Abschluss, wenn aus diesem Verhalten der Vertragsstaaten auf einen Konsens hinsichtlich eines bestimmten Verständnisses der Vertragsregelung geschlossen werden kann.[296] Entscheidende Voraussetzung einer Auslegung nach der späteren Übung der Vertragsstaaten ist, dass diese nachweislich von allen Parteien getragen wird, um nicht das Verständnis der Mehrheit den anderen Vertragsparteien aufzuzwingen.[297] Der späteren Übung aller Vertragsstaaten wird jedoch genügt, wenn eine Vertragspartei zwar möglicherweise anderer Ansicht bezüglich des Verständnisses der Vertragsvorschrift ist, die Übung der anderen Vertragsparteien aber stillschweigend mit anerkennender Wirkung billigt.[298] Für die Annahme einer späteren Übung der Vertragsstaaten

---

294 *Heintschel v. Heinegg*, in: *Ipsen*, Völkerrecht, § 11 Rn. 21; *Verdross/Simma*, Universelles Völkerrecht, § 782 (S. 498); *Döhring*, Völkerrecht, 171 f.

295 *Verdross/Simma*, Universelles Völkerrecht, § 782 (S. 498), der auch anmerkt, dass eine zu weitgehende dynamische Auslegung durch den IGH, Staaten abhalten wird, in Zukunft ihre Vertragsstreitigkeiten dem IGH vorzulegen.

296 Vgl. hierzu *Grzeszick*, Rechte des Einzelnen, in: AVR 43 (2004), 312, 325; *Thirlway*, Law and Procedure, in: BYIL 62 (1991), 1, 48; *Schollendorf*, Auslegung, 55 f.

297 *Thirlway*, Law and Procedure, in: BYIL 62 (1991), 1, 48 ff.; *Bernhardt*, Interpretation in International Law, in: *ders.*, EPIL II, S. 1416; 1421.

298 *Bernhardt*, Interpretation in International Law, in: *ders.*, EPIL II, 1416, 1421; *Schwartmann*, Private im Wirtschaftsvölkerrecht, 72.

muss das Verhalten der jeweiligen Vertragspartei zugerechnet werde können, ohne dass es jedoch hierfür des Handelns eines zur Außenvertretung befugten Organes bedarf.[299] Das Besondere an der Berücksichtigung der späteren Übung der Vertragsstaaten bei der Vertragsauslegung ist, dass die Vertragsparteien sich hierdurch auch über den Wortlaut des Vertrages übereinstimmend hinwegsetzen können, um den Vertrag aktuellen Umständen anzupassen.[300] Leider ist eine einheitliche spätere Übung der Vertragsstaaten in der Praxis des Völkerrechts schwer festzustellen und darf nicht mit einer Vertragsänderung oder der Bildung von Völkergewohnheitsrecht verwechselt werden.

VII.   Hilfsmittel im Rahmen der völkerrechtlichen Auslegung

1.   Der Effektivitätsgrundsatz

Zum einen ist der Effektivitätsgrundsatz bei der Auslegung eines Vertrages zu berücksichtigen, wonach dem Ziel und Zweck des Vertrages durch die Auslegung zur größtmöglichen Effektivität verholfen werden soll und keine Auslegungsmöglichkeit gewählt werden sollte, wenn sie zur Unwirksamkeit des Vertrags führen könnte.[301] Auf den Effektivitätsgrundsatz kann sich eine Auslegungsweise aber nur solange stützen, wie dies nicht gegen den ausdrücklichen Wortlaut oder Sinn des Vertrages verstoßen würde und daher gegen das Gebot von Treu und Glauben.[302]

2.   „In Dubio Mitius"

Darüber hinaus wird oft auf die Regel „in dubio mitius" verwiesen, welche besagt, dass eine die Freiheit der Vertragsstaaten einschränkende Regel bei unklarem Inhalt im Zweifel restriktiv auszulegen ist, ohne jedoch

---

299 *Schollendorf*, Auslegung, 55.
300 Wobei es hier schwierig sein wird, die Grenze zur konkludenten Vertragsänderung zu ziehen, vgl. *Thirlway*, Law and Procedure, in: BYIL 62 (1991), 1, 52; *Schwartmann*, Private im Wirtschaftsvölkerrecht, 72.
301 *Jennings/Watts*, Oppenheim's International Law, Vol. I/2-4, 1266, 1280 f.; *Thirlway*, Law and Procedure, in: BYIL 62 (1991), 1, 44; *Klein*, in: *Vitzthum*, Völkerrecht, 352; *Stein/v. Buttlar*, Völkerrecht, 25.
302 *Thirlway*, Law and Procedure, in: BYIL 62 (1991), 1, 46; *Verdross/Simma*, Universelles Völkerrecht, § 780 (S. 494); auch „ut res magis valeat quam pereat".

bestehende ausdrückliche Verpflichtungen abzuschaffen.[303] Insofern ist zwar von mehreren Auslegungen die am wenigsten einschränkende zu wählen, jedoch darf das am Endziel der Vertragsschließenden, einen wirksamen Vertrag ins Leben zu rufen, nichts ändern.[304] Es ist gegen diesen Grundsatz kritisch ins Feld zu führen, dass jede einschränkende Auslegung einer Verpflichtung einer Vertragspartei, gerade zu einer Verkürzung von Rechten einer anderen Vertragspartei führen würde.[305] Aus diesem Grund sollte von einem derartigen Verständnis Abstand genommen werden, um nicht die effektive Umsetzung des Vertragsziels zu gefährden.

3. Unterscheidung nach Art des völkerrechtlichen Vertrages

Teilweise wird angenommen, dass bei der Auslegung völkerrechtlicher Verträge stärker nach der Art des Vertrages unterschieden werden muss, indem bei bilateralen Verträgen stärker auf den Parteiwillen eingegangen wird und bei multilateralen, insbesondere rechtssetzenden Verträgen[306] oder Regelungs- oder Ordnungsverträge[307] und institutionellen Verträgen[308], der Text, aber auch das Ziel und der Zweck des Vertrages im Vordergrund stehen sollten, durch die objektives Recht oder bei letzteren eine internationale, selbstständige Organisation geschaffen wird.[309] Die Auslegungsregeln der WVK gehen jedoch nicht auf die Möglichkeit verschiedener Vertragstypen und eine dementsprechende Berücksichtigung bei der Auslegung ein. Die WVK legt daher für die Auslegung fest, dass vornehmlich auf den aus dem Vertrag hervorgehenden objektiven Willen der Vertragspartner abzustellen ist, indem sie insbesondere die textliche Auslegung der Suche nach dem subjektiven Willen der Vertragsstaaten in den *travaux préparatoire* den Vorrang gewährt.[310]

---

303 *Verdross/Simma*, Universelles Völkerrecht, § 780 (S. 493 f.) mit Verweis auf StIGH, Mossul, 1929, Series B, No. 12, S. 25.
304 *Bernhard*, Interpretation in International Law, in: *ders.*, EPIL II, 1416, 1419; *Jennings/Watts*, Oppenheim's International Law, Vol. I/2-4, 1266, 1279.
305 *Schollendorf*, Auslegung, 68.
306 Vgl. dazu beispielhaft *Doehring*, Völkerrecht, Rn. 394.
307 Analyse bei *Dahm/Delbrück/Wolfrum*, Völkerrecht I/3, § 153 I 3 (S. 637 ff.).
308 Vgl. *Stein/v. Buttlar*, Völkerrecht, 25 f.
309 Für eine mehr an der Natur des Vertrages orientierten Auslegung vgl. *Dahm/Delbrück/Wolfrum*, Völkerrecht I/3, § 153 I 3 (S. 639).
310 *Döhring*, Völkerrecht, Rn. 391; *Hobe/Kimminich*, Völkerrecht, 218.

D.   Die Auslegungstheorien

Bei der Auslegung eines Vertrages kommen zwei mögliche Ausgangs-
punkte in Frage, an denen man für die Auslegung von Rechtsnormen an-
setzen könnte. Zum einen könnte man als Zentrum der Auslegung auf die
Ermittlung des subjektiven Willens der vertragsschließenden Parteien zum
Zeitpunkt des Vertragsschlusses abstellen, zum anderen könnte der Vertragstext als Ausdruck des von den Parteien objektiv Gewollten unter Zugrundelegung seines heutigen Verständnisses im Mittelpunkt der Auslegung stehen.[311] Beide Vorgehensweisen erscheinen nachvollziehbar und
man kann durchaus jeweils Vorteile erkennen. Insofern stellt sich die Frage, welcher Auslegungstheorie der Vorrang gegeben werden soll.

I.   Die subjektive Auslegungstheorie

Die Wirksamkeit eines Vertragsschlusses beruht auf der Einigung, also
dem Konsens, der Parteien über den gemeinsam gewollten Inhalt der Vertragsbestimmungen.[312] Aus diesem Grund stellt die subjektive Auslegungstheorie maßgeblich auf den tatsächlichen Willen der Vertragspartei-
en bei Vertragsschluss als Ziel der Auslegung ab. Deswegen muss der historische Wille der vertragsschließenden Parteien durch eine subjektive In-
terpretationsmethode, die vom Vertragstext ausgeht, ermittelt werden.[313]
Für die Erforschung des subjektiven Parteiwillens ist die Vertragsge-
schichte (*travaux preparatoire*) von ausschlaggebender Bedeutung, da sie
neben dem Vertragstext eine der wenigen Erkenntnisquellen darstellt, die
Auskunft über den Parteiwillen während der Vertragsentstehung geben
können.[314] Problematisch erscheint, dass insbesondere bei Verträgen älteren Datums davon auszugehen ist, dass die Ermittlung der die Parteien
leitenden Motive und Ansichten sich als schwierig gestalten wird. Der
subjektive Ansatz geht auf die Willenstheorie zurück, nach der für die Bedeutung einer Vertragsbestimmung der dahinter stehende tatsächliche Wil-

---

311 *Schollendorf*, Auslegung, 34; *Verdross/Simma*, Universelles Völkerrecht, § 776
    (S. 491 f.); *Heintschel v. Heinegg*, in: *Ipsen*, Völkerrecht, § 11 Rn. 4.
312 *Dahm/Delbrück/Wolfrum*, Völkerrecht I/3, § 153 I 2 (S. 634); *Döhring*, Völker-
    recht, Rn. 391; *Schollendorf*, Auslegung, 35.
313 *Bernhardt*, Interpretation in International Law, in: *ders.*, EPIL II, 1416, 1419;
    Verdross/Simma, Universelles Völkerrecht, § 776 (S. 492).
314 *Döhring*, Völkerrecht, Rn. 391.

le aller Vertragsparteien das maßgebliche Kriterium sein muss, da nur ein auf diese Weise psychologisch-empirisch ermitteltes Verständnis von den Parteien gewollt war.[315] Schwierigkeiten treten beim subjektiven Auslegungsansatz einerseits dann auf, wenn bei umstrittenen oder kompromissartigen Vertragsbestimmungen kein übereinstimmender Wille der Vertragsparteien zu erkennen ist oder wenn aus den Vertragsmaterialien überhaupt kein oder kein übereinstimmender Wille zu entnehmen ist.[316] Andererseits kann es auch an Vertragsmaterialien vollkommen fehlen, da sie aufgrund der Art des Zustandekommens des Vertrages möglicherweise überhaupt nicht oder nur bruchstückhaft existieren, wie es beispielsweise bei multilateralen Verträgen, die im Verhandlungsmodus zustande kommen, der Fall ist.[317] Gegen die subjektive Auslegungstheorie wird unter anderem aus diesem Grund kritisch geäußert, dass sie mangels eindeutiger Vertragsmaterialien zum Großteil auf Mutmaßungen oder Unterstellungen beruhen muss und sich auf diese Weise auch über einen eventuellen Widerspruch zum Wortlaut hinwegsetzt.[318]

II. Die Objektive Auslegungstheorie

Die objektive Auslegungstheorie, die heute wohl von der Mehrheit vertreten wird, sieht bei der Auslegung den grundsätzlichen Anknüpfungspunkt im objektiven Vertragstext als Medium zur Ermittlung des objektiv Erklärten.[319] Prägnant formuliert fragt die subjektive Theorie nach dem von den Parteien Gewollten, wohingegen die objektive Theorie nach dem von Parteien Gesagten fragt.[320] Gerade bei multilateralen Verträgen erscheint die Suche nach dem übereinstimmenden Willen der Parteien in den Vertragsmaterialien utopisch und führt zur Unsicherheit hinsichtlich des gefundenen Ergebnisses, weshalb besonders hier ein gehobenes Bedürfnis für Objektivierung der Auslegung durch die Orientierung am Vertragstext

---

315 *Schollendorf*, Auslegung, 34 f.
316 *Heintschel v. Heinegg*, in: *Ipsen*, Völkerrecht, § 11 Rn. 4.
317 *Dahm/Delbrück/Wolfrum*, Völkerrecht I/3, § 153 I 3 (S. 637).
318 *Dahm/Delbrück/Wolfrum*, Völkerrecht I/3, § 153 I 3 (S. 638); *Schollendorf*, Auslegung, 36.
319 *Schollendorf*, Auslegung, 37, 42 f.; *Heintschel v. Heinegg*, in: *Ipsen*, Völkerrecht, § 11 Rn. 5.
320 *Schollendorf*, Auslegung, 35.

besteht.[321] Der objektiven Theorie liegt zugrunde, dass das von den Parteien übereinstimmend gewollte im Vertragswortlaut zum Ausdruck kommt, auf den sich die vertragsschließenden Parteien geeinigt haben. Diese objektive, am Vertragswortlaut orientierte Auffassung wurde auch in Art. 31 WVK aufgenommen. Danach muss technisch der Wortlaut einer Vertragsbestimmung unter Zuhilfenahme der anerkannten Auslegungsparameter auf den in Rede stehenden Sachverhalt angewandt werden, um so zu ermitteln, wie die Bestimmung im konkreten Fall verstanden werden soll.[322]

---

321 *Dahm/Delbrück/Wolfrum*, Völkerrecht I/3, § 153 I 2 (S. 636); *Berhardt*, Interpretation in International Law, in: *ders.*, EPIL II, 1416, 1421 f.
322 *Heintschel v. Heinegg*, in: *Ipsen*, Völkerrecht, § 11 Rn. 5; *Verdross/Simma*, Universelles Völkerrecht, § 776 (S. 492).

III. Keine Interpretation bei klarem Wortlaut

Im Zusammenhang mit der objektiven Theorie wird vertreten, dass für eine Interpretation immer dann kein Raum sein kann, wenn bereits der Vertragstext klar und unmissverständlich ist.[323] Diese Regel wurde unter anderem unter dem Namen *in claris non fit interpretatio* oder auch *plain meaning rule* bei der völkerrechtlichen Auslegung angeführt.[324] Jedoch kann sie von vornherein nur dann Anwendung finden, wenn der Wortlaut wirklich über jeden Zweifel erhaben ist, also die Norm eine klare Verhaltensanweisung enthält.[325] Diesem *plain meaning* Ansatz wird entgegengehalten, dass bereits die Entscheidung über Klarheit und Unmissverständlichkeit des Vertragstextes eine Auslegung darstellen, man sich also bei diesem Herangehen schon im Bereich der Interpretation befindet.[326]

IV. Ergebnis zu D

Es scheint theoretisch auf den ersten Blick ein wünschenswerter Ansatz zu sein, dass der Wille der Parteien, die auch dem Vertrag ihre Zustimmung gegeben und damit seine Bindungswirkung herbeigeführt haben, ausschlaggebend sein soll. Jedoch gestaltet sich die praktische Ausführung der subjektiven Auslegungstheorie als äußerst problembelastet und schwierig umzusetzen, was sie für die Anwendung in der völkerrechtlichen Praxis eher uninteressant macht. Zum einen ist das Vorhandensein von Vertragsmaterialien im Sinne von Beratungsprotokollen und Meinungsäußerungen nicht selbstverständlich. Bei einem älteren Vertrag können derartige Materialien beispielsweise nicht auffindbar oder gar vernichtet sein. Oder aber sie haben von vornherein nicht existiert, da viele Ansichten auch mündlich und informell geäußert werden. Zum anderen kann es vorkommen, dass konkrete Umstände des Vertragsschlusses zur Zeit der Auslegung nicht mehr zu eruieren sind oder vorbereitende Arbeiten dem Auslegenden überhaupt nicht zugänglich sind. Des Weiteren kann es vorkommen, dass sich manche Parteien zu diversen Vorschriften eines Vertragswerks überhaupt nicht äußern. Soll deren Wille dann unbeachtet

---

323 So das Vattel'sche Maxim, vgl. *Dahm/Delbrück/Wolfrum*, Völkerrecht I/3, § 153 I 3 (S. 637); *Stein/v. Buttlar*, Völkerrecht, 25; *Döhring*, Völkerrecht, Rn. 396.
324 *Schollendorf*, Auslegung, 44.
325 *Schollendorf*, Auslegung, 44.
326 *Dahm/Delbrück/Wolfrum*, Völkerrecht I/3, § 153 I 3 (S. 637).

bleiben? Gerade im Völkerrecht stellen viele Vertragsvorschriften den einzigen zu erreichenden Minimalkonsens dar, der aus einem gegenseitigen Nachgeben gebildet wird. Wie soll es aber dann gewertet werden, wenn eine Partei sich vehement gegen eine Bestimmung zu Wehr gesetzt, den Vertrag aber dann doch unterzeichnet und ratifiziert hat? Bei multilateralen Völkerrechtsverträgen müssten dann eine Vielzahl verschiedener Positionen beachtet werden, bis man überhaupt von einem übereinstimmenden Willen sprechen könnte. Was ist mit später dem Vertrag beigetretenen Vertragsparteien? Deren Meinung sollte auch berücksichtigt werden, wenn man von dem Willen der Vertragsparteien spricht. Diesen kritischen Fragen könnten noch viele folgen. Das Fazit, das daraus im Hinblick auf die subjektive Auslegungstheorie gezogen werden kann, ist, dass sie in der Praxis wohl kaum handhabbar sein wird, um in einem zeitlich einigermaßen vertretbaren Rahmen den tatsächlichen Parteiwillen erforschen zu können. Andererseits sollte man sich nicht ausschließlich am Vertragstext festklammern, wenn der Wortlaut an sich zu keinem eindeutigen Ergebnis führt. In einem derartigen Fall muss man, soweit vorhanden, auf andere Erkenntnisquellen wie die Vertragsmaterialien zurückgreifen, um möglicherweise hieraus die klarstellende Antwort zu erhalten oder ein gefundenes Ergebnis abzusichern. Einen derartigen Mittelweg geht heute auch die Mehrheit der völkerrechtlichen Lehre[327] und ist auch in Art. 31 f. WVK enthalten. In diesem Sinne geht auch eine der wichtigsten, gerichtlichen Institutionen des Völkerrechts als Rechtsanwender davon aus, dass primär auf den Vertragstext abzustellen ist, da eine Abstellung auf den Parteiwillen bei der Vielzahl moderner multilateraler Völkerrechtsverträge und langen Laufzeiten zu unüberwindbaren Schwierigkeiten führt, jedoch andere Erkenntnisquellen wie die Vertragsmaterialien durchaus ergänzend herangezogen werden können.[328]

E. Vorgehen bei der Auslegung im Rahmen der Untersuchung

Im Rahmen der folgenden Untersuchung soll ein objektiver, am Vertragstext orientierter Auslegungsansatz zur Ermittlung des Inhalts der vertraglichen Bestimmungen verfolgt werden. Hierbei soll auf den Wortlaut,

---

327 Siehe dazu mit weiteren Nachweisen *Dahm/Delbrück/Wolfrum*, Völkerrecht I/3, § 153 I 3 (S. 639); *Verdross/Simma*, Universelles Völkerrecht, 491 ff.
328 ICJ, *Temple of Preha Vihear*, ICJ Rep 1961, 17, 32, 34.

den systematischen Zusammenhang der Vertragsbestimmung und Ziel und des Zwecks des Vertragswerkes im Sinne des Art. 31 WVK abgestellt werden. Die Vertragsmaterialien sollen hilfsweise für ein besseres Verständnis der Motivation der vertragsschließenden Parteien herangezogen werden, soweit sie vorhanden sind. Als weitere Erkenntnisquelle für die Interpretation völkerrechtlicher Vorschriften – insbesondere im Zusammenhang mit den Investitionsschutzverträgen – werden die Entscheidungen internationaler Gerichte von entscheidender Bedeutung sein. Zu unterscheiden sind hierbei die ständigen internationalen Gerichte, deren Zuständigkeit sich zumeist auf einen bestimmten Katalog von Streitigkeiten bezieht, und die internationalen Schiedsgerichte, die in der Regel für eine bestimmte Streitfrage von den Parteien ausgewählt werden.[329] Da im Rahmen der Investitionsschutzverträge die Vorschriften im Allgemeinen eher vage gefasst sind, müssen in diesem Bereich die Entscheidungen der Schiedsgerichte zur Bewertung des Schutzes des Investors intensiv herangezogen werden.

---

329 So auch *Schollendorf*, Auslegung, 32.

Fünftes Kapitel Voraussetzungen des
Individualrechtscharakters

A. Dogmatik eines subjektiven Rechts im Völkerrecht

I. Die Frage nach subjektiven Rechten im Völkerrecht – ein Schattendasein

Die Frage nach den Voraussetzungen oder dem Bestehen subjektiver Rechte im Völkerrecht an sich ist ein überaus selten in der völkerrechtlichen Lehre behandeltes Thema, als sie einfach vorausgesetzt würden. Das liegt unter anderem daran, dass das Völkerrecht von der überwiegenden Mehrheit von seiner Entwicklung her betrachtet als objektives Recht zwischen Staaten angesehen wird und dementsprechend dogmatisch und methodisch behandelt wird. Trotzdem ist für die Geltendmachung zahlreicher Rechtspositionen im Völkerrecht deren subjektive Inhaberschaft erforderlich.[330] Historisch gesehen wurden trotz seiner objektivrechtlichen Ausrichtung im Völkerrecht bisher nur die subjektiven Rechtspositionen der Staaten geschützt, nicht jedoch die objektive Rechtsordnung an sich.[331] Trotz dieser Ausgangslage gewähren insbesondere Aussagen in der völkerrechtlichen Rechtsprechung Anlass, durchaus das Vorhandensein einer Dogmatik subjektiver Rechte im Völkerrecht anzunehmen.[332] In diesem Sinne bekräftigte der IGH, dass für die Anrufung des Gerichtshofs durch einen Staat erforderlich ist, dass dieser seine eigenen subjektiven Rechte geltend macht.[333]

II. Mögliche dogmatische Ansätze

Es kann davon ausgegangen werden, dass grundsätzlich jede Rechtsordnung Vorkehrungen treffen muss, damit das objektive Recht Geltung er-

---

330 So kann im Rahmen des diplomatischen Schutzes ein Staat nur seine eigenen Rechte in Form der Verletzung eines seiner Bürger geltend machen, ICJ, *Bernadotte*, ICJ Rep 1949, 4, 181 f.; ICJ, *Barcelona Traction*, ICJ Rep 1970, 4, 33.
331 *Bleckmann*, Subjective Right, in: GYIL 28 (1985), 144, 146.
332 PCIJ, *Courts of Danzig*, , Series B, No. 15 (1928), 4 ff.; ICJ, *LaGrand*, ICJ Rep 2001, 446 ff. ; ICJ, *Avena*, ICJ Rep 2004, 12 ff.
333 ICJ, *Namibia*, ICJ Rep 1970, 16, 33 ff.; ICJ, *Barcelona Traction*, Separate Opinion Judge Fitzmaurice, ICJ Rep 1970, 4, 86 ff.

langt und von seinen Rechtsangehörigen beachtet wird.[334] Dies ist sowohl für jede nationale Rechtsordnung, als auch für die internationale Rechtsordnung des Völkerrechts gültig, da in Abwesenheit irgendwie gearteter Vollzugsmechanismen die objektive Rechtsordnung in der Realität an Bedeutung verlieren würde. Um rechtsstaatlichen Grundsätzen zu genügen, muss die Rechtsordnung selbst konkrete Vorgaben machen, nach denen ihre Durchsetzung und Beachtung gegenüber den ihr Unterworfenen stattfinden muss.[335] Für eben jenen Vollzug der objektiven Rechtsordnung können zwei unterschiedliche dogmatische Ansätze herangezogen und zugrunde gelegt werden, die im Folgenden dargestellt werden sollen.

1. Schutz des Interesses der „internationalen Gemeinschaft"

Der Vollzug und die Beachtung der objektiven Rechtsordnung könnten im allgemeinen Interesse der Gemeinschaft ihrer Rechtsangehörigen erfolgen, soweit eine derartige als Rechtspersönlichkeit anerkannt wird. In diesem Sinne würde dann ein zentraler Vollzugsapparat mit rechtlicher Durchsetzungsgewalt ausgestattet werden, der die Beachtung der objektiven Rechtsordnung im Allgemeininteresse der Rechtsgemeinschaft unabhängig von einer etwaigen Inhaberschaft oder Betroffenheit durch die Verletzung der Norm durchsetzt.[336] Für das Völkerrecht würde dies bedeuten, wenn man von dem bestehenden Problem der Institutionalisierung absieht, dass die Einhaltung des objektiven Völkerrechts im Interesse der Völkerrechtsgemeinschaft oder internationalen Gemeinschaft durchgesetzt würde. Voraussetzung hierfür müsste sein, dass im Völkerrecht eine internationale Gemeinschaft anerkannter Weise bestünde, in deren Interesse beziehungsweise zu deren internationalem Gemeinwohl das objektive Recht durchgesetzt würde, ähnlich der Verwirklichung des Gemeinwohls beziehungsweise öffentlichen Interesses in einem funktionierenden, nationalen Verfassungsstaat.

Dem traditionellen Konzept des Völkerrechts des 19. Jahrhunderts war es jedoch fremd, das Bestehen eines „internationalen Gemeinwohls" der

---

334 *Bleckmann*, Subjective Right, in: GYIL 28 (1985), 144, 146.

335 *Masing*, Mobilisierung des Bürgers, 55; *Bleckmann*, Subjective Right, in: GYIL 28 (1985), 144, 146.

336 Siehe z. B. Art. 263 Abs. 4 AEV, der zur Klageberechtigung eines Rechtssubjekts nicht voraussetzt, dass dieses Inhaber des beeinträchtigten Rechts ist, sondern lediglich eine individuelle und unmittelbare Betroffenheit.

Völkerrechtsgemeinschaft anzunehmen, dessen Verwirklichung und Vollziehung durch das Völkerrecht erreicht werden sollten.[337] Man verstand im Gegenteil das Völkerrecht als Koexistenz- oder Verkehrsrechtsordnung zwischen autonomen Staaten, das hauptsächlich in deren Eigeninteresse ihre absolute Souveränität als Grundgedanken inne hatte und diese absichern sollte.[338] So betraf es inhaltlich im Wesentlichen den diplomatischen Verkehr zwischen Staaten, das Kriegsrecht und den Grundsatz der Nichteinmischung zum Schutz der Souveränität und des Territoriums der Staaten.[339] Im Zusammenhang mit diesem völkerrechtlichen Verständnisses war ein Interesse einer internationalen (Staaten-) Gemeinschaft überhaupt nicht anerkannt, in deren Namen die Einhaltung völkerrechtlicher Vorschriften gefordert und kontrolliert werden könnte.[340] Im Rahmen der Koexistenz der Staaten im Völkerrecht war die staatliche Entscheidungs- und Handlungsfreiheit nicht durch eine eventuell bestehende objektive Rechtsordnung, in deren Bestand und Inhalt sich das Interesse einer internationalen Gemeinschaft wiederspiegelt, begrenzt, sondern allein durch die Rechte und Interessen der anderen Mitglieder der Staatengemeinschaft, insbesondere durch deren Souveränität.[341]

Eine Veränderung dieses Standpunktes lässt sich erst im modernen Völkerrecht seit dem Ende des zweiten Weltkrieges in Form einer Entwicklung weg von der reinen Koexistenz oder internationaler Koordination bilateraler Staatenbeziehungen, hin zu einer Rechtsordnung der internationalen Kooperation und möglicherweise einer Konstitutionalisierung des

---

337 *Bleckmann*, Subjective Right, in: GYIL 28 (1985), 144, 152; *Fassbender*, Schutz der Menschenrechte, in: EuGRZ 2003, 1, 2; *Tomuschat*, Obligations, in: RdC 241 (1993), 195, 220 ff; *ders.*, International Law, in: RdC 281 (1999), 9, 59.

338 Vgl. *Fassbender*, Schutz der Menschenrechte, in: EuGRZ 2003, 1, 3 mwN; *Tomuschat*, Internationale Gemeinschaft, in: AVR 33 (1995), 1, 6; *ders.*, Obligations, in: RdC 241 (1993), 195, 220 ff; *ders.*, International Law, in: RdC 281 (1999), 9, 56 f.

339 *Fassbender*, Schutz der Menschenrechte, in: EuGRZ 2003, 1, 2 f; *Mosler*, Völkerrecht als Rechtsordnung, in: ZaöRV 36 (1976), 6, 15 f.; *Tomuschat*, Internationale Gemeinschaft, in: AVR 33 (1995), 1, 6.

340 *Bleckmann*, Subjective Right, in: GYIL 28 (1985), 144, 152; *Fassbender*, Schutz der Menschenrechte, in: EuGRZ 2003, 1, 2 f mwN; *Mosler*, Völkerrecht als Rechtsordnung, in: ZaöRV 36 (1976), 6, 26 f.

341 *Bleckmann*, Subjective Right, in: GYIL 28 (1985), 144, 152; *Fassbender*, Schutz der Menschenrechte, in: EuGRZ 2003, 1, 2 f mwN; *Tomuschat*, Internationale Gemeinschaft, in: AVR 33 (1995), 1, 6; *ders.*, Obligations, in: RdC 241 (1993), 195, 220 ff.; *ders.*, International Law, in: RdC 281 (1999), 9, 56 f.

Völkerrechts feststellen.[342] Diese Entwicklung wurde wohl unter anderem durch die Entstehung neuer Staaten und die Vergrößerung der Staatengemeinschaft, sowie das Erscheinen neuer nicht-staatlicher Akteure auf internationaler Ebene mit beeinflusst. Zusätzlich hat die Notwendigkeit, auf neue Gegebenheiten auf internationaler Ebene zum Teil in gänzlich unbekannten Sachgebieten wirksam antworten zu können, auf die Entwicklung eines neuen Verhältnisses der Staaten untereinander weg von der Koexistenz hin zur Kooperation eingewirkt.[343]

Als anschauliches Beispiel für das Erscheinen und die Regelungsbedürftigkeit neuartiger Sachgebiete auf dem internationalen Tableau kann aus dem Bereich des Umweltvölkerrechts der *Trail Smelter* Fall[344] angeführt werden. Historisch war eines der obersten Prinzipien des Völkerrechts die Souveränität der Staaten und daraus folgend die Handlungsfreiheit der Staaten auf eigenem Territorium. Bei der Beachtung der Souveränität eines Staates durch die anderen Staaten ging es vor allem um die Unversehrtheit des anderen Staatsgebiets und der Staatshoheit im Sinne der Nichtintervention.[345] Im *Trail Smelter* Fall ging es jedoch nicht um eine Verletzung der Souveränität im Sinne eines Eingriffs in die Territorialhoheit des anderen Staates durch ein physisches Eindringen. Sondern es wurde angenommen, dass durch Umweltverschmutzung auf dem Gebiet des emittierenden Staates die territoriale Integrität des angrenzenden Nachbarstaates bei erheblicher Schädigung verletzt werden kann.[346] Daran kann gesehen werden, dass das Völkerrecht auf neue Belange wie zum Beispiel Umweltverschmutzung oder globale Wirtschaftsregulierung, nur durch seine Weiterentwicklung, insbesondere auch des Verständnisses

---

342 *Charney*, Universal International Law, in: AJIL 87 (1993), 529 ff.; *Frowein*, in: BDGV 2000, S. 427 ff.; *Milewicz*, Global Constitutionalization, in: Ind J Global Legal Stud 16 (2009). 413 ff.; *Tomuschat*, Internationale Gemeinschaft, in: AVR 33 (1995), 1 ff.; *ders.*, International Law, in: RdC 281 (1999), 9 ff.; *Simma*, Community Interest, in: RdC 250 (1994), 221 ff.; *Thürer*, Modernes Völkerrecht, in: ZaöRV 60 (2000), 557, 595 ff; *Abi-Saab*, Whither the International Community?, in: EJIL 9 (1998), 248 ff; *Ress*, Supranationaler Menschenrechtsschutz, in: ZaöRV 64 (2004), 621 ff.

343 *Fassbender*, Schutz der Menschenrechte, in: EuGRZ 2003, 1, 3 mwN; *Thürer*, Modernes Völkerrecht, in: ZaöRV 60 (2000) 557, 559 ff.; *Tomuschat*, Internationale Gemeinschaft, in: AVR 33 (1995), 1, 7 f.; *ders.*, Obligations, in: RdC 241 (1993), 195, 211 ff; *ders.*, International Law, in: RdC 281 (1999), 9, 59 ff.

344 Trail Smelter I und II, UNTS Vol. III, 1905; vgl. die Zusammenfassung von *Becker*, in: *Menzel/Pierlings/Hoffmann*, Völkerrechtsprechung, 726 ff.

345 *Becker*, in: *Menzel/Pierlings/Hoffmann*, Völkerrechtsprechung, 726, 728.

346 Ibid., 729; *Bleckmann*, Subjective Right, in: GYIL 28 (1985), 144, 153.

staatlicher Souveränität, effektiv antworten konnte. Reine Koexistenz ansonsten souveräner Staaten war somit, ohne dass das Völkerrecht dadurch seine Wirksamkeit verliert, nicht mehr zeitgemäß. Dies steht im Einklang dazu, dass in der modernen Weltordnung das Verhältnis und die Rangordnung der Staaten untereinander nicht mehr durch Eroberung und Gebietsannexionen, sondern vornehmlich durch den internationalen Welthandel geprägt sind.[347]

Die neue Idee vom internationalen Recht der Kooperation geht davon aus, dass das moderne Völkerrecht der Verwirklichung und Verfolgung eines der Völkerrechtsordnung zugrunde liegenden gemeinsamen Interesses, sozusagen eines „Staatengemeinschaftsinteresses", der internationalen Gemeinschaft dient unabhängig von der Zustimmung einzelner betroffener Staaten.[348] Im Zuge dieser Entwicklung käme es zu einer Konstitutionalisierung des Völkerrechts, in deren Zentrum die Anerkennung der internationalen (Völkerrechts-) Gemeinschaft als eigene Rechtspersönlichkeit steht, die die Verwirklichung des internationalen Gemeinwohls als der Summe der Interessen der Menschheit als Ganzes zum Zwecke hat.[349]

Dieser internationalen Gemeinschaft soll eine Summe von Normen zugrunde liegen, die dem internationalen Gemeinwohl dienen und die Konstitutionalisierung des Völkerrechts darstellen sollen.[350] Die erste Gruppe in diesem gemeinwohlorientierten, völkerrechtlichen Normengebäude stellt das „zwingende Völkerrecht" (*ius cogens*) dar, das in der Wiener Konvention über das Recht der völkerrechtlichen Verträge definiert wurde.[351]

Anhand dieser Definition kann gesehen werden, dass dieser Gruppe angehörende Normen der Disposition der einzelnen Staaten entzogen wurden

---

347 *Bleckmann*, Subjective Right, in: GYIL 28 (1985), 144, 154; unter „factual interdependence", *Tomuschat*, Obligations, in: RdC 241 (1993), 195, 212 f.

348 *Fassbender*, Schutz der Menschenrechte, in: EuGRZ 2003, 1, 4 ff.; *Milewicz*, Global Constitutionalization, in: Ind J Global Legal Stud 16 (2009). 413, 415; *Simma*, Community Interest, in: RdC 250 (1994), 221, 233 f.; *Tomuschat*, International Law, in: RdC 281 (1999), 9, 59 ff.; *ders.*, Internationale Gemeinschaft, AVR 33 (1995), 1, 6 f.

349 *Dupuy* , Charter of the United Nations Revisited, in: MPYUN 1 (1997), 1 ff.; *Fassbender*, Schutz der Menschenrechte, in: EuGRZ 2003, 1, 5 ff. mwN; *Frowein,* Staatengemeinschaftsinteresse, in: *Hailbronner, u.a.*, Staat und Völkerrechtsordnung, 219, 219 ff.

350 *Milewicz*, Global Constitutionalization: Towards a Conceptual Framework, in: Ind J Global Legal Stud 16 (2009). 413, 416; *Tomuschat*, Internationale Gemeinschaft, in: AVR 33 (1995), 1, 7, 8 ff.

351 Vgl. Art. 53 S. 2, in: 8 ILM (1969), 679.

und somit nicht deren Konsens[352] unterliegen, weil sie derart hochrangige Interessen des Gemeinwohls der gesamten internationalen Gemeinschaft durch ihre universale Geltung repräsentieren. Zu dieser Gruppe zwingender völkerrechtlicher Normen gehören anerkannter Weise das Gewaltverbot aus Art. 2 Nr. 4 UN-Charta, fundamentale Menschenrecht wie das Recht auf Leben sowie überwiegend das Selbstbestimmungsrecht der Völker und die Verbote des Völkermordes und der Sklaverei, wobei der Inhalt des zwingenden Völkerrechts offen angelegt ist.[353] Die zweite Gruppe stellen die sogenannten *erga omnes*-Verpflichtungen dar, die für alle Staaten gleichermaßen verbindlich sind. Diese Kategorie entstand begrifflich durch eine Aussage des Internationalen Gerichtshofs in der äußerst wichtigen *Barcelona Traction* Entscheidung:

> „An essential distinction should be drawn between the obligation of a State toward the **international community as a whole**, and those arising vis à vis another State (…). By their very nature the former are the concern of all States. In view of the importance of the rights involved, all States can be held to have a legal interest in their protection; they are obligations *erga omnes*."[354]

Durch die Schaffung von erga omnes-Verpflichtungen wurden bestimmte völkerrechtliche Normen wie das Völkermordverbot als grundlegende, alle Staaten betreffende Angelegenheit qualifiziert, die von jedem, nicht nur dem direkt betroffenem Staat im Interesse der internationalen Gemeinschaft verteidigt und deren Verletzung geltend gemacht werden müssen.[355] Die beiden letzten Gruppen sind die „völkerrechtlichen Staatsverbrechen" (*international crimes of States*) und das sogenannte „*Verfassungsrecht*" der internationalen Gemeinschaft, das zumeist als die „Grundregeln, welche, vom individuellen Willen der Staaten unabhängig, ihre grundsätzli-

---

352 Der Konsens der Staaten, sich völkerrechtlich binden zu wollen, ist eines der Grundprinzipien des vorher herrschenden Völkerrechts der Koexistenz; vgl. hierzu auch *Tomuschat*, Internationale Gemeinschaft, in: AVR 33 (1995), 1, 1 f.

353 Siehe im Hinblick auf das Folterverbot ICTY, Prosecutor v. Furundžija, paras. 153 f., in: ILM 38 (1999), 317, 349; vgl. Art. 50 Draft articles on the responsibility of States for internationally wrongful acts; siehe *Frowein*, Staatengemeinschaftsinteresse, in: *Hailbronner u.a.*, Staat und Völkerrechtordnung, 219, 223 f.

354 ICJ, *Barcelona Traction*, ICJ Rep 1970, 3, 32 (Hervorhebung durch den Verfasser); vgl. auch ICJ, *Diplomatic and Consular Staff*, ICJ Rep 1980, 3, 43.

355 *Fassbender*, Schutz der Menschenrechte, in: EuGRZ 2003, 1, 7 f.; *Frowein*, Staatengemeinschaftsinteresse, in: *Hailbronner, u.a.*, Staat und Völkerrechtordnung, 219, 221 f.; *Simma*, Community Interest, in: RdC 150 (1994), 221, 293 ff.; *Tomuschat*, International Law, in: RdC 281 (1999), 9, 82.

chen Rechte und Pflichten bestimmen" bezeichnet wird.[356] Im Zentrum des völkerrechtlichen Verfassungsrechts soll die UN-Charta mit ihrem Gewaltverbot stehen, wobei es durch die „Weltordnungsverträge"[357] ergänzt wird und zur Weiterentwicklung offensteht.[358] Jedoch fehlt es der internationalen Gemeinschaft an den notwendigen internationalen Durchsetzungs- und Vollzugsmechanismen der Verpflichtungen des Gemeinschaftsinteresses sowie an einer hinreichend gefestigten Institutionalisierung, um ihren Willen ausdrücken zu können.[359] Das Völkerrecht ist vielmehr in weiten Teilen weiterhin durch ein bilaterales System beherrscht.[360] Deswegen muss man die internationalen Gemeinschaft wohl als noch zu unausgeformt ansehen, als dass deren Interessen als Durchsetzungs- und Beachtungsgrund für die völkerrechtlichen Normen zum Maßstab genommen werden kann, obwohl im Völkerrecht der letzten Jahrzehnte durchaus die Herausbildung und Erstarkung einer internationalen (Interessen-) Gemeinschaft beobachtet werden kann. Somit konnte sich das Völkerrecht für den Vollzug und die Einhaltung der objektiven Rechtsordnung an einem anderen Modell orientieren, das im Folgenden erörtert werden soll, dem Schutz von Individualinteressen beziehungsweise dem Modell der subjektiven Rechte.

---

356 Vgl. hierzu Art. 19 des Entwurfs der ILC zur Staatenverantwortlichkeit über international Verbrechen als schwerwiegendste Form der Völkerrechtswidrigkeit, in: YILC 1989, Vol. 2, Part 2, 30; vgl. zu den verschiedenen Verfassungselementen im Völkerrecht, *Mosler,* Völkerrecht als Rechtsordnung, in: ZaöRV 36 (1976), 6, 31 ff.; *Simma,* Community Interest, in: RdC 150 (1994), 221, 258 ff., 301 ff.; *Tomuschat* Internationale Gemeinschaft, in: AVR 33 (1995), 1, 7; *ders.,* Obligations, in: RdC 241 (1993), 195, 216 ff.

357 Zu diesen sogenannten „world order treaties" gehören die zwei internationalen Menschenrechtspakte von 1966, die Konvention über die Verhütung und Bestrafung des Völkermordes von 1948, das Wiener Übereinkommen über diplomatische Beziehungen von 1961 und die UN-Seerechtskonvention von 1982, vgl. *Simma,* Community Interest, in: RdC 250 (1994), 221, 331 ff; *Tomuschat,* Obligations, in: RdC 241 (1993), 195, 248 ff.

358 *Simma,* Community Interest, in: RdC 250 (1994), 221, 258 ff.; *Tomuschat,* Internationale Gemeinschaft, in: AVR 33 (1995), 1, 7; *ders.,* Obligations, in: RdC 241 (1993), 195, 216 ff.

359 *Bleckmann,* Subjective Right, in: GYIL 28 (1985), 144, 160; vgl. zur mangelnden Legislativ- und Exekutivfunktion der Internationalen Gemeinschaft, *Tomuschat,* Internationale Gemeinschaft, in: AVR 33 (1995), 1, 9 ff; vgl. bereits bestehende Möglichkeiten der Durchsetzung durch die Internationale Gemeinschaft, *Tomuschat,* Obligations, in: RdC 241 (1993), 195, 353 ff.

360 *Simma,* Community Interest, in: RdC 250 (1994), 221, 249.

2. Schutz von Individualinteressen

Im klassischen Völkerrecht wurde kein Allgemeininteresse einer internationalen Gemeinschaft anerkannt, weswegen einziger Anknüpfungspunkt für die Beachtung des objektiven Rechts das Model der subjektiven Rechte, sprich der Schutz von Individualinteressen der Staaten und in der Weiterentwicklung auch anderer Völkerrechtssubjekte, sein konnte.[361] Nach diesem Ansatz wären die Beachtung objektiven Rechts, mithin objektiver Verhaltensanforderungen, und der Schutz von Individualinteressen als subjektiv-rechtliche Komponente zu verknüpfen. Die einzelnen Rechtssubjekte müssten selbst im eigenen Interesse für die Beachtung von objektiven Rechtsnormen und damit für die objektive Rechtmäßigkeit Sorge tragen, soweit sie von einer Verletzung der objektiven Regelung subjektiv betroffen ist.[362] Dieses Modell der subjektiven Rechte stellt somit einen Zusammenhang zwischen dem objektiven Recht und einem Rechtssubjekt her, um die Einhaltung des objektiven Rechts durch die subjektivrechtliche Komponente zu verwirklichen. Aus dem objektiven Recht lassen sich folglich unter bestimmten Voraussetzungen subjektive Rechte herleiten, deren Beachtung im Falle der Verletzung vom berechtigten Rechtssubjekt eigenverantwortlich durchgesetzt werden muss. Eine objektive Rechtsposition kann aber nur dann eingefordert werden, soweit sie dem Rechtssubjekt selbst zusteht. Aufgrund dieser Vorgehensweise setzt sich durch, was objektiv von der Rechtsordnung als rechtens bewertet wird.

Im Anschluss sollen zuerst konkrete Rechtsgebiete des Völkerrechts beispielhaft angeführt werden, um aufzuzeigen, dass trotz des Schattendaseins einer Dogmatik subjektiver Rechte, auf diese zur Regelung konkreter Rechtsverhältnisse zwischen Völkerrechtssubjekten zurückgegriffen wird. Wie gerade im Abstrakten analysiert, ist das Vorhandensein eines subjektiven Rechts in diesen Bereichen notwendig, um die Einhaltung der objektiven Rechtsordnung zu gewährleisten, indem man eine objektive Rechtsverletzung einem betroffenen Rechtssubjekt zuordnet und der objektiven Rechtsordnung auf diese Weise zur Geltung zu verhelfen. Nach-

---

361 *Bleckmann*, Subjective Right, in: GYIL 28 (1985), 144, 146; vgl. zu solcher Rechtsdurchsetzung im deutschen Rechtssystem, *Masing*, Mobilisierung, 93 ff.

362 *Masing*, Mobilisierung, 62 ff.; *Scherzberg*, Subjektiv-öffentliches Recht, in: DVBl. 1998, 129; *ders.*, in: *Erichsen/Elers*, VerwR, § 11 Rn. 1; *Wolff/Bachof/Stober/Kluth*, VerwR, § 43 Rn. 1 ff., 10 ff.; Unterscheidung von objektivem und subjektivem Recht und den daraus folgenden Konsequenzen für seine Beachtung *Detterbeck*, VerwR, Rn. 394 ff.

dem das Vorhandensein subjektiver Rechte im Völkerrecht beispielhaft aufgezeigt wurde, soll dann in einem zweiten Schritt herausgearbeitet werden, welche Voraussetzungen für die Annahme eines subjektiven Rechts im Völkerrecht erfüllt sein müssen.

III. Beispiele des Individualrechtlichen Ansatzes im Völkerrecht

1. Völkerrechtliche Verantwortlichkeit der Staaten[363]

a. Allgemeines zum Recht der Staatenverantwortlichkeit

Das Recht der Staatenverantwortlichkeit ist eines der Gebiete im Völkerrecht, die angeführt werden können, dass das Völkerrecht das Institut völkerrechtlicher subjektiver Rechte durchaus kennt.[364] Für die völkerrechtliche Verantwortlichkeit oder auch völkerrechtlicher Haftung eines Staates ist immer erforderlich, dass der Staat objektives Völkerrecht, sei es Völkergewohnheitsrecht oder Pflichten aus Völkerverträgen, verletzt und damit völkerrechtswidrig handelt.[365] Die Verletzung von objektivem Völkerrecht durch das Verhalten eines Staates wird dann als völkerrechtliches Delikt bezeichnet.[366] Aufgrund dieser objektiven Völkerrechtsverletzung geht es in einem zweiten Schritt um die Frage der Konsequenzen dieser Rechtsverletzung sekundärer Ebene. Die völkerrechtliche Verantwortlichkeit der Staaten entspringt bisher größtenteils dem Völkergewohnheitsrecht oder wird sogar als allgemeines Prinzip des Völkerrechts bezeichnet.[367] Ähnlich dem Recht der völkerrechtlichen Verträge wurde auch in diesem Bereich von der International Law Commission der Versuch einer Kodifikation unternommen, die *ILC Draft Articles on Responsibility of*

---

363 Dieser Abschnitt beansprucht keinesfalls eine ausführliche oder gar abschließende Darstellung der völkerrechtlichen Verantwortlichkeit von Staaten. Es soll lediglich in die Thematik eingeführt werden, um deren Bedeutung für subjektive Rechte im Völkerrecht aufzuzeigen.

364 *Bleckmann*, Subjective Right, in: GYIL 28 (1985), 144.

365 *Zemanek,* Responsibility of States:, in: *Bernhardt*, EPIL IV, 219.

366 *Doehring*, Völkerrecht, Rn. 827; *Zemanek*, Responsibility of States, in: *Bernhardt*, EPIL IV, 219, 225 f.

367 Vgl. PCIJ, *Factory at Chorzow*, PCIJ Ser. A., No. 17 (1928), 5, 47.

States For Internationally Wrongful Acts[368]. Das Vorgehen war dem bereits beschriebenen im Rahmen der Schaffung der Wiener Vertragsrechts-Konvention ähnlich. Man versuchte die Regeln des Völkergewohnheitsrechts niederzuschreiben und in Teilen sinnvoll weiterzuentwickeln, um auf diese Weise die bereits von den Staaten angewandte Praxis widerzuspiegeln. Der Anwendungsbereich der *ILC Draft Articles on State Responsibility* darf hingegen nicht mit dem der Wiener Vertragsrechts-Konvention verwechselt werden. Während die Wiener Vertragsrechts-Konvention sich mit dem wirksamen Zustandekommen, Bestehen und der Beendigung völkerrechtlicher Verträge beschäftigt, geht es bei den *ILC Draft Articles on State Responsibility* um die rechtliche Behandlung von Vertragsbrüchen beziehungsweise die Verletzung von Völkerrecht allgemein.[369] Obgleich die ILC Draft Articles on State Responsibility bisher nicht als verbindlich geltender Vertrag vereinbart wurden, können sie doch im Folgenden klärend herangezogen werden, da sie in weiten Teilen Völkergewohnheitsrecht zur Staatenverantwortlichkeit wiedergeben.[370] Zwar sprechen die ILC Draft Articles on State Responsibility nur von der Staatenverantwortlichkeit, doch müssen durch die Erweiterung des Kreises der Völkerrechtssubjekte auch die „neuen" Völkerrechtssubjekte für eine Verletzung des Völkerrechts konsequenterweise in den Anwendungsbereich der völkerrechtlichen Verantwortlichkeit einbezogen werden.[371]

Die völkerrechtliche Verantwortlichkeit basiert auf der Grundlage der Völkerrechtsordnung als Primärrecht, die durch ihre Rechtsnormen das Verhältnis der Völkerrechtssubjekte in Form von Handlungs- und Unterlassungspflichten untereinander objektiv regelt.[372] Die Regeln über die völkerrechtliche Verantwortlichkeit gelangen dann bei einer Verletzung des objektiven Primärrechts zur Korrektur des völkerrechtswidrigen Verhaltens als Sekundärrecht zur Anwendung.[373] Die Normen der völkerrechtlichen Verantwortlichkeit lassen durch die Verletzung objektiver völkerrechtlicher Rechtsnormen, die grundsätzlich gegenüber einer Vielzahl oder auch aller Völkerrechtssubjekte Geltung und Beachtung beanspru-

---

368 ILC Draft Articles on State Responsibility v. 26.07.2001, vgl. *Zemanek*, Responsibility of States, in: *Bernhardt*, EPIL IV, 219, 220.

369 *Doehring*, Völkerrecht, Rn. 830.

370 *Ipsen*, in: *ders.*, Völkerrecht, § 39 Rn. 2; *Zemanek*, Responsibility of States, in: *Bernhardt*, EPIL IV, 219, 220.

371 *Ipsen*, in: *ders.*, Völkerrecht, § 39 Rn. 4; *Zemanek,* Responsibility of States, in: *Bernhardt*, EPIL IV, 219, 221.

372 *Ipsen*, in: *ders.*, Völkerrecht, § 39 Rn. 6.

373 *Zemanek*, Responsibility of States, in: *Bernhardt*, EPIL IV, 219, 225.

chen, neue, häufig bilaterale Rechtsbeziehungen zwischen dem rechtswidrig handelnden und dem betroffenen Völkerrechtssubjekten entstehen.[374] Bei den Rechtsbeziehungen aufgrund der Normen der völkerrechtlichen Verantwortlichkeit handelt es sich demnach im Gegensatz zum völkerrechtlichen Primärrecht um Rechte und Pflichten auf Sekundärebene.

b.   Voraussetzungen der Entstehung der Verantwortlichkeit

Als allgemeine Voraussetzung für die Entstehung einer Haftung nach Völkerrecht und eventuell daraus folgenden Sekundäransprüchen werden in den *ILC Draft Articles on State Responsibility,* die in dieser Hinsicht geltendes Gewohnheitsrecht wiedergeben, folgende Voraussetzungen für den internationalen Unrechttatbestand angeführt:

> „There is an internationally wrongful act of a State when conduct consisting of an action or omission: (a) Is attributable to the State under international law; and (b) Constitutes a breach of an international obligation of the State."[375]

Demnach muss eine Handlung vorliegen, die objektives Völkerrecht verletzt und diese muss einem Staat, oder allgemeiner gesprochen einem Völkerrechtssubjekt als Verursacher zurechenbar sein.

aa.   Verletzung von objektivem Völkerrecht

Die völkerrechtliche Verantwortlichkeit setzt eine Verletzung objektiven Völkerrechts voraus, das dem Völkerrechtssubjekt eine Pflicht auferlegt.[376] Eine Verletzung kann sowohl durch eine Handlung als auch durch ein Unterlassen für den Fall einer Handlungspflicht des Völkerrechtssubjekts erfolgen.[377] Für die Bejahung einer Verletzung des Völkerrechts sind die Bestimmungen des innerstaatlichen Rechts unbeachtlich, sondern sie richtet sich allein nach den Regeln des Völkerrechts.[378]

---

374 *Ipsen,* in: *ders.,* Völkerrecht, § 39 Rn. 7.
375 Vgl. Art. 2 ILC Draft Articles on State Responsiblity.
376 *Ipsen,* in: *ders.,* Völkerrecht, § 39 Rn. 31; *Doehring,* Völkerrecht, Rn. 831; *Zemanek,* Responsibility of States, in: *Bernhardt,* EPIL IV, 219, 223 f.
377 ICJ, *Corfu Channel,* ICJ Rep 1949, 4, 23; ICJ, *Diplomatic and Consular Staff,* ICJ Rep 1980, 3, 30 ff.
378 *Doehring,* Völkerrecht, Rn. 831; *Ipsen,* in: *ders.,* Völkerrecht, § 39 Rn. 32.

bb. Zurechenbarkeit

Das Verhalten, sprich das Tun oder Unterlassen, durch das objektives Völkerrecht verletzt wird, muss dem Völkerrechtssubjekt zuzurechnen sein, jedoch nicht im Sinne einer Kausalität.[379] Zurechenbar ist ein Verhalten dann, wenn es sich um ein Organhandeln der in der innerstaatlichen Rechtsordnung vorgesehenen Organe handelt, die im Rahmen ihrer Kompetenzen hoheitlich tätig werden.[380] Im Rahmen der ILC Draft Articles on State Responsibility wurde diese völkerrechtliche Grundregel der Staatenverantwortlichkeit in Art. 4 aufgenommen:

> „1. The conduct of any State organ shall be considered an act of that State under international law, whether the organ exercises legislative, executive, judicial or any other functions, whatever position it holds in the organization of the State, and whatever its character as an organ of the central Government or of a territorial unit of the State.
>
> 2. An organ includes any person or entity which has that status in accordance with the internal law of the State."[381]

Weiterhin werden auch noch Sonderfälle in den Art. 5 - 11 ILC Draft Articles on State Responsiblity berücksichtigt. Diese Regelungen können auf jegliche Art von Zurechnung eines Verhaltens an einen Staat im Völkerrecht angewandt werden.

cc. Verschulden

Es herrscht Uneinigkeit darüber, ob neben der zurechenbaren Pflichtverletzung eines Völkerrechtssubjekts zusätzlich verlangt werden muss, dass dieses die Pflichtverletzung auch verschuldet hat. Sollte man ein Verschulden des Völkerrechtssubjekts für die Verletzung fordern, stellt sich zugleich die Schwierigkeit, dass Verschuldensformen wie Vorsatz und Fahrlässigkeit auf natürliche Personen als Delinquenten ausgerichtet sind und daher für das Verschulden von Völkerrechtssubjekten, die zumeist

---

379 ILC Draft Articles on Responsibility of States, in: YILC 2001, Vol. 2, Part. 2, 31, 38 f.; *Ipsen*, in: *ders.*, Völkerrecht, § 39 Rn. 39; *Doehring*, Völkerrecht, Rn. 831.
380 Vgl. Art. 7 ILC Draft Articles on Responsibility of States, in: YILC 2001, Vol. 2, Part. 2, 31, 45; *Doehring*, Völkerrecht, Rn. 831; *Zemanek*, Responsibility of States, in: *Bernhardt*, EPIL IV, 219, 223 f.; Nicht erfasst wird jedoch das Handeln von Organen *ultra vires*.
381 ILC Draft Articles on Responsibility of States, in: YILC 2001, Vol. 2, Part. 2, 40.

Territorialstaaten sind, eher ungeeignet erscheint.[382] Mangels einer einheitlichen Praxis[383] im Völkerrecht, die das Erfordernis eines Verschuldens belegt und der Schwierigkeit die Verschuldensformen auf staatliche Völkerrechtssubjekte anzupassen, erscheint eine zurechenbare Verletzung für den Begründungstatbestand der völkerrechtlichen Verantwortlichkeit als ausreichend. So hat auch die ILC in ihren Entwurf zur Staatenverantwortlichkeit kein Verschuldenserfordernis für die Begründung der völkerrechtlichen Verantwortlichkeit aufgenommen.[384]

dd. Schaden

Für die völkerrechtliche Verantwortlichkeit eines Völkerrechtssubjekts könnte erforderlich sein, dass bei dem Völkerrechtssubjekt, dessen Recht verletzt wird, ein Schaden eingetreten ist. Da es hier um eine Verletzung von Völkerrecht geht, müssten dessen Besonderheiten bei der Festlegung des Schadensbegriffs beachtet werden, um nicht die Anwendbarkeit der völkerrechtlichen Verantwortlichkeit zu sehr einzuschränken. Aus diesem Grund wird teilweise darauf abgestellt, dass beim verletzten Völkerrechtssubjekt überhaupt ein Schaden, sowohl materieller oder immaterieller Natur, eingetreten ist.[385] Gegen diesen sehr weiten Schadensbegriff wird zu Recht angeführt:

> „(...) that under international law an injury, material or moral, is necessarily inherent in every violation of an international subjective right of a State."[386]

Wenn es aber als selbstverständliche Konsequenz angesehen wird, dass jede Verletzung eines subjektiven Rechts im Völkerrecht auch eine irgendwie geartete Einbuße des betroffenen Völkerrechtssubjekts nach sich

---

382 Vgl. hierzu mit einer Darstellung der verschiedenen zum Thema Verschulden vertretenen Theorien *Ipsen*, in: *ders.*, Völkerrecht, § 39 Rn. 35 ff; *Garcia-Amador*, 5th Rep on State Responsibility, in: YBILC 1960, Vol. 2, 41, 62; *Bedjaoui*, Responsiblity of States, in: *Bernhardt*, EPIL IV, 212, 213.

383 Im Teheraner Geisel-Fall geht der IGH nur von einer zurechenbaren Verletzung zur Begründung der völkerrechtlichen Verantwortlichkeit aus. Vgl. ICJ, *Diplomatic and Consular Staff*, ICJ Rep 1980, 3, 32 ff.; siehe dazu mit weiteren Beispielen *Dahm/Delbrück/Wolfrum*, Völkerrecht I/3, § 191 (S. 945).

384 *Zemanek*, Schuld- und Erfolgshaftung, in: *Diez, u.a.*, FS Bindschedler, 315 ff; *Bedjaoui*, Responsiblity of States, in: *Bernhardt*, EPIL IV, 212, 215.

385 *Dahm/Delbrück/Wolfrum*, Völkerrecht I/3, §184 I (S. 949); *Zemanek*, Responsibility of States, in: *Bernhardt*, EPIL IV, 219, 222.

386 *Ago*, 3rd Rep on State Responsibility, in: YBILC 1971, Vol. 2, Part 1, 199, 223.

zieht, dann kann zugleich auf einen Schaden als Merkmal der Begründung völkerrechtlicher Verantwortlichkeit verzichtet werden. In dieser Ausdehnung kommt dem Schadensbegriff als Tatbestandsmerkmal keine gesonderte Funktion im Begründungstatbestand bei.

c. Rechtsfolgen der Verletzung – sekundäre Rechtsbeziehungen

Durch eine die völkerrechtliche Verantwortlichkeit auslösende völkerrechtswidrige Handlung tritt neben das Interesse jedes Völkerrechtssubjekts an der Beachtung geltenden Völkerrechts das Restitutionsinteresse des konkret betroffenen Völkerrechtssubjekts.[387] Als Antwort darauf werden durch eine völkerrechtswidrige Handlung konkrete Rechte und Pflichten zwischen den involvierten Völkerrechtssubjekten begründet, um die grundsätzliche Völkerrechtsgemäßheit ordnend wiederherzustellen.[388] Aufgabe und Funktion der Regeln über die völkerrechtliche Verantwortlichkeit ist es demnach durch die Zuordnung einer völkerrechtswidrigen Lage an konkrete Verursacher und Betroffene durch den Tatbestand der zurechenbaren Verletzung objektiven Völkerrechts begangenes Unrecht zu kompensieren und dadurch zugleich die künftige Beachtung der Völkerrechtsnormen zu verbessern. Als mögliche Rechte des betroffenen Völkerrechtssubjekts kommen Ansprüche auf Wiedergutmachung oder Genugtuung, sowie die Vornahme von Gegenmaßnahmen oder Repressalien in sehr eingeschränktem Umfang als *ultima ratio* in Betracht.[389]

---

387 *Ipsen*, in: *ders.*, Völkerrecht, § 39 Rn. 7; *Partsch*, Restitution, in: *Bernhardt*, EPIL IV, 229.

388 *Zemanek*, Responsibility of States, in: *Bernhardt*, EPIL IV, 219, 226 f.; die vor allem in der älteren Völkerrechtsliteratur vertretene Position, dass die völkerrechtliche Verantwortlichkeit lediglich dazu diene, dem betroffenen Staat eine einseitige Befugnis zur Vornahme von (Zwangs-)Gegenmaßnahmne zu gewähren, muss im Völkerrecht des 21. Jahrhunderts aufgrund seiner nunmehr anerkannten Konsensnatur abgelehnt werden.

389 *Ipsen*, in: *ders.*, Völkerrecht, § 39 Rn. 14; *Zemanek*, Responsibility of States, in: *Bernhardt*, EPIL IV, 219, 227.

aa. Verletzungen gegenüber einzelnen Völkerrechtssubjekten

Die zurechenbare Verletzungshandlung eines Völkerrechtssubjekts erzeugt das Entstehen neuer, zumeist bilateraler Rechtsbeziehungen auf sekundärer Ebene zwischen dem sich rechtswidrig verhaltenden und dem von dieser Rechtsverletzung betroffenen Völkerrechtssubjekt abhängig vom Inhalt der verletzten Primärnorm.[390] Betroffen von völkerrechtswidrigem Verhalten ist immer dasjenige Völkerrechtssubjekt, dass durch die Verletzung der völkerrechtlichen Norm in seinem Recht auf Beachtung dieser Norm bzw. auf Erfüllung der aus der Norm folgenden Pflicht verletzt ist.[391] Die Verletzung einer völkerrechtlichen Pflicht durch ein Völkerrechtssubjekt zieht die komplementäre Verletzung eines subjektiven Rechts eines anderen Völkerrechtssubjekts auf deren Erfüllung nach sich:

> „(...) in international law the idea of the breach of an obligation can be regarded as the exact equivalent of the idea of the violation to the subjective rights of others.“[392]

Die Betroffenheit durch die Völkerrechtswidrigkeit besteht hingegen nicht gegenüber der Völkerrechtsgemeinschaft, da diese nicht Inhaber des Rechts auf Erfüllung der verletzten Pflicht ist und keine Völkerrechtssubjektivität besitzt.[393] Die einem Völkerrechtssubjekt zurechenbare Verletzung einer völkerrechtlichen Pflicht, deren Erfüllung ihm gegenüber einem anderen Völkerrechtssubjekt obliegt, lässt durch diese Rechtsverletzung die sekundärrechtliche völkerrechtliche Verantwortlichkeit zwischen diesen Völkerrechtssubjekten entstehen.

bb. Verletzung von Pflichten *erga omnes*

Ein Sonderfall der völkerrechtlichen Verantwortlichkeit ist die Verletzung von Normen des Völkerrechts, deren Verpflichtungen und Beachtung gegenüber allen Staaten zum Schutz kollektiver Interessen bestehen (erga omnes).[394] Der Unterschied der völkerrechtlichen Pflichten mit Wirkung

---

390 *Dahm/Delbrück/Wolfrum*, Völkerrecht I/3, § 181 I 1 (S. 925); *Partsch*, Restitution, in: *Bernhardt*, EPIL IV, 229, 230.

391 Vgl. ILC Draft Articles on State Responsibility, Art. 42 (a).

392 *Ago*, 3rd Rep on State Responsibility, in: YBILC 1971, Vol. 2, Part 1, 199, 220 f.; *Riphagen*, Preliminary Report, in: YBILC 1980, Vol. 2, Part 1, 107, 112.

393 *Ipsen*, in: *ders.*, Völkerrecht, § 39 Rn. 18.

394 *Doehring*, Völkerrecht, Rn. 828.

erga omnes zu der „normalen" Pflichtenkonstellation ist lediglich, dass bei letzterer die Pflicht gegenüber einzelnen oder einem begrenzten Kreis an Völkerrechtssubjekten, wohingegen erstere gegenüber allen Völkerrechtssubjekten, nämlich der Staatengemeinschaft als Kollektiv, besteht.[395] Um solche völkerrechtlichen Pflichten mit Wirkung *erga omnes* handelt es sich bei völkerrechtlichen Normen zum Schutz bestimmter Rechtsgüter von herausragendem Wert wie beispielsweise der Schutz der fundamentalen Menschenrechte, nicht jedoch der Menschenrechte an sich, oder zum Verbot eines bestimmten Verhaltens aufgrund seines schwerwiegenden Unrechtsgehalt wie zum Bespiel des Völkermords.[396] Im Hinblick auf die Frage, ob die Erfüllung dieser Pflichten *erga omnes* gegenüber allen Völkerrechtssubjekten oder der gesamten Staatengemeinschaft als Völkerrechtsgemeinschaft geschuldet werden, bezeichnete der IGH sie eher deklaratorisch als „obligations of a State towards the international community as a whole"[397], da er letztlich den einzelnen Staat als in seinen Interessen verletzt betrachtet.[398] Daraus folgt auch, dass nicht die Staatengemeinschaft als Ganzes eine Verletzung geltend macht, sondern die einzelnen Staaten.[399]

Zum Teil wird auch angenommen, dass die Beachtung von zwingenden Normen (ius cogens) des Völkerrechts eine Pflicht gegen über der gesamten Völkerrechtsgemeinschaft darstellt.[400] Das Bestehen der völkerrechtlichen Pflicht gegenüber der gesamten Staatengemeinschaft hat zur Folge, dass in diesem Fall nicht nur alle Staaten, sondern die Völkerrechtsgemeinschaft an sich durch die Völkerrechtswidrigkeit verletzt sind. Eine ähnliche Argumentation spiegelt sich auch im Entwurf der ILC über die Staatenverantwortlichkeit von 1996 wieder, in dem zwischen völkerrechtlichem Delikt und völkerrechtlichem Verbrechen gegen die Völkerrechtsgemeinschaft als Ganze unterschieden wird.[401] Eine derartige Annahme

---

395 *Ipsen*, in: *ders.*, Völkerrecht, § 39 Rn. 17; *Dahm/Delbrück/Wolfrum*, Völkerrecht I/3, § 191 IV (S. 931).

396 So stellte es der IGH in der Barcelona-Traction-Entscheidung dar: „Such obligations derive, for example, in contemporary international law, form the outlawing of acts of aggression, and of genocide, as also from the principles and rules concerning the basic rights of the human person, including protection from slavery and racial discrimination.", ICJ, *Barcelona Traction*, ICJ Rep 1970, 3, 32.

397 ICJ, *Barcelona Traction*, ICJ Rep 1970, 3, 32.

398 Vgl. ibid.: „all States can be held to have a legal interest in their protection."

399 *Dahm/Delbrück/Wolfrum*, Völkerrecht I/3, § 191 IV (S. 931).

400 *Doehring*, Völkerrecht, Rn. 828; *Ipsen*, in: *ders.*, Völkerrecht, § 39 Rn. 20.

401 *Ipsen*, in: *ders.*, Völkerrecht, § 39 Rn. 21 ff; siehe zur Erklärung des Begriffs, *Zemanek*, Responsibility of States, in: *Bernhardt*, EPIL IV, 219, 226.

wiederspricht jedoch gegenwärtiger Praxis[402] im Völkerrecht, wonach die Rechtsbeziehungen völkerrechtlicher Verantwortlichkeit auf Sekundärebene zwischen verletzendem und betroffenem Völkerrechtssubjekt bestehen.

d. Bedeutung für die Dogmatik subjektiver Rechte im Völkerrecht

Das Erfordernis des Vorhandenseins eines subjektiven Rechts für die Durchführung eines Schadensersatzverfahrens ist zwingend notwendig, um die in Betracht kommenden Anspruchsinhaber des Schadensersatzes sinnvoll zu einzugrenzen.[403] Ohne die Forderung eines verletzten subjektiven Rechts des Anspruchsinhabers, müsste man davon ausgehen, dass grundsätzlich jeder Staat ein Unrecht, das einem anderen Staat widerfahren ist, geltend machen und für dieses Wiedergutmachung verlangen kann. Dies würde zum überaus sinnwidrigen Ergebnis führen, dass die ganze Staatenwelt für das einem bestimmten Staat widerfahrene Unrecht Schadenersatz verlangen könnte.

Obwohl in der völkerrechtlichen Praxis und Lehre der Dogmatik subjektiver Rechte grundsätzlich keine hervorgehobene Stellung zukommt, kann man am Beispiel der völkerrechtlichen Verantwortlichkeit aufzeigen, dass sie zweifelsohne existiert. Zur Ahndung eines völkerrechtswidrigen Verhaltens ist immer die Verletzung eines subjektiven Rechts erforderlich, das komplementär zur verletzten Pflicht besteht. Ohne darauf einzugehen, unter welchen Voraussetzungen ein solches subjektives Recht besteht, wird lediglich auf die verletzte Primärnorm abgestellt, um die durch die Verletzungen entstehenden Rechtsbeziehungen auf der Sekundärebene zu bestimmen. Von der Existenz subjektiver Rechte der Völkerrechtssubjekte, die für sie aus der verletzten Rechtsnorm herrühren, wird ausgegangen. Daraus kann man folgern, dass zum einen im Völkerrecht subjektive Rechte zugunsten von Völkerrechtssubjekten bestehen. Die Bestimmung der Berechtigten und Verpflichteten richtet sich nach dem Inhalt der völ-

---

402 In diesem Sinne wurde der ILC Entwurf zu Staatenverantwortlichkeit wieder dahingehend umgewandelt, dass die Unterscheidung zwischen Delikt und Verbrechen und ihren unterschiedlichen Rechtsbeziehungen wieder entfernt wurde und lediglich besonders schwere Verstöße gegen Völkerrechtsnormen besonders geahndet werden sollen, vgl. Art. 41 ILC Draft Articles on State Responsibility.
403 *Bleckmann*, Subjective Right, in: GYIL 28 (1985), 144, 147.

kerrechtlichen Primärnorm. Aus dieser Annahme lässt sich zum anderen schließen, dass es für die Frage der Existenz eines subjektiven Rechts in einer konkreten Situation auf den ausdrücklichen oder durch Auslegung zu ermittelnden Inhalt der völkerrechtlichen Primärnorm ankommt.

2. Recht des diplomatischen Schutzes

Der Bereich des Rechts des diplomatischen Schutzes ist ein aussagekräftiges Beispiel, dass im Völkerrecht sehr wohl vom Vorhandensein subjektiver Rechte ausgegangen wird. Das Recht des diplomatischen Schutzes stellt einen Teil des völkerrechtlichen Fremdenrechts dar und gibt größten Teils Völkergewohnheitsrecht wieder. Im Folgenden soll das Recht des diplomatischen Schutzes kurz in den völkerrechtlichen Gesamtzusammenhang eingeordnet und die Anspruchsvoraussetzungen zusammenfassend dargestellt werden. In einem nächsten Schritt soll untersucht werden, wer das Recht diplomatischen Schutzes geltend machen kann. Abschließend soll ausgewertet werden, welche Bedeutung die gefundenen Erkenntnisse für die Dogmatik subjektiver Rechte im Völkerrecht haben.

a. Anwendungsbereich und Voraussetzung

Im Bereich des Rechts des diplomatischen Schutzes geht es um die Ahndung einer Verletzung eines fremden Staatsangehörigen durch ein völkerrechtswidriges Verhalten des Gaststaates, auf dessen Territorium sich der fremde Staatsangehörige befindet:

> „[diplomatic protection] consists of resort to diplomatic action or other means of peaceful settlement by a State adopting in its own rights the cause of its national in respect of an injury to that national arising from an internationally wrongful act of another State."[404]

In diesem Rahmen können Maßnahmen durch den Heimatstaat ergriffen werden, um zum einen präventiv weitere zu erwartende Verletzungen zu verhindern, aber auch um Restitution und Ersatz des vom eigenen Staats-

---

404 Siehe Art. 1 der ILC Draft Articles on Diplomatic Protection, ILC Report 2004, § 59; *Geck*, Diplomatic Protection, in: Bernhardt, EPIL I, 1045, 1046; *Pergantis*, "Humanization" of Diplomatic Protection?, in: ZaöRV 66 (2006), 351, 352; *Epping/Gloria*, in: *Ipsen*, Völkerrecht, § 24 Rn. 31; *Doehring*, Völkerrecht, Rn. 868; *Künzli*, Diplomatic Protection, in: ZaöRV 66 (2006), 321 ff.

angehörigen erlittenen Schadens zu verlangen.[405] Für das Recht des diplomatischen Schutzes besteht ein besonderes Bedürfnis, wenn man die rechtliche Ausgangslage für den fremden Staatsangehörigen betrachtet, für ein völkerrechtswidriges Verhalten des Gaststaates Wiedergutmachung zu erhalten. Um gegen den Gaststaat präventiv oder repressiv vorzugehen, kommen für den fremden Staatsangehörigen grundsätzlich drei Möglichkeiten in Betracht, Rechtsschutz zu erlangen. Zuerst könnte er ein Verfahren von den Gerichten des Gaststaates anstreben. Dann könnte er daran denken, die Gerichte seines Heimatstaates anzurufen oder versuchen Rechtsschutz gegen die Verletzung vor einem internationalen Gericht zu erlangen. Im ersten Fall wird sich häufig das Problem stellen, dass entweder überhaupt kein Rechtsweg gegen die völkerrechtswidrige Handlung vor den Gerichten des Gaststaates gegeben ist oder der Staat als solcher und seine handelnden Organe Immunität vor den eigenen staatlichen Gerichten genießen.[406] Sollte die verletzte Person versuchen, die Rechtsverletzung vor den Gerichten seines Heimatstaates geltend zu machen, wird sich in der Regel das Problem stellen, dass diese aufgrund des Territorialitätsprinzips nicht zuständig sind sowie die Immunität des Gaststaates vor den Gerichten eines anderen Staates zumeist auch in hier besteht.[407] Wie am Beispiel von Art. 34 IGH-Statut gesehen werden kann, wird die geschädigte Person im Regelfall keinen Zugang zu international Gerichten haben. Anhand dieser Rechtsschutzlücke wird das Bedürfnis für ein Rechts des diplomatischen Schutzes aufgezeigt, um eigene Staatsangehörige gegen völkerrechtswidriges Unrecht effektiv zu schützen.

Damit der Heimatstaat Maßnahmen im Rahmen des diplomatischen Schutzes ergreifen kann, muss ein völkerrechtswidriges Verhalten des Gaststaates, sei es in Form einer Missachtung von Verpflichtungen des Völkervertragsrechts oder sei es in der Form eines Verstoßes gegen andere Rechtsnormen des Völkerrechts wie zum Beispiel die fundamentalen Menschenrechte oder der völkergewohnheitsrechtliche Schutz fremden

---

405 Vgl. hierzu die Auführungen in *Mavrommatis Palestine Concession*, PCIJ, Series A, No. 2 (1924), 4, 12 ff: „(...) It is an elementary principle of international law that a State is entitled to protect its subjects, when injured by acts contrary to international law committed by another State, from whom they have been unable to obtain satisfaction through the ordinary channels (...)".

406 Vgl. *Dahm/Delbrück/Wolfrum*, Völkerrecht I/3, § 182 I (S. 933 f.); *Geck*, Diplomatic Protection, in: *Bernhardt*, EPIL I, 1045, 1046 f.

407 *Geck*, Diplomatic Protection, in: *Bernhardt*, EPIL I, 1045, 1047 f.

Eigentums, vorliegen.[408] Des Weiteren hat ein Staat nur das Recht, gegenüber seinen eigenen Staatsangehörigen diplomatischen Schutz zu gewähren, auch bekannt unter dem terminus technicus „*nationality rule*".[409] Hingegen richtet sich die Frage nach Begründung, Bestand und Verlust der das Recht begründenden Staatsangehörigkeit nach dem innerstaatlichen Recht des Heimatstaates, dessen Staatsangehörigkeit behauptet wird.[410] Der Heimatstaat kann diplomatischen Schutz sowohl für die seinem Schutz unterstehenden natürlichen Personen als auch für juristische Personen, die dessen Staatszughörigkeit besitzen, ausüben.[411] Bevor jedoch der Heimatstaat des Verletzten diplomatischen Schutz geltend machen kann, muss der fremde Staatsangehörige zuerst den innerstaatlichen Rechtsweg des Gaststaates erfolglos erschöpft haben, um gegen die Rechtsverletzung vorzugehen („*exhaustion of local remedies rule*").[412] Wenn die Voraussetzungen zur Ausübung diplomatischen Schutzes vorliegen, stellt es für den Schutzsuchenden einen wesentlichen Nachteil dar, dass er keinen Anspruch auf diplomatischen Schutz durch seinen Heimatstaat hat, sondern die Ausübung in dessen Ermessen gestellt ist.[413]

---

408 Vgl. Geck, Diplomatic Protection, in: EPIL I, 1045, 1048 f.; *Künzli*, Diplomatic Protection, in: ZaöRV 66 (2006), 321, 323 ff.

409 PCIJ, *Panevezys-Saldutiskis-Railway*, Series A/B, No. 76 (1939), 4, 16; vgl. zur nationality rule *Kokott*, Spannungsverhältnis, in: *Ress/Stein*, Diplomatischer Schutz, 45 ff.; *Dahm/Delbrück/Wolfrum*, Völkerrecht I/3, § 182 II 1 (S. 934); *Geck*, Diplomatic Protection, in: *Bernhardt*, EPIL I, 1045, 1049 f.

410 Vgl. hierzu die Einschränkung durch das Erfordernis eines „genuine link", ICJ, *Nottebohm*, ICJ Rep 1955, 3, 22 f.; kritisch hierzu *Makarov*, Nottebohm, in: ZaöRV 16, 407, 417 ff. Vgl. *Dahm/Delbrück/Wolfrum*, Völkerrecht I/3, § 182 II (S. 934 ff.) m.w.N.; *Epping/Gloria*, in: *Ipsen*, Völkerrecht, § 24 Rn. 33 ff.

411 Vgl. zu den verschiedenen Theorien zur Feststellung der Staatsangehörigkeit juristischer Personen *Doehring*, Völkerrecht, Rn. 882 ff.; *Fatouros*, National Legal Persons, in: *Bernhardt*, EPIL III, 495 ff.; besonders der Fall ICJ, *ELSI*, ICJ Rep 1989, 3, 15 zur Frage, ob auch die Gesellschafter der juristischen Person von dem Heimatstaat der juristischen Person geschützt werden können; vgl. zum Begriff des Fremden *Herdegen*, Der „Fremde", in: *Hailbronner*, Fremdenrecht, 11 ff.

412 Vgl. als Beispiel zur exhaustion of local remedies Regel Art. 26 EMRK, wohingegen im Rahmen der ICSID-Konvention die Mitgliedsstaaten grundsätzlich auf diese verzichtet haben, vgl. Art. 26 ICSID Übereinkommen. Die Ausschöpfung der innerstaatlichen Rechtsbehelfe kann je nach der Ausgestaltung und Entwicklung des jeweiligen Rechtssystems zu erheblichen, zeitlichen Verzögerungen führen. Siehe hierzu *Herdegen*, Erschöpfung von Rechtsbehelfen, in: *Ress/Stein*, Diplomatischer Schutz, 63 ff.; *Doehring*, Völkerrecht, Rn. 874 ff.; *Dahm/Delbrück/Wolfrum*, Völkerrecht I/3, § 182 VI 3 (S. 941 ff.).

413 *Dahm/Delbrück/Wolfrum*, Völkerrecht I/3, § 182 I (S. 933); *Doehring*, Völkerrecht, Rn. 881; *Künzli*, Diplomatic Protection, in: ZaöRV 66 (2006), 321, 328 f.

b. Anspruchsinhaber

Interessant im Rahmen des Rechts des diplomatischen Schutzes ist die Frage, wessen Recht durch die Ausübung diplomatischen Schutzes gegenüber dem schädigenden Gaststaat letztlich geltend gemacht wird. Zumeist wird pauschalisiert davon gesprochen, dass der Heimatstaat seinen Staatsangehörigen auf fremdem Territorium zugefügtes, völkerrechtswidriges Unrecht gegenüber dem verursachenden Gaststaat geltend macht. Aber macht der Heimatstaat ein eigenes Recht oder ein Recht seines Staatsangehörigen in Vertretung oder macht er vielleicht gar zwei Rechtsverletzungen, die eigene und die seines Staatsangehörigen, geltend? Nach der traditionellen Ansicht in der völkerrechtlichen Lehre und Rechtsprechung handelt es sich um ein eigenes Recht des Heimatstaates, indem dieser aufgrund der Schädigung seines Staatsangehörigen durch den Gaststaat selbst verletzt wurde und dieses Recht in eigenem Namen geltend macht (Eigenrechtstheorie).[414] In diesem Sinne stellte der Ständige Internationale Gerichtshof fest:

> „By taking up the case of one of its subjects and by resorting to diplomatic action or international judicial proceedings on his behalf, a State is in reality asserting its own rights – its right to ensure in the person of its subject, respect for the rules of international law. The question, therefore, whether the present dispute originates in an injury to a private interest, which in point of fact is the case in many international disputes, is irrelevant from this standpoint. Once a State has taken up a case on behalf of one of its subjects before an international tribunal, in the eyes of the latter the State is the sole claimant."[415]

Die Ansicht in der Völkerrechtsprechung, dass der Staat in seinem eigenen Recht auf völkerrechtsgemäße Behandlung seiner Staatsangehörigen verletzt worden ist, wenngleich die Verletzung faktisch in der Person seines Staatsangehörigen vorliegt, stellt seit dem *Mavrommatis Palestine Concession* Fall die gefestigte herrschende Meinung dar und wurde vom IGH zuletzt vom IGH im *Barcelona Traction* Fall bestätigt.[416] Die zu demsel-

---

414 *Epping/Gloria*, in: *Ipsen*, Völkerrecht, § 24 Rn. 41 ff.; diese Ansicht als überkommend bezeichnend *Doehring*, Völkerrecht, Rn. 870 ff; zu modernen individualrechtsfreundlichen Ansätzen im diplomatischen Schutz *Pergantis*, Towards a „Humanization"?, in: ZaöRV 66 (2006), 351, 355 ff.

415 PCIJ, *Mavrommatis Palestine Concession*, Series A, No. 2 (1924), 3, 12.

416 PCIJ, *Factory at Chorzów*, Series A, No. 17 (1928), 5, 27 f.; PCIJ, *Panevezys-Saldutiskis-Railway*, Series A/B, No. 76 (1939), 4, 16; ICJ, *Bernadotte*, ICJ Rep 1949, 3, para. 177; ICJ, *Nottebohm*, ICJ Rep 1955, 4, 24; ICJ, *Barcelona Traction*, ICJ Rep 1970, 3, 44 ff.

ben Ergebnis gelangende Lehre[417] wird wegen ihres Begründers häufig mit *Vattel'sche Maxime* bezeichnet.[418] Der Heimatstaat des verletzten Staatsangehörigen macht juristisch vor internationalen Gerichten im Rahmen des diplomatischen Schutzes einen eigenen Anspruch auf Wiedergutmachung im eigenen Namen geltend, der sich inhaltlich nach Art und Höhe nach dem Geschädigten richtet.[419]

Nach einer sich im Vordringen befindenden Ansicht, macht der Staat im Rahmen des diplomatischen Schutzes zwei Rechtsverletzungen geltend, nämlich zum einen den aus der Verletzung resultierenden Entschädigungs- und Wiedergutmachungsanspruch des verletzten Staatsangehörigen in Form einer Prozessstandschaft und zum anderen sein eigenes Recht, diplomatischen Schutz für seine Staatsangehörigen auszuüben (Vertretungstheorie).[420] Diese Ansicht setzt zwangsläufig die partielle Völkerrechtssubjektivität des Staatsangehörigen, also im Hauptanwendungsfall des Individuums und juristischer Personen, voraus, die dann Inhaber des subjektiven Rechts sind, was zur Folge hat, dass der Heimatstaat bei einem internationalen Gerichtsverfahren nur Partei im formellen Sinne be-

---

417 Vgl. *Epping/Gloria*, in: *Ipsen*, Völkerrecht, § 24 Rn. 41 ff.; *Koessler*, Government Espousal, in: UChiLRev 13 (1945-1946), 180, 185 ff.; *Künzli*, Diplomatic Protection, in: ZaöRV 66 (2006), 321, 323 ff.; *Pergantis*, Towards „Humanization"?, in: ZaöRV 66 (2006), 351, 355 ff., 370 ff.

418 So die Aussage des Begründers der Eigenrechtstheorie in der Völkerrechtslehre „Quiconque maltraite un citoyen offense indirectement l'État, qui doit protéger ce citoyen", vgl. *E. de Vattel*, Le Droit des gens ou principes de la loi naturelle, 1959, 1. II, ch. VI § 71.

419 Vgl. hierzu PCIJ, *Factory at Chorzów*, Series A, No. 17 (1928), 5, 28: "The reparation due by one State to another does not (...) change its character by reason of the fact that it takes the form of an indemnity for the calculation of which the damage suffered by a private person is taken as the measure. The rules of law governing the reparation are the rules of international in force between the two States concerned, and not the law governing relations between the State which has committed a wrongful act and the individual who has suffered damage. Rights and interests of an individual the violation of which rights causes damage are always in a different plane to rights belonging to a State, which rights may also be infringed by the same act."

420 Siehe hierzu insbesondere die Urteile des ICJ, *LaGrand*, ICJ Rep 2001, 446 ff. und *Avena*, ICJ Reports 2004, 12 ff.; vgl. hierzu den Befürworter dieser Ansicht *Doehring*, in: *Ress/Stein*, Diplomatischer Schutz, 12 ff.; *ders.*, Völkerrecht, Rn. 870; siehe hierzu *Koessler*: „While the right to the remedy or the Rechtsschutzanspruch is exclusively vested in the espousing state, the substantive right belongs to the private person.", in: UChiLRev13 (1945-46), 180, 189; *Künzli*, Diplomatic Protection, in: ZaöRV 66 (2006), 321, 333 ff.; *Pergantis*, Towards a „Humanization"?, in: ZaöRV 66 (2006), 351, 355 ff., 377 ff.

züglich dieses Rechts ist.[421] Sollte man letztgenannter Auffassung folgen, was aufgrund neuerer Entwicklungen im Bereich des völkerrechtlichen Menschenrechts- und Individualschutzes als durchaus nachvollziehbar erscheint, ergibt sich jedoch das Folgeproblem des Rechtsverzichts. Es wird allgemein angenommen, dass die Ausübung diplomatischen Schutzes im Ermessen des Heimatstaates steht und dieser auch rechtswirksam von vornherein oder erst nach Auftreten der Verletzung auf die Geltendmachung des diplomatischen Schutzes verzichten kann.[422] Folgt man der Vertretungstheorie könnte man entweder annehmen, dass der Staat nur auf sein Recht verzichtet oder auch wirksam auf das Recht des Staatsangehörigen verzichtet.

c. Bewertung

Unabhängig davon, ob man der vorgehend besprochenen Eigenrechts- oder Vertretungstheorie folgt, lassen sich aus dem Recht des diplomatischen Schutzes Rückschlüsse für die Dogmatik subjektiver Recht im Völkerrecht ziehen. Wie an der Vorstellung der Voraussetzungen und Rechtsfolgen gesehen werden kann, wird im Bereich des diplomatischen Schutzes von einem subjektiven Recht des Heimatstaates ausgegangen oder, sollte man der Vertretungstheorie folgen, sogar zusätzlich zum Recht des Staates von einem subjektiven Recht des verletzten Individuums auf Entschädigung und Wiederherstellung. Durch die Annahme dieser subjektiven Rechte wird die Verletzungshandlung in Verbindung zum Schaden gesetzt. Dadurch entsteht ein Rechtsverhältnis zwischen drei Rechtssubjekten, dem Schädiger, dem Heimatstaat und dem Staatsangehörigen. Durch die Annahme subjektiver Rechte wird im Rahmen des diplomatischen Schutzes klargestellt, wer die Ahndung dieser völkerrechtswidrigen Verletzungshandlung fordern und in welchem Umfang er dies tun kann. Das Recht des diplomatischen Schutzes baut folglich auch auf dem Gedanken subjektiver völkerrechtlicher Rechte auf, um auf diese Weise einer konkreten Rechtspersönlichkeit bei objektiver Völkerrechtswidrigkeit Ansprüche zur Durchsetzung des Völkerrechts zu gewähren.

---

421 *Epping/Gloria*, in: *Ipsen*, Völkerrecht, § 24 Rn. 42 f; *Pergantis*, Towards a „Humanization"?, in: ZaöRV 66 (2006), 351, 364 ff, 370 ff.

422 Siehe zum Verzicht auf die Ausübung diplomatischen Schutzes Art. 27(1) ICSID Übereinkommen. Vgl. auch *Dahm/Delbrück/Wolfrum*, Völkerrecht I/3, § 182 III (S. 937 ff.); *Geck*, Diplomatic Protection, in: *Bernhardt,* EPIL I, 1045, 1051 f.

B. Voraussetzungen eines Subjektiven Rechts im Völkerrecht

Mangels einer allgemein gültigen Definition eines subjektiven Rechts im Völkerrecht, stellt sich die Frage nach den konkreten Voraussetzungen für dessen Annahme. Welche Anforderungen an subjektive Rechte im Völkerrecht zu stellen sind, ist insbesondere von großer Bedeutung im Hinblick auf die gewandelte Stellung des Individuums im Völkerrecht hinzu einer partiellen Völkerrechtsfähigkeit.[423] So schreibt Mosler in seiner Abhandlung über das Völkerrecht als Rechtsordnung über die neue Entwicklung hinzu eigenen Rechten von Individuen im Völkerrecht:

> „[Dem Individuum] kommen also auch völkerrechtskräftige Rechte zu. Die Position des Menschen, wie auch immer man sie in das Völkerrecht einbezieht, stört dessen Struktur als eine im wesentlichen auf den Staaten aufbauende Rechtsordnung nicht. Die staatliche Zuständigkeit wird allerdings an einer wichtigen Stelle dadurch aufgebrochen, daß dem Menschen auch gegenüber der eigenen öffentlichen Gewalt eine völkerrechtliche erhebliche Stellung zukommt."[424]

Auf weitaus blumigere Weise beschreibt Ress das Vorhandensein subjektiver Rechte von Individuen im Völkerrecht mit Verweis auf den großen Befürworter dieses Völkerrechtsverständnisses, Karl Doehring:

> „[dass die partielle Völkerrechtssubjektivität des Individuums] eine „fast revolutionäre Entwicklung der internationalen Beziehungen" bedeute, denn dem Individuum werde eine Rechtsposition und vor allem eine Rechtsinhaberschaft erteilt, die unmittelbar auf dem Völkerrecht beruhe."[425]

Im Folgenden ist zu trennen zwischen der inhaltlichen, beziehungsweise materiell-rechtlichen Qualität der völkerrechtlichen Vorschrift als Individualrecht und der objektiv-rechtlichen Komponente der unmittelbaren Anwendbarkeit.[426]

---

423 *Clapham*, Individual, in: EJIL 21 (2010), 25, 27 f.; *Gaja*, Individual, in: EJIL 21 (2010), 11, 13 f.; *McCorquodale*, The Individual, in: *Evans*, International Law, 307 ff. Vgl. oben Drittes Kapitel.

424 *Mosler*, Völkerrecht als Rechtsordnung, in: ZaöRV 36 (1976), 6, 31.

425 *Ress*, Supranationaler Menschenrechtsschutz, in: ZaöRV 64 (2004), 621, 625. (Fußnoten wurden weggelassen)

426 Siehe *Grzeszick*, Rechte des Einzelnen, in: AVR 43 (2005), 312, 318.

I. Eigenes Materielles Rechts des Individuums auf der Ebene des Völkerrechts – Inhaltlicher Schutz von Individualinteressen

1. Vorliegen einer hinreichend konkreten Rechtsnorm

Auch im Völkerrecht ist Grundvoraussetzung, damit denknotwendig ein subjektives (Individual-) Recht angenommen werden kann, dass es sich bei der in Rede stehenden Vorschrift um eine hinreichend konkrete Rechtsnorm handelt. Um überhaupt von einem Recht oder einer Pflicht des Individuums sprechen zu können, müsste es sich um einen völkerrechtlichen Rechtssatz handeln, der in Form einer verbindlichen Geltungsanordnung eine objektive Verhaltenspflicht für den Rechtssatzunterworfenen begründet, zu der als Korrelativ ein Recht des Begünstigten entsteht.[427] Die völkerrechtliche Regelung muss mithin Rechte oder auch mit einem Recht korrespondierende Pflichten begründen und nicht lediglich eine Empfehlung, Richtlinie oder Zielvorgabe darstellen, die im Völkerrecht häufig vorkommen. Wenn man vom Völkervertragsrecht als der Hauptrechtsquelle ausgeht, lässt sich dieses Phänomen dadurch erklären, dass ein Konsens der beteiligten Völkerrechtssubjekte, insbesondere bei multilateraler Beteiligung[428], leichter zu erzielen ist, wenn es nicht um die Begründung konkreter Verpflichtungen geht, sondern vielmehr um gemeinsame, politische Absichtsbekundungen.[429] Das Vorhandensein einer

---

427 So im Ergebnis auch *Vázquez*, Rights and Remedies of Individuals, in: 92 (1992) ColumLRev., 1082, 1085 f.; Das Vorliegen einer hinreichend konkreten Rechtsnorm wird auch im deutschen Recht als Grundvoraussetzung für die Annahme eines subjektiven Rechts gewertet, vgl. etwa *Bauer*, Subjektives öffentliches Recht, 135, 137; *Wolff/Bachhof/Stober/Kluth*, VerwR, § 43 Rn. 31 ff; *Detterbeck*, VerwR., Rn. 394 ff; *Scherzberg*, Das subjektiv-öffentliche Recht, in: Jura 2006, 839, 841; *ders.*; in: *Erichsen/Ehlers*, Allg. VerwR, § 11 Rn. 3 ff.

428 Als ein gutes Beispiel für ein Scheitern des Abschlusses eines Vertrages mit konkreten Rechten und Pflichten auf multilateraler Ebene kann das Multilateral Agreement on Investment, initiiert durch die OECD, angeführt werden. Es scheiterte an unüberwindbaren Interessenkonflikten zwischen den OECD-Mitgliedstaaten. Vgl. *Herdegen*, Internationales Wirtschaftsrecht, § 22 Rn. 2 f., 25.

429 Siehe z.B. die Allgemeine Erklärung der Menschenrechte der Vereinten Nationen vom 10. 12.1948, die grundsätzlich eine allgemeine Empfehlung darstellt, deren Kern jedoch gewohnheitsrechtlich gilt. Aus dem internationalen Wirtschaftsrecht die OECD Guidelines for Multinational Corporations als gemeinsame Erklärung der Mitgliedstaaten, deren Befolgung sich multinationale Konzerne freiwillig unterwerfen können oder der TNC Code für Multinationale Unternehmen.

verbindlichen, hinreichend konkreten Rechtsnorm lässt sich gut am Beispiel des Rechts der Staatenverantwortlichkeit[430] erkennen. In diesem Bereich kann ein sekundäres Völkerrechtsverhältnis lediglich dann entstehen, wenn eine Primärnorm des objektiven Völkerrechts verletzt worden ist, die gerade den Anspruchsinhaber vor einem bestimmten Verhalten schützen soll.[431] Die Primärnormverletzung kann aber nur in dem Fall relevant sein, wenn sie eine objektive Handlungs- oder Unterlassungspflicht beinhaltet, die in concreto vom rechtsunterworfenen Völkerrechtssubjekt nicht beachtet wurde und daher das vom Schutzbereich erfasst Völkerrechtssubjekt in seinem Recht auf Beachtung verletzt. Dementsprechend ist Grundvoraussetzung eines subjektiven Rechts im Völkerrecht, dass es sich um eine zwingende Vorschrift handelt, die ihrer Fassung und ihrem Inhalt nach konkrete Rechte oder Pflichten festlegt.

2. Materielle Qualität eines Individualrechts

So dann muss festgestellt werden, ob diese hinreichend konkrete Rechtsposition inhaltlich die Qualität eines subjektiven Rechts für ein begünstigtes Individuum begründet. Der Begriff des subjektiven Rechts ist jedoch grundsätzlich von der Möglichkeit der Anwendbarkeit völkerrechtlicher Regeln im innerstaatlichen Bereich zu trennen, die für die Bejahung oder Verneinung eines subjektiven Rechts im Völkerrecht keine Auswirkungen hat, sondern lediglich für seine Umsetzung und Einklagbarkeit durch den Berechtigten im innerstaatlichen Bereich.[432]

a. Individualschützender Inhalt der Vorschrift als ausschlaggebendes Kriterium

Ein subjektives Recht im Völkerrecht besteht immer dann, wenn die (vertragliche) Regelung ihrem jeweiligen Inhalt und Regelungsgehalt nach eine subjektive Rechtsposition, also ein Recht oder einen Anspruch, ge-

---

430 Vgl. zu den Voraussetzungen bereits in diesem Kapitel unter A. III. 1. (S. 91 ff.).
431 Siehe hierzu oben im Rahmen der Staatenverantwortlichkeit S. 96 f.
432 Vgl. *Schwartmann*, Private im Wirtschaftsvölkerrecht, 41; *Zuleeg*, Innerstaatliche Anwendbarkeit, in: ZaöRV 35 (1975), 341, 357.

währt.[433] Der konkrete Inhalt der in Rede stehenden Norm ist dieser entweder ausdrücklich zu entnehmen oder muss im Regelfall durch Auslegung der Regelung ermittelt werden.[434] Dies ist auch Bestandteil der gefestigten Rechtsprechung des Bundesverfassungsgerichts im Hinblick auf subjektive Rechte aus völkerrechtlichen Verträgen:

> „Daraus folgt aber, dass ein übereinstimmender Wille der Vertragspartner, konkrete rechtliche Handlungs- und Verhaltenspflichten zu begründen, nur angenommen werden kann, wenn und soweit dies der Vertragstext unzweideutig zum Ausdruck bringt. Gilt dies bereits für Verpflichtungen der Vertragspartner selbst, so muss es ganz besonders für unmittelbare Handlungs- und Verhaltenspflichten einzelner Bürger gelten;"[435]

Dieser Ansicht folgen auch spätere Entscheidungen des Bundesverfassungsgerichts, in denen es immer auf den eindeutigen Inhalt der völkerrechtlichen Vorschrift abstellt, wenn es um die Begründung von Rechten für den Einzelnen geht:

> „Aus völkerrechtlichen Verträgen (...) können unmittelbare Handlungs- oder Verhaltenspflichten einzelner Bürger nur abgeleitet werden, wenn und soweit dies der Vertragstext unzweideutig zum Ausdruck bringt."[436]

Mit Sicherheit eine der eindrucksvollsten Entwicklungen, die Individuen die Völkerrechtssubjektivität und in diesem Zusammenhang eigene Rechte aus einem völkerrechtlichen Vertrag zugesteht, fand im Rahmen der Europäischen Gemeinschaft statt. Der Europäische Gerichtshof stellte fest, dass das Gemeinschaftsrecht, das zum Großteil aus völkerrechtlichen Verträgen besteht, nicht nur den Mitgliedsstaaten Rechte und Pflichten aufer

---

433 *Geiger*, GG und Völkerrecht, § 34 I 1; *Grzeszick*, Rechte des Einzelnen im Völkerrecht, in: AVR 43 (2005), 312, 318; *Herdegen*, Völkerrecht, § 12 Rn. 2; *Schwartmann*, Beteiligung privater Unternehmen im Wirtschaftsvölkerrecht, ZVglRWiss 102 (2003), 75, 77; *Vázquez*, Rights and Remedies, in: 92 (1992) Colum. L. Rev., 1082, 1087 ff.; nach Auffassung des BVerfG sind an die Ableitung subjektiver Rechte aus einem völkerrechtlichen Vertrag im Wege der Auslegung hohe Anforderungen zu stellen; erforderlich sei, der hinreichend konkrete Wille der Vertragsparteien solche Rechtspositionen zu begründen, wie er im Vertragstext zum Ausdruck kommt und scheitert von vornherein für sogenannte „hochpolitische" Verträge (BVerfGE 40, 141, 163 f., Urteil vom 7.7.1975; BVerfGE 43, 203, 209, Urteil v. 25.1.1977).

434 *Herdegen*, Völkerrecht, § 12 Rn. 2; *Grzeszick*, Rechte des Einzelnen im Völkerrecht, in: AVR 43 (2005), 312, 318; *Schwartmann*, ZVglRWiss 102 (2003), 75, 77; *ders.*, Private im Wirtschaftvölkerrecht, 42.

435 Vgl. BVerfG, Urteil v. 7.7.1975, BVerfGE 40, 141, 164 f.

436 Vgl. BVerfG, Urteil v. 25.1.1977, BVerfGE 43, 203, 209.

legt, sondern auch den Individuen, falls die in Rede stehende Vorschrift dies intendiert:

„(…) the Community constitutes a new legal order of international law for the benefit of which the States have limited their sovereign rights, albeit within limited fields, and the subjects of which comprise not only Member States but also their nationals. Independently of the legislation of Member States, Community law therefore not only imposes obligations on individuals but is also intended to confer upon them rights which become parts of their legal heritage. These rights arise not only where they are expressly granted by the Treaty, but also by reason of obligations which the Treaty imposes in a clearly defined way upon individuals as well as upon Member States and the institutions of the Community."[437]

Die anhand des Inhalts einer Vorschrift unzweifelhafte Begründung von Rechten oder Pflichten stellt mithin die subjektiv-rechtliche Voraussetzung eines subjektiven Rechts im Völkerrecht dar.[438] Für die Staaten, die als primäre oder ursprüngliche Völkerrechtssubjekte angesehen werden, ist die Annahme von subjektiven Rechten in der Regel unproblematisch, wenn oben angeführte Voraussetzungen ausdrücklich oder implizit inhaltlich erfüllt sind.[439] Im Hinblick auf subjektive, völkerrechtliche Rechte des Individuums wird materieller Individualschutz hier definiert als die Existenz eigener materieller Rechte des Individuums auf völkerrechtlicher Ebene in Abgrenzung zum formellen Rechtsschutz als eigenem Verfahrensrecht des Individuums. Ausgangspunkt für die Bejahung und positive Bewertung vor allem in der Lehre von völkerrechtlichen Individualrechten ist der Bereich der Menschenrechtsverträge zum Schutz der elementaren Rechtsgüter des Einzelnen sowie das humanitäre Völkerrecht.[440] In diesem

---

437 Vgl. EuGH, *Van Gend en Loos*, C.M.L.R. 1 (1963), 82, 84, 87 f. Bespiele für die Rechte des Individuums aus dem Recht der EG sind die Warenverkehrsfreiheit, die Zollfreiheit, Arbeitnehmerfreizügigkeit und die Niederlassungsfreiheit. Vgl. hierzu *Toth*, The Individual and European Law, in: ICQL 24 (1975), 659, 661.

438 Z. B. Art. 1 EMRK bestimmt ausdrücklich: „Die Hohen Vertragsschließenden Teile sichern allen ihrer Herrschaftsgewalt unterstehenden Personen die in Abschnitt I dieser Konvention niedergelegten Rechte und Freiheiten zu." Oder ausdrücklich ablehnend in Art. 1 Abs. 3 des Abkommens über den gegenseitigen Eisenbahnverkehr zwischen Deutschland, Polen und Danzig vom 27.03.1926: „Dritte Personen können aus diesem Abkommen Rechte nicht herleiten.", in: RGZ 124, 204, 205 f.; vgl. z. B. als Recht eines Staates Art. 5 Abs. 1 WÜK.

439 *Menon*, Individuals, in: 1 J Transnat'l L & Pol (1992), 151, 153; *Mosler*, Völkerrecht als Rechtsordnung, in: ZaöRV 36 (1976), 6, 23 ff.

440 *Clapham*, Individual, in: EJIL 21 (2010), 25, 27 f.; *Gaja*, Individuals, in: EJIL 21 (2010), 11, 12 ff.; *Grzeszick*, Rechte des Einzelnen im Völkerrecht, in: AVR 43 (2005), 312, 313; *McCorquodale*, Individual, in: *Evans*, International Law, 307, 312 ff.; *Ress*, Menschenrechtsschutz, in: ZaöRV 64 (2004), 621, 633 ff.

Bereich wich man zuerst von der klassischen Lehre im Völkerrecht ab, dass jegliche Rechte den Staaten zustünden, auch wenn die tatsächliche Verletzung bei den ihnen angehörigen Individuen eingetreten sind. Im Rahmen dieser neuen Entwicklung erkannte man die Rechte als solche der Einzelpersonen an, unabhängig von deren Status als Staatsangehörige anderer Staaten.[441] Diese Rechte stehen nun vielmehr den Einzelpersonen auch gegenüber ihrem eigenen Staat zu und reduzieren auf diese Weise seine Handlungsbefugnisse.[442]

Jedoch können völkerrechtliche Vorschriften, insbesondere des Völkervertragsrechts, die in der Regel auf zwischenstaatlicher Ebene geschaffen werden und zumeist dieses Verhältnis betreffen und regeln, auch dem Individuum einen Anspruch gewähren, wenn sich aus ihrem Inhalt derartige, unzweifelhafte Anhaltspunkte ergeben. Nach neuster Entwicklung können völkerrechtliche Individualrechte nicht nur im Bereich der Menschenrechtsverträge auftreten, sondern auch in Vertragswerken, die eigentlich dem zwischenstaatlichen Bereich angehören und somit nicht mit dem primären Ziel des Individualschutzes erlassen wurden. Dies entschied der IGH im Rahmen seines Urteils im Fall *LaGrand* für das Wiener Übereinkommen über konsularische Beziehungen (WKÜ)[443], als dessen Hauptanliegen wohl die Ordnung und Durchführung konsularischer Beziehungen zu qualifizieren sind. Art. 36 Abs. 1 WKÜ enthielte laut seines eindeutigen Wortlauts ein Individualrecht:

> „The clarity of these provisions, viewed in their context, admits of no doubt. It follows, as has been held on a number of occasions, that the Court must apply these as they stand (…). Based on the text of these provisions, the Court concludes **that Art. 36, paragraph 1, creates individual rights**, which by virtue of Article I of the Optional Protocol, may be invoked in this Court by the national State of the detained person. These rights were violated in the present case."[444]

Das völkerrechtliche Individualrecht wurde auch in dieser Entscheidung

---

441 Vgl. zur Vermittlung von Rechten über die Staatsangehörigkeit das Recht des diplomatischen Schutzes unter A. III. 2.; zu den neuen Entwicklungen *Vázquez*, Rights and Remedies, in: 92 (1992) ColumLRev 1082, 1094 ff.

442 *Menon*, Individuals in International Law, in: 1 J Transnat'l L & Pol (1992), 151, 155 f.; *Vázquez*, Rights and Remedies, in: 92 (1992) ColumLRev, 1082, 1094 ff.

443 WKK v. 24.04.1963, UNTS Vol. 596, 261, BGBl. 1964 II, 959 ff.

444 ICJ, *LaGrand*, ICJ Rep 2001, 466, 494, para. 77 (Hervorhebung durch den Verfasser). Diese Ansicht des IGH wurde vom Inter-Amerikanischen Gerichtshof für Menschenrechte in seinem Gutachten bestätigt, vgl. The Right to Information on Consular Assistance in the Framework of the Guarantees of the Due Process of Law, Advisory Opinion OC-16/99, 1. October 1999, Inter-American Courts of Human rights (Ser. A) No. 16 (1999).

durch Auslegung des Inhalts der Vorschrift ermittelt, wobei der Wortlaut allein für den IGH ausreichte und dieser auf eine weitergehende Analyse anhand der weiteren Auslegungsparameter verzichtete. Insbesondere wurde eigentlich nur hinweishaft auf die problematischen Auslegungsparameter der Systematik und Entstehungsgeschichte der völkerrechtlichen Vorschrift in einem Vertrag, der primär zwischenstaatliche Interessen regelt und daher den Schutz des Einzelnen nach bisheriger Ansicht lediglich als Reflex erfasst, nicht eingegangen; auf die Systematik erfolgt ein pauschaler Hinweis in einem Nebensatz. Diese Entscheidung belegt auch für die völkerrechtliche Rechtsprechung einen Paradigmenwechsel zur Bestimmung von Individualrechten weg von dem Erfordernis eines völkerrechtlichen Durchsetzungsmechanismus hin zum rein materiellen Kriterium des inhaltlichen Individualschutzes, der durch Auslegung zu ermitteln ist. Im Rahmen dieses Kriteriums des materiellen Individualschutzes wird teilweise auch auf die „fundamentale Natur" der Vorschrift für den Einzelnen abgestellt, das heißt auf die inhaltliche Bedeutung der Regelung für das Individuum.[445] Für das Vorliegen eines subjektiven Individualrechts im Völkerrecht kommt es mithin maßgeblich auf die inhaltliche Qualität der Vorschrift als individualschützend an. Somit wurde ein Wechsel im Völkerrecht hin zu materiellen Kriterien vollzogen. Im Anschluss soll daher dargelegt werden, wie dieser materielle Regelungsgehalt bei fehlender ausdrücklicher Regelung im Wege der Auslegung ermittelt werden muss.

b.   Auslegung als Mittel zur Ermittlung von Individualrechten

Ein völkerrechtlicher Rechtssatz verleiht immer dann (auch) ein subjektives Recht des Individuums, wenn er seinem expliziten oder durch Auslegung zu ermittelnden Inhalt nach, nicht allein die Interessen der Staatengemeinschaft zu schützen bestimmt ist, sondern daneben auch den Schutz

---

445 Vgl. *Döhring*, Völkerrecht, 113.

konkreter Individualinteressen von Einzelrechtssubjekten verfolgt.[446] Unproblematisch ist die Annahme eines subjektiven Rechts des Individuums
dann, wenn die völkerrechtliche Regelung dies explizit anordnet.[447] In allen anderen Fällen muss unter Zuhilfenahme aller zur Verfügung stehenden, völkerrechtlichen Auslegungsmethoden[448] der unzweifelhafte Inhalt
des zu beurteilenden Rechtssatzes ermittelt werden. Bei diesem Vorgehen
kommt es neben dem Wortlaut der Vorschrift vor allem auf den systematischen Zusammenhang der Vorschrift sowie Ziel und Zweck des gesamten
Regelungswerks, in dem sich die Regelungen befinden, an.[449] Aufgrund
dieser Gesamtanalyse muss sich unzweideutig ergeben, dass die Vorschrift
an sich die Verleihung von Individualrechten bezweckt und dies auch
nicht zum Widerspruch zum Gesamtregelungswerk, in dem sich die Vorschrift befindet steht.

aa.   Wortlaut

Um den individualschützenden Gehalt einer Vorschrift zu ermitteln, sollte
mit dem Wortlaut der in Rede stehenden Regelung begonnen werden. Gibt
der Wortlaut eindeutig zu verstehen, dass die Vorschrift den Schutz der

---

446 Vgl. *Schwartmann*, Private im Wirtschaftsvölkerrecht, 41 mwN; Im deutschen
     Rechtskreis wird die Thematik, der Schutz welcher Interessen von einer konkre-
     ten Norm intendiert ist, unter dem Begriff „Schutznormtheorie" behandelt, in de-
     ren Rahmen es auch vornehmlich auf die Auslegung der in Rede stehenden Vor-
     schrift ankommt, vgl. BVerwGE 1, 83; 7, 354 f.; 68, 58, 59 f.; 80, 259, 260 f.;
     Bauer, Subjektives öffentliches Recht, 141; *Scherzberg*, Subjektiv-öffentliches
     Recht, in: DVBl. 1988, 129, 131; *Wolff/Bachhof/Stober/Kluth*, VerwR, § 43 Rn.
     10 ff. Jedoch muss erkannt werden, dass die zentrale Stellung der subjektiven
     Rechte als Grundvoraussetzung für die Gewährung des Rechtschutz und den Zu-
     gang zu den Gerichten (vgl. Art. 19 Abs. 4 GG) derart wohl nur im deutschen
     Recht zu finden ist, wohingegen in anderen Rechtssystemen wie dem Europa-
     recht oder dem französischen Rechtssystem, Rechtsschutz ohne die Verletzung
     subjektiver Rechte gewährt wird.
447 Im Rahmen eines multilateralen Vertrags auf überregionaler Ebene ist hier auf
     Art. 2-27 IPBPR hinzuweisen; für explizit gewährte Rechte im Rahmen eines re-
     gional begrenzt geltenden Vertrages ist auf Art. 2-18 EMRK aufmerksam zu ma-
     chen, vgl. Übereinkommen v. 4.11.1950, BGBl. 1952 II, 685, 953; 1968 II, 1111,
     1120; 1989 II, 546.
448 Vgl. zur Auslegung im Völkerrecht oben Viertes Kapitel.
449 Diese Auslegungskriterien ergeben sich für völkerrechtliche Rechtssätze aus Art.
     31, 32 WVK; siehe zur Auslegung völkerrechtlicher Verträge auch *Bernhardt*,
     Evolutive Treaty Interpretation, in: GYIL 42 (1999), 11 ff.

Interessen des Einzelnen bezweckt, ist dies bereits ein bedeutendes Hinweis für die Verleihung eines subjektiven Rechts. In seiner Entscheidung LaGrand ließ der IGH bereits den eindeutigen Wortlaut von Art. 36 Abs. 1 WKÜ für seinen Schluss ausreichen lassen, dass diese Vorschrift ein subjektives Recht des Einzelnen enthält, ohne eine weitere Analyse anzustellen.[450] Zwar ist der eindeutige Wortlaut einer Vorschrift ein wichtiges Indiz für das Vorliegen eines völkerrechtlichen Individualrechts. Befasst man sich mit einer Regelung aus einem Menschenrechtsvertrag mag der eindeutige Wortlaut schließlich aufgrund des bekannten Zweckes des Vertrags vielleicht ausreichen. Aber das alleinige Abstellen auf den Wortlaut ist jedoch besonders in dem Fall nicht ausreichend, wenn es sich um eine Vorschrift aus einem Abkommen handelt, das rein zwischenstaatliche Beziehungen regelt. Neben dem Wortlaut sollte darüber hinaus durch Anwendung der anderen Auslegungsparameter die gefundene Aussage bestätigt werden.

bb. Systematischer Zusammenhang

Neben dem Wortlaut muss auf den systematischen Zusammenhang der Vorschrift abgestellt werden. Hier sollte überprüft werden, ob das Verständnis des Wortlauts mit der Stellung der Vorschrift im Regelungswerk in Einklang gebracht werden kann. Es muss berücksichtigt werden, in welchem Abschnitt oder unter welchem Untertitel die Vorschrift im Vertrag steht und ob dieser weitere Auskünfte über den Inhalt der Vorschrift geben kann.

cc. Ziel und Zweck des völkerrechtlichen Vertrages

Als Nächstes muss noch Ziel und Zweck des völkerrechtlichen Vertrags berücksichtigt werden. In diesem Sinne können Erkenntnisse zuerst aus dem generellen Charakter des Regelungswerkes gezogen werden. Im Bereich der Menschenrechtsverträge wird intendierter Individualschutz wahrscheinlicher erscheinen als in Verträgen, die dem Ziel und Zweck der Regelung zwischenstaatlicher Beziehungen dienen. Dann kann der Titel des Vertrages Aufschluss über Ziel und Zweck geben sowie die Präambel,

---

450 ICJ, *LaGrand*, ICJ Rep 2001, 466, 494, para. 77.

in der die Vertragsparteien regelmäßig die mit dem Vertrag angestrebten Ziele noch einmal zusammengefasst wiedergeben. Handelt es sich um einen Vertrag, der einen Aspekt der Beziehungen zwischen Staaten regelt, schließt das selbstverständlich das Vorliegen eines subjektiven Rechts des Individuums nicht von vornherein aus. Jedoch müssen dafür besondere Anhaltspunkte vorliegen, wie zum Beispiel Zweckbestimmungen in anderen Vorschriften.

dd.   Entstehungsgeschichte

Ergänzend kann auch die Entstehungsgeschichte oder *travaux préparatoires* herangezogen werden, soweit die Bedeutung der Vorschrift noch nicht eindeutig geklärt ist oder um sie zu bestätigen.[451] Abgesehen von der Schwierigkeit an Materialien mit Aussagen zu dieser Thematik zu erhalten, muss auch der zeitliche Aspekt berücksichtigt werden. Völkerrechtliche Verträge werden zumeist ohne ‚Verfallsdatum' abgeschlossen, weswegen sie über Jahrzehnte hinweg ihre Gültigkeit behalten. In dieser Zeit wandelt sich die Welt sowie das Völkerrecht und diese Entwicklungen müssen auch im Rahmen der Anwendung des Vertrages zur Geltung gelangen.[452] Darüber hinaus stehen multilaterale Verträge in der Regel dem Beitritt durch weitere Staaten offen. Deswegen können die Materialien der Entstehung eines Vertrages für das Verständnis seiner Regelungen nur von eingeschränkter Bedeutung sein, wenn die Vertragsstaaten, die ihn anwenden, sich verändert haben.

ee.   Authentische Auslegung

Aufgrund der gerade angeführten Wandelung der Motive der Vertragsparteien im Rahmen des Verständnisses eines Völkervertrags kommt der authentischen Auslegung große Bedeutung zu.[453] Durch die authentische Auslegung können Änderungen im Verständnis der Vertragsparteien und in der Anwendung des in Rede stehenden Vertrages Berücksichtigung finden, um eine Weiterentwicklung und Modernisierung eines Vertrages zu

---

451   Vgl. Art. 32 WVK.
452   Siehe *Bernhardt*, Evolutive Treaty Interpretation, in: GYIL 42 (1999), 11, 14.
453   Die authentische Auslegung ist in Art. 31 Abs. 3 WVK niedergelegt.

ermöglichen.[454] Diese Änderungen finden in späteren Übereinkünften zwischen den Vertragsparteien über die Auslegung und Anwendung des Vertrages Ausdruck. Darüber hinaus kann auch die spätere Praxis der Parteien bei der Vertragsanwendung Auskunft darüber geben, wie die Vertragsbestimmungen ausgelegt werden sollen. Wie aber die Voraussetzungen des Art. 31 Abs. 3 WVK schon belegen, ist absolute Grenze der Auslegung der weiterhin bestehende Konsens der Vertragsparteien eines neuen Verständnisses als allgemeiner Geltungsgrund völkerrechtlicher Übereinkommen.

ff. Dynamische Auslegung

Oft kann es passieren, dass die authentische Auslegung keinen Aufschluss über eine mögliche Veränderung des Verständnisses der Vertragsparteien im Hinblick auf die Bedeutung einer bestimmten Vorschrift gibt. Es kann zum einen vorkommen, dass die Parteien keine späteren Übereinkünfte in Bezug auf den in Rede stehenden völkerrechtlichen Vertrag geschlossen haben, obwohl sich das Verständnis einer Regelung verändert hat. Zum anderen kann es sich als schwierig erweisen, eine spätere Praxis der Vertragsparteien hinsichtlich einer bestimmten Vorschrift zu ermitteln oder es existiert bereits keine einheitliche Anwendung. Trotzdem kann wegen der langen Laufzeit völkerrechtlicher Verträge die Berücksichtigung neuer Entwicklungen oder eines neuen Verständnisses bei der Auslegung notwendig werden. Vor diesem Hintergrund bietet die sogenannte dynamische Auslegung die Möglichkeit, bei der Auslegung eines Vertrages auf seinen aktuellen Kontext abzustellen und auf diese Weise zu einem zeitgemäßen Verständnis zu gelangen.[455] Auch wenn man selten eine eindeutige Aussage findet, dass ein völkerrechtlicher Vertrag auch unter Zugrundelegen eines aktuellen Verständnisses ausgelegt werden muss, so ist anerkannter Weise „every treaty (…) a living instrument and has to be interpreted accordingly".[456] Für eine dynamische Auslegung, die vor allem bei multilateralen Verträgen relevant ist, ist eine überwiegend einheitliche Praxis zumindest mehrerer Vertragsstaaten erforderlich, gegen die von den

---

454 Vgl. *Bernhardt*, Evolutive Treaty Interpretation, in: GYIL 42 (1999), 11, 14; siehe zu Modernisierung und Veränderungen bei völkerrechtlichen Verträgen, *Tietje*, International Treaties, in: GYIL 42 (1999), 26 ff.

455 *Grzeszick*, Rechte des Einzelnen im Völkerrecht, in: AVR 43 (2005), 312, 324.

456 Vgl. *Bernhardt*, Evolutive Treaty Interpretation, in: GYIL 42 (1999), 11, 16.

übrigen Vertragsstaaten nicht widersprochen wird.[457] Des Weiteren ist eine dynamische Auslegung eines völkerrechtlichen Vertrages auch immer dann zulässig, wenn die Vertragsparteien ihrem historischen Willen nach der zukünftigen Anpassung des Vertrages zugestimmt haben.[458]

Im Hinblick auf die Ermittlung subjektiver Rechte des Individuums aus völkerrechtlichen Verträgen kann somit durch das Mittel der dynamischen Auslegung ein verändertes, modernisiertes Verständnis möglicherweise einer Bestimmung zu Grunde gelegt werden. Im konkreten Einzelfall muss beurteilt werden, ob der Vertrag und die in Rede stehende Vertragsbestimmung der dynamischen Auslegung offen stehen. Zumindest für den Bereich der Menschenrechtskonventionen wird dies als nicht nur möglich, sondern für erforderlich gehalten.[459]

c.   Bewertung

Diese Herauskristallisierung der von einer Vorschrift intendierten, geschützten Interessen stellt, wenn diese nicht ausdrücklich benannt werden, eine große Herausforderung für die Rechtsanwender und –Interpreten dar. Hierbei wird sich in der Regel die Schwierigkeit ergeben, dass eine Norm durchaus mehrere verschiedene Interessen unterschiedlicher „Interessenhalter" oder Betroffener ihrem Regelungsgehalt nach umfassen kann und deswegen die inhaltliche Reichweite des Schutzes der Rechtsnorm praktikable begrenzt werden muss.[460] Um dieses Problem anschaulicher zu gestalten, könnte man sich das Schaubild konzentrischer Kreise vorstellen, die durch den Wurf eines Steins ins Wasser entstehen. Die Mitte, in der der Stein ins Wasser eingedrungen ist, soll die eigentlich von der Rechtsnorm geschützte Interessenverletzung sein, die ermittelt werden muss. Um diese Interessenverletzung herum existieren weitere Interessen von anderen Rechtssubjekten, die durch ein und dieselbe Verletzungshandlung auch betroffen sind, jedoch in unterschiedlicher Intensität und Nähe zur eigentlichen Verletzungshandlung. Bei der Ermittlung des Inhalts einer Norm muss insofern zum einen das eigentlich geschützte, verletzte Interesse(n) ermittelt werden. Diese Ermittlung hat durch Auslegung unter Ausschöpfung aller zur Verfügung stehender Auslegungsparameter zu er-

---

457 Ibid., 21.
458 *Grzeszick*, Rechte des Einzelnen im Völkerrecht, in: AVR 43 (2005), 312, 325.
459 Hierzu *Bernhardt*, Evolutive Treaty Interpretation, in: GYIL 42 (1999), 11, 21 f.
460 *Bleckmann*, Subjective Right, in: GYIL 28 (1985), 144, 151.

folgen. Die Ermittlung von subjektiven Individualrechten im Völkerrecht durch Auslegung nach den soeben aufgeführten Kriterien hat auch der EuGH in seiner für die subjektiven Rechte wegweisenden Entscheidung *Van Gend en Loos* im Rahmen der Auslegung des EG-Rechts bestätigt:

> „Aus den vorstehenden Erwägungen ergibt sich, daß nach dem Geist, der Systematik und dem Wortlaut des Vertrages Artikel 12 dahingehend auszulegen ist, daß er unmittelbare Wirkungen erzeugt und individuelle Rechte begründet, welche die staatlichen Gerichte zu beachten haben."[461]

Dann muss in einem nächsten Schritt festgestellt werden, wie weitreichend der Schutz der verletzten Rechtsnorm geht, also insbesondere welche entfernten Interessen noch geschützt sein sollen und welche nicht. Primär sollten zunächst auf die unmittelbar von einer Verletzung der Rechtsnorm betroffenen Interessen abgestellt werden. Dann muss ermittelt werden, ob und in gegebenem Fall welche fernerstehenden Interessen vom Schutzbereich der Norm zusätzlich umfasst sein sollen. Hierbei müssen vor allem rein immaterielle Interessensverletzungen aus dem Schutzbereich der Norm ausgegrenzt werden, es sei denn die Rechtsnorm besagt anderes.[462] Zuletzt muss im Völkerrecht auch noch besonders die systematische Stellung der zu prüfenden Norm berücksichtigt werden; das heißt, es muss beachtet werden, ob sie sich in einem Regelungsbereich oder Rechtsgebiet befindet, das eher das zwischenstaatliche Verhältnis oder zumindest auch den Schutz von Individuen regelt. Oberstes Gebot bei dieser Vorgehensweise sollte sein, dass neue Entwicklungen im Völkerrecht berücksichtigt werden müssen, da es sich bei den Regelungswerken oft um Vertragswerke handeln wird, die über einen langen Zeitraum hinweg in Kraft sind. Eine solche Entwicklung ist konkret auch in dem verbesserten Schutz und der veränderten Stellung von Individuen im Völkerrecht von heute zu sehen. Obwohl diese Entwicklung durchaus wünschenswert ist, darf nicht vergessen werden, dass das Völkerrecht trotz alledem noch ein Recht zwischen Staaten darstellt. Deswegen kommt es vornehmlich darauf an, dass jede neue Entwicklung, soll sie von anhaltender Dauer sein, von ihnen mitgetragen wird. In Bezug auf die Ermittlung von völkerrechtlichen Individualrechten heißt das konkret, dass den Staaten im Rahmen der von ihnen erschaffenen Regelungen kein Inhalt aufgezwungen wird, der von ihnen nicht intendiert war.

---

461 EuGH, *Van Gend en Loos*, Slg. Rspr, Bd. IX (1963), 1, 27.
462 *Bleckmann*, Subjective Right, in: GYIL 28 (1985), 144, 151.

II. Unmittelbare Anwendbarkeit – Begründung klarer Rechtspflichten

Grundsätzlich wird im Rahmen der völkerrechtlichen Dogmatik zwischen innerstaatlicher Geltung und unmittelbarer Anwendbarkeit völkerrechtlicher Normen unterschieden. Jedoch fehlt der Unterscheidung und Verwendung dieser Begriffe häufig die notwendige Klarheit, insbesondere im Hinblick auf deren Inhalt und weitergehend auf die aus der Unterscheidung zu folgernden Auswirkungen für die völkerrechtliche Norm.[463]

1. Innerstaatliche Geltung

Als erstes muss festgestellt werden, wie die Begriffe der innerstaatlichen Geltung und der unmittelbaren Anwendbarkeit inhaltlich auszufüllen sind. Wenn von der innerstaatlichen Geltung einer völkerrechtlichen Norm gesprochen wird, geht es um die Frage, ob diese Norm im innerstaatlichen, nationalen Bereich rechtliche Geltung beansprucht unabhängig von der völkerrechtlichen Bindung der Vertragsstaaten nach außen.[464] Das bedeutet, dass sie als Teil der innerstaatlichen Rechtsordnung aufgenommen werden muss und somit in diesem Bereich Wirksamkeit erlangt.[465] Die Aufnahme völkerrechtlicher Normen in die innerstaatliche Rechtsordnung, mit der Folge, dass ihr Inhalt geltendes und anzuwendendes innerstaatliches Recht wird, kann, abhängig von der Ausgestaltung der innerstaatlichen Rechtsordnung, durch Adoption oder durch Transformation bei einer dualistisch ausgerichteten Rechtsordnung erfolgen.[466] Eine am Monismus orientierte Rechtsordnung bedarf für die Wirksamkeit völkerrechtlicher

---

463 *Geiger*, GG und Völkerrecht, § 34 I 1; so finden sich neben der unmittelbaren Anwendbarkeit Begrifflichkeiten wie „direkte Anwendbarkeit", „Anwendungsfähigkeit", „unmittelbare Geltung", „self-executing treaty" und „direct effect", vgl. zu den Definitionsschwierigkeiten und unterschiedlichen Bezeichnungen *Schwartmann*, Private im Wirtschaftvölkerrecht, 23 ff.

464 Vgl. *Bleckmann*, Innerstaatliche Anwendbarkeit; *Geiger*, GG und Völkerrecht, § 34 I 1; *Koller*, Unmittelbare Anwendbarkeit; *Schwartmann*, Private im Wirtschaftsvölkerrecht, 25; *Zuleeg*, Innerstaatliche Anwendbarkeit, in: ZaöRV 35 (1975), 341, 344 f.

465 So auch BVerfG, Beschl. v. 21.03.1957, BVerfG, BVerfGE 6, 290, 294; BGH, BGHZ 11, 135, 138; 52, 371, 383; *Geiger*, GG und Völkerrecht, § 34 I 1; *Zuleeg*, Innerstaatliche Anwendbarkeit, in: ZaöRV 35 (1975), 341, 345.

466 *Geiger*, GG und Völkerrecht, § 34 I 1; *Zuleeg*, Innerstaatliche Anwendbarkeit, in: ZaöRV 35 (1975), 341, 344 f.

Verträge keiner weiteren Umsetzung. Im Rahmen der Adoption beinhaltet die nationale Rechtsordnung eine allgemeine Ermächtigung beziehungsweise einen Vollzugsbefehl, aufgrund dessen die völkerrechtliche Rechtsnorm Teil der innerstaatlichen Rechtsordnung wird und somit von den staatlichen Organen, insbesondere der rechtsanwendenden Judikative, bei ihren Entscheidungen angewendet werden muss.[467] Soll die Umsetzung völkerrechtlicher Normen infolge Transformation durchgeführt werden, ist ein staatlicher Umsetzungsakt, in der Regel erlassen durch die Legislative, erforderlich.[468] Bei der Transformation wird somit nicht der völkerrechtliche Rechtsakt innerstaatliches Recht, sondern es handelt sich um eine innerstaatliche, rechtliche Regelung, die den Inhalt der völkerrechtlichen Norm wiedergibt.[469] Aufgrund einer dieser Umsetzungen völkerrechtlicher Normen in innerstaatliches Recht bildet folglich zumindest deren Inhalt geltendes nationales Recht, jedoch nicht der völkerrechtliche Rechtssatz selbst. Sowohl die Adoption als auch die Transformation beschäftigen sich demnach mit dem Verhältnis des Völkerrechts zum innerstaatlichen Recht.

In der Bundesrepublik Deutschland kennt die Rechtsordnung beide Formen innerstaatlicher Geltung. Art. 25 GG legt für die allgemeinen Regeln des Völkerrechts deren grundsätzliche Geltung fest und enthält mithin eine allgemeine Ermächtigung für diese Rechtssätze im Sinne der Adoptionslehre. Für das Völkervertragsrecht ist gemäß Art. 59 Abs. 2 GG ein Transformationsakt in Form eines Bundesgesetzes erforderlich, wenn es in dem Vertrag um die politischen Beziehungen des Bundes geht oder er sich auf Gegenstände der Bundesgesetzgebung bezieht. Das Transformationsgesetz gibt folglich den Inhalt der völkerrechtlichen Norm in Form eines Bundesgesetzes wieder. Der völkerrechtliche Rechtssatz selbst, der durch das Bundesgesetz transformiert wird, erlangt jedoch innerstaatlich keine Geltung. Die innerstaatliche Geltung ist nicht auf gewisse Organe begrenzt, sondern gilt grundsätzlich für alle staatlichen Organe.[470] Hierbei muss beachtet werden, dass die Frage der innerstaatlichen Geltung einer völkerrechtlichen Norm den Inhalt der Norm an sich, sprich deren Adressaten, die Verleihung subjektiver Rechte an den Einzelnen und auch deren

---

467 *Dahm/Delbrück/Wolfrum*, Völkerrecht I/1, § 10 I 1 (S. 105 f.).

468 *Zuleeg*, Innerstaatliche Anwendbarkeit, in: ZaöRV 35 (1975), 341, 345.

469 Vgl. *Dahm/Delbrück/Wolfrum*, Völkerrecht I/1, § 10 I 1 (S. 105) mwN.

470 *Schwartmann*, Private im Wirtschaftsvölkerrecht, 25; *Zuleeg*, Innerstaatliche Anwendbarkeit, in: ZaöRV 35 (1975), 341, 345 f.

unmittelbare Anwendbarkeit, in keiner Weise klarstellt.[471] Insofern ist die Frage der innerstaatlichen Geltung für die Existenz subjektiver völkerrechtlicher Rechte ohne Bedeutung.

2. Unmittelbare Anwendbarkeit

a. Begriffsbestimmung und allgemeine Dogmatik

Von der innerstaatlichen Geltung muss, wie bereits angedeutet, die unmittelbare Anwendbarkeit unterschieden werden, die je nach Rechtskreis auch als *direct effect* oder *self-executing* bezeichnet wird. Objektivrechtlich muss die in Rede stehende, völkerrechtliche Regelung unmittelbar anwendbar sein, das heißt, sie muss nach der ihr zugrunde liegenden Intention der Staaten und ihrem Inhalt nach selbständig angewendet werden können.[472] Unmittelbar anwendbar ist eine Norm dann, wenn und soweit sie nach Inhalt, Zweck und Fassung so klar und bestimmt ist, dass deren Anwendung und Vollzug keiner weiteren Konkretisierung durch Durchführungsvorschriften durch internationale oder nationale Rechtsakte bedarf und die (innerstaatlichen) rechtsanwendenden Organe die Norm „als Obersatz für ihre Schlüsse auf die Rechtsfolge verwenden dürfen".[473] Der Rechtsanwender muss die völkerrechtliche Regelung aufgrund ihrer Klarheit und Genauigkeit also als Entscheidungsgrundlage verwenden können. Im Rahmen der unmittelbaren Anwendbarkeit wird mithin häufig darauf abgestellt, ob der Völkerrechtsnorm klare Rechtsfolgen für den Einzelfall entnommen werden können. Für eine unmittelbar anwendbare Norm ist infolgedessen kein Umsetzungsakt mehr erforderlich, damit sie Rechte und Pflichten für den Einzelnen begründet. So entschied auch das

---

471 *Geiger*, GG und Völkerrecht, § 34 I 1; So wurde auch in der deutschen Rechtsprechung angenommen, dass die unmittelbare Anwendbarkeit keine Voraussetzung der innerstaatlichen Geltung völkerrechtlicher Normen ist, vgl. RGZ 117, 280, 283 f.; BGHZ 11, 135, 138; 52, 371, 383 f.

472 *Grzeszick*, Rechte des Einzelnen im Völkerrecht, in: AVR 43 (2005), 312, 318; *Zuleeg*, Innerstaatliche Anwendbarkeit, in: ZaöRV 35 (1975), 341, 347.

473 BVerfG, BVerfGE 29, 349, 360 ff.; *Geiger*, GG und Völkerrecht, § 34 I 1; *Grzeszick*, Die Recht des Einzelnen im Völkerrecht, in: AVR 43 (2005), 312, 318; *Zuleeg*, Völkerrechtliche Verträge, in: JA 1983, 1, 6; *ders.*, Innerstaatliche Anwendbarkeit, in: ZaöRV 35 (1975), 341, 346 f. Vgl. insbesondere auch die hierzu entstandene Dogmatik im Europarecht im Urteil des EuGH, Fall *Meryem Demirel,* Slg. 1987 IV, 3719, 3752 (Rn. 14).

Bundesverfassungsgericht im Hinblick auf Art. 36 Wiener Übereinkommen über Konsularische Beziehungen (WÜK)[474]:

> „Art. 36 WÜK, der in der deutschen Rechtsordnung damit im Range eines Bundesgesetzes gilt, enthält Vorgaben, die unmittelbar für den deutschen Strafprozeß einschließlich des Ermittlungsverfahrens relevant sind, wenn – wie vorliegend – Staatsangehörige eines anderen Vertragsstaates verfolgt werden. Die Norm ist hinreichend bestimmt, um von den Strafverfolgungsbehörden unmittelbar angewendet zu werden; sie bedarf keiner Ausführungsgesetzgebung, sondern ist self-executing (…).“[475]

In gleicher Weise geht der EuGH bei der Frage der unmittelbaren Anwendbarkeit von der Gemeinschaft mit Drittstaaten getroffenen völkerrechtlichen Abkommen vor:

> „Eine Bestimmung eines von der Gemeinschaft mit Drittländern geschlossenen Abkommens ist als unmittelbar anwendbar anzusehen, wenn sie unter Berücksichtigung ihres Wortlauts und in Hinblick auf den Sinn und Zweck des Abkommens eine klare und eindeutige Verpflichtung enthält, deren Erfüllung oder deren Wirkung nicht vom Erlass eines weiteren Aktes abhängen.“[476]

Die Regelung muss zweifelsfreie Klarheit über die aus ihr folgenden Rechte und Pflichten des Einzelnen im Hinblick auf Voraussetzungen und Rechtsfolgen schaffen, so dass sie aufgrund ihrer Bestimmtheit vom staatlichen, rechtsanwendenden Organ direkt als Entscheidungsgrundlage herangezogen werden kann. Sind jedoch aufgrund der inhaltlichen Ausgestaltung der Norm zuvorderst noch weitere Konkretisierungsmaßnahmen, sei es durch einen völkerrechtlichen oder innerstaatlichen Akt, erforderlich, enthält die völkerrechtliche Norm allein einen Rechtsetzungsauftrag an die mit ihrer Umsetzung beauftragten staatlichen Organe der umsetzungsverpflichteten Vertragsstaaten.[477] Ob eine Norm unmittelbar anwendbar ist, muss durch Auslegung der völkerrechtlichen Norm ermittelt werden.[478] Die Verpflichtung der Staaten durch die völkerrechtliche Norm zu jedweden innerstaatlichen Maßnahmen zwecks ihrer Verwirklichung ist in der

---

474 WKK v. 24.04.1963, in: BGBl. II, Nr. 57, 1971, 1285 ff..

475 So das BVerfG über die Berechtigung von Konsularbeamten über Festnahmen ihrer Staatsangehörigen unterrichtet zu werden nach der Wiener Konsularrechts-Konvention, BVerfG -2BvR 2115/01 vom 19.09. 2006, § 53.

476 EuGH, *Fall Meryem Demirel,* Slg. 1987 IV, 3719 (3752) Rn. 14.

477 Die Gewährung von Ermessen ist unschädlich, vgl. *Geiger*, GG und Völkerrecht, § 34 I 1; *Zuleeg*, Innerstaatliche Anwendbarkeit, in: ZaöRV 35 (1975), 341, 349.

478 *Geiger*, GG und Völkerrecht, § 36 II 3. b); *Schwartmann*, Private im Wirtschaftsvölkerrecht, 26; *Weiß/Herrmann/Ohler*, Welthandelsrecht, Rn. 345; *Zuleeg*, Innerstaatliche Anwendbarkeit, in: ZaöRV 35 (1975), 341, 350 f.

Regel ein eindeutiges Zeichen dafür, dass die Völkerrechtsnorm nach der Intention ihrer Erschaffer nicht unmittelbar anwendbar ist, beziehungsweise sein soll.[479]

b. Voraussetzungen der unmittelbaren Anwendbarkeit

Im Folgenden soll noch in aller Kürze auf die verschiedenen Voraussetzungen der unmittelbaren Anwendbarkeit eingegangen werden. Zuerst wird allgemein angenommen, dass die unmittelbare Anwendbarkeit einer völkerrechtlichen Regelung deren innerstaatliche Geltung voraussetzt.[480] Desweiteren muss der Völkerrechtssatz, dessen unmittelbare Anwendung geprüft wird, wie bereits angesprochen, inhaltlich dazu geeignet sein, aus ihm konkrete Rechtsfolgen für den Einzelfall herzuleiten.[481] Abgelehnt werden muss jedoch die teilweise zu hörende und besonders im Zusammenhang mit dem Welthandelsrecht diskutierte Annahme, dass die unmittelbare Anwendbarkeit die Gegenseitigkeit der bestehenden vertraglichen Verpflichtungen erfordert.[482] Zuletzt darf die unmittelbare Anwendbarkeit der völkerrechtlichen Regelung nicht aufgrund von Völkerrecht oder nationalem Recht ausdrücklich ausgeschlossen sein.[483]

c. Verhältnis der unmittelbaren Anwendbarkeit zu den subjektiven Rechten im Völkerrecht

Die Problematik der unmittelbaren Anwendbarkeit an sich hat grundsätzlich keinen Einfluss auf die Frage der Verleihung subjektiver Individualrechte. Denn ein völkerrechtlicher Rechtssatz kann unmittelbar anwendbar sein, ohne jedoch zwangsläufig subjektive Rechte zu verleihen.[484] Verleiht

---

479 *Schwartmann*, Private im Wirtschaftsvölkerrecht, 26 f.
480 Siehe ausführlich *Schwartmann*, Private im Wirtschaftsvölkerrecht, 29 ff.; *Zuleeg*, Innerstaatliche Anwendbarkeit, in: ZaöRV 35 (1975), 341, 347.
481 *Schwartmann*, Private im Wirtschaftsvölkerrecht, 30 ff.; hierzu ausführlich *Zuleeg*, Innerstaatliche Anwendbarkeit, in: ZaöRV 35 (1975), 341, 349 f.
482 MwN *Schwartmann*, Private im Wirtschaftsvölkerrecht, 37 ff mit Schwerpunktsetzung auf der unmittelbaren Anwendbarkeit der Abkommen der WTO.
483 Ibid., 39 ff., der hierbei zwischen Ausschluss der unmittelbaren Anwendbarkeit nach Völkerrecht und der fehlenden Anwendungsbefugnis nach nationalem Recht unterscheidet.
484 *Schwartmann*, Private im Wirtschaftvölkerrecht, 41 f.

jedoch der Völkerrechtssatz subjektive Rechte, stellt das „die stärkste Form innerstaatlicher Anwendbarkeit" dar.[485] Bei der Frage nach der Verleihung von subjektiven Rechten an den Einzelnen durch eine völkerrechtliche Norm geht es allein um die Frage, ob diese ausdrücklich oder implizit im Rahmen der Auslegung ihrem Inhalt nach dem Einzelnen ein Recht oder Anspruch gewährt.[486] Die Frage nach der unmittelbaren Anwendung bestimmt hingegen, ob die Norm direkt von innerstaatlichen Organen der Rechtsanwendung als Entscheidungsgrundlage heran gezogen werden kann. Eine völkerrechtliche Regelung, die subjektive Individualrechte verleiht, ist dann unmittelbar anwendbar, wenn die oben genannten Voraussetzungen vorliegen. Die Bejahung der unmittelbaren Anwendbarkeit einer Regelung erlaubt jedoch keine Rückschlüsse auf die Verleihung subjektiver Individualrechte. Beide Fragen sind unabhängig von einander zu beantworten und haben keine Wechselwirkung füreinander.

III. Völkerrechtlicher Durchsetzungsmechanismus

1. Völkerrechtlicher Durchsetzungsmechanismus als Voraussetzung eines subjektiven Rechts

Im Folgenden ist darauf einzugehen, ob für die Annahme eines subjektiven (Individual-) Rechts im Völkerrecht das Vorhandensein eines völkerrechtlichen Durchsetzungsmechanismus erforderlich ist. In der deutschen nationalen Dogmatik subjektiver öffentlicher Rechte stellt beispielsweise die gerichtliche Durchsetzbarkeit eines subjektiven Rechts nicht eine Existenzvoraussetzung eines solchen, sondern eine notwendige Konsequenz seines Bestehens dar.[487] Allerdings können derartige innerstaatliche Voraussetzungen und dogmatischen Überlegungen nicht ohne Weiteres auf das Völkerrecht übertragen werden, ohne dass die besonderen Gegeben-

---

485 *Zuleeg*, Innerstaatliche Anwendbarkeit, in: ZaöRV 35 (1975), 341, 358.

486 Nochmals bestätigend *Schwartmann*, Private im Wirtschaftsvölkerrecht, 42.

487 Im deutschen öffentlichen Recht setzen die Rechtsschutzgarantie des Art. 19 IV GG oder die Generalklauseln im Verwaltungsprozess die Existenz subjektiver Rechte voraus und sind nicht ausschlaggebend für deren Entstehung. Die gerichtliche Durchsetzbarkeit ist somit lediglich die Folge des Bestehens eines subjektiven Rechts und verhilft diesem zur effektiven Beachtung, nicht jedoch eine Voraussetzung für dessen Bestehen. Vgl. *Grzeszick*, Rechte und Ansprüche, 55 f.; *Scherzberg*, Subjektiv-öffentliches Recht, in: DVBl. 1988, 129, 132 mwN; *ders.*, in: *Erichsen/Ehlers*, VerwR, § 11 Rn. 5.

heiten des Völkerrecht als internationale, oder historisch gesehen, als zwischenstaatliche Rechtsordnung, keine ausreichende Berücksichtigung finden würden. Dass im Völkerrecht unter gegebenen Umständen durchaus von in nationaler Dogmatik vorhandenen Grundsätzen abgewichen werden muss, um zu Ergebnissen zu gelangen, die der völkerrechtlichen Wirklichkeit entsprechen, kann am Beispiel der Forderung nach gerichtlicher Durchsetzbarkeit subjektiver Rechte anschaulich erkannt werden. Für das Völkerrecht ist es charakteristisch, dass es keinen zentralen Vollzugs- beziehungsweise Durchsetzungsapparat vorweisen kann, also im Gegensatz zu nationalen Rechtssystemen keine zwingende Gerichtsbarkeit existiert.[488] Diese Tatsache hat aber nicht nur Auswirkungen auf die Durchsetzung der subjektiven Rechte des Individuums im Rahmen eines internationalen Verfahrens, sondern betrifft in gleicher Weise die Rechte der Staaten.[489] Die Staaten als ursprüngliche und notwendige Völkerrechtssubjekte haben unbestrittener Weise subjektive Rechte, die aber diese gleichermaßen aus verschiedenen Gründen nicht immer in einem internationalen Verfahren durchsetzen können. Dies kann am Beispiel der sachlichen und persönlichen Zuständigkeit des IGH veranschaulicht werden. Zwar besitzen grundsätzlich alle Staaten nach Art. 34 Abs. 1 IGH-Statut Parteifähigkeit. Jedoch müssen die Staaten Mitglieder des IGH-Statuts sein und die in Rede stehende Angelegenheit im Einvernehmen an den Gerichtshof weitergegeben worden sein.[490] In gleicher Weise sah bereits der Ständige Internationale Gerichtshof keinen notwendigen Zusammenhang zwischen dem Bestehen eines subjektiven Rechts und dem Vorhandensein eines völkerrechtlichen Durchsetzungsmechanismus:

> „it is scarcely necessary to point out that the capacity to possess civil rights does not necessarily imply the capacity to exercise those rights oneself."[491]

---

488 *Bleckmann*, Subjective Right, in: GYIL 28 (1985), 144, 146; *Clapham*, Individual, in: EJIL 21 (2010), 25, 27 ff.; *Gaja*, Individual, in: EJIL 21 (2010), 11, 13; *McCorquodale*, Individual, in: *Evans*, International Law, 307, 315 ff.; *Lauterpacht*, Human Rights, 27, 48 ff.; *Orakhelashvili*, Individual, in: Cal W Int'l LJ 31 (2000-2001), 241, 243.

489 *Biehle*, Procedures in International Law, 38 ff.; *Bleckmann*, Subjective Right, in: GYIL 28 (1985), 144, 146, 149; *Kischel*, State Contracts, 243 f.; *McCorquodale*, Individual, in: *Evans*, International Law, 307, 312 ff.

490 Vgl. Art. 35, 36 IGH-Statut. Wenn gleich aufgrund von Art. 93 Abs. 1 UN-Charta, der die Mitgliedschaft in den Vereinten Nationen mit dem IGH-Statut verbindet, eine große Anzahl von Staaten grundsätzlich Zugang zum IGH hätte.

491 PCIJ, *The Peter Pázmány University*, Ser. A/B, No. 61, 208, 231.

Auch der IGH vollzog durch sein Urteil im Fall *LaGrand* den Wechsel vom Kriterium des internationalen Durchsetzungsmechanismus hin zum materiellen Kriterium des inhaltlichen Individualschutzes als Voraussetzung eines subjektiven Individualrechts im Völkerrecht.[492] Zudem erscheint die mögliche Schaffung eines völkerrechtlichen zentralen Durchsetzungsmechanismus eher unwahrscheinlich und wohl in der Praxis nicht verwirklichungsfähig, wenn man bereits die zum Teil ablehnende Haltung gegenüber einer zwingenden und umfassenden sachlichen Zuständigkeit des IGH bedenkt. Abgesehen von der Schwäche prozessualer Durchsetzung und Vollziehung jeglicher subjektiver Rechte im Völkerrecht, muss erkannt werden, dass Rechtsbesitz im Allgemeinen eine prozessuale Ausübungsmöglichkeit zu seiner Existenz dogmatisch voraussetzt, sondern (Individual-) Rechte müssen eben trotzdem als das qualifiziert werden was sie ihrem Status nach sind, nämlich Rechte.[493] Die fehlende prozessuale Durchsetzungsfähigkeit kann mithin nicht als Entscheidungskriterium herangezogen werden. Aufgrund der Seltenheit eines völkerrechtlichen Durchsetzungsmechanismus für Individuen kann ein solcher jedoch, wenn er unter gewissen Voraussetzungen vorgesehen ist, als wesentliches Indiz für die Existenz eines subjektiven Rechts angesehen werden. Mithin kann vom Vorhandensein eines internationalen Durchsetzungsverfahrens positiv auf die Existenz eines subjektiven Rechts, nicht jedoch umgekehrt, ein Rückschluss erfolgen.

Deswegen erscheint es als das hauptsächliche Handicap subjektiver Rechte von sowohl Staaten als auch gleichermaßen Individuen im Völkerrecht, dass in der Mehrzahl der Fälle ein Verfahren zum Vollzug ihrer Rechte fehlt. Jedoch handelt es sich bei völkerrechtlichen Individualrechten in der Regel eher um Rechte, die das Individuum vor einer staatlichen Intervention absichern wollen oder ihren Status schützen sollen.[494] Derartige Rechtspositionen gelangen bereits aufgrund dieser Zielsetzung zum wirkungsvollen Einsatz, ohne dass ein internationales Durchsetzungsverfahren besteht.[495] Darüber hinaus erscheint es wohl sehr weit hergeholt für das Bestehen eines völkerrechtlichen Rechts, beispielsweise den Schadensersatzanspruch eines Staates gegen einen anderen, mangels einer

---

492 Vgl. ICJ, *LaGrand*, ICJ Rep 2001, 466, 494, para. 77.
493 Vgl. *Clapham*, Non State Actors, 74; *Hobe/Kimminich*, Völkerrecht, 161; *Kischel*, State Contracts, 243; *Lauterpacht*, International Law, 286 f.
494 Beispielsweise Rechte aus dem Status als Kriegsgefangener. Zu dieser Erkenntnis *McCorquodale*, Individual, in: *Evans*, International Law, 307, 312.
495 So auch *Menon*, Individuals, in: 1 J Transnat'l L & Pol (1992), 151, 154.

zwingenden allumfassenden Gerichtsbarkeit für ein Verfahrenserfordernis das Vorhandensein einer Schiedsklausel zwischen Staaten zu verlangen. Nähme man nämlich an, dass ein gerichtlicher Durchsetzungsmechanismus auch im Völkerrecht als zwingende Voraussetzung für das Bestehen eines subjektiven Rechts zu verlangen ist, so wäre eine Schiedsvereinbarung zwischen den betroffenen Völkerrechtspersönlichkeiten mangels zentralem Durchsetzungs- und Vollzugsapparats die einzige Möglichkeit diese Voraussetzung zu erfüllen. Es erscheint aber unlogisch, warum bei identischer Sachverhaltskonstellation im Fall der Schiedsvereinbarung der Staat ein subjektives Recht besitzen sollte, wohingegen im anderen Fall ohne Schiedsvereinbarung der Staat nicht Inhaber eines subjektiven Rechts wäre.[496] Deshalb muss im Einklang mit den Rechtsgrundsätzen zahlreicher Staaten dogmatisch zwischen materiellem und prozessualem Recht unterschieden werden.

Infolge des charakteristischen Unterschieds des Völkerrechts zu staatlichen Rechtssystemen muss im Bereich der subjektiven Rechte im Völkerrecht aus oben genannten Gründen von der Forderung nach einem gerichtlichen Durchsetzungsmechanismus Abstand genommen werden, wenn gleich dieser durchaus wünschens- und erstrebenswert ist, um diesen zu größtmöglicher Effektivität zu verhelfen.[497] Für die Annahme eines subjektiven Individualrechts im Völkerrecht muss infolgedessen auf seine inhaltliche Ausgestaltung abgestellt werden.

2. Ausgewählte Bereiche völkerrechtlicher Rechtsdurchsetzung von Individualrechten

Trotz der vorangegangenen Bewertung der aktuellen Lage darf nicht vernachlässigt werden, dass Individuen sehr wohl in Teilbereichen internationale Durchsetzungsmechanismen zur Verfügung stehen, um so den ihnen zustehenden Rechten zu größt möglichster Beachtung und Effektivität zu verhelfen. Deswegen soll im Folgenden eine repräsentative Auswahl derartiger völkerrechtlicher Verträge vorgestellt werden, ohne jedoch Anspruch auf Vollständigkeit zu erheben, die den Individuen sowohl materielle Rechte gewähren als auch Verfahren zu deren effektiver Durchsetzung an die Hand geben.

---

496 So im Ergebnis Bleckmann, Subjective Right, in: GYIL 28 (1985), 144, 146 f.
497 Vgl. zu diesem Ergebnis bereits oben in Drittes Kapitel unter C. III. 3 (S. 54 ff.).

a. Internationaler Pakt über bürgerliche und
   politische Rechte

Der Internationale Pakt über bürgerliche und politische Rechte (IPBPR)[498]
wurde durch die Vereinten Nationen im Rahmen der Bemühungen um einen besseren Schutz der Menschenrechte ins Leben gerufen. Der IPBPR
enthält individuelle staatsbürgerliche und politische Freiheits- und Abwehrrechte, sogenannte Grundrechte der „ersten Generation".[499] Zur selben Zeit wurde in diesem Zusammenhang auch der Internationale Pakt
über wirtschaftliche, soziale und kulturelle Rechte (IPWSKR)[500] ins Leben
gerufen, der wirtschaftliche und soziale Rechte in Form von individuellen
oder kollektiven Ansprüchen auf einen menschenwürdigen Standard, sogenannte Grundrecht der „zweiten Generation" vornehmlich auf Betreiben
der sozialistischen Staaten schützen sollte.[501] Durch das Inkrafttreten des
Zusatzprotokolls erhalten nun auch die im IPWSKR enthaltenen materiellen Gewährleistungen eine prozessuale Durchsetzungsmöglichkeit.[502]

aa. Grundlegende materielle Gewährleistungen

Der IPBPR enthält neben Grundpflichten für die Mitgliedstaaten auch einen umfassenden Katalog an materiellen Individualrechten für den Einzelnen. In Teil II (Art. 2-5) des IPBPR werden die Grundpflichten der
Vertragsparteien aufgelistet, wie zum Beispiel die Beachtung des Diskriminierungsverbots, die Gleichberechtigung von Mann und Frau und die
Verpflichtung zur Achtung und vollen Verwirklichung der im Vertrag
enthaltenen Individualrechte.[503] In Teil III (Art. 6-27) sind dann die wichtigsten materiellen Individualrechte aufgelistet, wie beispielsweise das
Recht auf Leben (Art. 6), und das Verbot der Folter und der Sklaverei

---

498 International Covenant on Civil and Political Rights, Übereinkommen vom
     19.12.1966, in Kraft getreten am 23.03.1976, für die Bundesrepublik Deutsch-
     land am 17.12.1973, BGBl. 1973 II, 1533.
499 *Ipsen*, in: *ders.*, Völkerrecht, S. 788; *Schilling*, Menschenrechtsschutz, 11.
500 International Convenant on Economic, Social and Cultural Rights, Übereinkom-
     men vom 19.12.1966, in Kraft getreten am 3.01.1976, für die Bundesrepublik
     Deutschland am 17.12.1973, BGBl. 1973 II, 1569.
501 *Ipsen*, in: *ders.*, Völkerrecht, S. 788; *Schilling*, Menschenrechtsschutz, 11.
502 Optional Protocol to the International Convenant on Economic, Social and Cultu-
     ral Rights, Übereinkommen vom 10.12.2008, in Kraft getreten am 05.05.2013.
503 Vgl. Art. 2 Abs. 1 IPBPR.

(Art. 7, 8) sowie die Religions- und Meinungsfreiheit (Art. 18, 19). Trotz-dieser sehr umfassenden Auflistung der wichtigsten Menschenrechte ent-halten die Gewährleistungen selbst zum Teil weitreichende Einschrän-kungsmöglichkeiten.

bb.   Prozessuale Durchsetzung

Die Einhaltung der Rechte des IPBPR wurde seit seinem in Krafttreten zuerst von einem gerichtsähnlichen Ausschuss für Menschenrechte als Vertretungsorgan kontrolliert.[504] Die Errichtung, Zusammensetzung und das Verfahren des Ausschusses für Menschenrechte ist im vierten Teil des IPBPR (Art. 28 – 45) geregelt. Der Ausschuss für Menschenrechte ist ein ständiges Vertragsorgan, das von den Vereinten Nationen unabhängig ist.[505] Im Rahmen des IPBPR sind verschiedene prozessuale Mechanismen zur Einhaltung seiner Gewährleistungen durch die Mitgliedstaaten enthal-ten. Zuerst sind sogenannte Staatenberichte vorgesehen, die der Ausschuss überprüft, in denen die Mitgliedstaaten verpflichtet sind, über ihre Fort-schritte zur Verwirklichung der im Pakt anerkannten Rechte zu berich-ten.[506] Ist der Ausschuss der Ansicht, dass keine geeigneten Maßnahmen durch einen Mitgliedstaat ergriffen wurden, übersendet er dem betroffenen Staat eine Liste mit Angelegenheiten, die im Dialog mit dem Ausschuss erörtert werden müssen.[507] Es gibt jedoch im Rahmen der Staatenberichte kein prozessuales Verfahren mit dem der Ausschuss bestimmte Maßnah-men erzwingen oder den IPBPR für verletzt erklären könnte. Ein weiteres prozessuales Instrument zur Einhaltung der materiellen Gewährleistungen stellt die Staatenbeschwerde gemäß Art. 41 IPBPR dar, die jedoch eine ausdrückliche Annahmeerklärung der Vertragsstaaten für ihre Anwendung voraussetzt. Im Hinblick auf den prozessualen Rechtsschutz, der dem In-dividuum auf völkerrechtlicher Ebene zusteht, ist die Individualbeschwer-de von Bedeutung, die in Art. 2 des Fakultativprotokolls[508] zum IPBPR nach Ausschöpfung des nationalen Rechtswegs vorgesehen ist. In diesem Zusammenhang können Einzelpersonen beim zuständigen Menschen-

---

504 Vgl. Art. 28 IPBPR; siehe *Schilling*, Menschenrechtsschutz, 11.
505 *Schilling*, Menschenrechtsschutz, 319.
506 Vgl. Art. 40 IPBPR.
507 Siehe hierzu *Schilling*, Menschenrechtsschutz, 323.
508 Fakultativprotokoll zum IPBPR v. 19.12.1966, in Kraft getreten am 23.03.1976, für die BRD am 25.11.1993 mit Vorbehalt gegen Art. 5 Abs. 2 lit. a.

rechtsausschuss Beschwerde mit der Behauptung einlegen, ein Mitgliedstaat des Paktes und des Fakultativprotokolls habe eines der materiell gewährleisteten Rechte ihnen gegenüber verletzt. Somit enthält der IPBPR nicht nur einen sehr ausführlichen Katalog von subjektiven Individualrechten, sondern sieht darüber hinaus noch einen internationalen Durchsetzungsmechanismus für den Einzelnen bei Verletzung von dessen Rechten vor. Jedoch enthält dieser internationale Durchsetzungsmechanismus nur sehr eingeschränkte Sanktionsmöglichkeiten gegenüber dem verletzten Staat.

b. Die (Europäische) Konvention zum Schutz der Menschenrechte (EMRK)

Die (Europäische) Konvention zum Schutz der Menschenrechte (EMRK)[509] stellt im Gegensatz zum IPBPR einen regional begrenzten Vertrag zum Schutz der Menschenrechte innerhalb Europas dar, die unter dem Europarat entstanden ist. Die EMRK stellt im Rahmen des Völkerrechts mit Sicherheit einen der weitgehendsten und rechtsschutzintensivsten Mechanismen des Individualschutzes auf dem Gebiet der Menschrechtsverträge dar.

aa. Materiell-rechtliche Gewährleistungen

Die EMRK enthält einen umfassenden Katalog an materiell-rechtlichen Gewährleistungen, an dessen oberster Spitze das Recht jedes Menschen auf Leben (Art. 2 Abs. 1) steht. Vor dem Katalog der materiell-rechtlichen Gewährleistungen steht zuvor die allgemeine Verpflichtung der Vertragsparteien gegenüber ihren Rechtsunterworfenen, die garantierten Rechte und Freiheiten zuzusichern.[510] Diese zugesicherten materiell-rechtlichen Garantien sind in Abschnitt I und teilweise den Protokollen als Ergänzung enthalten. Sie umfasst unter anderem auch das Verbot von Folter und

---

509 EMRK vom 4.11.1950, in Kraft getreten am 3.09.1953, BGBl. 1952 II, 658, 953; in der Fassung des Protokolls Nr. 3 vom 6.05.1963, BGBl. 1968 II, 1116; des Protokolls Nr. 5 vom 20.01.1966, BGBl. 1968 II, 1120; des Protokolls Nr. 8 vom 19.03.1985, BGBl. 1989 II, 546; des Protokolls Nr. 11 vom 11.03.1994, BGBl. 1995 II, 579.

510 Vgl. Art. 1 EMRK.

Sklaverei (Art. 3, 4), das Recht auf ein faires Verfahren (Art. 6) sowie die Religions- und Meinungsäußerungsfreiheit (Art. 9, 10). Im Gegensatz zum IPBPR enthält die EMRK seit dem 1. Zusatzprotokoll, zumindest für die Staaten, die ihm beigetreten sind, auch ein Recht zum Schutz des Eigentums.

bb.   Prozessuale Durchsetzung

Die EMRK enthält auch Sicherheitsmechanismen zur prozessualen Durchsetzung der in ihr gewährleisteten materiellen Individualrechte. Zur Überprüfung der Einhaltung der Verpflichtungen der Mitgliedsstaaten wurde der Europäische Gerichtshof für Menschenrechte erschaffen, dessen Errichtung, Zusammensetzung und Verfahren in Abschnitt II (Art. 19 – 51) der EMRK niedergelegt ist. Neben dem Europäischen Gerichtshof für Menschenrechte existierte noch die Europäische Kommission für Menschenrechte, die sowohl für Staaten- als auch für Individualbeschwerden zuständig war, jedoch durch das 11. Zusatzprotokoll abgeschafft wurde. Der Verfahrensaufbau bis zum 11. Zusatzprotokoll[511] spiegelte die Zaghaftigkeit der Vertragsstaaten wieder, sich einer internationalen Instanz hinsichtlich der Einhaltung ihrer Verpflichtungen zu unterwerfen, vor der auch Individuen die völkerrechtlich garantierten Menschenrechte durchsetzen konnten.[512] Seit dem 11. Zusatzprotokoll ist der Europäische Gerichtshof für Menschenrechte das einzige Judikativorgan und nach Art. 34 EMRK auch für die Individualbeschwerde zuständig. Gemäß Art. 34 EMRK können Individuen nach Erschöpfung des innerstaatlichen Rechtswegs jede Verletzung ihrer in der EMRK gewährleisteten subjektiven Rechte durch die Vertragsstaaten vor dem Gerichtshof geltend machen. Durch dieses Individualbeschwerdeverfahren vor einem ständigen Gerichtshof ist die EMRK sicherlich die völkerrechtliche Konvention, innerhalb der das Individuum die Einhaltung ihrer zahlreichen materiellen subjektiven Rechte am effektivsten international durchsetzen kann. Das kann auch daran erkannt werden, dass von diesem Verfahren durch Individuen reger Gebrauch gemacht wird und die Entscheidungen des Gerichthofs durch die verpflichteten Staaten zumeist angenommen wird.

---

511 Zusatzprotokoll Nr. 11 zur EMRK vom 11.05.1994, BGBl. 1995 II, 578.
512 Siehe hierzu ausführlich *Grabenwarter*, Europäische Menschenrechtskonvention, 41 ff.; *Ipsen*, in: *ders.*, Völkerrecht, 801 f.; *Oppermann/Classen/Nettesheim*, Europarecht, 32 ff; *Schilling*, Menschenrechtsschutz, 329 ff.

c.   Amerikanische Menschenrechtskonvention (AMRK)

Ein weiterer multilateraler völkerrechtlicher Vertrag mit regional begrenztem Anwendungsbereich ist die Amerikanische Menschenrechtskonvention (AMRK)[513], die im Rahmen der Organisation Amerikanischer Staaten ins Leben gerufen wurde. Die AMRK ähnelt im Aufbau der EMRK sowie dem IPBPR und enthält insbesondere wie die EMRK in Art. 1 Abs. 1 eine Verpflichtung der Vertragsstaaten, die im Vertrag übernommenen materiellen Gewährleistungen den ihnen Unterworfenen zuzusichern.

aa.   Materiell-rechtliche Gewährleistungen

Obwohl die AMRK in ihrem materiellen Teil sehr an den IPBPR und die EMRK angelehnt ist, enthält sie doch die Besonderheit, dass sie in Art. 1 Abs. 2 zur Bestimmung ihres persönlichen Anwendungsbereichs den Begriff „Person im Sinne dieser Konvention" als „jedes menschliche Wesen" definiert.[514] Als materiell-rechtliche Gewährleistungen enthält die AMRK auch die gängigen Abwehr- und Freiheitsrechte eines Menschenrechtskatalogs, wie beispielsweise das Recht auf Leben in Art. 4 sowie die Meinungs- und Religionsfreiheit in Art. 12 und 13. Die AMRK geht aber in ihren Gewährleistungen auch teilweise über die der EMRK hinaus, indem sie für den Einzelnen auch ein Recht auf den Namen und eine Staatsangehörigkeit zusichert.[515] Zuletzt enthält die AMRK in Kapitel III programmatische Verpflichtungen auf „Ökonomische, soziale und kulturelle Recht".

bb.   Prozessuale Durchsetzung

Ähnlich dem Verfahren zur Sicherung der gewährleisteten Menschenrechte in der EMRK wurden auch nach der AMRK sowohl eine Inter-Amerikanische Kommission für Menschenrechte und ein Inter-Amerikanischer Gerichtshof für Menschenrecht errichtet.[516] Neben der Staatenbeschwerde

---

513 AMRK vom 22.11.1969, in Kraft getreten am 18.07.1978, in: ILM 1970, 673.
514 Art. 1 AMRK: „For the purposes of this Convention, "person" means every human being".
515 Vgl. Art. 18, 20 AMRK.
516 Vgl. Art. 33 AMRK.

in Art. 45 sieht die AMRK in Art. 44 auch ein obligatorisches Individual-beschwerdeverfahren vor:

> „Jede Person oder Personengruppe und jede in einem oder mehreren Mitgliedstaaten der Organisation rechtlich anerkannte nichtstaatliche Einheit kann bei der Kommission Eingaben erbringen, die Anzeigen oder Beschwerden über die Verletzung dieser Konvention durch einen Vertragsstaat enthalten."[517]

Daher wird auch den materiellen subjektiven Individualrechten, die im Rahmen der Konvention dem Individuum zugesichert werden, ein völker-rechtlicher Durchsetzungsmechanismus an die Seite gestellt. Durch dieses internationale Durchsetzungsverfahren hat der Einzelne direkten Zugang zu einem unabhängigen internationalen Gericht, um etwaige Verletzungen seiner gewährten Rechte zu rügen. Dadurch wird die effektive Beachtung der materiell-rechtlichen Menschenrechte gewährleistet. Es muss jedoch noch erwähnt werden, dass weder für die Vereinigten Staaten von Amerika noch Kanada diese Konvention Wirksamkeit entfaltet und infolgedessen deren Schutz auf Mittel- und Südamerika begrenzt wird.

d. International Convention on the Settlement of Investment Disputes between States and Nationals of Other States

Aus dem Bereich des internationalen Wirtschaftsrechts ist im Hinblick auf einen völkerrechtlichen Durchsetzungsmechanismus für Individuen insbesondere auf die Konvention zur Beilegung von Investitionsstreitigkeiten zwischen Staaten und Staatsbürgern anderer Länder (ICSID-Konvention)[518]. Durch diesen multilateralen Vertrag wurde das International Centre for Settlement of Investment Disputes (ICSID) ins Leben gerufen, welches zuerst als eigenständige Internationale Organisation unter den Auspizien der Weltbank etabliert wurde, seit 2009 jedoch auch organtech-nisch sich von der Weltbank komplett unabhängig gemacht hat. Das ICSID dient seiner Überschrift nach der Beilegung von Investitionsstrei-tigkeiten zwischen Gaststaaten und privaten Investoren und trägt dadurch dazu bei, stabile rechtliche Rahmenbedingungen für ein erfolgreiches Funktionieren von Auslandsinvestitionen bereit zu stellen.[519]

---

517 Vgl. Art. 44 AMRK.
518 ICSID Übereinkommen vom 18.03.1965, in Kraft getreten am 14.10.1966, für die BRD am 18.03.1969, BGBl. 1969 II, 369 ff.
519 Vgl. Art. 1 Abs. 2 ICSID-Konvention; *Nacimiento*, Streitbeilegung, in: *Ehlers/Wolfgang/Schröder*, Rechtsfragen, 171.

aa. Materiell-rechtliche Gewährleistungen

Eine Besonderheit der ICSID-Konvention, die diese insbesondere zu den im Vorhergehenden aufgeführten Menschenrechtskonventionen unterscheidet, ist die Tatsache, dass die ICSID-Konvention selbst keine materiell-rechtlichen Regeln zum Investitionsschutz enthält. Materielle Regeln zum Investitionsschutz müssen demnach aus anderen völkerrechtlichen Regelungswerken entnommen werden. Als Quelle für materielle Investitionsschutzvorschriften, die im Rahmen eines ICSID-Schiedsverfahrens zur Anwendung kommen, könnte auf die sogenannten State Contracts, Verträge zwischen Gaststaat und Investor, oder auch auf die zumeist bilateralen Investitionsschutzverträge (BITs), die die rechtlichen Rahmenbedingungen für Investitionen festlegen, zurückgegriffen werden.[520]

bb. Prozessuale Durchsetzung

Die ICSID-Konvention ist vor allem für die prozessuale Durchsetzung subjektiver völkerrechtlicher Rechte von Individuen auf internationaler Ebene von entscheidender Bedeutung. Dieses Übereinkommen enthält zwar keine materiellen Regelungen des Investitionsschutzes, aber regelt die völkerrechtliche, schiedsgerichtliche Streitbeilegung internationaler Investitionsstreitigkeiten zwischen privaten Investoren und Gaststaaten.[521] Hierbei ist anzumerken, dass das ICSID-Centre selbst nicht zur Streitbeilegung tätig wird, sondern diese lediglich nach den Regeln der ICSID-Konvention administriert.[522] Die rechtlich bindende Entscheidung wird von einem ad-hoc Schiedsgericht für den konkreten Fall erlassen. Die Auswahl der Schiedsrichter erfolgt aufgrund der ICSID-eigenen Schiedsrichterliste, auf die jeder Mitgliedstaat der ICISD-Konvention im Regelfall

---

520 Vgl. *Schwartmann*, Beiteiligung privater Unternehmen, in: ZVglRWiss 102 (2003), 75, 93; *Häde*, Völkerrechtliche Schutz von Direktinvestitionen, in: AVR 1997 (35), 181, 192.

521 Siehe *Reinisch*, Investitionsstreitbeilegung nach der ICSID-Konvention, in: *Tietje*, Internationales Wirtschaftsrecht, § 18 Rn. 26 ff; *Herdegen*, Internationales Wirtschaftsrecht, § 22 Rn, 28 ff.

522 Vgl. Art. 34 ICSID Übereinkommen.

vier Schiedsrichter setzten lassen kann.[523] Für die Durchführung eines Schiedsverfahrens nach den Regeln der ICSID-Konvention ist erforderlich, dass sowohl der Gaststaat als auch der Heimatstaat des Investors Vertragsstaaten der ICSID-Konvention sind.[524] Sollte diese Zulässigkeitsvoraussetzung nicht erfüllt sein, kommt noch ein Schiedsverfahren nach den sogenannten „Additional Facility Rules" in Betracht, sofern zumindest ein Staat Vertragsstaat der ICSID-Konvention ist.

Ein Investitionsschiedsverfahren nach den Regeln der ICSID-Konvention hat verschiedene gewichtige Vorteile für den beteiligten privaten Investor, die die Durchsetzung seiner materiellen Rechte vereinfachen und zugleich seine Stellung beachtlich stärken. Zuerst steht dem privaten Investor überhaupt ein Verfahren zur Verfügung, um Ansprüche gegen den Gaststaat geltend zu machen, da der Gaststaat im Rahmen seiner nationalen Rechtsordnung häufig Immunität genießt oder die staatlichen Gerichte voreingenommen sein könnten.[525] Durch die Unterwerfung der Staaten unter die ICSID-Konvention im Allgemeinen und die Einleitung eines Schiedsverfahrens im Speziellen wird die Zulässigkeit jeglicher anderer, insbesondere staatlicher Rechtsbehelfe, ausgeschlossen.[526] Die konkrete Zustimmung zur und Unterwerfung unter die ICSID-Schiedsgerichtsbarkeit kann in nationalen Investitionsgesetzen, in den konkreten State Contracts mit dem Investor oder in bilateralen Investitionsschutzverträgen erfolgen.[527]

Für den privaten Investor bringt die ICSID-Konvention eine erhebliche Verbesserung und Stärkung seiner Stellung gegenüber dem Gaststaat mit sich, da er auf diesem Wege seine materiellen Individualrechte effektiv auf internationaler Ebene gegenüber dem Rechtssubjekt Staat durchsetzen kann. Gestärkt wird seine Stellung nicht nur durch das Vorhandensein eines eigenen internationalen Verfahrens, sondern vielmehr noch durch die Vorkehrungen der ICSID-Konvention hinsichtlich der Wirksamkeit und der Durchsetzung des Schiedsspruchs. Nach Art. 53 Abs. 1 ICSID-

---

523 Für die Bundesrepublik Deutschland momentan Prof. Dr. Karl-Heinz Böckstiegel, Prof. Dr. Stephan Hobe, Frau Dr. Sabine Konrad und Frau Dr. Nacimiento; vgl. ICSID, Members of the Panels of Conciliation and of Arbitrators, abrufbar unter http://icsid.worldbank.org.

524 Siehe Art. 25 ICSID Übereinkommen.

525 Vgl. *Reed/Paulson/Blackaby*, ICSID Arbitration, Preface, S. ix; *Böckstiegel*, in: SchiedsVZ 2008, 265, 266.

526 Siehe Art. 26 ICSID Übereinkommen.

527 *Reed/Paulson/Blackaby*, ICSID Arbitration, 6; *Schreuer*, ICSID Convention, Preamble Rn. 35, Art. 25, Rn. 89 ff.

Konvention ist der Schiedsspruch für beide Parteien, also auch den Gast-staat, rechtlich verbindlich und unterliegt insbesondere keinem innerstaat-lichen Rechtsmittel.[528] Demnach sind die Investitionsstreitigkeit sowie der Schiedsspruch dem nationalen Recht entzogen und der Investor erhält im Falle seines Obsiegens einen völkerrechtlich sanktionierten Titel. Einziger Schwachpunkt dieses internationalen Durchsetzungsmechanismus ist, dass die Zuständigkeit sowohl von der Mitgliedschaft des Gaststaats in der ICSID-Konvention als auch dessen vorheriger Zustimmung zum konkre-ten Verfahren abhängt. Letzteres muss aber dadurch wieder relativiert werden, da die meisten Gaststaaten, um ausländische Investitionen anzu-ziehen, die Zustimmung von vornherein in ihren Investitionsgesetzen oder in Investitionsschutzverträge generell erklären, die dann vom Investor nur noch angenommen werden braucht.

3.   Zwischenergebnis zu III.

In diesem Teil hat sich die Untersuchung mit der Frage beschäftigt, ob ein völkerrechtlicher Durchsetzungsmechanismus als Existenzvoraussetzung eines subjektiven Rechts angesehen werden muss. Ein bedeutender Unter-schied des Völkerrechts als internationaler, zwischenstaatlicher Rechts-ordnung zu den nationalen Rechtsordnungen stellt die Abwesenheit eines zentralen Vollzugsapparats des objektiven Rechts beziehungsweise das Fehlen einer zwingenden, allgemeinen Gerichtsbarkeit dar. Diese andere Ausgangslage muss in den Überlegungen Berücksichtigung finden. Zu-dem hat diese Situation nicht nur Auswirkungen auf die subjektiven mate-riellen Rechte von Individuen, sondern für die subjektiven Rechte aller Völkerrechtssubjekte gleichermaßen. Auch die Staaten, die als ursprüngli-che oder eigentliche Völkerrechtssubjekte bezeichnet werden, sehen sich vor das gleiche Problem bei einer Durchsetzung der ihnen zustehenden Rechte gestellt. Das ist bereits ein Anzeichen, dass das Vorhandensein o-der die Abwesenheit eines internationalen Verfahrens zur Bestimmung des Vorliegens eines subjektiven Rechts materieller Individualrecht nicht von ausschlaggebender Bedeutung sein können.

Darüber hinaus muss dogmatisch zwischen dem Vorliegen eines mate-riellen subjektiven Rechts an sich und der Fähigkeit, dieses prozessual auf internationaler Ebene durchzusetzen, unterschieden werden, da es sich um

---

528 Siehe Art. 53 Abs. 1 ICSID Übereinkommen.

zwei verschiedene Fragestellungen handelt. Die erste betrifft das Problem, ob überhaupt ein subjektives völkerrechtliches Individualrecht vorliegt, was nach inhaltlichen Kriterien bestimmt werden muss. Bei letzterem geht es um die Möglichkeit, einmal bejahte materielle subjektive Individualrechte aus prozessual auf internationaler Ebene selbst durchsetzen zu können. Wenn gleich das Vorhandensein eines internationalen Durchsetzungsmechanismus durchaus Auswirkungen auf die effektive Beachtung des subjektiven Individualrechts hat, so ist es dennoch keine Voraussetzung für seine Existenz. Diese Ansicht wurde auch von der internationalen Rechtsprechung, wie dargestellt, richtigerweise vollzogen. Anhand der beschriebenen, ausgewählten Beispiele kann jedoch gesehen werden, dass Individuen in Teilbereichen sehr wohl der Zugang zu internationalen Durchsetzungsmechanismen im Hinblick auf deren subjektive Individualrechte gewährt wird. Daran kann eine erhebliche Stärkung der Stellung des Individuums im Völkerrecht und eine größere Effizienz der Beachtung subjektiver Individualrechte aufgezeigt werden.

IV. Ergebnis zu B

Grundsätzlich kennt das Völkerrecht keine ausgeprägte Dogmatik subjektiver Rechte. Dennoch muss jede Rechtsordnung, ob national oder international, einen Mechanismus vorsehen, um die Einhaltung des objektiven Rechts zu gewährleisten. Die Einhaltung des objektiven Rechts könnte im Interesse einer internationalen Gemeinschaft erfolgen. Da jedoch die internationale Gemeinschaft als solche bisher weiterhin im Völkerrecht nicht vollends anerkannt ist, kann die Wahrung der Rechtsordnung nicht in deren Interesse erfolgen. Anhand der Beispiele des Rechts der Staatenverantwortlichkeit sowie des diplomatischen Schutzes wurde aufgezeigt, dass sich auch das Völkerrecht am System der subjektiven Rechte zur Durchsetzung des objektiven Völkerrechts orientiert, wenn gleich die Ausformung dieser Dogmatik nicht die Ausmaße und Schärfe der deutschen Dogmatik erreicht.

Welche Voraussetzungen an das Vorliegen eines Individualrechts zu stellen sind, ist äußerst schwierig zu analysieren und hat in letzter Zeit einige Modifikationen und Modernisierungen durch die Völkerrechtslehre sowie die internationale Rechtsprechung erfahren. Man hat sich richtiger Weise abgewendet von einer Fixierung auf das verfahrensrechtliche Kriterium eines internationalen Durchsetzungsmechanismus, da die Annahme einer solchen Voraussetzung auch nicht der völkerrechtlichen Wirklichkeit entspricht. Ein internationales Verfahren mit *standing* für das Individuum ist keine Existenzvoraussetzung für das Bestehen eines Rechts, sondern hat lediglich positive Auswirkungen auf seine effektive Beachtung. Denn auch die Staaten, die unproblematisch Inhaber subjektiver völkerrechtlicher Rechte sind, können eher selten von einem völkerrechtlichen Durchsetzungsmechanismus zur Durchsetzung ihrer Rechte Gebrauch machen.

Es wurde sowohl in der Völkerrechtlehre als auch in der Völkerrechtsprechung ein Wechsel bei der Bestimmung der Voraussetzungen eines subjektiven Individualrechts vollzogen, weg von verfahrensrechtlichen Kriterien hin zu materiell-rechtlichen. Zuerst muss es sich überhaupt um eine hinreichend konkrete Rechtsnorm handeln, denn ohne diese Voraussetzung können keine irgendwie gearteten Rechte oder Pflichten entstehen. Für das Bestehen eines völkerrechtlichen subjektiven Individualrechts kommt es weiterhin maßgeblich auf den Inhalt der Norm, sprich auf die materielle Qualität eines Individualrechts an. Diese Entwicklung nahm ihren Anfang im Bereich der Menschenrechtsverträge, wurde aber jetzt auch auf den Bereich des Völkervertragsrechts übertragen, der hauptsächlich die zwischenstaatlichen Beziehungen regelt. Unabhängig davon, welchem Bereich eine völkerrechtliche Norm entspringt, ist es entscheidend, dass der Inhalt der Norm ausdrücklich oder implizit nach dem Willen der Vertragsparteien ein subjektives Individualrecht vorsieht. Sollte diese Intention nicht in einem expliziten Wortlaut der Vorschrift Ausdruck gefunden haben, dient die Auslegung als das Mittel zur Ermittlung des Vorliegens eines subjektiven Individualrechts. Die Gewährung eines materiellen Individualrechts muss unter Ausschöpfung aller zur Verfügung stehender Auslegungsparameter unzweifelhaft sichergestellt werden. Dabei kommt der Auslegung im Lichte des Sinnes und Zwecks des Vertrages, besonders bei Verträgen zur Regelung zwischenstaatlicher Beziehungen, entscheidende Bedeutung zu. Denn nur so kann gewährleistet werden, dass das gefundene Ergebnis dem Willen der Vertragsparteien entspricht und von ihrem Konsens getragen wird. Zusätzlich erfüllen aber auch die authentische und dynamische Auslegung die wichtige Funktion, eventuelle neue Entwicklungen im Völkerrecht, die sich auf das Verständnis der Norm auswirken, berücksichtigen zu können. Durch sie kommt es für das Bestehen eines subjektiven Individualrechts im Völkerrecht nicht nur auf den historischen Kontext des Vertragsschlusses, sondern eben auch auf den aktuellen Kontext der Anwendung der Norm an.

Objektiv-rechtlich muss verlangt werden, dass die in Rede stehende Norm nach der Intention der Staaten und ihrem Inhalt nach unmittelbar anwendbar ist. Dafür muss sie ihrem Inhalt und Zweck nach so klar und bestimmt sein, dass für ihre Anwendung und ihren Vollzug keine weiteren völkerrechtlichen oder nationalen Konkretisierungsakte erforderlich sind. Die Rechtsanwender müssen die Norm so wie sie steht zur ihrer Entscheidungsgrundlage machen können. Die unmittelbare Anwendbarkeit an sich ist zwar keine Voraussetzung für die Gewährung eines subjektiven Rechts. Dies ist allein aufgrund des Inhalts der Norm zu beurteilen. Es können auch völkerrechtliche Normen unmittelbar anwendbar sein ohne jedoch subjektive Rechte zu gewähren. Der Zusammenhang mit den Voraussetzungen eines subjektiven Rechts stellt sich aber umgekehrt. Eine Regelung, die mangels Genauigkeit und Bestimmtheit nicht unmittelbar anwendbar ist, kann nicht ihrem Inhalt nach unzweifelhaft subjektive Individualrechte gewähren. Dementsprechend ist objektiv erforderlich, dass eine Regelung zur Gewährung subjektiver Individualrechte auf völkerrechtlicher Ebene unmittelbar anwendbar sein muss.   —

Soweit internationale Gerichte für die Anwendung und Auslegung einer Norm nach dem Willen der Vertragsparteien zuständig sind, kommt auch deren Rechtsprechung bei der Bestimmung subjektiver Individualrechte Bedeutung zu. Sie werden bei der konkreten Anwendung entscheiden und konkretisieren müssen, ob die Voraussetzungen für inhaltlichen, völkerrechtlichen Individualschutz erfüllt sind.

Sechstes Kapitel   Die Entscheidung *LaGrand* im
Kontext des Individualrechts-
schutzes im Völkerrecht

A.   Die Vorgeschichte: „der Fall Breard"

Bereits vor dem Fall *LaGrand* war der IGH mit einem tragisch ähnlichen
Verfahren gegen die USA befasst, dem Fall *Breard*[529]. Paraguay leitete ein
Verfahren gegen die USA vor dem IGH wegen einer Verletzung seiner
Rechte aus Art. 5 und 36 WÜK ein und beantragte den Erlass einer einst-
weiligen Anordnung gegen die USA. *Angel Breard* war paraguayanischer
Staatsbürger und wurde in den USA festgenommen und wegen Mordes
und versuchter Vergewaltigung angeklagt. Während seiner Inhaftierung
unterließen die USA dessen Belehrung über seine Rechte aus
Art. 36 Abs. 1 lit. b WÜK, sein Konsulat über seine Inhaftierung zu benachrichtigen und auf diesem Wege konsularischen Beistand in dem
Rechtsstreit zu erhalten. *Breard* wurde zum Tode verurteilt. In gleicher
Weise wie im Fall *LaGrand* versuchte *Breard* vergeblich diese Unterlassung und damit einhergehende Verletzung von Art. 36 WÜK vor den US
amerikanischen Gerichten geltend zu machen. Aufgrund der Anwendung
der „*procedural default*" Regel war er in diesem Stadium des Verfahrens
mit der Geltendmachung der Vertragsverletzung präkludiert. Erst als das
Konsulat von Paraguay selbst von der Inhaftierung und Verurteilung 1996
erfuhr, war es möglich konsularischen Beistand zu leisten. Eine Klage Pa-
raguays vor den US amerikanischen Bundesgerichten wurde jedoch abgewiesen. Deswegen wandte sich Paraguay nachfolgend an den IGH und beantragte, den Erlass einer einstweiligen Anordnung gegen die USA, die
Hinrichtung von *Breard* bis zur Entscheidung in der Hauptsache auszusetzen. In der Hauptsache beantragte Paraguay festzustellen, dass die USA
ihre internationale Verpflichtung gegenüber Paraguay verletzt hat, sowohl
in eigenem Recht als auch in seinem Recht auf die Ausübung diplomatischen Schutzes für seine Staatsangehörigen aus Art. 5 und 36 WÜK.[530]
Paraguay verlangt aufgrund eben angeführter Verletzung die *restitutio in
integrum*. Drittens, soll der IGH anordnen, dass die USA die „*procedural
default*" Regel nicht anwenden dürfen, um auf diese Weise die Ausübung

---

529 ICJ, *Vienna Convention on Consular Relations*, ICJ Rep 1998, 248; *Oellers-
Frahm*, in: EuGRZ 26 (1999), 451; *Hoppe*, LaGrand and Avena, in: EJIL 18
(2007), 318, 320.
530 ICJ, *Vienna Convention on Consular Relations*, ICJ Rep 1998, 248, 250 f.

der Rechte aus Art. 36 WÜK zu ermöglichen. Als letztes sollte der IGH feststellen, dass die USA nach Völkerrecht verpflichtet sind, jegliche zukünftige Inhaftierung oder Strafverfahren gegen *Breard* unter Beachtung ihrer internationalen Verpflichtungen durchzuführen. Interessanter Weise stellte sich Paraguay auf den Standpunkt, dass aufgrund der Verletzung der internationalen Verpflichtungen aus Art. 36 WÜK das gesamte Strafverfahren nichtig ist und die USA verpflichtet sind den *status quo ante* wiederherzustellen.[531] Zudem sollten die USA die Nichtwiederholung garantieren. Die USA gaben die unterlassene Benachrichtigung im Sinne von Art. 36 Abs. 1 lit. b WÜK zu, erwiderten jedoch, sich bei Paraguay für diese Verletzung bereits entschuldigt zu haben.[532] Damit sahen sie die Verletzung als gesühnt an. Sie gaben weiter an, dass *Breard's* Schuld unzweifelhaft bewiesen war, da er gestanden hatte. Zudem erfolgte die Unterlassung der Belehrung über *Breard's* Rechte aus Art. 36 Abs. 1 lit. b. WÜK nicht vorsätzlich und eine frühere Einschaltung des Konsulats von Paraguay hätte an dem Ausgang des Verfahrens nichts mehr geändert.[533] Die Hinrichtung von *Breard* war für den 14.04.1998 angesetzt worden. Deswegen entschied der IGH am 9.04.1998 im Rahmen des Erlasses einer einstweiligen Anordnung nach Art. 41 IGH-Statut, dass die erforderliche Dringlichkeit vorliegt. Ohne den Erlass der Maßnahme droht aufgrund der Hinrichtung von *Breard* irreparabler Schaden an den Rechten, die Gegenstand des Verfahrens sind und eine von Paraguay beantragte Wiedergutmachung unmöglich machen würden.[534] Somit ordnete der IGH an, dass die Hinrichtung von *Breard* bis zur Entscheidung in der Hauptsache ausgesetzt werden sollte. Tragischer Weise leisteten die USA dieser einstweiligen Anordnung nicht folge und richteten *Breard* wie geplant am 14.04.1998 hin. Daraufhin wurde die Klage vor dem IGH von Paraguay zurückgezogen. Aus diesem Grund erging keine Entscheidung in der Hauptsache und der IGH musste nicht über eine womöglich erfolgte Verletzung von Art. 36 WÜK sowie die Verbindlichkeit seiner einstweiligen Anordnungen im Sinne von Art. 41 IGH-Statut befinden.[535]

---

531 Ibid., 250 f.
532 Ibid., 253 f.
533 Ibid., 254.
534 Ibid., 257.
535 Siehe zur Missachtung von völkerrechtlichen Pflichten von Seiten der USA *Oellers-Frahm*, Pacta sunt servanda, in: EuGRZ 26 (1999), 437.

B.   Der Fall LaGrand

I.   The Facts

Zuerst soll im Folgenden der Sachverhalt[536] dargestellt werden, der letzten
Endes zu dem Urteil des IGH am 27.06.2001 geführt hat, das sich unter
die bedeutendsten Urteile des Gerichtshofs einreiht. Die beiden Hauptfigu-
ren stellen die Brüder *Walter* und *Karl LaGrand* dar, die mit ihrer Mutter
noch als kleine Kinder im Jahre 1967 von Deutschland aus in die Vereinigten Staaten von Amerika auswanderten. Der ältere der beiden Brüder
Walter LaGrand wurde 1962, *Karl LaGrand* 1963 in Deutschland geboren. Die Brüder *LaGrand* wuchsen in den Vereinigten Staaten als Amerikaner auf und hatten eine permanente Aufenthaltsgenehmigung inne. Das
einzige Mal, dass die Brüder *LaGrand* sich nochmals in der Bundesrepublik Deutschland aufhielten war im Jahre 1974 für eine Zeit von circa sechs
Monaten. Den Rest ihres Lebens verbrachten die Brüder *LaGrand* in den
Vereinigten Staaten. Später wurden sie sogar von U.S.-Amerikanischen
Staatsbürgern aufgenommen und als junge Amerikaner großgezogen. In
dieser Hinsicht erklärten die Vereinigten Staaten:

> „both had the demeanor and speech of Americans rather than Germans, that nei-
> ther was known to have spoken German, and that they appeared in all respects to
> be native citizens of the United States."[537]

Trotz dieser Entwicklungen erhielten die Brüder *LaGrand* zu keiner Zeit
die amerikanische Staatsbürgerschaft und blieben Staatsangehörige der
Bundesrepublik Deutschland. Dementsprechend sind die Brüder *LaGrand*
im Völkerrecht als deutsche Staatsbürger zu behandeln. Die Brüder *LaG-
rand* wurden am 7.01.1982 in den Vereinigten Staaten durch die örtliche
Polizei verhaftet, weil sie verdächtigt wurden am selben Tag in einen bewaffneten Banküberfall in Marana, im U.S. Bundestaat Arizona, verwi-

---

536 Zum Sachverhalt im Fall LaGrand siehe ICJ, *LaGrand*, ICJ Rep 2001, 466, 474
     ff.; *Hillgruber*, Anerkung zum Urteil des IGH, in: JZ 2002, 94; *Jennings*, The
     LaGrand Case, in: 1 Law & Prac. Int'l Cts. & Tribunals (2002), 13 ff.; *Kunczik*,
     LaGrand, in: *Menzel/Pierlings/Hoffmann*, Völkerrechtsprechung, 472; *Oellers-
     Frahm*, LaGrand, in: EuGRZ 28 (2001), 265 ff.; *dies.*, LaGrand – ein Markstein,
     in: *Maraughn*, Die Rechtsstellung des Menschen im Völkerrecht, 21 ff.; *Tams*,
     Das LaGrand-Urteil, in: JuS 2002, 324; *ders.*, Case Comment, Consular As-
     sistance, in: EJIL 13 (2002), 1257; *ders./Mennecke*, Case Comment LaGrand, in:
     ICLQ 2002, 449; *Tinta*, Due Process and the Right to Life, in: EJIL 2001, 363.
537 Siehe die Schilderung des Sachverhalts durch den ICJ, LaGrand, ICJ Rep 2001,
     466, 475.

ckelt gewesen zu sein. Bei besagtem Banküberfall wurde der Direktor der betroffenen Bank ermordet und ein weiterer Bankangestellter wurde schwer verletzt. Daraufhin wurden sie beide am 17.02.1984 vom *Superior Court of Pima County*, Arizona (Kammergericht) wegen Mordes, versuchtem Mord, versuchtem bewaffneten Raub und Entführung in zwei Fällen verurteilt. Für die Straftat des Mordes wurden sie zum Tode und für die restlichen zu entsprechenden Gefängnisstrafen verurteilt. Während ihrer Festnahme und des Gerichtsverfahrens wurde den Brüdern *LaGrand* kein konsularischer Beistand gewährt, auf den sie nach dem WÜK[538] Anspruch gehabt hätten. Die Vereinigten Staaten behaupteten, sie hätten nichts von der bestehenden deutschen Staatsangehörigkeit der Brüder *LaGrand* gewusst, wohingegen die Bundesrepublik Deutschland erst im Juni 1992 von der Inhaftierung der beiden deutschen Staatsangehörigen erfahren hatte. Während des Gerichtsverfahrens wurden die Brüder *LaGrand* von Pflichtverteidigern verteidigt, da sie die nötigen Mittel für einen eigenen Strafverteidiger nicht aufbringen konnten. Auch die Pflichtverteidiger machten nicht auf die deutsche Staatsbürgerschaft der Brüder *LaGrand* aufmerksam. Im Anschluss an die Verurteilung fanden Berufungsverfahren statt, die von Seiten der Brüder *LaGrand* initiiert wurden. Das erste stellte eine Berufung gegen die Verurteilung und das Strafmaß dar und fand vor dem *Supreme Court of Arizona* (Oberster Gerichtshof von Arizona) statt. Die Berufung wurde jedoch am 30.01.1987 vom Gericht als unbegründet zurückgewiesen. Der *United States Supreme Court* (Oberster Gerichtshof der Vereinigten Staaten von Amerika) wies im Rahmen seines Ermessens eine weitere Revision zurück. Daraufhin beantragten die Brüder *LaGrand* eine Strafmaßerleichterung, die von einem Gericht in Arizona zurückgewiesen wurde. Beschwerden gegen diese Ablehnung wurden vom *Supreme Court of Arizona* 1990 und vom *United States Supreme Court* 1991 zurückgewiesen. Auch in diesen Verfahren wurden die Brüder *LaGrand* über ihr Konsularrecht von den amerikanischen Behörden nicht informiert und dieser Verfahrensfehler in keiner der Verfahren gerügt.

Die deutsche konsularische Vertretung in den Vereinigten Staaten wurde im Juni 1992 von den Brüdern *LaGrand* selbst und nicht etwas von den Behörden des U.S. Bundesstaates Arizona über die Inhaftierung und Verurteilung in Kenntnis gesetzt. Die Brüder *LaGrand* hatten mittlerweile von Mithäftlingen von ihrem Recht auf konsularischen Beistand erfahren. Die

---

538 WKK vom 24.04.1963 (BGBl. 1969 II S. 1585), in Kraft getreten am 19.03.1967, für die BRD am 7.10.1971; für die USA am 24.11.1969.

Brüder *LaGrand* hatten im Anschluss mehrmals Kontakt mit einem deutschen konsularischen Beistand und das Bestehen ihrer deutschen Staatsbürgerschaft wurde zweifelsfrei festgestellt. Daraufhin stellten die Brüder *LaGrand* unter konsularischer Anleitung einen Antrag auf Haftprüfung (*writ of habeas corpus*) beim zuständigen *United States District Court for the District of Arizona* (Bezirksgericht) mit dem Ziel ihre Verurteilung oder zumindest das Strafmaß der Todesstrafe aufzuheben. Im Rahmen dieses Verfahrens machten die Brüder *LaGrand* unter anderem die Unterlassung der U.S. Behörden, sie über ihr Recht auf konsularischen Beistand nach der WÜK zu informieren, und die unterlassene Benachrichtigung des deutschen Konsulats geltend. Die Anträge wurden im Januar sowie Februar 1995 zurückgewiesen. Der Grund für die Zurückweisung dieses Vorbringens war die in den Vereinigten Staaten geltende „*procedural default*" Regel[539]. Das Vorbringen der Verletzung der WÜK wurde von diesen Gerichten nicht gehört, da es nach der „*procedural default*" Regel verspätet war. Nach dieser Regel müssen Einwände zuerst vor den Gerichten des Bundesstaates geltend gemacht werden bevor der Antragssteller Zugang zu einem Bundesgericht erhalten kann. Der Verurteilte kann jedoch nur einen Antrag auf Haftprüfung (*writ of habeas corpus*) stellen, wenn er darlegen kann, dass er entweder durch nicht in seiner Person liegende, äußere Umstände daran gehindert wurde, die neuen Umstände vor Abschluss des ordentlichen Rechtswegs vorzubringen oder dass im Rahmen des Gerichtsverfahrens Befangenheit vorgelegen hat.[540] Ist dies der Fall muss zuerst das Gericht des Bundesstaates sich den neuen Gegebenheiten im Hinblick auf die Verurteilung annehmen, bevor ein Bundesgericht angerufen werden kann. Das Bezirksgericht Arizona verneinte, dass ein äußerer, nicht in der Person der Brüder *LaGrand* liegender Umstand vorlag, wodurch diese gehindert wurden, die fehlende Benachrichtigung des deutschen Konsulats in einem früheren Verfahrensabschnitt zu rügen. Sowohl das amerikanische Berufungsgericht (*United States Court of Appeals*) als

---

539 Die Vereinigten Staaten beschreiben diese Regel als „[the procedural default rule] is a federal rule that, before a state criminal defendant can obtain relief in a federal court, the claim must be presented to a state court. If a state defendant attempts to raise a new issue in a federal habeas corpus proceeding, the defendant can only do so by showing cause and prejudice. Cause is an external impediment that prevents a defendant from raising a claim and prejudice must be obvious on its face. Once important purpose of this rule is to ensure that the state courts have an opportunity to address issues going to the validity of state convictions before the federal courts intervene.", ICJ, *LaGrand*, ICJ Rep 2001, 466, 477, para. 23.

540 Ibid., 466, 477, para. 23.

auch der Oberste Gerichtshof der USA (*United States Supreme Court*) lehnte eine Revision gegen diese Entscheidung ab und bestätigten, dass das Vorbringen der fehlenden Benachrichtigung des deutschen Konsulats durch die Brüder *LaGrand* aufgrund der „*procedural default*" Regel verspätet und deswegen präkludiert war.

Erst am 21.12.1998 wurden die Brüder *LaGrand* dann doch noch von den amerikanischen Behörden über Recht auf konsularischen Beistand informiert. Daraufhin legte der Oberste Gerichtshof des Bundesstaates Arizona (*Supreme Court of Arizona*) die Hinrichtung von Karl *LaGrand* für den 24.02.1999 und für Walter *LaGrand* für den 3.03.1999 fest. Das deutsche Konsulat erfuhr von den Daten der Hinrichtungen seiner Staatsbürger am 19.01.1999. In der Folgezeit leitete die Bundesrepublik Deutschland zahlreiche Schritte auf diplomatischem Wege ein, um die Hinrichtung der Brüder *LaGrand* zu verhindern, jedoch ohne Erfolg. Jegliche Gesuche der Brüder *LaGrand* auf Begnadigung wurden von den zuständigen Behörden des Bundesstaates Arizona abgelehnt. Trotz aller Bemühungen sowohl auf Seiten der Bundesrepublik Deutschland als auch durch die Brüder *LaGrand* selbst, wurde *Karl LaGrand* am 24.02.1999 in Arizona hingerichtet.

Im Folgenden, legte die Bundesrepublik Deutschland, am 2.03.1999, einen Tag vor der geplanten Hinrichtung von Walter *LaGrand*, Klage gegen die USA vor dem Internationalen Gerichtshof in Den Haag ein, wobei sie insbesondere den Erlass einer einstweiligen Verfügung beantragte, dass die USA die Hinrichtung von Walter *LaGrand* aussetzen sollten.[541] Trotz diplomatischen Drucks von Seiten der Bundesrepublik Deutschland und des Vorschlags des Begnadigungs-Komitees des Bundesstaates Arizona, die Hinrichtung von Walter *LaGrand* für sechzig Tage auszusetzen, entschied der Gouverneur von Arizona, dass die Hinrichtung von Walter *LaGrand* im Interesse der Gerechtigkeit und im Gedanken an die Opfer wie geplant stattfinden soll. Vor diesem Hintergrund und der außerordentlichen Eilbedürftigkeit erließ der IGH am 3.03.1999 eine einstweilige Anordnung auf der Grundlage von Artikel 41 IGH-Statut in Verbindung mit Artikel 75 Abs. 1 seiner Verfahrensordnung, in der er die USA verpflichtete, die Hinrichtung auszusetzen und den Gouverneur von Arizona dementsprechend zu unterrichten.[542] Aufgrund der extremen Eilbedürftigkeit der Entscheidung über die einstweilige Anordnung, wurde

---

541 Ibid., 466, 477, para. 30.
542 Ibid.,466, 477, para. 32.

diese ohne vorherige mündliche Anhörung der Parteien durch den IGH erlassen. Zur Unterstützung dieser einstweiligen Verfügung des IGH, leitete die Bundesrepublik Deutschland ein Verfahren vor dem Obersten Gerichtshof der USA (*United States Supreme Court*) gegen die Vereinigten Staaten und den Gouverneur von Arizona ein, der einstweiligen Verfügung IGH Folge zu leisten. Bei Prüfung stellte sich der Generalbundesanwalt der USA auf den Standpunkt, dass der IGH keine Kompetenz innehätte, verbindliche einstweilige Anordnungen zu erlassen. Noch am selben Tag wies der Oberste Gerichtshof der USA (*United States Supreme Court*) den Antrag der Bundesrepublik zurück.

Walter LaGrand wurde am selben Tag, dem 3.03.1999, im Bundestaat Arizona hingerichtet.

II. Rechtliche Hauptprobleme der Entscheidung im Fall *LaGrand*

Im nächsten Abschnitt sollen kurz die rechtlichen Fragestellungen der *LaGrand* Entscheidung im Schwerpunkt vorgestellt werden, über die der IGH zu befinden hatte, um im Anschluss daran das Hauptaugenmerk auf die Auslegung von Artikel 36 Abs. 1 WÜK und die Frage der subjektiven Individualrechte zu richten. Zusammenfassend stellte die Bundesrepublik Deutschland vier Anträge: erstens, die Verletzung von Artikel 36 Abs. 1 WÜK sowohl als eigenes Recht der Bundesrepublik als auch als Recht der deutschen Staatsangehörigen im Wege des diplomatischen Schutzes, zweitens die Verletzung von Artikel 36 Abs. 2 WÜK, drittens die Nichtbeachtung der verbindlichen, einstweiligen Anordnung des IGH durch die USA und zuletzt die Zusicherung der Nicht-Wiederholung einer Verletzung der Konvention von Seiten der USA im Rahmen der Wiedergutmachung von Völkerrechtsverletzungen. Die USA hingegen räumten eine Verletzung von Artikel 36 Abs. 1 (b) WÜK durch die unterlassene Aufklärung gegenüber den Brüdern *LaGrand* über ihr Konsularrecht ein, erwiderten jedoch sich bereits dafür bei der Bundesrepublik Deutschland entschuldigt zu haben. Hinsichtlich der verbleibenden Anträge Deutschlands beantragten sie die Abweisung.

1. Die Zuständigkeit[543] des IGH im Fall *LaGrand*

Zwar hatten die USA formell keinen Einspruch gegen die Zuständigkeit des IGH nach Artikel 79 der Verfahrensordnung des Gerichtshofes eingelegt, jedoch hatten sie im Rahmen ihrer Argumentation Bedenken gegen die sachliche Zuständigkeit des Gerichtshofs hinsichtlich eines Teils der von Deutschland gestellten Anträge geäußert. Deswegen ging auch der IGH zuerst auf dessen sachliche Zuständigkeit und die Zulässigkeit der Anträge Deutschlands ein.[544] Die Zuständigkeit des Gerichtshofs in Bezug auf das Wiener Konsularrechts-Übereinkommen wird durch Artikel 1 des Fakultativprotokolls zur Konvention begründet, der wie folgt lautet:

> „**Disputes arising out of the interpretation or application of the Convention** shall lie within the compulsory jurisdiction of the International Court of Justice and may accordingly be brought before the Court by an application made by any party to the dispute being a Party to the present Protocol."[545] (Hervorhebung durch den Verfasser)

Demnach kommt es für die Bejahung der Zuständigkeit des IGH darauf an, dass es sich um eine „Streitigkeit über die Auslegung oder Anwendung der Konvention" geht. Ebendies hatte der IGH für die vier Anträge der Bundesrepublik Deutschland zu entscheiden. Die Bundesrepublik Deutschland machte im Rahmen ihres ersten Antrags sowohl eine Verletzung in eigenen Rechten geltend als auch die Verletzung ihrer Staatsangehörigen in eigenen Rechten geltend, wobei sie letztere in deren Namen im Wege des diplomatischen Schutzes[546] rügte. Gegen zuletzt Aufgeführtes wandten die USA ein, dass das allgemeine Recht des diplomatischen Schutzes nicht unter die Zuständigkeit des IGH nach Artikel 1 des Fakultativprotokolls fiele, da es hierbei nicht um die Auslegung oder Anwendung der WÜK ginge:

---

543 Siehe allgemein zur Bedeutung der Zuständigkeit des IGH und anderer internationaler Gerichte als "Dreh- und Angelpunkt der internationalen Gerichtsbarkeit" *Oellers-Frahm*, LaGrand, in: *Maraughn*, Rechtsstellung des Menschen, 21 ff.; vgl. auch zur Zuständigkeit internationaler Gerichte im Allgemeinen *Tomuschat*, International Courts and Tribunals, in: *Bernhardt*, EPIL II, 1108, 1111.

544 ICJ, *LaGrand*, ICJ Rep 2001, 466, 477, paras. 35 ff.

545 Optional Protocol to the Vienna Convention on Consular Relations concerning the Compulsory Settlement of Disputes of 24.04.1963. Sowohl die BRD als auch die USA waren beide Vertragsstaaten des WÜK als auch des Fakultativprotokolls; die USA sind am 7.03.2005 vom Optional Protocol zurückgetreten.

546 Siehe zur Geltendmachung von Rechtsverletzungen im Wege des Rechts des diplomatischen Schutzes und zur Frage der Rechtsinhaberschaft Kapitel 5 A III 2 b).

„In any case, to the extent that this claim by Germany is based on the general law of diplomatic protection, it is not within the Court's jurisdiction. The claim does not concern the interpretation or application of the Vienna Convention, and accordingly is not within the jurisdiction of the Court based on the Optional Protocol to the Vienna Convention."[547]

Hierauf erwiderte der Gerichtshof, dass die Zuständigkeit unter dem Fakultativprotokoll für jegliche Fragestellungen im Zusammenhang mit der Konvention besteht, unabhängig davon, ob die Verletzung des Konsularrechts-Übereinkommens aus eigenem Recht durch den Staat oder im Wege des diplomatischen Schutzes im Hinblick auf Rechte von Staatsangehörigen, die auch aus dem Konsularrechts-Übereinkommen fließen, gerügt wird.[548] Die USA verneinten auch die Zuständigkeit im Hinblick auf die gerügte Nichtbefolgung der einstweiligen Anordnung des IGH, da sie diese für nicht bindend hielten. Daneben stützten sie sich hierbei auf die Kurzfristigkeit der Klageerhebung und die unzulässige Einmischung in das nationale Strafverfahren. Nach Ansicht des IGH umfasst die Zuständigkeitsklausel grundsätzlich aber nicht nur die Sachfrage selbst, sondern auch die Anordnung und Befolgung von Maßnahmen, durch die die betroffenen Rechte, über die im Rahmen der Streitigkeit entschieden wird, abgesichert werden sollen.[549] Der Gerichtshof hatte bereits eine einstweilige Anordnung erlassen und deren Einhaltung kann er überprüfen trotz der durchaus kritischen Umstände der deutschen Klageerhebung.

Darüber hinaus vertraten die USA die Ansicht, dass die von der Bundesrepublik Deutschland geforderte Zusicherung der Nicht-Wiederholung für die Zukunft als Wiedergutmachung auch nicht von der Zuständigkeitsgrundlage gedeckt sei, da der Gerichtshof zwar den Streitfall entscheiden kann, nicht jedoch die Abgabe von Garantien für zukünftiges Verhalten verlangen kann. Richtigerweise wies der IGH diese Argumentation zurück, da die Zuständigkeitsklausel selbstverständlich nicht nur den Streitentscheid selbst umfassen könne, sondern auch die Auswahl eines geeigneten Rechtsmittels zur Abhilfe.[550] Dementsprechend lehnte der IGH jegliche Einwände der USA gegen seine Zuständigkeit ab, indem er dem Begriff „Streitigkeit" im Rahmen der Zuständigkeitsklausel ein weites Verständnis zugrunde legte und ihn nicht künstlich einschränkte.

Neben den Einwänden der USA gegen die Zuständigkeit des Gerichts-

---

547 ICJ, *LaGrand*, Counter-Memorial of the USA, 27.03.2000, para. 75.
548 ICJ, *LaGrand*, ICJ Rep 2001, 466, 477, para. 42.
549 Ibid., 466, 477, paras. 43-45.
550 Ibid., 466, 477, paras. 46-48.

hofs, erhoben sie zusätzlich noch Bedenken gegen die Zulässigkeit (*admissibility*) der deutschen Vorbringen. Im Fokus der amerikanischen Argumentation stand das Verhältnis der internationalen Gerichtsbarkeit zum innerstaatlichen (Straf-) Rechtssystem der USA.[551] Die USA bemängelten, dass die deutschen Vorbringen sich hauptsächlich mit den innerstaatlichen Gesetzen und Gerichtsverfahren beschäftigten. Indem die Bundesrepublik Deutschland den IGH damit beschäftigte, würde der Gerichtshof faktisch zu einem internationalen Berufungsgericht in Strafsachen.[552] Der IGH umging diesen Vorwurf, indem er klarstellte, dass er lediglich über die Anwendung von verbindlichen Vorschriften eines völkerrechtlichen Vertrages entscheidet, was ausdrücklich nach Artikel 38 IGH-Statut zu seinen Aufgaben gehört, ohne jedoch zu einem Berufungsgericht für das innerstaatliche Strafverfahren zu mutieren.[553] Daneben sind noch die Argumente hervorzuheben, dass die innerstaatlichen Rechtsmittel (*local remdies rule*)[554] nicht erschöpft wurden[555] und die Bundesrepublik Deutschland einen Standard von USA verlangte, den sie selbst bei der Beachtung der Konvention nicht gewährleistet.[556] Hinsichtlich ersterem entschied der IGH, dass die USA sich hierauf nicht berufen können, da es ihre „*procedural default*" Vorschrift war, die jeden weiteren Rechtsweg versperrte, nachdem die Rüge aufgrund des Unterlassens der Benachrichtigung der USA nicht mehr zeitlich möglich war. Hinsichtlich letzterem urteilte der IGH, dass es bei den von den USA vorgebrachten Verstößen Deutschlands gegen die Konvention nur um leichtere Straftaten ging und dies daher nicht mit einem Strafverfahren mit so schweren Folgen wie in diesem Fall verglichen werden konnte.

Im Ergebnis lehnte der IGH die Einwände der USA ab und bejahte sowohl seine Zuständigkeit als auch die Zulässigkeit der Anträge der Bundesrepublik Deutschland, da der Begriff der „Streitigkeit" als Gesamtschau aller mit dieser in Zusammenhang stehenden rechtlichen Aspekte und Elemente verstanden werden muss.

---

551 Ibid., 466, 477, paras 49-63.
552 Ibid., 466, 477, para 50.
553 Ibid., 466, 477, para 52.
554 Zum Erfordernis der Ausschöpfung des innerstaatlichen Rechtsweges *Herdegen*, Erschöpfung von Rechtsbehelfen, in: *Ress/Stein*, Diplomatischer Schutz, 63 ff.
555 ICJ, *LaGrand*, ICJ Rep 2001, 466, 477, paras. 58 ff.
556 ICJ, *LaGrand*, ICJ Rep 2001, 466, 477, paras. 61 ff.; siehe zum Gegenseitigkeitsargument *Morrison*, in: *Hailbronner*, Fremdenrecht, 77 (83 f.).

2. Die Verletzung von Art. 36 WÜK

Zunächst rügte die Bundesrepublik Deutschland eine Verletzung von Artikel 36 Abs. 1 WÜK. Indem die USA die Brüder *LaGrand* nicht über ihr Recht auf konsularischen Beistand aus Artikel 36 Abs. 1 lit. b WÜK informiert noch den Heimatstaat Deutschland benachrichtigt hat, wurde gegen die Vorgaben der WÜK verstoßen. Der Verstoß gegen Artikel 36 Abs. 1 lit. b WÜK wurde als Konsequenz auch gegen Artikel 36 Abs. 1 lit. a und c WÜK verstoßen.[557] Darüber hinaus sah die Bundesrepublik Deutschland nicht nur sich selbst, sondern auch die Brüder *LaGrand* durch den Verstoß gegen Artikel 36 Abs. 1 lit. b WÜK in eigenen Rechten verletzt, worauf im Folgenden noch ausführlich eingegangen werden soll. Im Zusammenhang mit der Verletzung der Informationspflichten nach Artikel 36 Abs. 1 WÜK sah die Bundesrepublik Deutschland auch noch Artikel 36 Abs. 2 WÜK als verletzt an. Der IGH folgte diesem Antrag, da durch die Anwendung der „*procedural default*" Regel die Brüder *LaGrand* daran gehindert wurden, die Verletzung der Konvention nach Beendigung des Strafverfahrens noch geltend zu machen.[558] Hierbei unterschied der IGH methodisch korrekt zwischen der Überprüfung der „*procedural default*" Regel als nationale Rechtsvorschrift, zu deren Überprüfung er nicht befugt ist, und der konkreten Anwendung dieser Vorschrift im in Rede stehenden Fall. Aufgrund der mit der Anwendung der „*procedural default*" Regel einhergehende Verletzung von Art. 36 Abs. 2 WÜK betonte der IGH die Verpflichtung der USA zur völkerrechtskonformen Auslegung ihrer innerstaatlichen Rechtsvorschriften.

3. *Provisional Measures* – Verbindlichkeit einstweiliger Anordnungen durch den IGH

Im Urteil *LaGrand* hatte der IGH auch über die Frage nach der Verbindlichkeit einstweiliger Anordnungen des Gerichtshofs zu entscheiden. Die Verbindlichkeit einstweiliger Anordnungen des IGH stellte schon seit langem ein umstrittenes Problem dar, über das bislang noch keine Gerichts-

---

557 ICJ, *LaGrand*, ICJ Rep 2001, 466, 477, paras. 65 ff.
558 Ibid., 466, 477, paras. 79 ff.

entscheidung durch den Gerichtshof getroffen wurde.[559] Die Prominenz dieses Teils des Urteils und die dadurch erfolgte Beilegung des Streits über die Verbindlichkeit einstweiliger Anordnungen stellt bedauerlicher Weise die individualrechtsfreundliche Auslegung von Art. 36 Abs. 1 lit. b WÜK, die in dieser Untersuchung im Vordergrund stehen soll, in den Schatten. Aus diesem Grund wird die *LaGrand* Entscheidung in der Regel eher im Zusammenhang mit Fragen des einstweiligen Rechtsschutzes auf internationaler Ebene behandelt als mit der Frage nach der Völkerrechtssubjektivität des Individuums und den Voraussetzungen subjektiver Individualrechte. Die Bundesrepublik Deutschland beantragte in ihrem Schriftsatz, dass der IGH eine Verletzung der USA ihrer internationalen Verpflichtung, einstweiligen Anordnungen des Gerichtshofs Folge zu leisten, verletzt hat, indem sie nicht alle ihnen zur Verfügung stehenden Maßnahmen ergriffen hatten, um die Hinrichtung von *Walter LaGrand* bis zu einer endgültigen Entscheidung des IGH auszusetzen:

> „In summary, the activities of the United States relating to the Court's Order of 3 March 1999 were manifestly contrary to what the Court had requested in its legally binding decision. Far from taking all measures at their disposal to ensure that Walter LaGrand was not executed, U.S. State organs took several steps that led to exactly the opposite result, *i.e.* the execution of Walter LaGrand. Thus, the United States acted in clear violation of the Order of the Court."[560]

Nach Meinung der Bundesrepublik Deutschland haben die USA drei maßgebliche Verletzungshandlungen (*threefold violation*) hinsichtlich der einstweiligen Anordnung des IGH begangen.[561] Erstens, hatte die Bundesrepublik Deutschland nach Erlass der einstweiligen Anordnung des IGH ein Verfahren vor dem Obersten Gerichtshof der USA (*US Supreme Court*) eingeleitet, um auf diese Weise eine Aussetzung der Hinrichtung von Walter *LaGrand* im Einklang mit der einstweiligen Anordnung zu erreichen. Das Büro des Bundesanwalts, eine Abteilung des US amerikanischen Justizministeriums, schrieb einen Brief an den Obersten Gerichtshof

---

559 „Neither the Permanent Court of International Justice, nor the present Court to date, has been called upon to determine the legal effects of orders made under Article 41 of the Statue.", ibid., 466, 477, para. 98; *Hillgruber*, LaGrand, in: JZ 2002, 94 (98); *Oellers-Frahm*, Stellung des Individuums, in: NJW 2001, 3688, 3689; vgl. eine Einschätzung zur Bedeutung dieser Entscheidung *Oellers-Frahm*, LaGrand, in: *Maraughn*, Rechtsstellung des Menschen, 21, 28 ff.; *dies.*, Interim Measures, in: *Bernhardt*, EPIL II, 1027 ff. mwN.
560 ICJ, *LaGrand*, Memorial of the Federal Republic of Germany, 16.09.1999, para. 4.175.
561 ICJ, *LaGrand*, ICJ Rep 2001, 466, 477, para. 94.

der USA (*US Supreme Court*), in dem sie darauf hinwiesen, dass die einstweiligen Anordnungen des IGH nicht bindend wären. Zweitens, wurde der Antrag der Bundesrepublik Deutschlands in einer Mehrheitsentscheidung des Obersten Gerichtshofs der US (*US Supreme Court*) abgelehnt, was auf vorher genannten Brief wohl von Einfluss war. Drittens, hatte die Gouverneurin von Arizona die rechtliche Möglichkeit die Hinrichtung von *Walter LaGrand* auszusetzen. Sie entschied sich jedoch dagegen, obwohl das Gnaden-Komitee von Arizona (*Arizona Executive Board of Clemency*) eine zeitweise Aussetzung der Hinrichtung vorgeschlagen hatte. Die USA hingegen verteidigten sich in dem Sinne, dass sie alles Mögliche getan hätten, jedoch aufgrund ihrer Verfassung als Bundesstaat im Rahmen der dementsprechenden Gewaltenteilung ihnen keine Zwangsmechanismen zur Verfügung stünden. Darüber hinaus führten sie noch die überaus kurze Zeitspanne zwischen dem Erlass der einstweiligen Anordnung des IGH und der geplanten Hinrichtung von *Walter LaGrand* entschuldigend an.[562] Als letztes wiesen sie auf die Unverbindlichkeit der einstweiligen Anordnungen des IGH hin. Laut IGH ist für die Frage nach der Verbindlichkeit der einstweiligen Anordnungen vor allem der Wortlaut von Art. 41 IGH-Statut maßgeblich. Art. 41 IGH-Statut lautet:

> „1. The Court shall have the power to **indicate**, if it considers that circumstances so require, any provisional measures which **ought to be taken** to preserve the respective rights of either party.
>
> 2. Pending the final decision, notice of the measures suggested shall forthwith be given to the parties and to the Security Council."[563] (Hervorhebung durch den Verfasser)

Der Text spricht von Maßnahmen, die "angezeigt" werden, was der IGH jedoch als für die Verbindlichkeit neutrale Formulierung einstuft.[564] Entscheidendes Augenmerk musste auf eine zwischen der französischen und der englischen Version abweichende Formulierung gelegt werden. Wohingegen die französische Version davon spricht, dass Maßnahmen „befolgt werden müssen" (*doivent être prises*), ist der englische Wortlaut weniger genau und sagt lediglich aus, dass Maßnahmen „getroffen werden

---

562 Ibid., 466, 477, paras. 95-97.
563 Art. 41 IGH-Statut. Für die Auslegung hat zudem auch der französische Wortlaut von Art. 41 IGH-Statut besondere Bedeutung, der ebenfalls authentisch ist: „1. La Cour a le pouvoir d'indiquer, si elle estime que les circonstances l'exigent, quelles mesures conservatoires du droit de chacun doivent être prises à titre proviso ire. 2. En attendant l'arrêt definitive, l'indication de ces measures est immédiatement notifiée aux parties et au Conseil de sécurité".
564 ICJ, *LaGrand*, ICJ Rep 2001, 466, 477, para. 100.

sollten" (*which ought to be taken*). Methodisch richtiger Weise verweist der IGH dann auf Art. 33 Abs. 4 WVK, der besagt, dass man bei abweichendem Wortlaut gleicher Maßen authentischer Texte „diejenige Begründung zu Grunde (...) [legt], die unter Berücksichtigung von Ziel und Zweck des Vertrages die Wortlaute am besten miteinander in Einklang bringt"[565]. Konsequenter Weise erarbeitete der IGH daraufhin eine Auslegung von Art. 41 IGH-Statut unter Berücksichtigung seines Kontext im Rahmen des Statuts und des Ziel und Zweck des Statuts.[566] Ziel und Zweck des Statuts ist es, zu gewährleisten, dass der IGH seine streitbeilegende Funktion in internationalen Streitigkeiten aufgrund bindender Entscheidungen (Art. 59 IGH-Statut) wahrnehmen kann. Art. 41 IGH-Statut soll diese Funktion in der Hinsicht unterstützen, dass die in der Hauptsache streitigen Rechte nicht vor der endgültigen Entscheidung beeinträchtigt werden:

> „It follows from the object and purpose of the Statute, as well as from the terms of Article 41 when read in their context, that the power to indicate provisional measures entails that such **measures should be binding**, inasmuch as the power in question is based on the necessity, when the circumstances call for it, to safeguard, and to avoid prejudice to, the rights of the parties as determined by the final judgment of the Court."[567](Hervorhebung durch den Verfasser)

Schließlich kommt der IGH zu dem Ergebnis, dass seine einstweiligen Anordnungen auf der Grundlage von Art. 41 IGH-Statut verbindliche Wirkung für die Parteien entfalten und stärkt auf diese Weise die effektive Entscheidung internationaler Streitigkeiten. Nachdem der IGH diese grundlegende Frage analysiert und beantwortet hatte, musste er nur noch klären, ob die USA, die für sie verbindliche Anordnung vom 3. März 1999 auch tatsächlich verletzt haben.[568] Da die USA sowohl den Antrag der Bundesrepublik Deutschland vor dem Obersten Gerichtshof der USA (*US Supreme Court*) abgelehnt hatten, als auch die einstweilige Anordnung des IGH lediglich an die Gouverneurin von Arizona weitergeleitet hatte, ohne etwa die Bitte auf Aussetzung der Hinrichtung hinzuzufügen, ist der IGH der Meinung, dass die USA die einstweilige Anordnung verletzt hatten. Eine andere Würdigung müsste wohl aufgrund der extrem späten Antragsstellung der Bundesrepublik Deutschland angestellt werden, wenn es um die Frage des Schadensersatzes ginge. Jedoch beantragte die Bundesre-

---

565 Vgl. Art. 33 Abs. 4 WVK.
566 ICJ, *LaGrand*, ICJ Rep 2001, 466, 477, para. 102.
567 Ibid., para. 102.
568 Ibid., paras. 111 ff.

publik Deutschland lediglich die deklaratorische Feststellung der Verletzung der einstweiligen Anordnung. Diesem Antrag gab der IGH statt.

4. Die Form der Wiedergutmachung von Völkerrechtsverletzungen

Der letzte Antrag der Bundesrepublik Deutschland ist auf die Wiedergutmachung der erfolgten Völkerrechtsverletzungen gerichtet.[569] Anstatt Schadensersatz, der von der Bundesrepublik Deutschland nicht beantragt wurde, verlangt sie die Zusicherung, die Völkerrechtsverletzung nicht zu wiederholen, sowie eine Garantie der USA, dass sie bei zukünftigen Strafverfahren gegen deutsche Staatsbürger dafür Sorge tragen, dass die Rechte nach Art. 36 WÜK effektiv wahrgenommen werden können.[570] Insbesondere beantragt sie, dass in einem Fall der Verhängung der Todesstrafe die USA wirksame Überprüfungsmechanismen zur Verfügung stellen, um eine Verletzung von Rechten aus Art. 36 WÜK in jedem Stadium des Verfahrens geltend zu machen.[571] Die USA wenden hiergegen ein, dass diese Forderung nach Zusicherungen und Garantien für zukünftiges Unrecht über die gängigen Formen für die Wiedergutmachung völkerrechtlichen Unrechts, wie Schadensersatz und Genugtuung, hinausgehen und deswegen abzulehnen seien.[572] Der IGH gibt auch diesem Begehren der Bundesrepublik Deutschland größtenteils statt, jedoch stellt er klar, dass die Wahl der Mittel, wie die Garantie erreicht werden soll, weiterhin im Ermessen der USA steht.

Der IGH entscheidet mit großer Mehrheit bezüglich der vier gestellten Anträge zu Gunsten der Bundesrepublik Deutschland.

III. Der Standpunkt der Bundesrepublik Deutschland im Hinblick auf Art. 36 Abs. 1 lit. b WÜK

Im folgenden Teil der Untersuchung soll näher auf den Teil der *LaGrand* Entscheidung des IGH eingegangen werden, der sich mit der individualrechtsfreundlichen Auslegung von Art. 36 Abs. 1 lit. b WÜK beschäftigt.

---

569 *Oellers-Frahm*, LaGrand, in: *Maraughn*, Rechtsstellung des Menschen, 21, 32 ff.
570 ICJ, *LaGrand*, ICJ Rep 2001, 466, 477, para. 117.
571 Ibid., para. 117.
572 Ibid., para. 118.

Dafür soll zuerst die Argumentation der Bundesrepublik Deutschland im Hinblick auf die Auslegung von Art. 36 Abs. 1 lit. b WÜK sowie den Standpunkt der USA hinsichtlich dieser Frage eingegangen werden bevor schließlich die Entscheidung des IGH dargestellt und analysiert werden soll. Die Bundesrepublik Deutschland sah Art. 36 Abs. 1 lit. b WÜK durch das Verhalten der USA verletzt, in dem diese die Brüder *LaGrand* nicht über ihr Recht informierten, ihr Konsulat von ihrer Festnahme zu unterrichten. Art. 36 Abs. 1 lit. b WÜK lautet:

> „if he so requests, the competent authorities of the receiving state shall, without delay, inform the consular post of the sending state if, within its consular district, a national of that state is arrested or committed to prison or to custody pending trial or is detained in any other manner. Any communication addressed to the consular post by the person arrested, in prison, custody or detention shall also be forwarded by the said authorities without delay. The said authorities **shall inform the person concerned without delay of his rights under this subparagraph**".[573] (Hervorhebung durch den Verfasser)

Damit ist für den Fall der Festnahme eines fremden Staatsangehörigen im Ausland erforderlich, dass die Behörden dieses Staates, erstens, die betroffene Person über deren Recht belehren, dass das Konsulat des Heimatstaates über die Festnahme informiert wird und zweitens, wenn die Person die Benachrichtigung wünscht, muss derartige Kommunikation von der Behörde an das betroffene Konsulat weitergeleitet werden. Diese Vorschrift stellt einen essentiellen Teil des Rechts der konsularischen Beziehungen dar und wird sogar als Teil des Völkergewohnheitsrechts angesehen.[574] Diese Bestimmung sieht die Bundesrepublik Deutschland eindeutig dadurch als verletzt an, dass zwar bei der Festnahme der Brüder *LaGrand* „Ausberg, Germany" (Augsburg, Germany) als Geburtsort der festgenommenen Personen angegeben wurde, diese jedoch nicht über die Möglichkeit in Kenntnis gesetzt wurden, dass sie eventuell berechtigt sind, das deutsche Konsulat in den USA zu kontaktieren.[575] Weiterhin wird in dem Schriftsatz klargestellt, dass die Verletzung unabhängig davon besteht, ob Art. 36 Abs. 1 lit. b WÜK neben einem Recht der Bundesrepublik Deutschland auch ein Individualrecht der betroffenen Person enthält. Diese Vorschrift enthält eine völkerrechtliche Verpflichtung der USA gegenüber der Bundesrepublik Deutschland auf Beachtung dieser Vorschrift gegenüber den deutschen Staatsangehörigen, die in jedem Fall verletzt

---

573 Vgl. Art. 36 Abs. 1 lit. b WÜK.
574 *Jennings/Watts*, International Law, Vol. 1, S. 1142, 1243.
575 ICJ, *LaGrand*, Memorial of the Federal Republic of Germany, para. 4.12.

ist.[576] Nach Ansicht der Bundesrepublik Deutschland gewährt Art. 36 Abs. 1 lit. b WÜK nicht nur dem Heimatstaat selbst ein Recht, das vom Gaststaat gegenüber fremden Staatsangehörigen auf seinem Staatsgebiet beachtet werden muss, sondern auch dem betroffenen fremden Staatsangehörigen selbst, sobald er sich auf fremden Staatsgebiet aufhält.[577] Das ergibt sich aus der Auslegung der in Rede stehenden Vorschrift Art. 36 Abs. 1 lit. b WÜK. Diese Aussage steht im Einklang mit den im vorangegangen Kapitel gefundenen Ergebnissen, dass für die Frage der Gewährung eines Individualrechts durch eine völkerrechtliche Norm, eine dahingehende Intention der verschließenden Parteien unzweideutig im Rahmen der Auslegung der Vorschrift ermittelt werden muss.

1.   Der Wortlaut

Die Bundesrepublik Deutschland beginnt ihre Auslegung von Art. 36 Abs. 1 lit. b WÜK mit der Untersuchung des Wortlauts. Sie weist daraufhin, dass nach der ständigen Rechtsprechung des IGH dem Wortlaut einer völkervertraglichen Vorschrift die größte Bedeutung zugemessen werden muss.[578] Dann stützt sie ihr Verständnis von Art. 36 Abs. 1 lit. b WÜK auf den letzten Satz dieser Vorschrift, der ausdrücklich von „Rechten" der inhaftierten oder festgehaltenen Person spricht. Darüber hinaus führt sie an, dass es die betroffene Person selbst ist, die über die Einschaltung des Konsulats entscheiden kann. Diese Erkenntnis wird auch durch Art. 36 Abs. 1 lit. c WÜK unterstützt, der noch einmal ausdrücklich klarstellt, dass der betroffene Staatsangehörige jegliche Einmischung von Seiten seines Konsulats verbindlich ablehnen kann.

2.   Ziel und Zweck des Vertrages

In einem nächsten Schritt werden Ziel und Zweck des Vertrages als Mittel der Auslegung herangezogen. Hierbei muss besonders die Präambel eines Vertrages berücksichtigt werden, um eine Aussage über die Intention der vertragsschließenden Parteien zu erhalten. Die WÜK stellt grundsätzlich einen Vertrag dar, der zwischenstaatliche, nämlich konsularische Bezie-

---

576 Ibid., para. 4.14.
577 Ibid., para. 4.91.
578 Ibid., para. 4.92.

hungen als Hauptregelungsinhalt hat. Paragraph 6 der Präambel stellt explizit klar, dass die Aufgaben, Privilegien und Immunitäten der Konsuls diesen Personen nicht als eigene Rechte zustehen, sondern auf diese jederzeit von Seiten des Heimatstaates verzichtet werden kann. Nach Ansicht der Bundesrepublik Deutschland bezieht sich dieser Teil der Präambel jedoch lediglich auf die Teile der WÜK, die sich mit den genannten Befugnissen des konsularischen Personals befassen.[579] Art. 36 Abs. 1 lit. b WÜK regelt jedoch in keinster Weise Aufgaben, Privilegien oder Immunitäten der Konsularbeamten. Daher kann dieser Teil der Präambel auch nicht gegen eine individualrechtsfreundliche Auslegung von Art. 36 Abs. 1 lit. b WÜK herangezogen werden. Paragraph 6 der Präambel soll verhindern, dass Konsularbeamte privaten Nutzen aus ihrer Stellung *„ex officio"* ziehen. Da es dagegen in Art. 36 Abs. 1 lit. b WÜK um Privatpersonen und deren Rechte im Gaststaat geht und nicht um kraft Amtes verliehene Privilegien, spielt Paragraph 6 der Präambel für die Bestimmung des Ziels und Zwecks von Art. 36 Abs. 1 lit. b WÜK keine Rolle.[580]

3.   Travaux préparatoire

Als ergänzendes Hilfsmittel greift die Bundesrepublik Deutschland zur Stützung ihres individualrechtsfreundlichen Verständnisses von Art. 36 Abs. 1 lit. b WÜK auf die *travaux préparatoire* zur WÜK zurück. Im Rahmen der Beratungen der ILC über konsularischen Beistand und Benachrichtigung waren sich die Mitglieder ILC bewusst, dass eine Vorschrift mit dem Wortlaut des jetzigen Art. 36 WÜK dem Individuum eigene Rechte verleihen würde und sahen aus diesem Grunde bewusst erst die automatische Benachrichtigung des Konsulats des Heimatstaates vor.[581] Die Analyse der Diskussion zeigte, dass die Kommission von einem Individualrecht der betroffenen Person zur Kontaktaufnahme mit ihrem Konsulat ausging.[582] Im vollen Bewusstsein dieser Tatsache und dem Ausnahmecharakter dieser Vorschrift in einem Vertrag über gerade nicht individualrechtliche konsularische Privilegien und Immunitäten wurde Art. 36 WÜK dennoch in die Konvention aufgenommen. Gerade dieser Unterschied zwischen einer automatischen Notifikation der konsularischen Ver-

---

579 Ibid., para. 4.94.
580 Ibid., para. 4.96.
581 Ibid., para. 4.98.
582 Ibid., paras. 4.98-4.100.

tretung des Heimatstaates und einer Berechtigung des Individuums beschäftigte auch die Diskussionen im Rahmen der Wiener Konferenz über konsularische Beziehungen.[583] Erst in letzter Minute wurde überhaupt ein Konsens im Hinblick auf die Formulierung und Ausgestaltung von Art. 36 WÜK erzielt. Die Mehrheit der Staaten, unter deren stärksten Vertretern auch die USA waren, sprach sich jedoch für eine Ausgestaltung von Art. 36 WÜK als Individualrecht aus. Aufgrund dieser Analyse der *travaux préparatoire* ergibt sich, dass die Ausgestaltung von Art. 36 WÜK von der Mehrheit der Staaten getragen wurde und selbst die Staaten, die eine derartige Fassung für nicht erstrebenswert hielten, verstanden den neuen Art. 36 WÜK als Individualrecht.

4. Staatenpraxis der USA

Als letztes stützt die Bundesrepublik Deutschland ihre Auslegung von Art. 36 Abs. 1 lit. b WÜK als Individualrecht auch auf die bestehende Praxis der USA.[584] Bereits während der Ratifikation der WÜK wurde diese innerhalb der USA für unmittelbar anwendbar (*self-executing*) gehalten, ohne dass es einer weitergehenden Umsetzung in nationales Recht bedarf, wenn gleich die internationalen Verpflichtungen der USA aus der WÜK nicht von deren Anwendungsstatus im innerstaatlichen Recht abhängen. Schließlich führt die Bundesrepublik Deutschland an, dass der Oberste Gerichtshof der USA (*US Supreme Court*) selbst anerkannt hat, dass Art. 36 Abs. 1 lit. b WÜK dem betroffenen Individuum ein subjektives Recht verleiht.

Aufgrund dieser Auslegung kam die Bundesrepublik Deutschland in ihrem Schriftsatz zu dem Ergebnis, dass Art. 36 Abs. 1 lit. b WÜK dem betroffenen Individuum ein subjektives Recht auf Belehrung über sein Recht auf konsularischen Beistand verleiht. Das subjektive Recht besteht immer dann, wenn ein Angehöriger eines Vertragsstaates der Konvention das Staatsgebiet einer anderen Vertragspartei betritt. Aus einem Vergleich mit der „*United Nations Declaration on the human rights of individuals who are not nationals of the country in which they live*"[585] schloss die Bundesrepublik Deutschland darauf, dass es sich bei Art. 36 Abs. 1 lit. b WÜK

---

583 Ibid., paras. 4.101-4.107.
584 Ibid., paras. 4.112-4.119.
585 Angenommen von der Generalversammlung der Vereinten Nationen in der Resolution 40/144 am 13.12.1985; abrufbar auf www.un.org.

nicht allein um ein Individualrecht, sondern sogar um ein Menschenrecht handelt. Dieses Recht ist im Fall der Brüder *LaGrand* von den USA verletzt worden.

IV.   Der Standpunkt der Vereinigten Staaten von Amerika

Zuerst bekräftigt die USA ihren Standpunkt, dass zwischen dem Recht eines Staates, seinen Staatsangehörigen im Gaststaat konsularischen Beistand zu gewähren und dem Recht, Rechtsverletzungen gegenüber eigenen Staatsangehörigen im Wege des diplomatischen Schutzes geltend zu machen, rechtlich streng unterschieden werden muss. In diesem Fall ging es lediglich um ersteres. Die USA wandten sich dann vehement gegen die Auffassung der Bundesrepublik Deutschland, dass Art. 36 Abs. 1 lit. b) WKK ein Individualrecht oder gar ein Menschenrecht darstelle. Diese Ansicht

> „(…) goes far beyond the wording of the Convention, the intentions of the parties when it was negotiated, and the practices of States, including Germany's practice."[586]

An dieser Formulierung lassen sich die Grundsätze der völkerrechtlichen Vertragsauslegung im Sinne von Art. 31 WVK gut erkennen. Die Gegenargumentation der USA bezieht sich auf die Auslegungsparameter der den Vertrag vorbereitenden Verhandlungen (*travaux preparatoire*) und die staatliche Übung. Aus den beiden Auslegungsparametern gezogene Erkenntnisse sprechen gegen die von der Bundesrepublik Deutschland vertretene Auffassung von Art. 36 Abs. 1 lit. b WÜK als Individualrecht des betroffenen Inhaftierten. Die sowohl von der Bundesrepublik Deutschland als auch der USA angewandte Methodik stützt das im vorangegangenen Kapitel gewonnene Ergebnis, dass ein subjektives Recht im Völkerrecht im Wege der Auslegung unter Bezugnahme aller Auslegungsparameter zu ermitteln ist. Aus dem Schriftsatz der USA lässt sich entnehmen, dass sie sich vordergründig nicht so sehr gegen das Verständnis von Art. 36 Abs. 1 lit. b WÜK als Individualrecht wenden, sondern es vielmehr um die daraus folgenden Konsequenzen für das (amerikanische) Strafverfahren in der

---

586 ICJ, *LaGrand*, Counter Memorial of the USA, para. 77, wobei dieses Zitat im Zusammenhang mit der Wiederlegung der weitergehenden Annahme entstanden ist, dass aufgrund der Ausgestaltung von Art. 36 WÜK als Individualrecht, dass das nationale Recht ein Verfahren zur Verfügung stellen muss, damit der Einzelne eine Verletzung dieses Rechts rügen kann.

Sache geht. Insbesondere folgt aus Art. 36 Abs. 1 lit. b WÜK eben nicht, dass dem Einzelnen bestimmte Rechtsmittel in einem innerstaatlichen Strafverfahren an die Hand gegeben werden müssen, durch die eine Verletzung von Art. 36 Abs. 1 lit. b WÜK geltend gemacht werden kann oder eine Aussetzung entgegenstehender nationaler prozessualer oder materieller Vorschriften (hier die *procedural default* Regel).[587]

> „While the exact nature of the position of individuals under the Convention does not lend itself to easy characterization, the relevant question here is only whether the Vienna Convention requires States party to accord individual foreign nationals judicially enforceable remedies in their criminal justice systems."[588]

Aufgrund einer etwas dünnen historischen Auslegung kommen die USA zu dem Ergebnis, dass Art. 36 Abs. 1 lit. b WÜK zwar die Benachrichtigung des Konsulats auf Verlangen des Inhaftierten vorschreibt, jedoch damit dem Betroffenen kein subjektives Recht gewährt, konsularischen Beistand zu erzwingen.[589] Art. 36 Abs. 1 lit. b WÜK hat zwar durchaus positive Auswirkungen für den einzelnen betroffenen Staatsbürger, diese sind aber rein reflexartiger Natur und stellen nicht das Hauptziel der völkerrechtlichen Regelung dar. Indem die USA in ihrem Schriftsatz vor allem davon sprechen, eine Handlung aufgrund des subjektiven Rechts zu erzwingen, wird wohl auf die früher verbreitete Ansicht angespielt, dass für ein subjektives Recht im Völkerrecht ein Durchsetzungsmechanismus vorhanden sein muss. Die USA vertreten den Ansatz, dass die WÜK lediglich konsularische Beziehungen zwischen Staaten regelt und es sich deswegen bei der Benachrichtigung des Konsulats von der Inhaftierung eines ihrer Staatsangehörigen nach Art. 36 Abs. 1 lit. b WÜK um ein Recht des Entsendestaates und nicht der Einzelperson handelt.[590] Sie stützen diese Auffassung auf einen relativ kurzen und pauschalen Hinweis auf die Präambel der WÜK und den Sinn und Zweck der Konvention, die Durchführung der konsularischen Beziehungen zwischen Staaten zu vereinfachen sowie auf einen mangelnden Konsens zwischen den Vertragsparteien im Rahmen der Vertragsverhandlungen.[591] Jedoch lässt die Argumentation der USA keine vehemente Ablehnung des individualrechtsfreundlichen Verständnisses von Art. 36 Abs. 1 lit. b WÜK erkennen, da sie der Frage auch nur einen kleinen Abschnitt in ihrem Schriftsatz wid-

---

587 Ibid., paras. 76, 82.
588 Ibid., para. 101.
589 Ibid., para. 86.
590 Ibid., para. 97.
591 Ibid., paras. 97-101.

men.[592] Vielmehr lassen sie es eher dahingestellt, ob diese individual-rechtsfreundliche Auffassung der Bundesrepublik Deutschland zutrifft.

V.　Das Urteil – Die Entscheidung des IGH im Hinblick auf Art. 36 WÜK

1.　Die Entscheidung des Internationalen Gerichtshofs

Der IGH hatte in seiner Entscheidung unter anderem auch darüber zu befinden, ob durch das Verhalten der USA neben der Verletzung von Rechten der Bundesrepublik Deutschland aus Art. 36 WÜK auch Individualrechte der Brüder *LaGrand* auf Belehrung über ihr Recht auf konsularischen Beistand verletzt wurden.[593] Hierzu fasste der Gerichtshof zuerst die Argumentation der Bundesrepublik Deutschland und danach die der USA zusammen. Im Hinblick auf die Tatsache, dass die Bundesrepublik Deutschland Art. 36 Abs. 1 lit. b WÜK sowohl als Individualrecht aber auch noch dazu als Menschenrecht versteht, würde man erwarten, dass sich der IGH dieser Frage im Rahmen einer detaillierten Analyse widmet. Der Gerichtshof gab der Bundesrepublik Deutschland zwar Recht, jedoch beschränkte er sich auf folgende, nur einen Paragraphen lange Aussage:

> „The Court notes that Article 36, paragraph 1 (b), spells out the obligations the receiving State has towards the detained person and the sending State. It provides that, at the request of the detained person, the receiving State must inform the consular post of the sending States of the individual's detention "without delay". It provides further that any communication by the detained person addressed to the consular post of the sending State must be forwarded to it by authorities of the receiving State "without delay". Significantly, this subparagraph ends with the following language: "The said authorities shall inform the person concerned without delay of *his rights* under this subparagraph". (Hervorhebung im Orginal) Moreover, under Article 36, paragraph 1 (c), the sending State's right to provide consular assistance to the detained person may not be exercised "if he expressly opposes such action". The clarity of these provisions, viewed in their context, admits of no doubt. It follows, as has been held on a number of occasions, that the Court must apply these as they stand (Verweise weggelassen). **Based on the text of these provisions, the Court concludes that Article 36, paragraph 1, creates individual rights,** which, by virtue of Article I of the Optional Protocol, may be invoked in this Court by the national State of the detained person. These rights were violated in the present case." (Hervorhebung durch den Verfasser)

---

592 Ibid., paras. 97-100.
593 ICJ, *LaGrand*, ICJ Rep 2001, 466, 492, paras. 75-78.

An diesem entscheidenden Abschnitt kann gesehen werden, dass der IGH sich für seine Auslegung von Art. 36 Abs. 1 lit. b WÜK als Individualrecht des inhaftierten fremden Staatsangehörigen allein auf den Wortlaut (*ordinary meaning rule*)[594] eben genannter Bestimmung stützt. Die weiteren von beiden Verfahrensparteien herangezogenen Auslegungsparameter erwähnt er selbst in seinem Urteil nicht. Mit Verweis auf vorangegangene Entscheidungen wendet er den Grundsatz *in claris not fit interpretatio* an, wonach bei unzweideutigem Wortlaut keine weitergehende Auslegung erfolgen muss. Am Ende des Absatzes weist der IGH noch darauf hin, dass die verliehenen subjektiven Rechte des Individuums durch den Heimatstaat des Rechtsinhabers nach Art. I des Zusatzprotokolls vor dem Gerichtshof geltend gemacht werden können. Der IGH geht demnach von einer Prozessstandschaft durch den Heimatstaat in einem Verfahren vor dem Gerichtshof aus, in dem der betroffene Staatsangehörige keine Parteifähigkeit hätte. Die Rechte aus Art. 36 Abs. 1 WÜK sieht der IGH im in Rede stehenden Fall als verletzt an. Bezüglich dem weiteren Vorbringen der Bundesrepublik Deutschland, dass Art. 36 Abs. 1 lit. b WÜK nicht nur ein Individualrecht, sondern darüber hinaus ein Menschenrecht darstellt, will sich der IGH in dieser Entscheidung nicht äußern, da diese Frage für die Entscheidung unmaßgeblich ist. Deswegen geht er in seinem Urteil bedauerlicher Weise nicht auf das Verhältnis von Art. 36 Abs. 1 WÜK und dem allgemeinen Menschenrecht auf ein faires Verfahren ein.

2.   Die abweichende Auffassung (*separate opinion*)

Obwohl das Urteil des IGH in allen Punkten mit großer Mehrheit beschlossen wurde, gab der Vize-Präsident *Shi Jiuyong* gerade im Hinblick auf die individualrechtsfreundliche Auslegung des Art. 36 Abs. 1 lit. b WÜK eine abweichende Auffassung ab.[595] Zwar stimmte er dem grundsätzlichen Antrag zu, dass die USA ihre Verpflichtungen aus Art. 36 Abs. 1 lit. b WÜK verletzt haben. Aber er sah darin lediglich eine Verletzung der Rechte der Bundesrepublik Deutschland und nicht der Brüder *LaGrand*.[596] In diesem Schriftstück als Annex zum Urteil drückt Vize-Präsident *Shi* Zweifel aus, ob die Interpretation von Art 36 WÜK allein nach dem Wortlaut der Vorschrift richtig und hilfreich war. Er merkt

---

594 Vgl. zur *ordinary meaning* Regel oben Kapitel 4 C I.
595 Vgl. ICJ, *LaGrand*, Separate Opinion Vice-President Shi, ICJ Rep 2001, 518.
596 Ibid., 518, 519.

an, dass es ständige Praxis des IGH sei, den klaren Wortlaut einer Vor-schrift genügen zu lassen. Dies könnte hier jedoch hinderlich sein, um den Inhalt nach dem tatsächlichen Willen der Vertragsparteien als Ziel der Auslegung zu ermitteln. Zumindest aber hätten die restlichen Auslegungs-parameter aus Art. 31 WVK noch erläutert werden sollen, um nicht einer Missdeutung des Wortlauts zu erliegen.[597] Nach einer Analyse des Texts der Vertragsklausel sowie der Präambel, kommt Vize-Präsident *Shi* zu dem Ergebnis, dass Ziel und Zweck des Vertrages die Entwicklung freundschaftlicher Beziehungen zwischen Staaten ist[598], in keinster Weise die Verleihung subjektiver Individualrechte. Diesen Befund sieht er durch eine Untersuchung der *travaux préparatoire* unterstützt.[599] Selbst wenn Art. 36 Abs. 1 lit. b WÜK subjektive Rechte an Individuen verleihen wür-de, müsste es sich wegen Art. 34 IGH-Statut um theoretische Rechte han-deln, sofern es um die Zuständigkeit dieses Gerichtshofs geht.

3.   Zwischenergebnis

Mit dieser Entscheidung folgt der IGH dem Trend, dass Völkerrecht grundsätzlich individualrechtsfreundlicher zu verstehen. Die große Neu-heit und Bedeutung dieses Teils der Entscheidung ist jedoch darin zu se-hen, dass zum ersten Mal ein Individualrecht des Einzelnen in einem Ver-trag angenommen wurde, der hauptsächlich zwischenstaatliche Beziehun-gen regelt und keinen Menschenrechtsvertrag darstellt. Die Vorgehens-weise des IGH zur Begründung dieses Individualrechts soll deswegen im Folgenden analysiert und kritisch auf ihre Standfestigkeit beurteilt werden.

---

597 Ibid., 518, 519: "(…) Recourse to customary rules of interpretation as reflected in Article 31 of the Vienna Convention on the Law of Treaties may seem superflu-ous when the normal meaning of the text appears to be clear, but it does serve as a double check to prevent any possibility of misinterpretation.

598 Ibid., 518, 520.

599 Vgl. die ausführliche Analyse ibid., 518, 521 ff., paras 8-15.

IV. Die Anschlussrechtsprechung: Avena v. other Mexican Nationals

Die Entscheidung des IGH im Fall *Avena*[600] erging fast genau drei Jahre nach dessen Entscheidung im Fall *LaGrand* mit bedauerlicher Weise erschreckenden Parallelen bezüglich des Sachverhalts an sich und dem Verhalten der USA. Erschreckend mutet es nicht allein deswegen an, weil sich eine äußerst negative Haltung der USA gegenüber der Einhaltung internationaler Verpflichtungen aufdrängt, sondern vor allem aufgrund der Tatsache, dass es für die eigentlich betroffenen Menschen wieder um Leben und Tod ging.[601] Lässt man den menschlichen Aspekt beiseite, bleibt der wissenschaftliche Aspekt zurück, dass mit der Entscheidung *Avena* die meisten Punkte des gerade vorgestellten *LaGrand* Urteils durch den IGH bestätigt wurden. Deswegen soll in gebotener Kürze[602] zuerst der zugrunde liegende Sachverhalt dargestellt werden. Daraufhin wird die Untersuchung die Unterschiede zum Fall *LaGrand* aufzeigen und schließlich die Entscheidung des IGH skizzieren.

1. The Facts

Im Fall *Avena* ging es um 52 Mexikanische Staatsbürger[603], die in den USA verhaftet und im Anschluss von den nationalen Strafgerichten zum Tode verurteilt wurden. Diese Inhaftierten haben untereinander und mit den Brüdern *LaGrand* gemeinsam, dass sie nicht durch die zuständigen Behörden der USA über ihr Recht auf konsularischen Beistand nach der WÜK informiert wurden. Als Folge dieser Unterlassung der USA konnten die Betroffenen während ihres Strafverfahrens keinen konsularischen Beistand hinzuziehen und die Unterlassung der nationalen Strafverfolgungs-

---

600 ICJ, *Avena*, ICJ Rep Rep 2004, 12.

601 "Due to the fact that the applicant states in such cases are often protecting their nationals in criminal proceedings in an effort to save their lives, there is more at stake than the mere pronouncement of a judgment establishing a violation of international law, let alone of the VCCR.", *Künzli*, Mexican Nationals, in: LJIL 18 (2005), 49.

602 Siehe *Künzli*, Mexican Nationals, in: LJIL 18 (2005), 49; *Ghandi*, Avena, in: ICLQ 45 (2005), 779; *Orakhelashvili*, The Avena Case, in: LJIL 18 (2005), 31; *Ostrovsky/Reavis*, Notification of Consular Rights, in: MJIL 27 (2005-2006), 657; *Hoppe*, LaGrand and Avena, in: EJIL 18 (2007), 317.

603 Namentliche Auflistung in ICJ, *Avena*, ICJ Rep 2004, 12, 16, para 16.

behörden nicht rügen. Einige hatten wie die Brüder *LaGrand* ihre strafrechtlichen Rechtsmittel schon so weit ausgeschöpft, dass sie aufgrund der
„procedural default" Regel eine Verletzung ihres Rechts auf konsularischen Beistand nicht mehr geltend machen konnten. Mexico selbst erfuhr,
ähnlich wie die Bundesrepublik Deutschland, von der Inhaftierung seiner
Staatsangehörigen erst reichlich spät. Als Konsequenz reichte Mexico am
9.01.2003 Klage beim IGH ein und rügte eine Verletzung von
Art. 36 WÜK:

> „the United States of America, in arresting, detaining, trying, convicting, and sen-
> tencing the 52 Mexican nationals on death row describe in Mexico's Memorial,
> violated its international legal obligation to Mexico, in its own right and in the ex-
> ercise of its right to diplomatic protection of its nationals, by failing to inform,
> without delay, the 52 Mexican nationals after their arrest of their rights to consular
> notification and access under Article 36 (1) (b) of the Vienna Convention on Con-
> sular Relations, and by depriving Mexico of its right to provide consular protec-
> tion and the 52 nationals' right to receive to such protection as Mexico would pro-
> vide under Article 36 (1) (a) and (c) of the Convention."[604]

Ähnlich wie die Bundesrepublik Deutschland im Fall *LaGrand* stellte sich
Mexico auf den Standpunkt, dass es sowohl selbst in seinen Rechten aus
Art. 36 Abs. 1 lit. a, b, c und Abs. 2 WÜK verletzt sei und daneben nahm
es noch in Form des diplomatischen Schutzes eine Verletzung seiner
Staatsangehörigen aufgrund der unterlassenen Belehrung in ihrem Recht
aus Art. 36 Abs. 2 WÜK wahr. Die Zuständigkeit des IGH ergab sich nach
Ansicht Mexicos aus Art. 1 des Zusatzprotokolls zur WÜK und
Art. 36 IGH-Statut. Sowohl Mexico als auch die USA waren zu jeder Zeit
Vertragsstaaten der WÜK und deren Zusatzprotokoll. Bereits zu Beginn
des Verfahrens vor dem IGH stand die Hinrichtung von drei der betroffenen mexikanischen Staatsbürger bevor, die den Rechtsweg in den USA
bereits erfolglos erschöpft hatten. Deshalb erließ der IGH am 5.02.2003
eine einstweilige Anordnung auf Antrag Mexicos, in der er die USA auf-
forderte, alle notwendigen Maßnahmen zu ergreifen, um sicherzustellen,
dass die Mexikaner in der Todeszelle bis zum Ergehen des Endurteils
nicht hingerichtet werden.[605] Wenn man sich den Wortlaut dieser einstweiligen Anordnung vor Augen führt, kann man sich eines Déjà-Vu Ge-
fühls nicht erwehren. Im Gegensatz zum Fall *LaGrand* wurden die drei
betroffenen mexikanischen Staatsbürger bis zu Erlass des Endurteils am
31.03.2004 tatsächlich nicht hingerichtet wurde. Jedoch wurde das Datum

---

604 Ibid., 31, para. 49.
605 ICJ, *Avena*, Order, 5.02.2003.

für die Hinrichtung vom Berufungsgericht in Strafsachen des Bundesstaates Oklahoma (*the Oklahoma Court of Criminal Appeals*) bereits im März 2004 für den 18.05.2004, also nach Erlass der IGH Entscheidung, festgesetzt. Zuletzt wurde jedoch zumindest in diesen drei akuten Fällen das Strafmaß durch den Gouverneur von Oklahoma auf lebenslängliche Gefängnisstrafe herabgesetzt.

2. Die Gemeinsamkeiten und Unterschiede von *Avena* und *LaGrand*

Es erscheint nun angebracht, bei diesen bereits vom Sachverhalt äußerst ähnlich anmutenden Fällen, die interessanten rechtlichen Gemeinsamkeiten und Unterschiede darzulegen, ohne jedoch einen Anspruch auf Vollständigkeit zu erheben. Ein wesentlicher Unterschied zum Fall *LaGrand* ergibt sich bereits aus der Tatsache, dass es sich im Fall *Avena* um 52 betroffene mexikanische Staatsangehörige handelt. Die Betroffenen befanden sich in unterschiedlichen Stadien des strafrechtlichen Instanzenzugs in den USA. Hervorzuheben ist, dass nur drei der Betroffenen, genau wie die Brüder *LaGrand*, den innerstaatlichen Rechtsweg überhaupt ausgeschöpft hatten, was für die Frage der Gewährung diplomatischen Schutzes Auswirkungen hat. Der IGH erwähnte zwar diese besondere Gestaltung des Sachverhalts, maß diesem Punkt jedoch keine besondere Bedeutung vor dem Hintergrund des Urteils zu.[606] Desweitern spielte die Frage der Staatsbürgerschaft eine weitaus größere Rolle als im Fall *LaGrand*, da die USA für die Mehrheit der Betroffenen anführte, als amerikanische Staatsbürger gemeldet zu sein. Im Hinblick auf eine Verletzung von Art. 36 Abs. 1 lit. b WÜK stand nicht die individualrechtsfreundliche Auslegung im Vordergrund, sondern das Verständnis der Phrase „*without delay*". Zuletzt unterschied sich auch die von Mexico beantragte Rechtsfolge einer Verletzung von Art. 36 WÜK. In dieser Hinsicht stellte sich Mexico auf den Standpunkt, dass die zu gewährende Abhilfe in Form der *restitutio in integrum* zu erfolgen hätte. Danach müsste der *status quo ante*, der vor Verletzung der WÜK bestand, wiederhergestellt werden und daher die bereits ergangenen Urteile im Nachhinein wieder aufgehoben werden.[607]

---

606 ICJ, *Avena*, ICJ Rep 2004, 12, para. 20.
607 Vgl. zu den unterschiedlichen Rechtsfolgenansprüchen *Orakhelashvili*, The Avena Case, in: LJIL 18 (2005), 31, 41 ff; *Künzli*, Mexican Nationals, in: LJIL 18 (2005), 49, 56 ff.

In allen weiteren Punkten orientierten sich die Anträge Mexicos sehr am Fall *LaGrand*. So wurde eine Verletzung von Art. 36 Abs. 1 lit. b WÜK gerügt, sowohl gegenüber Mexico als auch gegenüber den betroffenen mexikanischen Staatsbürgern. Daneben sei auch Art. 36 Abs. 1 lit. a, c sowie Abs. 2 WÜK durch das Unterlassen der USA verletzt.

3.   Die Entscheidung des IGH

Nachdem der IGH seine Zuständigkeit und die Zulässigkeit der Anträge Mexicos bejahte,[608] wandte er sich zuerst der Verletzung von Art. 36 Abs. 1 WÜK zu. Dabei verwies er zuerst auf die bereits im Fall *LaGrand* gemachten Ausführungen zur Systematik der Vorschrift:

> „The Court has already in its Judgment in the LaGrand case described Article 36, paragraph 1, as "an interrelated régime designed to facilitate the implementation of the system of consular protection".[609]

So dann widmete der IGH sich der Frage, wie *"without delay"* in Art. 36 Abs. 1 lit. b WÜK im Hinblick auf die Belehrung inhaftierte Ausländer durch die innerstaatlichen Behörden zu verstehen ist.[610] Nach einer eingehenden Analyse der Wortbedeutung, Ziel und Zweck des Vertrages und der *travaux préparatoires* kam der Gerichtshof zu dem Ergebnis, dass „unverzüglich" wohl nicht als „sofort bei der Festnahme und vor der Befragung"[611] verstanden werden muss. Dennoch erlegt Art. 36 Abs. 1 lit. b WÜK der zuständigen staatlichen Behörde die Pflicht auf, die inhaftierte Person umgehend über ihr Recht auf konsularischen Beistand zu belehren, sobald sie der fremden Staatsangehörigkeit Gewahr wird oder diese auch nur vermutet.[612] Die USA hätten diese Verpflichtung in 49 Fällen verletzt. Der IGH stellte weiterhin fest, dass die Bedeutung der Rechte aus Art. 36 Abs. 1 lit. b WÜK darin liegt, dass der Betroffene über sein Recht auf konsularischen Beistand belehrt wird, nicht jedoch, dass dieser ihn nach erfolgter Belehrung auch wahrnimmt.[613] Bedauerlicher Weise geht der IGH nicht erneut auf die individualrechtsfreundliche Auslegung von Art. 36 Abs. 1 lit. b WÜK ein, der eine weitere klarstellende Analyse

---

608 ICJ, *Avena*, ICJ Rep 2004, 12, para. 48.
609 Ibid., para. 50 (Verweise weggelassen).
610 Ibid., paras. 75 ff.
611 Übersetzung des Verfassers: „immediatly upon arrest and before interrogation".
612 ICJ, *Avena*, ICJ Rep 2004, 12, para. 88.
613 Ibid., para. 91.

durchaus zuträglich gewesen wäre. Der Gerichtshof verweist auf die im Fall *LaGrand* gefundenen Ergebnisse und stellt aufgrund der Verletzung des Art. 36 Abs. 1 lit. b WÜK eine damit einhergehende Verletzung von Art. 36 Abs. 1 lit. a und c WÜK auf Seiten Mexicos fest. Im Hinblick auf eine Verletzung von Art. 36 Abs. 2 WÜK durch die konkrete Anwendung der „*procedural default*" Regel wiederholt der IGH auch hier seine Feststellungen aus dem Urteil *LaGrand* und bejaht sie in Bezug auf die drei mexikanischen Staatsbürger, die den innerstaatlichen Rechtsweg ausgeschöpft hatten.[614] Zu erwähnen bleibt, dass der Gerichtshof in Bezug auf die geeignete Rechtsfolge Mexico's Antrag auf Herstellung des *status quo ante* nicht Folge leistet. Im Rahmen der Wiedergutmachung ist lediglich erforderlich, dass die USA verpflichtet sind, zu ermitteln, ob die Verletzung von Art. 36 WÜK das Strafverfahren tatsächlich beeinflusst hat.[615] Zwar waren die persönlichen Schicksale im Fall *Avena* ohne Zweifel tragisch. Für die Frage nach der individualrechtsfreundlichen Auslegung von Art. 36 Abs. 1 lit. b WÜK oder anderen völkerrechtlichen Normen generell war die Entscheidung des Gerichtshofs jedoch wenig aussagekräftig. Die einzige Erkenntnis die im Hinblick auf diese hier im Mittelpunkt stehende Frage aus der Entscheidung *Avena* gezogen werden kann, liegt darin, dass der IGH seine Auslegung aus dem Fall *LaGrand* ohne weitere Begründungsnot bestätigt und damit gefestigt hat.

C. Die LaGrand Entscheidung im Hinblick auf die Frage nach den subjektiven Rechten im Völkerrecht – Auswertung und Kritik

Vor dem Hintergrund der Fälle *LaGrand* und *Avena* zeigt sich ein aktueller Konflikt des modernen Völkerrechts zwischen dem Konsensprinzip als Geltungsgrund des Völkerrechts und der wirksamen Durchsetzung völkerrechtlicher Verpflichtungen andererseits.[616] Letzteres tritt vor allem in der immer mehr erstarkenden Stellung internationaler Gerichte zu Tage, die durch eine liberale und weite Auslegung völkerrechtlicher Rechtssätze die Effektivität der Beachtung internationaler Verpflichtungen zu erreichen suchen. Bei diesem Vorgehen wird jedoch zwangsläufig das Konsensprin-

---

614 Ibid., paras. 107 ff.
615 Ibid., para. 121.
616 Vgl. zum Spannungsverhältnis zwischen Konsensprinzip und richterlicher Rechtsfortbildung *Orakhelashvili*, The Avena Case, in: LJIL 18 (2005), 31.

zip als Geltungsgrundlage immer mehr zurückgedrängt. Eine Schwächung des Konsensprinzips mag durchaus naheliegen und erstrebenswert sein, wenn man von einem Verständnis des Völkerrechts als „Weltordnung"[617] oder „Rechtsordnung"[618] mit einer „internationalen Gemeinschaft"[619] als zentralem Geltungsgrund ausgeht. Dass eine Anpassung eines Rechtssystems notwendig ist, um es in einer sich wandelnden Welt als lebensfähig zu erhalten, bleibt unbestritten. Es ist die Frage nach dem Weg oder dem „Wie", die in der völkerrechtlichen Lehre ausführlich diskutiert wird.[620] Vor diesem Hintergrund ist die individualrechtsfreundliche Auslegung von Art. 36 Abs. 1 lit. b WÜK im Fall *LaGrand* durch den IGH zu betrachten. Das erklärt wohl die mitunter äußerst gegensätzlichen Bewertungen dieses Teils der Entscheidung *LaGrand* als ein „Markstein"[621] der internationalen Rechtsprechung mit dem Ziel einer Stärkung der Völkerrechtsstellung des Individuums auf der einen Seite bis hin zu harscher Kritik als „vertrauenserschütternd"[622] auf der anderen Seite. Unabhängig davon, welchen Standpunkt man zu eben angeführten Entwicklungen einnehmen möchte, soll im Folgenden die Auslegung des Art. 36 Abs. 1 WÜK als Individualrecht im Fall *LaGrand*[623] methodisch analysiert und kritisch betrachtet werden und dessen Bedeutung für die subjektiven Rechte im Völkerrecht schließlich abschließend bewertet werden.

---

617 *Frowein*, Konstitutionalisierung, in: BDGV 39 (2000), 429; *Kokott*, Souveräne Gleichheit, in: ZaöRV 64 (2004), 517.

618 *Mosler*, Völkerrecht als Rechtsordnung, in: ZaöRV 36 (1976), 6.

619 *Tomuschat*, Die internationale Gemeinschaft, in: AVR 33 (1995), 1.

620 Exemplarische Aufzählung zahlreich vorhandener Erklärungsversuche *Herdegen*, Asymmetrien in der Staatenwelt, in: ZaöRV 64 (2004), 571; *Paulus*, Konstitutionalisierung, in: ZaöRV 67 (2007), 695; Ress, Menschenrechtsschutz, in: ZaöRV 64 (2004), 621; *Thürer*, Modernes Völkerrecht, in: ZaöRV 60 (2000), 557; *Aden*, Völkerrechtssubjektivität der Menschheit, in: ZVglRWiss 105 (2006), 55; *v. Bogdandy*, Demokratie, Globalisierung, Zukunft, in: ZaöRV 63 (2003), 853; *Doehring*, Der Mensch in einer veränderten Staatenwelt, in: ZaöRV 64 (2004), 659; *Fassbender*, Der Schutz des Menschen, in: EuGRZ 2003, 1; *Milewicz*, Global Constitutionalization, in: Ind J Global Legal Stud 16 (2009),413; *Stein*, Demokratische Legitimierung, in: ZaöRV 64 (2004), 563.

621 *Oellers-Frahm*, LaGrand, in: *Maraughn*, Die Rechtsstellung des Menschen, 21.

622 *Hillgruber*, LaGrand, in: JZ 2002, 94 (99).

623 Trotz der Parallelen kann der Fall Avena hierfür außer Acht gelassen werden, da sich der IGH darauf beschränkte, auf die individualrechtsfreundliche Auslegung von Art. 36 Abs. 1 WÜK im Fall LaGrand zu verweisen und damit zu bestätigen.

I.   Auslegung von Artikel 36 Abs. 1 WÜK

1.   Herangehensweise des IGH

Der IGH hat in seiner *LaGrand* Entscheidung hinsichtlich Art. 36 Abs. 1 WÜK nicht nur eine Verletzung von Rechten der Bundesrepublik Deutschland, sondern auch von den betroffenen ausländischen Staatsbürgern festgestellt.[624] Er widmet der Frage nach den Individualrechten der betroffenen Personen lediglich einen Paragraphen seiner Entscheidung, indem er auf die klare Formulierung von Art. 36 Abs. 1 lit. b WÜK hinweist.[625] Nach Art. 36 Abs. 1 lit. b WÜK muss der festgenommene oder inhaftierte fremde Staatsangehörige über „**seine Rechte**" unter dieser Vorschrift informiert werden. Daneben zieht der IGH noch Art. 36 Abs. 1 lit. c WÜK heran, wonach der Entsendestaat dann keinen konsularischen Beistand leisten darf, wenn die inhaftierte Person dagegen Einspruch erhebt. Diese beiden Punkte lässt der IGH für seine Auslegung zur Begründung ausreichen. Der IGH stellt sich somit auf den Standpunkt „*in claris non fit interpretation*"; das heißt, dass bei unmissverständlichem Wortlaut der Inhalt einer Vorschrift nicht thematisiert zu werden braucht, um die Vorschrift nach diesem Verständnis anzuwenden. Der klare und zweifelsfreie Wortlaut von Art. 36 Abs. 1 WÜK reicht demnach aus, um hierin ein Individualrecht des Betroffenen anzunehmen.

2.   Analyse

Indem der IGH den seiner Ansicht nach eindeutigen Wortlaut von Art. 36 Abs. 1 WÜK für die Schaffung von Individualrechten ausreichen lässt, ohne auf die weiteren Auslegungsregeln zurückzugreifen,[626] bricht der IGH durch aus nicht mit der Tradition seiner Rechtsanwendung. Die im Vorhergehenden dargestellte Vorgehensweise des IGH steht methodisch

---

624 Siehe die Darstellung des Urteils LaGrand und zur Auslegung von Art. 36 Abs. 1 lit. b WÜK oben unter V.1.
625 ICJ, *LaGrand*, ICJ Rep 2001, 466, para. 77.
626 Siehe hierzu oben V.1.

durchaus in der Tradition der internationalen Rechtsprechung,[627] wonach der Vertragstext als das wichtigste Kriterium verstanden wird:

> „in accordance with customary international law, reflected in Article 31 of the 1969 Vienna Convention on the Law of Treaties, a treaty must be interpreted in good faith in accordance with its ordinary meaning to be given to its terms in their context and in the light of its object and purpose. **Interpretation must be based above all upon the text of the treaty.** As a supplementary measure recourse may be had to means of interpretation such as the preparatory work of the treaty and the circumstances of its conclusion."[628] (Hervorhebung durch den Verfasser)

Der Vertragstext ist sicherlich ein zentraler Ansatzpunkt jeder Auslegung, da er wiedergibt, worauf sich die Parteien geeinigt haben bzw. was sie gewollt haben. Jedoch lässt sich bereits dieser Aussage entnehmen, dass zu einem korrekten Verständnis der Text im Sinne seiner üblichen Bedeutung (*ordinary meaning*), aber auch in seinem systematischen Zusammenhang und im Lichte des Ziels und Zwecks des gesamten Vertragswerkes gelesen werden muss. Nichts anderes sagt der IGH in der angeführten Entscheidung. Im *LaGrand* Urteil unterlässt er jeden Hinweis zu Systematik und *telos*, sondern bestimmt die Textbedeutung isoliert. Hierzu wird kritisch angemerkt, dass die Aussage, ein Wortlaut sei inhaltlich eindeutig, bereits in sich selbst eine Auslegung darstellt und dieses Verständnis erst als Ergebnis einer erfolgten, vollständigen Auslegung gefunden werden kann.[629] Danach reicht ein Abstellen auf den klaren Wortlaut einer Vorschrift nicht aus. In dieser Untersuchung wurde des weiteren festgestellt, dass zur Ermittlung von Individualrechten, insbesondere außerhalb dem traditionell individualschützenden Bereich der Menschenrechte, alle Auslegungsregeln, wie auch Art. 31 WVK klarstellt, ausgeschöpft werden müssen.[630] Dadurch soll der individualschützende Gehalt der Vorschrift zweifelsfrei sichergestellt werden. Obwohl die Bundesrepublik Deutsch-

---

627 ICJ, *LaGrand*, Dissenting Opinion Shi, ICJ Rep 2001, 518, 519 mit Verweis auf die Entscheidungen ICJ, *Admission of a State to the UN*, ICJ Rep 1950, 8; ICJ, *Namibia*, ICJ Rep 1962, 336.

628 ICJ, *Territorial Dispute*, ICJ Rep 1994, 6, 21 f., para. 41.

629 Siehe hierzu Grzeszick, Rechte des Einzelnen im Völkerrecht, in: AVR 43 (2005), 312, 320, der das „klarer Wortlaut" Kriterium des IGH als Zirkelschluss bezeichnet; „The finding whether a treaty is clear or not is not the starting point but the result of the process of interpretation.", vgl. *Jennings/Watts*, Oppenheim's International Law, Vol. I, S. 1267; a.A. *Peters*, Das subjektive internationale Recht, in: JbÖR 59 (2011), 1, 19, die eine Auslegung im Sinne eines Individualrechts aufgrund des klaren Wortlauts einer Vorschrift für systemkonform und teleologisch gerechtfertigt hält.

630 Siehe zu diesem gefundenen Ergebnis oben Kapitel 5 B I. 2.

land in ihrem Memorandum[631] diesen Weg gewählt hat und ein Individualrecht aufgrund einer Analyse des Wortlauts, der Systematik, des Ziels und Zwecks sowie der *trauvaux préparatoires* zu demselben Ergebnis gelangte, ging der IGH auf diese Punkte der Auslegung nicht ein. Dadurch verpasste er, seine neu gefundenen Ergebnisse auf eine methodisch fundierte Grundlage zu stellen. Im Folgenden soll zusammenfassend überprüft werden, ob durch die Anwendung der restlichen Auslegungsregeln, das vom IGH gefundene Ergebnis untermauert werden kann oder verworfen werden muss.

a.   Systematischer Zusammenhang von Art. 36 Abs. 1 WÜK

Zuerst müsste das Verständnis von Art. 36 Abs. 1 WÜK in seinem systematischen Zusammenhang betrachtet werden. Die Überschrift des Abschnitts, in den Art. 36 Abs. 1 WÜK eingeordnet ist, lautet „Erleichterungen, Vorrechte und Immunitäten für die konsularische Vertretung"[632]. Dies deutet auf einen Zusammenhang mit den konsularischen Aktivitäten des Entsendestaates hin. Des Weiteren lautet die Überschrift von Art. 36 WÜK „Kommunikation und Kontakt mit Staatsangehörigen des Entsendestaates"[633], stellt somit einen klaren Bezug zum Entsendestaat her und nicht etwa zu den Rechten des Einzelnen. Aufgrund der Sonderstellung von subjektiven Individualrechten in einem zwischenstaatlichen Abkommen würde man aber eine deutliche Niederlegung dieser Intention zumindest in der Überschrift der Vorschrift erwarten. Die systematische Stellung von Art. 36 WÜK spricht somit gegen die Annahme von Individualrechten des Betroffenen neben denen des Entsendestaats.

b.   Ziel und Zweck der WÜK

Als nächstes müsste Art. 36 Abs. 1 WÜK im Lichte des Ziels und Zwecks der WÜK verstanden werden. Grundsätzlich ist dieser Teil des Konsular-

---

631   ICJ, *LaGrand*, Memorial of the Federal Republic of Germany, paras. 4.92 ff.

632   „Section I. Facilities, Privileges and Immunities relating to a consular post", vgl. vor Art. 28 WÜK.

633   Siehe dazu auch ICJ, *LaGrand*, Dissenting Opinion Shi, ICJ Rep 2001, 518, 520, der die Bedeutung der Überschrift, die auch am Anfang des Art. 36 Abs. 1 WÜK wiederholt wird, als den gesamten Artikel umfassendes chapeau versteht.

rechts dem völkerrechtlichen Fremdenrecht zuzuordnen.[634] Aufschluss über Ziel und Zweck eines Vertrages geben vor allem der Titel des Vertrages und die Präambel.[635] Der Vertrag heißt „*Vienna Convention on Consular Relations*". Ziel und Zweck des Vertrags, wie er sich aus der Präambel erschließt, ist zur Entwicklung freundschaftlicher Beziehungen zwischen Staaten durch die Verbesserung der konsularischen Beziehungen beizutragen.[636] Demnach ist die Ausrichtung der WÜK auf die Verbesserung zwischenstaatlicher Beziehungen gerichtet und somit staatenbezogen. In der Präambel des Abkommens wird ausdrücklich ausgeschlossen, dass sich aus den Immunitäten und Privilegien subjektive Individualrechte ergeben können.[637] Das allein dieser Ausdruck nichts desto trotz nicht gegen Individualrechte spricht, wurde im Memorandum der Bundesrepublik Deutschland eindrucksvoll erörtert, da er sich nur auf Immunitäten beziehe, um die es in Art. 36 Abs. 1 WÜK gerade nicht ginge.[638] Dieses Argument überzeugt durchaus, dennoch hilft es nicht darüber hinweg, dass der aus der Präambel hervorgehende *telos* des Abkommens zwischenstaatlicher Natur ist, nämlich auf die Verbesserung der konsularischen Beziehungen zwischen Staaten gerichtet. Sieht man Art. 36 Abs. 1 WÜK im Lichte des Ziels und Zwecks des Abkommens findet die individualrechtsbegründende Auslegung hierin keine Stütze.

c.   Entstehungsgeschichte – *travaux préparatoires*

Es erscheint schwierig den Materialien zum Abschluss der WÜK eine eindeutige Aussage zu entnehmen. Die Formulierung von Art. 36 Abs. 1 WÜK gab sowohl im Rahmen der *International Law Commission* (1960-1961) als auch im Rahmen der *Vienna Conference on Consular Relations* im Jahre 1963 Anlass zu hitzigen Diskussionen. Der Grund dafür war, dass die ursprüngliche Fassung des Art. 36 Abs. 1 WÜK eine Pflicht des

---

634 *Jennings/Watts*, International Law, Vol. I, S. 903, 905 ff.

635 Vgl. oben Kapitel 4 C III.

636 Para. 4 der Präambel der WÜK; siehe auch *Schwartmann*, Private im Wirtschaftsvölkerrecht, 83; *Oellers-Frahm*, LaGrand, in: *Maraughn*, Die Rechtsstellung des Menschen, 21, 26.

637 „(...) the purpose of such privileges and immunities is not to benefit individuals but to ensure the efficient performance of functions by consular posts on behalf of their respective States", siehe Para. 5 der Präambel der WÜK.

638 ICJ, *LaGrand*, Memorial of the Federal Republic of Germany, paras 4.94 f.; in diesem Sinne auch *Mennecke/Tams*, LaGrand, in: GYIL 42 (1999), 192, 218.

Gaststaats vorsah, das Konsulat des Entsendestaats automatisch über Festnahmen fremder Staatsangehöriger zu benachrichtigen.[639] Eine automatische Benachrichtigung wurde zumindest auch im Interesse des betroffenen Individuums abgelehnt.[640] Hieraus kann zwar kein Schluss für ein Individualrecht gezogen werden. Die Bezugnahme auf die Interessen der betroffenen Person im Gegensatz zu den sonstigen im Abkommen enthaltenen Pflichten und Immunitäten der Konsularbeamten lässt aber die Qualifikation von Art. 36 Abs. 1 WÜK zumindest offen. Im Rahmen der abschließenden Konferenz in Wien 1963 (*Vienna Conference on Consular Rights*) zur Verabschiedung des Abkommens über konsularische Beziehungen erhielt Art. 36 WÜK in letzter Minute die Zustimmung. Die Materialien lassen daher die bewegte Geschichte von Art. 36 bereits vermuten.[641] Zum einen sahen sich Staaten, die üblicher Weise Ausländer in großen Zahlen anziehen, mit einer automatischen Benachrichtigung des Heimatstaates und den aus einer Verletzung resultierenden Konsequenzen überfordert.[642] Eine große Anzahl an Staaten stellte sich zudem auf den Standpunkt, dass das betroffene Individuum die Wahl haben sollte, ob er von seinem Recht auf konsularischen Beistand Gebrauch machen möchte:

> „the right of nationals of a sending State to communicate with and have access to the consulate and consular officials of their own country (…) was one of the most sacred **rights of foreign residents** in a country."[643] (Hervohebung durch den Verfasser)

Zumal die in der Entscheidung *LaGrand* vertretene Ansicht von Rechten des Heimatstaates und der betroffenen Person bereits in der Verhandlungsphase ihre Befürworter fand: „(…) the right given to consulates implied a corresponding right for nationals."[644] Diese Hervorhebung der Wahl- und Entscheidungsfreiheit des Individuums war teilweise durch den Kalten Krieg motiviert, während dem gefangen genommene Ausländer es vorzogen, dass ihrem Heimatstaat nichts von ihrem Aufenthaltsort bekannt wird.[645] Trotzdem war eine eindeutige Tendenz eines Teils der Staatengemeinschaft zu erkennen, die Art. 36 Abs. 1 WÜK als Dispositionsrecht

---

639 Vgl. YILC, Documents of the thirteenth session, 1961, Vol. II, S. 112.
640 YILC 1960, Summary Records of the Twelfth Session, 25 April – 1 July 1960, Vol. I, S. 42 ff.
641 Vgl. Official Records of the United Nations Conference on Consular Relations, held from 4 March to 22 April 1963, Vol. I, UN Doc. A/Conf.25/16, S. 82 ff.
642 Ibid., S. 82.
643 Ibid., S. 332.
644 Ibid., S. 333.
645 ICJ, *LaGrand*, Dissenting Opinion Shi, ICJ Rep 2001, 518, 523.

des Betroffenen auszugestalten. Diese Fassung von Art. 36 Abs. 1 WÜK wurde trotz zahlreicher Gegenmeinung am Ende angenommen. Aus der Entstehungsgeschichte von Art. 36 WÜK lässt sich nicht eindeutig auf die Ausgestaltung als Individualrecht schließen, aber gleichermaßen nicht dagegen.[646] Aus der umstrittenen Diskussion um die konkrete Formulierung von Art. 36 Abs. 1 WÜK kann geschlossen werden, dass diese Vorschrift durchaus eine Sonderstellung im Rahmen der an sich auf konsularische Praktikabilität und Vereinfachung ausgelegten Konvention einnimmt. Indem Art. 36 Abs. 1 WÜK beim maßgeblichen Votum in der heutigen Fassung von der Staatengemeinschaft angenommen wurde, kann ein Kompromiss bezüglich der individualfreundlichen Ausgestaltung gesehen werden. Infolgedessen spricht die Entstehungsgeschichte nicht gegen ein modernes Verständnis als Individualrecht unter Berücksichtigung neuerer Entwicklungen, wenn gleich ihr auch keine sichere positive Aussage für dieses Verständnis entnommen werden kann.

d.   Lösung: Dynamische oder authentische Auslegung?

Auf dem Weg der dynamischen Auslegung, auch authentische oder evolutive[647] Auslegung genannt, können soziale oder politische Veränderungen seit dem Zeitpunkt des Vertragsschlusses Beachtung finden.[648] Aufgrund der langen Laufzeit völkerrechtlicher Verträge kann die inhaltliche Anpassung eines Vertrages an ein verändertes Verständnis erforderlich werden, um weiterhin das mit dem Vertrag erstrebte Ziel erfolgreich erreichen zu können.[649] Dass die dynamische, geltungszeitliche Auslegung methodisch

---

646 Die Diskussion um die Formulierung von Art. 36 Abs. 1 WÜK wird zum Teil so verstanden, dass daraus die Verleihung von Individualrechten hervorgeht, vgl. *Mennecke/Tams*, LaGrand, in: GYIL 42 (1999), 192, 219 f.

647 *Bernhardt*, Evolutive Treaty Interpretation, in: GYIL 42 (1999), 11 ff.

648 Vgl. zur Dynamischen Auslegung ausführlich oben Kapitel 4. *Hummer*, „Ordinary" versus „Special" Meaning Approach, in: ÖZöR 26 (1975/76), 87, 96 ff.; *Elias*, Intertemporal Law, in: AJIL 74 (1980), 285 ff.; *v. Arnauld*, Möglichkeiten und Grenzen dynamischer Interpretation, in: Rechtstheorie 32 (2001), 465 ff.

649 So stellt *Bernhardt* die entscheidende Frage: „Must these conventions and their clauses be interpreted and applied as understood at the time of the conclusion of the relevant treaty, or is the treaty a „living instrument" which can change its meaning in accordance with developments in State and society?, in: GYIL 42 (1999), 11, 12.

in der Tradition der internationalen Rechtsprechung steht, zeigt ein Blick auf das Namibia Gutachten[650] des IGH, indem er darlegte:

> „That is why (…) the Court must take into consideration the changes which have occurred in the supervening half-century, and its interpretation cannot remain unaffected by the subsequent development of law, through the Charter of the United Nations and by way of customary law. Moreover an international instrument has to be **interpreted and applied within the framework of the entire legal system prevailing at the time of interpretation**. (…) In the domain to which the present proceedings relate, (…) the corpus iuris gentium has been considerably enriched, and this Court, if it is faithfully to discharge its functions, may not ignore it."[651] (Hervorhebung durch den Verfasser)

Bei der Interpretation von Vertragstexten des Völkerrechts müssen daher neben den wissenschaftlichen Auslegungsmethoden zusätzlich auch aktuelle, internationale Entwicklungen berücksichtigt werden. Der Vertragstext muss dementsprechend so verstanden werden, dass er zum Zeitpunkt der Auslegung vor dem Hintergrund des Konzepts des gesamten modernen Völkerrechts sinnvoll erscheint. Dieses dynamische Element in der Auslegung ist vor allem bei sogenannten „*law making treaties*" oder auch konstituierenden Völkerrechtsverträgen, zu denen auch die WÜK zählt, von besonderer Bedeutung:

> „There is however room for the view that a treaty of a „constitutional" character should be subject to somewhat different rules of interpretation so as to allow for the **intrinsic evolutionary nature of a constitution**. Nevertheless, in some respects the **interpretation of a treaty's provisions cannot be divorced from developments in the law subsequent to its adoption** (…) the concepts embodied in a treaty may not be static but evolutionary, in which case their 'interpretation cannot remain unaffected by the subsequent development of law(…) Moreover, an international instrument has to be interpreted and applied within the framework of the entire legal system prevailing at the time of interpretation'."[652] (Hervorhebung des Verfassers)

Daraus kann geschlossen werden, dass im Völkerrecht durchaus ein Bedürfnis für die Anwendung der dynamischen Auslegung besteht. Im Rahmen der dynamischen Auslegung wird daher auf das Verständnis im geltungszeitlichen Kontext abgestellt und nicht auf jenes zum Zeitpunkt des Vertragsschlusses. Jedoch darf eine dynamische Interpretation des Textes sich nicht soweit entfernen, dass das auf diese Weise gefundene Verständnis nicht mehr den Konsens der Vertragsparteien wiedergibt und deswe-

---

650 ICJ, *Namibia*, ICJ Rep 1971, 16.
651 Ibid., 31 f.
652 *Jennings/Watts*, International Law, Vol I, S. 1268, 1282.

gen mit Treu und Glauben unvereinbar ist.[653] Der Konsens ist als Geltungsgrundlage von Völkervertragsrecht infolgedessen die absolute Grenze. Begriffe in völkerrechtlichen Verträgen stehen der dynamischen Auslegung dann offen, wenn bereits aus dem Willen der Vertragsparteien hervorgeht, dass der Begriff anpassungsfähig ist oder eine Anpassung aufgrund der späteren Praxis der Vertragsparteien möglich ist.[654] Ersteres ist hinsichtlich Art. 36 WÜK abzulehnen, da die Vertragsparteien bei Vertragsschluss im Wortlaut der Vorschrift keinen Indikator, wie beispielsweise ein Verweis auf eine spätere Entwicklung niedergelegt haben. Letzteres, die Anpassung aufgrund einer später geänderten Staatenpraxis[655], ist sehr schwer genau zu bestimmen. Fraglich ist bereits, wie viele Staaten für die Annahme einer neuen Entwicklung sich beteiligen müssen.[656] Wenn gleich die frühere Staaten- und Rechtsprechungspraxis[657] einstimmig der Ansicht war, dass der Staat bei einer Verletzung von Art. 36 WÜK in der Person seines Staatsangehörigen selbst verletzt ist. In den letzten Jahren können aber durchaus Entwicklungen verzeichnet werden, die ein geändertes Verständnis von Art. 36 WÜK nahelegen könnten. Zum einen erreichte der IGH auch einen Gleichklang mit der Auslegung von Art. 36 WÜK durch den Interamerikanischen Menschengerichtshof, der in seinem Gutachten bereits vorher das individualschützende Verständnis von Art. 36 proliferierte.[658] Diese Widerspruchsfreiheit der Entscheidungen verschiedener internationaler Gerichte trägt zu einer Vereinheitlichung und Stärkung des Völkerrechts bei. Zum anderen bestätigte er seine Auffassung in der Entscheidung *Avena*. Man kann also nicht mehr von einer Entscheidung mit Ausnahmecharakter sprechen. Zum anderen wird dieses Verständnis auch von einer Anzahl von Vertragsstaaten und dies bereits

---

653 Siehe zu den Grenzen der dynamischen Auslegung *Grzeszick*, Rechte des Einzelnen im Völkerrecht, in: GYIL 43 (2005), 312, 324; *Hillgruber*, LaGrand, in: JZ 2002, 94, 96; *Dahm/Delbrück/Wolfrum*, Völkerrecht I/3, § 153 II 1 (S. 641).

654 ICJ, *Namibia*, ICJ Rep 1971, 16, 31; *Grzeszick*, Rechte des Einzelnen im Völkerrecht, in: AVR 43 (2005), 312, 325; *Bernhardt*, Evolutive Treaty Interpretation, in: GYIL 42 (1999), 11, 23; eine andere Ansicht vertritt *Peters*, Das subjektive internationale Recht, in: JbÖR 59 (2011), 1, 19.

655 Siehe zur späteren Übung der Vertragsstaaten bereits oben Kapitel 4 C VI.

656 So beschreibt *Bernhardt* richtiger Weise: „How many States must participate in a widespread practice, or how many „persistent objectors" are sufficient for denying new tendencies?", in: GYIL 42 (1999), 11, 22.

657 ICJ, *Barcelona Traction*, ICJ Rep 1970, 4, 45 f.; *Hillgruber*, LaGrand, in: JZ 2002, 94, 96.

658 Siehe zum Gutachten des Interamerikanischen Menschengerichtshofs Nr. 16, der Art. 36 WÜK sogar als Menschenrecht verstand, in: HRLJ 2000, 24 ff.

seit Vertragsabschluss geteilt.[659] Es erscheint somit zumindest möglich, dass sich die Praxis der Vertragsstaaten in den letzten Jahren sich unmittelbar zu einem Konsens verändert hat. Jedoch hat der IGH es verpasst, dies klarzustellen und seine Vorgehensweise auf dieses nichtsdestotrotz äußerst wacklige Fundament zu stellen.

II. Bewertung des Vorgehens des IGHs im Hinblick auf subjektive Individualrechte im Völkerrecht und Lösungsansätze

Wie eben aufgezeigt, ist die methodische Fundierung der Auslegung von Art. 36 WÜK im Sinne der IGH Entscheidung *LaGrand* äußerst fragwürdig, wenn nicht sogar unrealisierbar. Deswegen wird teilweise angeführt, dass der IGH allein zu individualschützenden Auslegung von Art. 36 WÜK kommen konnte, indem er seine Interpretation allein auf den klaren Wortlaut der Vorschrift stützt und Sinn und Zweck der WÜK bei seiner Analyse außer Acht lässt.[660] Eine Aussage, die die Kritik der „eigenmächtigen Schöpfung von Völkerrecht"[661] über den Willen der Vertragsparteien hinweg durchaus nachvollziehbar erscheinen lässt. Die Entscheidung *LaGrand* ist dennoch existent und bereits durch *Avena* bestätigt worden. Deswegen sollen im Folgenden abschließend die positiven und negativen Aspekte der Entscheidung kritisch bewertet werden.

1. Positiv: Im Einklang mit neuen Ergebnissen zur Völkerrechtssubjektivität von Individuen

Die Bedeutung der Entscheidung des IGH im Fall *LaGrand* liegt vor allem darin, dass nach Meinung des IGH völkerrechtliche Verträge, die nicht als Hauptzweck den Schutz des Menschen haben, wie zum Beispiel Verträge im Bereich des Menschenrechtsschutz, trotzdem subjektive

---

659 Auch der BGH folgte dieser Auslegung von Art. 36 WÜK, vgl. BGH, NStZ 2002, 168; *Ostrovski/Reavis*, Notification of Consular Rights, in: MJIL 27 (2005-2006), 657, 678 ff.; *Schiffmann*, LaGrand, in: SCL Rev 42 (2001-2001), 1099 ff.; *Mennecke/Tams*, LaGrand, in: GYIL 42 (1999), 192, 219.

660 *Oellers-Frahm*, LaGrand, in: *Maraughn*, Rechtsstellung des Menschen, 21, 27.

661 So nämlich *Hillgruber*, LaGrand, in: JZ 2002, 94, 99.

Rechte für den Einzelnen bereithalten können.[662] Der hier im Focus stehende Art. 36 WKK dient selbst nicht primär dem Schutz des Individuums, sondern soll die Wahrnehmung konsularischer Aufgaben durch den Heimatstaat gegenüber seinen Staatsangehörigen vereinfachen. Dennoch leitet der IGH aus dem Wortlaut von Art. 36 Abs. 1 WÜK Individualrechte entgegen den *travaux préparatoires* ab, die den Einzelnen schützen. Nach der Auffassung des IGH gibt es somit nicht nur Menschenrechtsverträge, die den Schutz des Individuums primär intendieren, und reflexhafte Begünstigungen des Einzelnen aus anderen völkerrechtlichen Verträgen. Sondern im Einklang mit den zu partiellen Völkerrechtsfähigkeit gefundenen Ergebnissen existieren, hier am Bespiel der WKK dargestellt, auch subjektive Rechte abgeleitet aus Verträgen, die primär einen anderen Zweck zwischen den Vertragsstaaten verfolgen.

Die mit der Entscheidung *LaGrand* intendierte Stärkung des Schutzes und der Stellung des Individuums im Völkerrecht wurde zum größten Teil sehr positiv aufgenommen.[663] Wenn gleich gegen das Vorgehen des IGH methodische Bedenken bestehen, so bestätigt er dennoch die gefundenen neuen Entwicklungen hin zu einer partiellen Völkerrechtssubjektivität des Individuums.[664] Durch die Anerkennung einer partiellen Völkerrechtssubjektivität des Individuums ist das Vorhandensein von subjektiven Rechten und Pflichten auch außerhalb des Bereichs der Menschenrechtsverträge keine Ausnahme, sondern eine gegenwärtige Entwicklung, die durch die Ausweitung und weitestgehende Akzeptanz des Menschenrechtsschutzes in Gang gesetzt wurde. Die Bejahung der partiellen Völkerrechtssubjektivität des Individuums steht im Einklang mit der Annahme von subjektiven Individualrechten in jeglichen völkerrechtlichen Verträgen, deren Vorschriften sich unmittelbar auf den Einzelnen beziehen und auf dessen

---

662 *Schwartmann*, Private im Wirtschaftsvölkerrecht, 83; *ders.*, Private Unternehmen, in: ZVglRWiss 102 (2003), 75, 80 f.; *Peters*, Das subjektive internationale Recht, in: JbÖR 59 (2011), 1, 19; *Oellers-Frahm*, LaGrand, in: *Maraughn*, Die Rechtsstellung des Menschen, 21, 35 f.; *dies.*, in: EuGZR 2001, 265, 268.

663 *Feria Tinta*, Due Process and the Right to Life, in: EJIL 12 (2001), 363, 364; *Schiffmann*, LaGrand, in: SCL Rev 42 (2001-2002), 1099, 1134 f.; *Pergantis*, Diplomatic Protection?, in: ZaöRV 66 (2006), 351, 377 ff.; *Deen-Racsmány*, Diplomatic Protection, in: LJIL 15 (2002), 87, 102 f.; *Mennecke/Tams*, LaGrand, in: GYIL 42 (1999), 192, 239 ff.; *Tams/Mennecke*, LaGrand, in: ICLQ (2002), 449, 455; *Tams*, Das LaGrand-Urteil, in: JuS 2002, 324, 328; *Oellers-Frahm*, LaGrand, in: EuGRZ 28 (2001), 265, 271 f.; *Peters*, Das subjektive internationale Recht, in: JbÖR 59 (2011), 1, 19; *Doehring*, Völkerrecht, 2004, S. 112.

664 Siehe hierzu bereits oben Kapitel 3.

schützenswerte Interessen Bezug nehmen.[665] Die durch die *LaGrand* Entscheidung und ihre Nachfolger erfolgte Bestätigung der Völkerrechtssubjektivität des Individuums und der Vollzug dieser Erkenntnis im Rahmen der Interpretation geltenden Völkerrechts ist dementsprechend positiv zu bewerten.

2. Negativ: Keine Verbesserung des verfahrensrechtlichen Schutzes

a. Kein eigenständiger internationaler Durchsetzungsmechanismus des Einzelnen

Unabhängig von ihrem materiellen Gehalt als völkerrechtliches Individualrecht oder Menschenrecht, bietet die WÜK jedenfalls keinen internationalen Durchsetzungsmechanismus für den Einzelnen. Zwar können völkerrechtliche Streitigkeiten nach Art. 38 IGH-Statut[666] vor den Internationalen Gerichtshof gebracht werden. Vor dem IGH haben aber nur Staaten nach Art. 34 Abs. 1 IGH-Statut die Parteifähigkeit (*standing*) inne. Somit ist dem Einzelnen der Zugang in eigener Person zu diesem Streitbeilegungsmechanismus verwehrt. Dennoch wird angeführt, dass die Annahme von einer Verletzung von Rechten des Einzelnen neben den Rechten des Heimatstaates aus Art. 36 WÜK hat nicht nur eine Stärkung der Stellung des Individuums im Völkerrecht zur Folge, sondern auch praktische Folgen hat, wie zum Beispiel für die Wiedergutmachungsfrage auf der Rechtsfolgenseite.[667] In diesem Sinne kann eine weitere Bedeutung dieser Auslegung darin gesehen werden, dass die normalerweise auf Staaten begrenzte Zuständigkeit des IGH nach Art. 34 IGH-Statut indirekt auf das Individuum ausgeweitet wird. Auf diesem Wege erlangt der Einzelne mittelbaren Rechtsschutz vor dem IGH, wenn der Heimatstaat die individuelle Rechtsverletzung im Rahmen des diplomatischen Schutzes geltend macht.[668] Bereits diese Formulierung macht die verfahrensrechtliche Schwäche deutlich. Der betroffene Einzelne ist weiterhin auf internationaler Ebene davon abhängig, dass dessen Heimatstaat die Verletzung der

---

665 So auch *Peters*, Das subjektive internationale Recht, in: JbÖR 59 (2011), 1, 19.
666 Statut des Internationalen Gerichtshofs vom 26.06.1945 (BGBl. 1973 II S. 505), in Kraft getreten am 24.10.1945, für die BRD am 18.09.1973.
667 *Oellers-Frahm*, LaGrand, in: *Maraughn*, Rechtsstellung des Menschen 21, 27.
668 Ibid.

Rechte seines Staatsangehörigen im Wege des diplomatischen Schutzes geltend macht. Daher ist die Kritik richtig, dass durch die Qualifizierung als subjektives Recht des Individuums keine internationale Durchsetzung gegenüber Rechtsverletzungen erfolgt.[669] Man könnte in Erwägung ziehen, dass durch die Qualifizierung als Individualrecht möglicherweise der Zugang zu anderen Durchsetzungsverfahren von Individualrechten im Völkerrecht eröffnet wird. So stellen sowohl der Internationale Pakt über bürgerliche und politische Rechte als auch die Europäische Menschenrechtskonvention ein Individualbeschwerdeverfahren zur Verfügung.[670] Es wäre denkbar praktisch, wenn durch die Qualifizierung einer völkerrechtlichen Norm als Individualrecht, genauer hier von Art. 36 Abs. 1 WÜK, deren Verletzung unter einem der anderen, bereits vorhandenen Durchsetzungsverfahren geltend gemacht werden könnte.[671] Eine derartige Annahme verkennt jedoch, dass die genannten Durchsetzungsverfahren des IPBPR und der EMRK grundsätzlich nur für diejenigen Rechte anwendbar sind, die diese Verträge selbst bestimmen. Allein die Unabhängigkeit und Selbstständigkeit der in sich abgeschlossenen Systeme der EMRK und des IPBPR schließen eine Einbeziehung anderer Individualrechte aus. Schließlich würde eine Einbeziehung anderer völkerrechtlicher Individualrechte in diese Verträge durch extensive Auslegung fundamentale Unterschiede zwischen völkerrechtlichen Verträgen übersehen und dadurch sich über den Konsens der Vertragsparteien als Geltungsgrund völkerrechtlicher Verträge hinwegsetzen.[672] Es muss nämlich zwischen individualschützenden Verträgen mit und ohne völkerrechtlichen Durchsetzungsmechanismus unterschieden werden. Das Vorhandensein eines internationalen Durchsetzungsmechanismus im Vertragswerk stellt im Völkerrecht mangels zentraler Rechtsdurchsetzungsgewalt ein überaus wichtiges Entscheidungskriterium dar. Besteht folglich für bestimmte Individualrechte nach dem jeweiligen Vertragswerk kein Durchsetzungsmechanismus, kann daraus geschlossen werden, dass kein Konsens der Vertragsparteien hierüber besteht. Die einzig zulässige Schlussfolgerung hieraus ist die Tatsache,

---

669 So bereits *Grzeszick*, Rechte des Einzelnen im Völkerrecht, in: AVR 43 (2005), 312, 329; *Stirling-Zanda*, Judicial enforcement, in: AVR 42 (2004), 184, 198 ff.

670 Siehe Art. 34 EMRK und Art. 2 des Fakultativprotokolls zum IPBPR.

671 Dies wird zum Teil als erstrebenswerteste Lösung diskutiert. Vgl. *Feria Tinta*, Due Process and the Rights to Life, in: EJIL 12 (2001), 363, 364 ff.; *Stirling-Zanda*, Judicial enforcement, in: AVR 42 (2004), 184, 186 f, 198 ff.

672 Vgl. hierzu bereits *Grzeszick*, Rechte des Einzelnen im Völkerrecht, in: AVR 43 (2005), 312, 333 ff mwN; ähnlich *Stirling-Zanda*, Judicial enforcement, in: AVR 42 (2004), 184, 200 f.

dass für diese Rechte kein völkerrechtliches Durchsetzungsverfahren vorgesehen werden sollte. Es ist aus diesen Gründen als negativ zu bewerten, dass allein aufgrund der Qualifizierung einer völkerrechtlichen Vorschrift als Individualrecht kein verbesserter Schutz durch völkerrechtliche Durchsetzung erfolgt.

b. Möglich: Nationale Durchsetzung des völkerrechtlichen Individualrechts

Eine Stärkung aufgrund der Qualifizierung als Individualrecht könnte unter Einbeziehung des nationalen Rechts durch innerstaatliche Institutionen erfolgen. Diesen Weg wählte auch der IGH, indem er feststellte, dass für die Durchsetzung der subjektiven Individualrechte des Völkerrechts die nationalen Rechtsanwendungsorgane primär zuständig sind.[673] Hat somit der Inhaber eines subjektiven Individualrechts im Völkerrecht einen nationalen Anspruch auf einen innerstaatlichen Durchsetzungsmechanismus? Deutsche Grundrechte gewähren zwar anerkannter Weise nicht nur Abwehrrechte, sondern auch Schutzansprüche bzw. Schutzpflichten.[674] Dieser Schutzanspruch umfasst grundsätzlich auch Völkerrechtsverstöße gegen die geschützten Rechtsgüter.[675] Selbst wenn jedoch ein derartiger Anspruch gegenüber dem Staat besteht, ist dieser hinsichtlich des Tätigwerdens an sich und der konkreten Art auf der Rechtsfolgenseite immer durch ein weites Ermessen des Staates geprägt.[676] Sollte es insbesondere, wie bei einer Geltendmachung der Verletzung des Art. 36 WÜK gegenüber einem anderen Staat, um die Ausübung diplomatischen Schutzes gehen, kommt lediglich ein Anspruch auf ermessensfehlerfreie Entscheidung in Betracht, da ein Staat nicht auf eine bestimmte Weise der Durchsetzung des Völkerrechts festgelegt ist.[677] Der Betroffene kann demnach gegenüber seinem

---

673 ICJ, *Avena*, ICJ Rep 2004, 12, para. 40.

674 Ansprüche auf Schutz gewähren unter bestimmten Voraussetzungen insbesondere das Recht auf Leben und körperliche Unversehrtheit aus Art. 2 Abs. 2 Satz 1 GG, vgl. *Di Fabio*, in: *Maunz/Dürig*, GG, Art. 2, Rn. 49 ff.

675 *Klein*, Diplomatischer Schutz, in: DÖV 1979, 39 f.; *Stern*, Staatsrecht III/1, S. 1246 f.

676 *Di Fabio*, in: *Maunz/Dürig*, GG, Art. 2, Rn. 50.

677 So bereits *Grzeszick*, Rechte des Einzelnen im Völkerrecht, in: AVR 43 (2005), 312, 336; für einen prinzipiellen Anspruch auf diplomatischen Schutz nach britischem Recht siehe *Storost*, Anspruch auf diplomatischen Schutz, in: AVR 42 (2004), 411 ff.; *Stern*, Staatsrecht III/1, S. 1247.

Heimatstaat nicht gerichtlich durchsetzen, dass dieser ein Verfahren vor dem IGH gegenüber dem verletzenden Staat anstrengt. Zuletzt ist hierzu anzumerken, dass die Schutzpflicht aus den deutschen Grundrechten aus diesen allein folgt und nicht aufgrund einer völkerrechtlichen Qualifizierung als Individualrecht. Zu erörtern bleibt, ob der Betroffene aufgrund des völkerrechtlichen Individualrechts einen Anspruch auf Abhilfe im Wege innerstaatlicher Individualrechtsschutzverfahren hat. Steht dem Individuum nach Völkerrecht ein subjektives Recht zu, geht damit die korrespondierende Verpflichtung der Staaten einher, diese völkerrechtliche Regelung innerstaatlich zu beachten.[678] Danach kann die betroffene Person ein Recht auf Zugang zu einem innerstaatlichen Individualrechtsschutzverfahren innehaben.[679] Mit Blick auf die deutsche Rechtsordnung könnte der Einzelne einen verfassungsrechtlichen Anspruch auf Rechtsschutz aus Art. 19 Abs. 4 GG besitzen. Dabei darf aber nicht verkannt werden, dass die Qualifizierung als völkerrechtliches Individualrecht nicht die automatische Anerkennung als deutsches subjektives öffentliches Recht, das sich nach deutschem Verfassungs- und Verwaltungsrecht richtet, zur Folge hat.[680]

Dennoch besteht nach dem Grundsatz der Völkerrechtsfreundlichkeit des Grundgesetzes und der Bindung der Rechtsprechung an Recht und Gesetz[681] die Verpflichtung innerstaatlicher deutscher Gerichte, völkerrechtliche Normen und deren Auslegung durch internationale Gerichte bei ihren Entscheidungen zu berücksichtigen.[682] Dabei sind nicht nur Urteile internationaler Gerichte zu beachten, bei denen die Bundesrepublik

---

678 Siehe *Grzeszick*, Rechte des Einzelnen im Völkerrecht, in: AVR 43 (2005), 312, 336 f.; *Peters*, Das subjektive internationale Recht, in: JbÖR 59 (2011), 1, 31; *Stiring-Zanda*, Judicial enforcement, in: AVR 42 (2004), 184, 205 ff.

679 Vgl. zu jener Entwicklung im Zusammenhang mit den Gemeinschaftsgrundrechten *Masing*, Die Mobilisierung des Bürgers, 19 f., 50 ff., 157 ff.; *Wegener*, Rechte des Einzelnen, 271 ff.; *Schoch*, Europäisierung, 21 ff., 27 ff., 33 ff.; *Nettesheim*, Subjektive Rechte im Unionsrecht, in: AöR 132 (2007), 333, 354 ff.

680 *Schmidt-Aßmann*, in: *Maunz/Dürig*, GG, Art. 19 Rn. 152 ff.

681 Dies folgt aus Art. 20 Abs. 3 GG i.V.m. Art. 59 Abs. 3 GG.

682 BVerfG, Beschluß vom 14.10.2004, 2BvR 1481/04 - Görgülü, in: BVerfGE 111, 307 (2004) = NJW 2004, 3407, Rn. 30; „Die Pflicht der Fachgerichte, die Rechtsprechung des IGH zum Konsularrechtsübereinkommen zu berücksichtigen, ergibt sich vorliegend indes aus dem Grundsatz der Völkerrechtsfreundlichkeit des Grundgesetzes in Verbindung mit der Bindung der Rechtsprechung an Gesetz und Recht (…), welche die Entscheidungen eines völkerrechtlich ins Leben gerufenen internationalen Gerichts nach Maßgabe des Inhalts des inkorporierten völkerrechtlichen Vertrags umfasst", BVerfG vom 19.09.2006, in: NJW 2007, 499.

Deutschland Verfahrenspartei war, sondern auch solche, die bei Beteiligung anderer Staaten erlassen wurden.[683] Verstößt ein deutsches Gericht gegen diese Berücksichtigungspflicht, liegt darin eine Verletzung der jeweils einschlägigen Grundrechte in Verbindung mit dem Rechtsstaatsprinzip der betroffenen Person, die mit der Verfassungsbeschwerde gerügt werden kann.[684] Diese Entwicklung ist keine rein theoretische, sondern hat sich gerade in Bezug auf Art. 36 Abs. 1 WÜK bereits in der Rechtsprechungspraxis des BGH und des BVerfG niedergeschlagen. So erkannte der BGH bereits kurze Zeit nach der Entscheidung *LaGrand* durch den IGH aufgrund der Qualifizierung von Art. 36 Abs. 1 WÜK als völkerrechtliches Individualrecht eine Verletzung dieser Vorschrift durch die Strafverfolgungsbehörden als Revisionsgrund an.[685] Art. 36 Abs. 1 WÜK ist von den nationalen deutschen Gerichten im Strafprozess als subjektives Recht zu beachten und dessen Verletzung berechtigt als Verfahrensfehler zur Einlegung von Rechtsmitteln nach deutschem Strafrecht.[686]

Obwohl nach dem soeben erläuterten kein internationaler Durchsetzungsmechanismus für Art. 36 Abs. 1 WÜK und andere subjektive Rechte des Einzelnen im Völkerrecht vorhanden ist, steht eine Durchsetzungsmöglichkeit im Wege innerstaatlicher Individualrechtsschutzverfahren zur Verfügung. Warum wird also in dieser Untersuchung als Negativaspekt angeführt, dass die individualschützende Auslegung des IGH in der Entscheidung *LaGrand* zu keiner verfahrensrechtlichen Verbesserung für das Individuum geführt hat? Die mögliche Abhilfe durch innerstaatliche Individualschutzverfahren wurde an dem Beispiel der Bundesrepublik Deutschland dargestellt. Hierbei muss beachtet werden, dass das Rechtssystem der Bundesrepublik Deutschland sowohl politisch als auch dogmatisch der Beachtung völkerrechtlicher Pflichten offen gegenübersteht. Dies muss nicht so sein. Sollte es daher um Staaten gehen, die der Beachtung des Völkerrechts und seiner innerstaatlichen Durchsetzung weniger Bereitschaft entgegenbringen, wird die Durchsetzung völkerrechtlicher Individualrechte hieran scheitern.[687] Daraufhin kommt die Überlegung zum

---

683 BVerfG vom 19.09.2006, 2 BvR 2115/01, Rn. 55, 61 f in: NJW 2007, 499.

684 BVerfG, Beschluß vom 14.10.2004, 2BvR 1481/04 - Görgülü, in: BVerfGE 111, 307 (2004) = NJW 2004, 3407, Rn. 63.

685 BGH, NStZ 2002, 168; dieser Ansatz wurde in dem BGH Urteil vom 07.06.2011, 4 StR 643/10, Rn. 9 ff. bestätigt.

686 BGH, NStZ 2002, 168; bestätigt durch BVerfG vom 19.09.2006, 2 BvR 2115/01.

687 Siehe mit weiteren Erläuterungen für die Akzeptanz des Völkerrechts allgemein *Grzeszick*, Rechte des Einzelnen im Völkerrecht, in: AVR 43 (2005), 312, 337 ff.; *Stirling-Zanda*, Judicial enforcement, in: AVR 42 (2004), 184, 205 ff., 213.

Ausgangspunkt zurück, dass der Einzelne auf ein internationales Durchsetzungsverfahren angewiesen wäre, das nicht existiert. Aus diesem Grund muss im Ergebnis zur individualschützenden Auslegung von Art. 36 Abs. 1 WÜK durch den IGH kritisch angemerkt werden, dass sie zu keiner grundsätzlichen Verbesserung des verfahrensrechtlichen Schutzes des Einzelnen führt.

3. Positiv: Mögliche Fernwirkung und Weiterentwicklung

Die individualrechtsfreundliche Auslegung des IGH stärkt aber nichtsdestotrotz den Schutz und die Stellung des Einzelnen im Völkerrecht. Wie bereits aufgezeigt, führt sich zwar nicht unmittelbar zu einer verfahrensrechtlichen Verbesserung. Auf internationaler Ebene steht dem völkerrechtlichen Individualrecht nicht automatisch ein internationaler Durchsetzungsmechanismus gegenüber. Nationale Durchsetzungsmöglichkeiten leiden womöglich an der grundsätzlichen Haltung der Staaten gegenüber der Beachtung von völkerrechtlichen Verpflichtungen. Dennoch lässt die *LaGrand* Entscheidung und ihre Bestätigung in *Avena* auf ihre Fernwirkung und Weiterentwicklung für den Bereich des internationalen Individualrechtsschutzes hoffen.

Aus der Entscheidung des IGH hinsichtlich der Begründung eines Individualrechts aus Art. 36 Abs. 1 WÜK lässt sich insbesondere schließen, dass die Entwicklung im modernen Völkerrecht dahin geht, dass Individualrechte des Einzelnen nicht nur, wie traditionell anerkannt, in Menschenrechtsverträgen enthalten sind, sondern aus jeglichem, auch zwischenstaatlichen völkerrechtlichen Rechtsgebiet und Rechtsquelle hervorgehen können.[688] Der IGH erkennt somit zwei Kategorien von Rechten des Einzelnen an, die subjektiven Individualrechte einerseits und einen sehr engen

---

[688] *Stirling-Zanda*, Judicial enforcement, in: AVR 42 (2004), 184, 210 f.; *Feria Tinta*, Due Process and the Right to Life, in: EJIL 12 (2001), 363, 364; *Schiffmann*, LaGrand, in: SCL Rev 42 (2001-2002), 1099, 1134 f.; *Pergantis*, Diplomatic Protection?, in: ZaöRV 66 (2006), 351, 377 ff.; *Deen-Racsmány*, Diplomatic Protection and the LaGrand Case, in: LJIL 15 (2002), 87, 102 f.; *Mennecke/Tams*, LaGrand, in: GYIL 42 (1999), 192, 239 ff.; *Tams*, LaGrand, in: ICLQ 2002, 449, 454; *ders.*, LaGrand, in: JuS 2002, 324, 326; *Oellers-Frahm*, LaGrand, in: *Maraughn*, Rechtsstellung des Menschen, 21, 35 f.; *dies.*, Stärkung des Individuums, in: NJW 2001, 3688, 3689 ff.

Kreis an Menschenrechten andererseits.[689] Die Entscheidung lässt daher den Schluss zu, dass aufgrund dieser Auslegungsmethode auch andere Vertragsbestimmung individualschützend ausgelegt werden können. Darüber hinaus, erreicht der IGH mit dieser Entscheidung einen Gleichklang mit der Auslegung von Art. 36 WÜK durch den Interamerikanischen Menschengerichtshof.[690] Die Einheit der Entscheidungen verschiedener internationaler Gerichte trägt zu einer Vereinheitlichung und Stärkung des Völkerrechts bei. Wenngleich die Auslegung des IGH teilweise sehr kritisch als „eigene Schöpfung von Völkerrecht"[691] bezeichnet wurde, ist die Anpassung von Gesetzestexten, sogar von nationalen Verfassungen, an moderne Gegebenheiten im Wege der Auslegung durch die Rechtsanwender weder dem nationalen noch dem internationalen Recht fremd und ein legitimes Mittel der rechtlichen Konkretisierung.[692] Zusätzlich muss noch berücksichtigt, dass bereits in anderen Gebieten des Völkerrechts Individualrechtsschutz in internationalen Durchsetzungsverfahren effektiv stattfindet.[693] Aufgrund dessen kann diese Entscheidung positiv als Grundlage einer weiteren Entwicklung des völkerrechtlichen Individualrechtsschutzes gewertet werden, der durch seine Fernwirkung auf eine Ausweitung hoffen lässt.

III. Zwischenergebnis zu C

Die methodische Fundierung eines subjektiven Individualrechts aus Art. 36 Abs. 1 WÜK muss als äußerst kritisch beurteilt werden. Es erweckt den Anschein, dass der IGH die anerkannten juristischen Methoden der Interpretation von Normen außer Acht lässt, um das gewünschte Ergebnis, ein subjektives Individualrecht, zu erzielen. Dies erscheint insbesondere vor dem Hintergrund als problematisch, dass durch den IGH völliges Neuland betreten wurde, indem in der *LaGrand* Entscheidung die

---

689 *Stirling-Zanda*, Judicial enforcement, in: AVR 42 (2004), 184, 213 f.; *Tams/Mennecke*, LaGrand, in: ICLQ 2002, 449, 455; *Dahm/Dehlbrück/Wolfrum*, Völkerrecht, § 109 II 1 (S. 260 f.); *Döhring*, Völkerrecht, Rn. 245 ff.; *Peters*, Das subjektive internationale Recht, in: JbÖR 59 (2011), 1, 30.

690 IGMR "The Right to Information on Consular Assistance", in: HRLJ 2000, 24 ff.

691 *Hillgruber*, Anmerkungen zur Entscheidung LaGrand, in: JZ 2002, 94 (99).

692 *Oellers-Frahm*, LaGrand, in: *Maraughn*, Rechtsstellung des Menschen, 21, 36.

693 Neben den traditionellen Schutzverfahren für Menschenrechte muss vor allem das internationale Investitionsschutzrecht angeführt werden. Vgl. auch *Peters*, Das subjektive internationale Recht, in: JbÖR 59 (2011), 1, 30 ff.

Annahme von subjektiven Individualrechten auf Gebieten des Völkervertragsrechts ermöglicht wurde, die vornehmlich zwischenstaatliche Beziehungen regeln. Gerade im Angesicht dieser radikalen Neuheit, wäre eine ausführliche dogmatische Begründung hilfreich und wünschenswert gewesen. Darüber hinaus darf nicht unberücksichtigt bleiben, dass die individualschützende Auslegung als solche bisher auf internationaler Ebene zu keiner Verbesserung der effektiven Durchsetzung der auf diese Weise anerkannten Rechte geführt hat. Offen bleibt hingegen die Möglichkeit, nationaler Individualschutzsysteme fruchtbar zu machen, solange die in Rede stehende innerstaatliche Rechtsordnung der Beachtung völkerrechtlicher Pflichten grundsätzlich offen gegenübersteht. Nichtsdestotrotz kann die Richtung der Entscheidung im Ergebnis als positiv gewertet werden. Sie erkennt die Entwicklungen im Völkerrecht der letzten Jahrzehnte hin zu einer partiellen Völkerrechtssubjektivität des Individuums an und setzt diese konsequent auch für den Bereich zwischenstaatlicher Verträge um. Nicht zu unterschätzen ist auch die Fernwirkung die von einer richtungsweisenden Entscheidung wie *LaGrand* für die Weiterentwicklung und Stärkung des Individualrechtsschutzes auf internationaler Ebene ausgeht. Diese wird zudem durch die Einheit mit Entscheidungen anderer internationaler Gerichte verstärkt, da dies auf einen Konsens zumindest in der internationalen Rechtsprechung schließen lässt. Seit der *LaGrand* Entscheidung sind nunmehr zwei Kategorien von subjektiven Individualrechten zu unterscheiden, die „einfachen" subjektiven Individualrechte und die als höher zu qualifizierenden Menschenrechte.

D.   Ergebnis zum Sechsten Kapitel

Fragen des Individualrechtsschutzes können im Völkerrecht nicht selten sogar über Leben und Tod entscheiden. Im Focus dieses Teils der Untersuchung stand die *LaGrand* Entscheidung des IGH. Obwohl vermutlich die anderen Teile der Entscheidung mehr Beachtung gefunden haben, bringt sie doch überaus beachtenswerte Neuerungen für den Individualrechtsschutz im Völkerrecht. Der IGH legte Art. 36 Abs. 1 WÜK so aus, dass neben Rechten des Heimatstaates auch Rechte der betroffenen Privatperson geschaffen werden. Das Vorhandensein von Individualrechten in bestimmten Völkerrechtsgebieten wie dem Menschenrechtsschutz ist im modernen Völkerrecht anerkannt. Jedoch immer nur dann, wenn die notwendige individualschützende Intention der Vertragsparteien eindeutig unter Ausschöpfung aller Auslegungsmittel bezüglich der in Rede stehenden Vorschrift festgestellt werden kann. Seitdem der internationale Durchsetzungsmechanismus von einem Großteil der Lehre und nun auch der internationalen Rechtsprechung als Voraussetzung eines subjektiven Individualrechts im Völkerrecht abgelehnt wurde, ist daher ein Wechsel von formellen zu materiellen Kriterien vollzogen worden. Entscheidendes Kriterium für ein subjektives Individualrecht ist die Intention der Vertragsstaaten, durch die Norm materiell zumindest auch die betroffenen Interessen des Einzelnen zu schützen. Außerhalb der Menschenrechtsverträge scheiterte daran im zwischenstaatlichen Bereich zumeist die Begründung subjektiver Rechte des Individuums. In der Überwindung dieser Barriere liegt die große Neuheit und Bedeutung der Entscheidung *LaGrand*, in der ein subjektives Recht des Einzelnen in einem Vertrag angenommen wurde, der die zwischenstaatlichen Beziehungen regelt. Wenn gleich Kritik zu äußern ist an der rein am Wortlaut orientierten Vorgehensweise des IGH, so wird doch durch die Entscheidung der Weg frei, subjektive Individualrechte im Völkerrecht auch in zwischenstaatlichen Verträgen anzuerkennen, wenn die vertragliche Bestimmung eindeutig auf die Interessen des Einzelnen Bezug nimmt. Es muss trotzdem angemerkt werden, dass allein durch die individualschützende Auslegung der verfahrensrechtliche Schutz des Einzelnen auf internationaler Ebene nicht verbessert wird. Die Alternative der nationalen Durchsetzung kommt nur bei Staaten in Betracht, deren Rechtsordnung grundsätzlich völkerrechtsfreundlich ausgestaltet ist. Trotz dieser Bedenken hat der IGH durch die Entscheidung *LaGrand* das Fundament zu einer neuen Generation subjektiver Individualrechte im gesamten Völkerrecht neben den bereits anerkannten Menschenrechten gelegt. Bereits bei anderen Völkerrechtsverträgen wie der EMRK oder dem IPBPR konnte gesehen werden, dass zuerst das subjektive Individualrecht da war und nachfolgend ein internationaler Durchsetzungsmechanismus geschaffen wurde. Deswegen kann auch bei den „allgemeinen völkerrechtlichen Individualrechten" eine derartige prozessuale Fundierung in Zukunft erhofft und erwartet werden.

Siebtes Kapitel   Das Investitionsschutzrecht

Immer mehr deutsche Unternehmen wie Thyssen-Krupp oder SGL Carbon verlegen ihre Werke ins Ausland und tätigen Investitionen außerhalb der Bundesrepublik Deutschland.[694] Was gibt diesen Unternehmen aber neben der wirtschaftlichen Lukrativität die Sicherheit, dass die im Ausland investierten Werte geschützt sind und nicht verloren gehen? Sie könnte auf dem Wissen beruhen, dass internationale Mechanismen vorhanden sind, die ihnen gerade diesen Schutz zur Verfügung stellen. Ein Bereich des Wirtschaftsvölkerrechts, in dem vor allem auch private Akteure eine maßgebliche Rolle spielen, ist das internationale Investitionsschutzrecht[695], das im Folgenden vorgestellt werden soll. Die Weltwirtschaft wurde in den vergangenen Jahrzehnten vor allem durch die Globalisierung geprägt, im Rahmen derer die wirtschaftlichen Märkte immer mehr zusammenwuchsen und nun von einer erstarkenden Interdependenz geprägt werden.[696] Wirtschaftliche Öffnung und das Ausweiten der wirtschaftlichen Tätigkeit außerhalb des Herkunftslandes kann besonders gut an der Entwicklung der Europäischen Union im Rahmen der letzten Jahrzehnte als eine Form regionaler Integration beobachtet werden. Doch auch weltweit lassen sich Veränderungen der wirtschaftlichen Betätigung in ähnlicher Weise wahrnehmen. Die Globalisierung wirkte sich nicht nur auf den internationalen Handel aus, sondern führt parallel zu einer Ausdehnung des Volumens von Direktinvestitionen im Ausland (*foreign direct investment*). Diese Entwicklung stellte die Staatenwelt vor neue Herausforderungen, die staatliche Grenzen überschreiten. Völkerrechtlich und nicht nur wirtschaftlich bedeutsam hieran, ist die dadurch herbeigeführte (Weiter-) Entwicklung des internationalen Investitionsschutzrechts, so dass bereits von einem „globalen Regime"[697] oder Konstitutionalisierung des Investitionsschutzes[698] gesprochen wird. Das internationale Investitionsrecht bildet nun neben dem Welthandelsrecht einen maßgeblichen Bestandteil des Wirt-

---

694 "Der leise Abschied der Industrie", Handelsblatt vom 3. November 2010.

695 Auch internationales Investitionsrecht oder auch Investitionsvölkerrecht genannt.

696 *Tietje*, Investment Disputes, in: *ders.*, Investment Protection, 17, 19 f.

697 *Salacuse*, Global Regime for Investment, in: 51 HarvILJ (2010), 427; *ders.*, Treatification of International Investment Law, in: TDM 3 (2006).

698 *Behrens*, Constitutionalization of Investment Protection, in: AVR 45 (2007), 153; *Dugan/Wallace, Jr./Rubins/Sabahi*, Investor-State Arbitration, 9.

schaftsvölkerrechts.[699] Was versteht man aber unter internationalem Investitionsschutzrecht? Braun beschrieb das Investitionsschutzrecht sehr treffend als ein Zusammenspiel zwischenstaatlicher Investitionsschutzverträge und Präzedenzentscheidungen internationaler Schiedsgerichte:

> „Aufgabe dieser Investitionsschutzverträge ist es, den Schutz grenzüberschreitender Direktinvestitionen zu gewährleisten. Aufgabe jener internationaler Schiedsgerichte ist es, in der Regel am Maßstab des Völkerrechts, also der in diesen völkerrechtlichen Verträgen verkörperten Standards sowie des Völkergewohnheitsrechts, über das Interesse des Investors am Schutz seines Auslandsengagements vor staatlichen Eingriffen gegenüber dem Interesse des Gaststaates an der Durchsetzung seiner öffentlichen Ziele zu entscheiden."[700]

Die Untersuchung wird zuerst nach einem kurzen Überblick über die geschichtliche Entwicklung des Investitionsschutzrechts die wirtschaftliche, politische und soziale Bedeutung von Auslandsinvestitionen im Rahmen der Weltwirtschaft geben und dies anhand von Statistiken und Zahlen belegen. Danach muss auf die Risikofaktoren für Auslandsinvestitionen eingegangen werden, da sie die geistige Ausgangslage für die Entwicklung des internationalen Investitionsschutzrechts als Teil des Wirtschaftsvölkerrechts bilden. Im Rahmen des Investitionsschutzrechts kann zwischen multilateralen und bilateralen Instrumenten unterschieden werden, die von unterschiedlichem Regelungsinhalt und –dichte sind. Dennoch lässt sich gerade im Bereich des wichtigsten Schutzinstruments, den bilateralen Investitionsschutzverträgen (BITs), eine Vereinheitlichung der materiellen und prozessualen Schutzstandards erkennen. Zuletzt muss besonders der völkerrechtliche Streitbeilegungsmechanismus als dem „Herzstück des internationalen Investitionsrechts"[701] hervorgehoben werden, bei dem sich in der Regel ein Staat oder eine staatliche Institution auf der einen Seite und eine private Partei in einem internationalen Verfahren gegenüberstehen.

---

699 Siehe zu dieser Einschätzung *Braun*, Investitionsschutz, 1; *Griebel*, Internationales Investitionsrecht, 3; *Reinisch*, in: *Tietje*, Internationales Wirtschaftsrecht, 346 347; *Krajewski*, Wirtschaftsvölkerrecht, 167.

700 *Braun*, Investitionsschutz, 1, 2.

701 So *Braun*, in: *Ehlers/Wolfgang/Schröder*, Internationale Investitionen, 155, 156.

A. Bedeutung von Auslandsinvestitionen im Rahmen der Weltwirtschaft

I. Die Definitionen der Auslandsinvestition

Die internationale Investition wird allgemein definiert als „die Anlage von Kapital durch einen Investor in ausländischen Produktionsmitteln"[702]. Es können grundsätzlich drei Formen von Auslandsinvestitionen nach ihrer jeweiligen Funktion unterschieden werden. Zum einen spricht man von Portfolio Investitionen. Diese sind in der Regel darauf gerichtet, sich über kurze Zeit hinweg durch den Erwerb von öffentlich gehandelten Wertpapieren, wie zum Beispiel Aktien oder Renten, an ausländischen Unternehmen zu beteiligen, in der Absicht dadurch Gewinn zu erzielen.[703] Hierbei handelt es sich um Beteiligungen von geringer Höhe (ca. bis zu 10%), durch die der ausländische Investor keinen Einfluss auf die wirtschaftliche Tätigkeit des Zielunternehmens nehmen kann.[704] Von Portfolio Investitionen unterscheidet man andererseits die bereits in der Einleitung angesprochenen ausländischen Direktinvestitionen (*foreign direct investment, FDI*) und die indirekten Auslandsinvestitionen, die jedoch auch teilweise unter letztere eingeordnet werden.[705] Erstere zeichnen sich vor allem durch eine auf gewisse Dauer ausgerichtete, also mittel- oder langfristige, wirtschaftliche Betätigung im Gaststaat[706] aus.[707] Die Form der ausländischen Direktinvestition ist hierbei nicht entscheidend. Zum einen kann der Investor selbst eine neue Produktionsstätte oder ein neues Unternehmen im Ausland errichten (*greenfield investment*), zum anderen sich an einer bereits bestehenden Produktionsstätte beteiligen beziehungsweise

---

702 Vgl. *Krajewski*, Wirtschaftsvölkerrecht, 167; siehe allgemein zu den verschiedenen Investitionstypen mit der dazugehörigen Rechtssprechung *Schreuer/Malintoppi/Reinisch/Sinclair*, ICSID Convention, Art. 25 Rn. 148 ff.

703 *Nathan*, ICSID Convention, 111; vgl. zu den verschiedenen Investitionstypen und deren Charakteristika, *Gramlich*, Grenzüberschreitende Investitionen, 125 ff.; *Schreuer/Malintoppi/Reinisch/Sinclair*, ICSID Convention, Art. 25 Rn. 150.

704 *Krajewski*, Wirtschaftsvölkerrecht, 169; Meldepflicht von 20 % nach deutschem Recht, siehe *Häde*, Schutz von Direktinvestitionen, in: AVR 35 (1997), 181, 182.

705 Vgl. zu Auslandsinvestitionen, *Riesenfeld*, Foreign Investments, in: *Bernhardt*, EPIL IIX, 246; *Häde*, Schutz von Direktinvestitionen, in: AVR 35 (1997), 181.

706 Der Begriff Gaststaat (teilweise auch Gastgeberstaat) beruht auf dem im Englischen verwendeten Begriff *host state* und soll in der folgenden Untersuchung das Land beschreiben, in dem die Investition getätigt wird.

707 Siehe *Häde*, Schutz von Direktinvestitionen, in: AVR 35 (1997), 181; *Krajewski*, Wirtschaftsvölkerrecht, 169.

diese übernehmen und diese durch Kapital, Betriebseinrichtung, Expertise und weiteren Vermögenswerten unterstützen. Dabei muss das Ziel des Investors sein, durch den Transfers der Vermögensgegenstände einen erheblichen Einfluss auf die wirtschaftliche Tätigkeit des Zielobjekts auszuüben und dessen Geschäft zu steuern. Diese Art von Investitionen kann folgendermaßen generell definiert werden:

> „(...) investment that is made to acquire a lasting interest in an enterprise operating in an economy other than that of the investor, the investor's purpose being to have an effective voice in the management of the enterprise."[708]

Indirekte Investitionen unterscheiden sich von den Direktinvestitionen allein durch die fehlende Einflussnahme auf das Betriebsmanagement. Ansonsten geht es auch hier um den grenzüberschreitenden Transfer von Betriebsmitteln, wie zum Beispiel jegliche Übertragung von Geistigem Eigentum wie Patentnutzungslizensen oder Unterstützung im Absatz- und Vermarktungsbereich.[709] Portfolio Investitionen und indirekte Investitionen auf der einen Seite und ausländische Direktinvestitionen auf der anderen Seite unterscheiden sich mithin vor allem durch den zeitlichen Faktor und das Vorhandensein einer signifikanten Einflussnahme auf die wirtschaftliche Tätigkeit des Objekts im Zielland. Die Dauer einer geplanten wirtschaftlichen Beteiligung spielt auch nach der Rechtsprechung der internationalen Schiedsgerichte eine zentrale Rolle, um das Vorhandensein einer Investition im internationalen Investitionsrecht zu bestimmen und diese von Liefer- und Kaufverträgen im Rahmen des internationalen Handels (*commercial contracts*) abzugrenzen.[710] Jedoch schließt das Vorliegen einer Portfolio Investition allein die Anwendung der Regeln des internationalen Investitionsrechts im Grundsatz nicht aus. Die rechtlichen und wirtschaftlichen Erscheinungsformen einer ausländischen Direktinvestition sind mannigfaltig und ihnen sind grundsätzlich keine Grenzen gesetzt.[711]

---

708 IMF Balance of Payments Manual, 136.
709 *Nathan*, ICSID Convention, 111; *Schreuer/Malintoppi/Reinisch/Sinclair*, ICSID Convention, Art. 25 Rn. 152 ff.
710 Vgl. zu den Voraussetzungen einer Investition unter Art. 25 ICSID Konvention *Salini v. Marocco*, , para. 52: Beitrag, eine gewisse Dauer, eine Beteiligung an der Risikoverteilung des Vorhabens und die Förderung der wirtschaftlichen Entwicklung des Gastlandes.
711 Ausländische Direktinvestitionen sind zum Beispiel joint-ventures, Unternehmenskäufe, built-operate-transfer-Projekte, Anlagebau und Konzessionen.

II. Historische Entwicklung des Internationalen Investitionsrechts

In der Epoche von 1870 bis zum 1. Weltkrieg konnte zum ersten Mal wirklich von einem signifikanten Auftreten ausländischer Investitionen gesprochen werden. Diese Entwicklung ist auf die wohl grundsätzlichen Motoren der Globalisierung zurückzuführen wie zum Bespiel eine neu erlangte finanzielle Mobilität und insbesondere wichtige technische Neuerungen auf dem Telekommunikationssektor und im Bereich des Verkehrs und der Beförderung.[712] Die Schaffung der technischen Möglichkeiten wurde rechtlich durch die Öffnung der innerstaatlichen Rechtssysteme für wirtschaftliche Betätigungen, wenn gleich nicht auf internationaler Ebene, parallel unterstützt.[713] International lassen sich aber bereits hier Aktivitäten im kleineren Wirkungskreis erkennen, durch die Heimatstaaten ausländischer Investoren versuchten deren Interessen und ihre eigene Wirtschaftspolitik abzusichern. Dies geschah durch zwischenstaatliche Freundschafts-, Handels- und Schifffahrtsverträge, sogenannte „Agreements on Friendship, Commerce and Navigation" (*FCN Treaties*).[714] Diese Verträge behandelten vordergründig Handelsfragen und Investitionsschutz spielte eine eher untergeordnete Rolle. Jedoch enthielten sie auch für Investitionen anwendbare Meistbegünstigungs- (*most favourite nation = MFN*) und Inländergleichbehandlungsklauseln (*national treatment*), die in den heutigen Investitionsschutzverträgen einen festen Bestandteil bilden.[715] Da das internationale Investitionsrecht gleichsam als ein Spiegel der weltweiten politischen Entwicklungen gesehen werden kann, kamen diese neuen Investitionsbewegungen durch die politischen sowie wirtschaftlichen Schwierigkeiten und Spannungen mit Beginn des 1. Weltkriegs vollkommen zum erliegen. Nach dem 1. Weltkrieg war für die Thematik ausländischer Investitionen dann die kommunistische Nationalisierungswelle in der UdSSR und in Mexiko mit prägend, in deren Rahmen Investitionen ausländischer Investoren zur Sozialisierung oder im Falle Mexikos zur

---

712 *Dolzer/Schreuer*, Investment Law, 1.
713 *Broches*, Dimension of Development, in: *ders.*, Selected Essays, 513.
714 Der erste FCN Vertrag wurde 1778 zwischen den USA und Frankreich abgeschlossen, abrufbar unter http://avalon.law.yale.edu/18th_century/fr1788-1.asp. Vgl. *Dolzer/Schreuer*, Investment Law, 17; *Vandevelde*, US Bilateral Investment Program, in: Cornell Intl LJ 21 (1988), 201, 206 f.
715 *Reinisch*, Investitionsschutzrecht, in: *Tietje*, Wirtschaftsrecht, 346, 349.

Landreform ohne Entschädigung enteignet wurden.[716] Der völkerrechtliche Umgang mit diesen Enteignungen lässt sich gut durch die daraus entstandene *Lena Goldfields Arbitration* im Jahre 1930 nachverfolgen, in der das Erfordernis einer Entschädigungszahlung aufgrund ungerechtfertigter Bereicherung festgelegt wurde.[717] Die Enteignungen vornehmlich U.S. amerikanischer Investoren im Rahmen der mexikanischen Landreform führten dann zu dem berühmten Schriftwechsel zwischen dem amerikanischen Außenminister Cordell Hull und seinem mexikanischen Kollegen, in ersterer die Zahlung einer sofortigen, angemessenen und effektiven Entschädigung verlangte.

Die Entwicklung eines internationalen Investitionsrechts, von dem wir heute sprechen, begann in der Folgezeit nach dem Ende des 2. Weltkriegs als zweiter wichtiger Epoche.[718] In diesem Rahmen sind auch die Auswirkungen der Dekolonialisierung anzusprechen. Die ehemaligen Kolonien nutzten ihre neu gewonnene politische Unabhängigkeit und wirtschaftliche Selbstbestimmung auch dazu durch Enteignungen ausländischer Investitionen staatliche Kontrolle über wirtschaftlich wichtige Industriezweige wie die Rohstoffförderung zu erlangen.[719] Dies entfachte einen Streit zwischen den Entwicklungsländern auf der einen Seite und den kapitalexportierenden Staaten auf der anderen Seite über die anzuwendenden Schutzstandards für ausländische Investitionen.[720] Hieraus folgten zum einen Streitigkeiten um Entschädigungen, die von internationalen Schiedsgerichten entschieden wurden und hierbei eine wichtige Rechtsquelle für das internationale Investitionsrecht schufen.[721] Zum anderen waren sie ursächlich für die Entfachung einer langanhaltenden Diskussion im Forum der General Versammlung der Vereinten Nationen, der *United Nations Conference*

---

716 *Reinisch*, Investitionsschutzrecht, in: *Tietje*, Wirtschaftsrecht, 346, 347; *Lowenfeld*, International Economic Law, S. 469 ff.

717 Zur Lena Goldfields Arbitration vgl. *Veeder*, Lena Goldfields, in: ICLQ 47 (1998), 747; *Nussbaum*, Lena Goldfields, in: Cornell LQ 36 (1950/51), 31.

718 *Dolzer/Schreuer*, Investment Law, 1.

719 Vgl. zu dieser Thematik *Asante*, Foreign Investment, in: ICLQ 37 (1988), 588, 593 ff; *Sen*, Investment Protection, in: ZaöRV 48 (1988), 419, 421 f.

720 Vgl. zu dieser Problematik *Dolzer*, Economic Decolonization, in: HRLJ 7 (1986), 217; *Gess*, Sovereignty over Natural Resources, in: ICLQ 13 (1964), 398; *Schwebel*, Sovereignty over Natural Resources, in: ABAJ 49 (1963), 463.

721 Vgl. die Entscheidungen des Iran-US-Claims Tribunal und die libyschen Erdölfälle, wie *Liamco v. Libya*, in: ILR 62 (1982), 140; *BP v. Libya*, in: ILR 53 (1979), 297; *Pellonpää/Fitzmaurice*, Taking of Property, in: NYIL 19 (1988), 53; *Aldrich*, Taking of Property, in: AJIL 88 (1994), 587; *Brower*, Iran-United States Claims Tribunal, in: RdC 224 (1990), 123.

on *Trade and Development* (UNCTAD) sowie der *United Nations Industrial Development Organization* (UNIDO), um eine insbesondere von lateinamerikanischer Seite geforderten „Neuen Internationalen Wirtschaftsordnung" (*New International Economic Order*) während der 1970er Jahre, in der die wirtschaftliche Selbstbestimmung von Staaten über Enteignungen gefordert wurde:

> „Each State has the right: (…) (c) To nationalize, expropriate or transfer ownership of foreign property, in which case appropriate compensation should be paid by the State adopting such measures, taking into account its relevant laws and regulations and all circumstances that the State considers pertinent. In any case where the question of compensation gives rise to a controversy, it shall be settled under the domestic law of the nationalizing State and by its tribunals, unless it is freely and mutually agreed by all States concerned that other peaceful means be sought on the basis of the sovereign equality of States and in accordance with the principle of free choice of means."[722]

Diese Periode der Konfrontation endete schließlich zu Beginn der 90er Jahre. Der Zerfall der Sowjetunion zeigte, dass deren sozialistisches Konzept staatlichen Eigentums im Gegensatz zum Privateigentum als gescheitert anzusehen ist.[723] Daneben erkannten die durch Finanzkrisen geschüttelten Entwicklungsländer und Staaten Lateinamerikas, wie wertvoll ausländische Direktinvestitionen für die wirtschaftliche Fortentwicklung der doch noch relativ jungen Volkswirtschaften sind.[724] Daher kann bereits seit ungefähr 1980 ein Trend hin zu liberalen Investitionspolitiken für ein attraktives Investitionsklima festgestellt werden in klarer Parallele zur weltweiten Handelsliberalisierung durch die GATT-Reform im Rahmen der Uruguay-Runde, die in der Gründung der Welthandelsorganisation (WTO) gipfelte.[725] Legten so die (wirtschafts-) politischen Geschehnisse zwischen 1945 und Ende der 1970er Jahre den Grundstein, hatte sich das

---

722 UN General Assembly Resolution No. 3281, 12.12.1974 ('Charter of Economic Rights and Duties of a State'), abgedruckt in ILM 14 (1975), 251 ff; vgl. zur Neuen Internationalen Wirtschaftsordnung *Tomuschat*, Wirtschaftliche Rechte und Pflichten der Staaten, in: ZaöRV 36 (1976), 444; *Weston*, Economic Rights and Duties, in: AJIL 75 (1981), 437; *Sen*, Investment, in: ZaöRV 48 (1988), 419.

723 *Dolzer/Schreuer*, Investment Law, 15; *Häde*, Schutz von Direktinvestitionen, in: AVR 35 (1997), 181, 208 f.

724 *Wälde*, „New International Economic Order", in: *Hafner/Loibl/Rest/Sucharipa-Behrmann/Zemanek*, Liber Amicorum Seidl-Hohenveldern, 771; *Reinisch*, Investitionsschutzrecht, in: *Tietje*, Wirtschaftsrecht, 346, 348.

725 *Reinisch*, Investitionsschutzrecht, in: *Tietje*, Wirtschaftsrecht, 346, 348.

Investitionsschutzrecht trotz des Vorhandenseins völkergewohnheitsrechtlicher Regeln, die Auslandsinvestitionen erfassen, und einiger Investitionsschutzverträge, kaum weiterentwickelt:

> „Considering the important developments of the last half-century, the growth of foreign investments and the expansion of international activities of corporations, in particular of holding companies, which are often multinational, and considering the way in which the economic interests of states have proliferated, it may at first sight appear surprising that the evolution of the law has not gone further and that no generally accepted rules in the matter have crystallized on the international plane."[726]

Der vielschichtigen Entwicklung des Investitionsschutzrechts als eigenständiger Rechtsmaterie spiegelt sich auch in der Zusammensetzung der es bildenden rechtlichen Regeln wieder. Es handelt sich um ein Gebiet des Wirtschaftsvölkerrechts, dessen konkrete inhaltliche Regeln sich aus einer Vielzahl von Rechtsarten und Rechtsordnungen zusammensetzen und das sich im stetigen Wandel befindet, so dass von einer „verwirrenden Gemengelage unterschiedlicher Rechtsquellen" gesprochen werden kann.[727] Rechtsnormen und -grundsätze des allgemeinen Völkerrechts, vor allem auch des Völkergewohnheitsrecht, sowie allgemeine Standards des internationalen Wirtschaftsrechts bilden die das internationale Investitionsschutzrecht umgebende Grundrechtsordnung, auf die durchaus zurückgegriffen wird und die für das Verständnis spezieller investitionsschutzrechtlicher Regelungen von Bedeutung ist. Innerhalb dieses Grundgerüsts finden sich speziell für den Schutz ausländischer, grenzüberschreitender Investitionen geschaffene Investitionsschutznormen, die den eigentlichen Kern des heutigen internationalen Investitionsschutzrechts bilden. Im konkreten Anwendungsfall wirken zudem noch die nationalen Rechtsordnungen der Gaststaaten in die Beurteilung investitionsrechtlicher Streitfälle mit hinein.

1. Völkervertragsrecht

Historisch und zugleich im modernen Investitionsrecht bilden die völkerrechtlichen Verträge genauso wie im allgemeinen Völkerrecht die wich-

---

726 ICJ, *Barcelona Traction*, ICJ Rep 1970, 3, 46 f.
727 *Reinisch*, Investitionsschutzrecht, in: *Tietje*, Wirtschaftsrecht, 346, 348; *Nowrot*, Steuerungssubjekte und –mechanismen, in: *Tietje*, Wirtschaftsrecht, 61, 86 f.; *Dolzer/Schreuer*, Investment Law, 3.

tigste Rechtsquelle in der Praxis.[728] Die bereits im 18. Jahrhundert entstandenen Freundschafts-, Handels- und Schifffahrtsabkommen[729] (*FCN Treaties*) bilden obgleich ihres eher handelsrechtlichen Schwerpunktes historisch gesehen die Vorbilder der heutigen völkerrechtlichen Verträge des Investitionsschutzrechts. Augenscheinlicher Nachteil des Systems der FCN Treaties war deren begrenzter sachlicher und räumlicher Anwendungsbereich für ausländische Investoren, da sie einerseits nur vereinzelt Investitionsschutzregeln enthielten und nur zwischen einzelnen, favorisierten Nationen abgeschlossen wurden. Der erste Ansatz im Hinblick auf eine umfassendere Regelung zu Beginn der zweiten investitionsschutzrechtlich besonders relevanten Periode nach 1945 stellte die auf der Havana Konferenz[730] vorgestellte „Charter for an International Trade Organization" (ITO), sogenannte Havana Charta[731], vom 24. März 1948 dar. Diese enthielt neben den im Mittelpunkt stehenden handelsrechtlichen Regelungen darüber hinaus auch Vorschriften zum Schutz ausländischer Direktinvestitionen. Die Havana Charter trat selbst nie in Kraft, was vor allem auf die fehlende Ratifizierung durch die USA zurückzuführen ist, wodurch andere Staaten nachzogen und auch von einer Ratifizierung absahen.[732] Berühmt wurde der Abschnitt der Havana Charter über tarifäre und nichttarifäre Handelshemmnisse, das Zoll- und Handelsabkommen (GATT 1947), das bereits seit 1.1.1948 durch das Protokoll über dessen vorläufige Anwendbarkeit rechtswirksam wurde.[733] Nachdem die Havana Charta zumindest im Hinblick auf den Investitionsschutz gescheitert war, bemühte sich ein deutscher Banker, Hermann Josef Abs, um einen erneuten Anlauf eines internationalisierten Investitionsschutzsystems. Er rief auf einer internationalen Konferenz der Industrie im Jahr 1957 dazu auf, eine „Magna Charta for the Protection of Foreign Property" mit materiellen

---

728 *Häde*, Schutz von Direktinvestitionen, in: AVR 35 (1997), 181, 203 ff.; *Nowrot*, Steuerungssubjekte und –mechanismen, in: *Tietje*, Wirtschaftsrecht, 61, 86 f.

729 Vgl. hierzu *Blumenwitz*, Treaties on Friendship, Commerce and Navigation, in: *Bernhardt*, EPIL VII, 484.

730 UN, UNCTAD, abgehalten in Havana, Cuba, vom 21.11.1947 bis zum 24.03.1948, Final Act and Related Documents, E/Conf 2/78.

731 Final Act of the United Nations Conference on Trade and Employment: Havana Charter for an International Trade Organization, 1948, 5 ff., abrufbar unter http://www.worldtradelaw.net/misc/havana.pdf.

732 *Tietje*, Wirtschaftssystem und Wirtschaftsrecht, in: *ders.*, Wirtschaftsrecht, 1, 24; *Häde*, Schutz von Direktinvestitionen, in: AVR 35 (1997), 181, 204.

733 Protocol of Provisional Application of the General Agreement of Tariffs and Trade, unterzeichnet am 30.10.1947 in Genf, 55 UNTS 308.

und prozessualen Schutzmechanismen und umfassender Wirkungskraft.[734] Im Anschluss daran entwarf Abs zusammen mit Sir Hartley Shawcross einen Entwurf für ein multilaterales Investitionsschutzabkommen, der unter Namen „Abs-Schawcross Draft Convention on Investments Abroad"[735] bekannt wurde. Bedauerlicher Weise fand dieser multilaterale Entwurf nicht die notwendige weltweite Unterstützung der Staatenwelt und es blieb somit beim Entwurf. Dennoch wurde er häufig als Vorbild für die Gestaltung weiterer Verträge mit investitionsschutzrechtlicher Zielrichtung verwendet. Mangels eines multilateralen Instruments zum Investitionsschutz[736] bilden im modernen Investitionsschutzrecht vor allem zweiseitige, zwischenstaatliche völkerrechtliche Verträge (sogenannte *Bilateral Investment Treaties* oder *International Investment Agreements*) ein dicht gewebtes Schutznetz für ausländische Investoren und ihre Projekte. Den ersten dieser Verträge schloss die Bundesrepublik Deutschland 1959 mit Pakistan, der 1962 in Kraft trat.[737] Dieser Vertrag orientierte sich an der *Abs-Schawcross Draft Convention*. Dieser Vertrag setzte, so darf man ruhig sagen, eine globale Bewegung in den darauffolgenden Jahrzehnten in Gang, mit der keiner rechnen konnte und ohne die es das internationale Investitionsrecht, wie es Thema dieser Arbeit ist, nicht geben würde.

2. Völkergewohnheitsrecht

Das Völkergewohnheitsrecht enthält auch in Teilen Regeln zum Schutz von Auslandsinvestitionen, auf die auch im modernen, völkervertragsrechtlich geprägten Investitionsrecht weiterhin Bezug genommen wird. Diese Regelungen behandeln thematisch hauptsächlich den Eigentumsschutz vor völkerrechtswidrigen Enteignungen und die Beschaffenheit einer bei erfolgter Enteignung zu zahlender Entschädigungen, sprich das Entschädigungsrecht, die sich anhand der Grundsätze und Rechtsspre-

---

734 Abs hielt diese Rede auf der Konferenz für internationale Entwicklung der Industrie am 15.10.1957 in San Francisco, abgedruckt in: Aussenwirtschaftsdienst des Betriebsberaters (RIW) 1957, 229.

735 Vgl. Aussenwirtschaftsdienst des Betriebsberaters (RIW) 1959, 150 f.

736 Das Vorhaben eines multilateralen Investitionsschutzabkommens (MAI) im Rahmen der OECD ist im Jahre 1998 endgültig gescheitert.

737 Vertrag zur Förderung und zum Schutz von Kapitalanlagen zwischen der Bundesrepublik Deutschland und Pakistan vom 25.11.1959, in: BGBl. 1961 II, 793. Zwischen diesen Parteien wurde am 1.12.2009 ein neuer Investitionsschutzvertrag abgeschlossen, der jedoch bisher nicht veröffentlicht wurde.

chungspraxis[738] des Fremdenrechts herausgebildet haben.[739] Daneben erlangt auch der sogenannte internationale Mindeststandard (*international minimum standard*), der sich seit dem 19. Jahrhundert gewohnheitsrechtlich herausgebildet hat, durchaus öfters in der investitionsrechtlichen Praxis Bedeutung. Der internationale Mindeststandard kommt immer dann zur Anwendung, wenn die völkergewohnheitsrechtlich geschuldete Inländergleichbehandlung mangels eines adäquaten inländischen Schutzniveaus versagt, um sicherzustellen, dass gewisse Mindestanforderungen gegenüber dem ausländischen Investor eingehalten werden.[740] Das ist vor allem dann der Fall, wenn der Gaststaat keinen Eigentumsschutz für seine Staatsangehörigen vorsieht. Der genaue Inhalt dieser Mindestanforderungen spielt auch in der heutigen Schiedsgerichtspraxis weiterhin eine Rolle. Findet sich im Investitionsschutzvertrag[741] im Rahmen des vertraglichen Schutzstandards der *Fairen und Gerechten Behandlung* eine Bezugnahme auf das Völkerrecht, verstanden die Schiedsgerichte teilweise den vertraglichen Schutzstandard gleichbedeutend mit dem internationalen Mindeststandard.[742]

Bei der Anwendung des Völkergewohnheitsrechts stellt sich ein Problem im Zusammenhang mit ungeschriebenen Rechtsnormen hinsichtlich des Bestehens einer völkergewohnheitsrechtlichen Norm und der Frage nach dem konkreten Inhalt. Auch im Bereich des Investitionsschutzrechts wird diskutiert, inwieweit die völkervertragsrechtlichen Vorschriften, insbesondere die konkreten Schutzstandards, auf den Inhalt der völkergewohnheitsrechtlichen Normen Einfluss haben.[743] So wird einerseits argu-

---

738 Beispielhaft und in der Investitionsschiedsgerichtsbarkeit immer wieder zitiert ist der Fall *Neer*, in: AJIL 21 (1927), 555 ff. und sein berühmter Ausspruch: „[…] the treatment of an alien, in order to constitute an international delinquency, should amount to an outrage, to bad faith, to wilful neglect of duty, or to an insufficiency of governmental action so far short of international standards that every reasonable and impartial man would readily recognize its insufficiency".

739 *Dolzer/Schreuer*, Investment Law, 11 ff.; *Reinisch*, Investitionsschutzrecht, in: *Tietje*, Wirtschaftsrecht, 350 f.; *Häde*, Schutz von Direktinvestitionen im Ausland, in: AVR 35 (1997), 181, 185 f.

740 *Dolzer/Schreuer*, Investment Law, 13; *Häde*, Schutz von Direktinvestitionen im Ausland, in : AVR 35 (1998), 181, 185 f.

741 Der wohl meist behandelte Anwendungsfall ist Art. 1105 NAFTA

742 *Mondev v USA*, paras. 122 ff.; *ADF v USA*, para. 199; *Waste Management v Mexico*, para. 98.

743 Zu dieser Problematik *Baxter*, Treaties and Custom, in: RdC 129 (1970), 25; *Doehring*, Gewohnheitsrecht, in: ZaöRV 36 (1976), 77 ff.; *Schreuer*, Internationale Verträge, in: Internationales Recht und Wirtschaftsordnung FS für Mann, 409.

mentiert, dass gerade aus der Tatsache, dass eine Notwendigkeit für spezielle völkervertragsrechtliche Regelungen gewisser Themenpunkte besteht und diese in den Vertrag aufgenommen werden, geschlossen werden kann, dass gerade keine völkergewohnheitsrechtlichen Regelungen mit demselben Inhalt existieren.[744] Ansonsten wäre eine vertragliche Wiederholung obsolet von dem, was sowieso schon gilt. Dem muss entgegen gehalten werden, dass durch die Aufnahme einer konkreten vertraglichen Regelung das Bestehen und der konkrete Inhalt einer völkergewohnheitsrechtlichen Norm einem möglichen Streit zwischen den Vertragsparteien entzogen wird. Dies allein kann bereits als Grund für eine schriftliche Fixierung gesehen werden, ohne dass daraus der Umkehrschluss auf ein Fehlen der völkergewohnheitsrechtlichen Norm gezogen werden kann. Andererseits wird gerade die einheitliche Aufnahme gewisser Schutzstandards in völkerrechtliche Investitionsverträge als Indiz für eine entsprechende Norm des Völkergewohnheitsrechts fruchtbar gemacht.[745] Bedeutung erlangt diese Problematik vor allem innerhalb des Entschädigungsrechts, wo bis heute über die Bemessungsweise der Entschädigung, insbesondere auf den Ersatz des vollen Marktwerts (*fair market value*), gestritten wird.[746] Zuletzt soll noch darauf hingewiesen werden, dass im Rahmen der Diskussion um das Bestehen einer Norm oder die Bestimmung ihres konkreten Inhalts im Völkergewohnheitsrecht auch der internationalen Rechtsprechung nicht zu geringe Bedeutung beigemessen werden muss.[747] Obwohl man meinen könnte, dass aufgrund der zahlreichen Investitionsschutzverträge das Völkergewohnheitsrecht im Investitionsrecht in den Hintergrund gerückt ist, spielt es durch Verweisung der Investitionsschutzverträge und der Anwendung in der Schiedspraxis weiterhin eine gewichtige Rolle.

3.   Allgemeine Rechtsgrundsätze

Allgemeine Rechtsgrundsätze bilden anerkannter Weise gemäß Art. 38 Abs. 1 lit. c IGH-Statut eine Rechtsquelle des Völkerrechts. Auch in der

---

744   ICJ, *North Sea Continental Shelf*, ICJ Rep 1969, 3; *Häde*, Schutz von Direktinvestitionen, in: AVR 35 (1997), 181, 198 ff.
745   *Häde*, Schutz von Direktinvestitionen, in: AVR 35 (1997), 181, 199; *Reinisch*, Investitionsschutzrecht, in: *Tietje*, Wirtschaftsrecht, 346, 350.
746   Vgl. eine Zusammenfassung der internationalen Schiedspraxis, *Norton*, International Law of Expropriation, in: AJIL 85 (1991), 474 ff.
747   Vgl. *Norton*, International Law of Expropriation, in: AJIL 85 (1991), 474, 505.

Rechtsprechungspraxis im Investitionsrecht ist es keine Seltenheit, dass zur Interpretation der Vertragsbestimmungen der Investitionsschutzverträge auf allgemeine Rechtsgrundsätze zurückgegriffen wird. Dass allgemeine Rechtsgrundsätze in Investitionsstreitigkeiten zur Entscheidungsfindung angewandt werden dürfen, stellten bereits die Schiedsgerichte des Iran-US Claims Tribunal klar.[748] Ein neueres Beispiel der Anwendung allgemeiner Rechtsgrundsätze in der Praxis der Investitionsschiedsgerichte sind die Fälle, in denen es um Korruption oder ein sonstiges fehlerhaftes Verhalten des Investors geht. Bei diesen Entscheidungen griffen die Schiedsgerichte auf die *Unclean Hands* Doktrin und darauf zurückzuführende Grundsätze wie *nemo auditur propriam turpitudinem allegans* zurück, wodurch sie die Anwendung materiell rechtlichen Schutzstandards der Investitionsschutzverträge für rechtswidrig handelnde ausländische Investoren verneinten.[749]

4.   Soft Law

Im modernen Investitionsschutzrecht stehen neben dem Schutz des Investors gegen Fehlverhalten des Gaststaates insbesondere auch das Verhalten des Investors und die Verwirklichung wichtiger regulatorischer Ziele im Gaststaat im Vordergrund. Immer wieder wurde Kritik laut, dass die Investitionsschutzverträge zu einseitig pro Investor ausgestaltet seien und es diesem erlaubten, den Gaststaat auszubeuten.[750] Deswegen wurden von zahlreichen internationalen Akteuren unverbindliche Vorschriften, sogenanntes soft law[751], erlassen, die sich mit den angesprochenen Problembereichen auseinander setzen. Als erstes sind hier die Richtlinien der Welt-

---

748   Zuerst bereits im Rahmen der Lena Goldfields Arbitration, vgl. Auszug bei *Nussbaum*, Lena Goldfields, in: Cornell LQ 36 (1950/51), 31, 42.

749   Vgl. die ausführlich bei *Kreindler*, Corruption, in: *Hober/Magnusson/Öhrström*, Essays in Honour of Ulf Franke, 309; *Inceysa v. El Salvador*, para. 242; des Weiteren *Knahr*, Investments in „ Accordance with Host State Law", in: *Reinisch/Knahr*, Investment Law, 27; *Muchlinski*, Coporate Social Responsibility, in: *Muchlinski/Ortino/Schreuer*, Handbook of Investment Law, 3.

750   Spannungsverhältnis zwischen Investitionsschutz und Menschenrechten *Reinisch*, Broader Picture, in: *Reinisch/Knahr*, Investment Law, 201, 202 ff.;, siehe bzgl. Rohstoffvorkommen *Dolzer*, Permanent Sovereignty, in: HRLJ 7 (1986), 217; *Gess*, Permanent Sovereignty, in: ICQL 13 (1964), 398; *Schwebel*, Permanent Sovereignty over Natural Ressources, in: ABAJ 49 (1963), 463.

751   Zum Begriff des soft laws *Geiger*, GG, § 22 II a) (S. 84); *Zemaneck*, Soft Law, in: *Hafner/Loibl u.a.*, Liber Amicorum Seidl-Hohenveldern, 843.

bank *World Bank's Guidelines on the Treatment of Foreign Direct Investment* zu nennen, die eine Betonung auf den gegenseitigen Nutzen von ausländischen Direktinvestitionen, besonders für Entwicklungsländer, legen.[752] Weitere Bedenken bestehen gegenüber der Machtstellung transnationaler Unternehmen, wodurch diese gerechtfertigte Anliegen von Entwicklungsstaaten wie Beachtung der Menschenrechte oder die Verbesserung der Umweltfreundlichkeit oder der Arbeitsbedingungen einfach übergehen können. Aus diesem Grund rief die OECD bereits 1976 Richtlinien für Großkonzerne (OECD *Guidelines for Multinational Corporations*) ins Leben, die von Unternehmen im Zusammenhang mit Auslandsinvestitionen freiwillig zur Vermeidung von Interessenkonflikten befolgt werden können.[753] Die Vereinten Nationen bemühten sich in mehreren Versuchen, einen gemeinsamen Nenner für einen Verhaltenskodex für transnationale Unternehmen zu finden, was bedauerlicher Weise scheiterte.[754] Trotzdem bleibt diese Thematik unter der Bezeichnung *corporate responsibility*[755] weiterhin aktuell und es wird sich im Rahmen der Vereinten Nationen verstärkt um die Verabschiedung von gewissen diesbezüglichen Regeln bemüht. Obwohl die angesprochenen Instrumente keine verbindliche rechtliche Wirkung entfalten, können sie dennoch Einfluss auf das Verständnis und die Auslegung investitionsrechtlicher Vorschriften haben.

5. Nationales Recht

Zum allgemeinen Geflecht oder Gemisch von investitionsschutzrechtlichen Regelungen gehört auch nationales Recht. In diesem Bereich gibt es zum einen, nationale Regelungen über Investitionen von Ausländern im Inland, mithin die typische FDI Konstruktion. Dabei muss es sich nicht

---

752 World Bank Group, Guidelines on the Treatment of Foreign Direct Investment, 6.05.1992, abgedruckt in: ILM 31 (1992), 1363.
753 OECD Guidelines for Multinational Corporations, revised in 2000, abgedruckt in: ILM 40 (2001), 263; *Tully*, OECD Guidelines, in: 50 ICLQ 50 (2001), 394.
754 Draft UN Code of Conduct on Transnational Corporations, abgedruckt in: ILM 23 (1984), 626.
755 Vgl. zu dieser Thematik *Nowrot*, Responsibility of Transnational Corporations, in: *Tietje/Kraft/Sethe*, BTW, Heft 21; *Hardenbrook*, The Equator Principle, in: Vand J Transnat'll 40 (2007), 197; *Weissbrodt/Kruger*, Responsibility of Transnational, in: AJIL 97 (2003), 901; *Kinley*, UN Human Rights Norms for Corporations:, in: HRLR 2006, 447.

um spezielle Investitionsgesetze handeln, sondern primär gilt für die Auslandinvestition gleichsam wie für jeden anderen Investor die nationale Rechtsordnung des Gaststaates insgesamt. Im Rahmen dessen sind wohl für Auslandsinvestitionen primär das allgemeine Zivilrecht, Handels- und Gesellschaftsrecht, Arbeitsrecht und Steuerrecht sowie vor allem in den letzten Jahren die regulatorischen Regelungswerke zum Thema Umweltrecht, Gewerbe- oder Immissionsrecht. Eine Investition muss infolgedessen im Einklang mit allen sie betreffenden nationalen Regeln durchgeführt werden. Neben den allgemeinen rechtlichen Regelungen werden teilweise auch noch spezielle Gesetze über Auslandsinvestitionen erlassen, wie zum Beispiel das Außenwirtschaftsgesetz[756] der Bundesrepublik Deutschland. In diesen Gesetzen können sich bestimmte Erleichterungen oder Erschwerungen für Auslandsinvestitionen im nationalen Regelungsbereich finden.[757] Zum anderen kann ein Staat auch nationale Vorschriften erlassen, die Auslandsinvestitionen von eigenen Staatsangehörigen auf fremdem Territorium regeln.[758] In diesen Gesetzen finden sich vor allem Regelungen, die die Kapitalausfuhr ins Ausland regulieren sollen, aber auch die Grundlagen der Absicherung von Auslandsinvestitionen der Staatsangehörigen durch Instrumente wie Garantien oder Bürgschaften.[759]

Aus dem oben Geschilderten lässt sich deutlich erkennen, dass eine Vielzahl von Regelungswerken und Regelungsarten auf Auslandinvestitionen einwirken, wobei die gewählte Reihenfolge der Darstellung nicht deren Wichtigkeit für die Auslandsinvestition widerspiegeln soll. Im Anschluss an den kurzen Überblick über die rechtlichen Rahmenbedingungen, die auf Auslandinvestitionen einwirken, soll nun die wirtschaftliche Bedeutung grenzüberschreitender Direktinvestitionen skizziert werden.

III. Die Wirtschaftliche Bedeutung von Grenzüberschreitenden Direktinvestitionen

Bis 2007 hat der jährliche Fluss von grenzüberschreitenden Direktinvestitionen weltweit mit rasanter Geschwindigkeit zugenommen; weitaus

---

756 Vgl. zum Beispiel § 23 des AWG, abgedruckt in BGBl. I 2009, 1150.
757 Siehe hierzu *Hahn/Gramlich*, Investitionen, in: AVR 21 (1983), 145, 191 ff.;
     Kokkini-Iatridou/de Waart, Foreign Investment, in: NYIL 14 (1983), 87, 90 f.
758 Vgl. *Hahn/Gramlich*, Investitionen, in: AVR 21 (1983), 145, 230 ff.
759 *Rowat*, Investment Climate, in: HILJ 33 (1992), 103, 120 ff.

schneller übrigens als dies der Warenhandel getan hat.[760] Der internationale Gesamtwert der ausländischen Direktinvestitionen betrug in diesem Jahr 1.83 Billionen US$ und stieg damit um weitere 30 Prozent im Vergleich zum Vorjahr 2006.[761] Diese positive Entwicklung wurde durch die Finanzkrise Ende 2008 jäh abgebremst.[762] Das weltweite Wachstum reduzierte sich Anfang 2009 von einer Wachstumsrate von 3.75 Prozent in 2008 auf bloße 0.5 Prozent.[763] Allein an diesen Zahlen lassen sich die verheerenden Auswirkungen der Finanz- und Wirtschaftskrise auf die Weltwirtschaft eindrucksvoll erkennen. Davon war auch der Bereich der ausländischen Direktinvestitionen nicht verschont geblieben. Der Einbruch ausländischer Direktinvestitionen wird vor allem auf die stark reduzierte Anzahl grenzüberschreitender Unternehmensübernahmen und Fusionen (*M&A activity*) zurückgeführt und die geringere Risikobereitschaft der multinationalen Unternehmen.[764] Gerade letztere waren mehr mit Krisenmanagement und eigenem Überleben als mit Direktinvestitionen im Ausland beschäftigt.

Nachdem Mitte des Jahres 2009 der Tiefpunkt bei der außenwirtschaftlichen Betätigung erreicht war und wohl auch die Weltwirtschaftskrise ihren Höhepunkt überschritten hatte, begannen sich die transnationalen wirtschaftlichen Akteure langsam wieder zu erholen. Dies schlug sich auch im Rahmen der ausländischen Direktinvestitionen nieder, indem Anfang des Jahres 2010 wieder ein Zuwachs verzeichnet werden konnte und daher von einer Markterholung ausgegangen werden kann.[765] Eine Besserung ist besonders für die Entwicklungs- und Schwellenländer von erheblicher Bedeutung, da etwa die Hälfte aller weltweiten ausländischen Direktinvestitionen in diese Länder fließt.[766] Es ist anzumerken, dass trotz der hohen Anzahl von Auslandsinvestitionen in Entwicklungsländer gerade die Länder der Sub-Sahara, die zu den ärmsten der Welt gehören (*least developed*

---

760 *Braun*, in: *Ehlers/Wolfgang/Schröder*, Investitionen, 155, 156; UNCTAD, World Investment Report 2006, 303, abrufbar auf www.unctad.org; *Tietje*, Investment Disputes, in: *ders.*, International Investment, 17, 19.
761 *Karl*, Investitionen, in: *Ehlers/Wolfgang/Schröder*, Investitionen, 7.
762 UNCTAD, Investment Brief 2009, Nr. 1; UNCTAD, Global FDI flows, 2009.
763 *Economou/Dunning/Sauvant*, Investment, in: *Sauvant*, Investment Law, 30 f.
764 UNCTAD, World Investment Report 2010, XVII; vgl. für die ausländischen Direktinvestitionen die grafische Darstellung Nr. 1 der gesamten FDI flows pro Quartal, Annex 1.
765 UNCTAD, World Investment Report 2010, XVII, wonach der weltweite FDI flow wieder auf ca. 1.2 Billionen US$ angestiegen.
766 Vgl. dazu UNCTAD, World Investment Report 2013, 39.

countries), nur ein Drittel der weltweiten *FDI inflows* für sich gewinnen können.[767] Die meisten der ausländischen Direktinvestitionen werden an erster Stelle nach Süd-Ost-Asien, an Länder wie China und Südkorea, und an zweiter Stelle nach Latein-Amerika geschickt.[768] Jene Länder sind nicht nur die größten Empfänger ausländischer Direktinvestitionen, sondern neben den westlichen Industrienationen mittlerweile der größte Geber, da deren Volkswirtschaften und Unternehmen bereits derart weit entwickelt sind.[769] Wenn man sich diese statistischen Werte vor Augen führt, lässt sich bereits die nicht zu leugnende Bedeutung ausländischer Direktinvestitionen erahnen. Wenn gleich man daneben erkennen muss, dass scheinbar gerade diejenigen Länder, die Kapital und andere Werte am meisten benötigten, nicht in der Lage sind ausreichende Investitionen anzuziehen. Deswegen sollen im Folgenden noch kurz die Auswirkungen ausländischer Direktinvestitionen auf die wirtschaftliche, soziale und politische Entwicklung des Gastlands und die darin liegenden Chancen dargestellt werden.

Sicherlich haben ausländische Direktinvestitionen wirtschaftliche Vorteile für den Investor selbst und tragen daher zum grundsätzlichen wirtschaftlichen Erfolg des Unternehmens bei. Zwar werden durch die Verlagerung von Investitionen ins Ausland grundsätzlich Betriebsmittel und Kapital vom Heimatstaat abgezogen und Arbeitsplätze gehen eventuell verloren, was auf den ersten Blick als negativ zu bewerten wäre. Jedoch muss mit einem gewissen Weitblick erkannt werden, dass die Verlagerung gewisser Betriebsmittel ins Ausland, wie gerade gesagt, dem Unternehmen langfristig wirtschaftlichen Erfolg und Profitabilität garantiert. Dies kommt dann wiederum dem Heimatstaat des Investors zugute. Jedoch nutzen ausländische Investitionen nicht nur dem Investor selbst, sondern andererseits auch dem Gaststaat, sowohl selbstverständlich den Entwicklungs- und Schwellenländern als auch den hochentwickelten Industrienationen.[770] Diskutiert wird jedoch vornehmlich der Nutzen oder auch die Notwendigkeit von ausländischen Direktinvestitionen für die Entwicklung und das wirtschaftliche Wachstum von Entwicklungs- und Schwellenlän-

767 Ibid.
768 Ibid.
769 Vgl. die grafische Darstellung bei UNCTAD, World Investment Report 2013, 4.
770 Z. Bsp. die USA, eine der größten Industrienation der Welt, sind nicht nur ein Kapitalexporteur, sondern in den letzten Jahren einer der führenden Kapitalimporteure geworden ist. Vgl. *Jolly/Knapp/Kusumastanto*, U.S. Competitive Position and Capital Investment Flows, in: Am J EcoSoc 57 (1998), 155, 157.

dern.[771] Den Anfang stellten sicherlich die unermesslichen Vorkommen von natürlichen Ressourcen da, zu deren effektiver und sachgerechter Förderung diesen Staaten vornehmlich Kapital, aber auch die technische Kompetenz fehlte.[772]

Aber der Nutzen der Auslandsinvestitionen erschöpft sich nicht in der reinen Kapitalbeschaffung für Entwicklungs- und Schwellenländer. Ein weiterer, heutzutage weitaus gewichtigerer Grund für die Attraktivität ausländischer Direktinvestitionen für ein Gastland liegt darin, dass sie positive Wohlfahrtseffekte herbeiführen, insbesondere für Entwicklungs- oder Schwellenländer, die das Ziel eines Drittels aller grenzüberschreitenden Direktinvestitionen darstellen.[773] Für Entwicklungs- und Schwellenländer sind ausländische Direktinvestitionen besonders erstrebenswert, da sie einerseits fremdes, benötigtes Kapital ins eigene Land holen und andererseits regelmäßig auch zu einem Transfer von Know-How und Technologie führen sowie Arbeitsplätze schaffen.[774] Diese leisten einen wichtigen Beitrag zur Verbesserung der wirtschaftlichen Lage des Gastlandes und ermöglichen oft erst wirtschaftliches Wachstum. Dadurch wird wiederum die allgemeine soziale Lage im Gastland verbessert. Der Investor hingegen sichert durch die Auslagerung von Unternehmens- oder Produktionszweigen den langfristigen Bestand und Erfolg seines Unternehmens ab.[775] Als weitere erwünschte Nebenwirkung ausländischer Direktinvestitionen werden sogenannte *Spillover-Effekte* angestrebt, bei denen sich der ausländische Produktionszuwachs positiv auf die Weiterentwicklung der in-

---

771 Vgl. hierzu allgemein UN, Outcome of the International Conference on Financing for Development, 1 ff., abrufbar auf http://www.un.org/esa/ffd/ffdconf/; UNCTAD, Economic Development in Africa, S. 4 f.; *Akinkugbe*, Foreign Direct Investment Close to Africa, in: JWIT 39 (2005), 907; *Asiedu*, Foreign Direct Investment to Developing Countries, in: World Development 30 (2002), 107.

772 *Happ*, Schiedsverfahren unter dem Energiechartervertrag, in: Recht der Energiewirtschaft 2002, 39, 40 f.; *Herdegen*, Bedeutung von Auslandsinvestitionen, in: *Dolzer/Herdegen/Vogel*, Auslandsinvestitionen, 352, 354.

773 UNCTAD, World Investment Report 2010, Overview; *Herdegen*, Bedeutung von Auslandsinvestitionen, in: *Dolzer/Herdegen/Vogel*, Auslandsinvestitionen, 352; *Economou/Dunning/Sauvant*, Investment, in: *Sauvant*, Investment Law, 26 f.

774 *Shihata*, Foreign Investment, 9; *Braun*, Investitionsschutz, in: TransState Working Papers, 2; *Krajewski*, Wirtschaftsvölkerrecht, 169 f.; *Herdegen*, Bedeutung von Auslandsinvestitionen, in: *Dolzer/Herdegen/Vogel*, Auslandsinvestitionen, 352, 354.

775 *Griebel*, Internationales Investitionsrecht, 4; *Braun*, Investitionsschutz, in: TransState Working Papers, 3.

ländischen Unternehmen auswirkt.[776] Dies geschieht beispielsweise dadurch, dass einheimische Unternehmen und Industrien sich als Zulieferer oder Weiterverbraucher im Umkreis der ausländischen Direktinvestition ansammeln und sich folglich die generelle Produktivität im Rahmen eines anregenden Wettbewerbs erhöht. Durch ausländische Direktinvestitionen verbessern sich zudem Infrastruktur, Transportwesen und Telekommunikationswesen des Gaststaates.[777] Wenn neue Technologien oder Forschungszentren ins Gastland verlegt werden, können darüber hinaus lokale Arbeitskräfte angelernt und ausgebildet werden. Dadurch verbessern sich der nationale Bildungsstandard und die soziale Lebenssituation der Staatsangehörigen des Gaststaates.[778] Durch den Antrieb zu Innovationen, erhöhter eigener Produktivität der Gaststaatindustrie sowie durch die Kontakte der ausländischen Investoren – zumeist multinationale Unternehmen – können sich für das Gastland auch verbesserte Exportmöglichkeiten eigener Produkte ergeben und neue Marktbeziehungen entwickeln.[779] Eine Zielsetzung, die sowohl für den ausländischen Investor als auch den Gaststaat vorteilhaft ist, ist in den meisten internationalen Verträgen zum Investitionsschutz niedergelegt:

> „(…) recognizing that the encouragement and contractual protection of such investments are apt to stimulate private business initiative and to increase the prosperity of both nations (...)"[780]

Bereits aus dieser Zielsetzung kann geschlossen werden, dass ein Erfolg des Konzepts 'ausländische Direktinvestition' davon abhängt, dass dieser beiderseitige Nutzen bei der Durchführung des Investitionsvorhabens berücksichtigt wird. Ansonsten haben ausländische Direktinvestitionen durchaus auch negative Effekte, wie zum Beispiel die – oft angeführte – Ausbeutung natürlicher Ressourcen oder Korruption. Das Auftreten von negativen Wirkungen bei ausländischen Direktinvestitionen ist stark davon abhängig, welche Voraussetzungen sozialer, politischer und kultureller Art im Gastland vorgefunden werden und kann nicht allein dem Investor aufgebürdet werden. Diese Erkenntnis kommentierte *Bhagwati* sehr

---

776 *Economou/Dunning/Sauvant*, Investment, in: *Sauvant*, Investment Law, 27.

777 *Braun*, Investitionsschutz, in: TransState Working Papers, 3; *Griebel*, Internationales Investitionsschutzrecht, 4; *Herdegen*, Bedeutung von Auslandsinvestitionen, in: *Dolzer/Herdegen/Vogel*, Auslandsinvestitionen, 352, 354.

778 *Economou/Dunning/Sauvant*, Investment, in: *Sauvant*, Investment Law, 28.

779 *Herdegen*, Bedeutung von Auslandsinvestitionen, in: *Dolzer/Herdegen/Vogel*, Auslandsinvestitionen, 352, 353 f.

780 Hier beispielhaft angeführt aus der Präambel des Modell-BIT der Bundesrepublik Deutschland 2008, abrufbar auf http://ita.law.uvic.ca/investmenttreaties.htm.

treffend mit dem Ausspruch: „FDI is as good or as bad as your own policies."[781] Das Grundkonzept ausländischer Direktinvestitionen ist trotzdem im Allgemeinen positiv zu bewerten und als der entscheidende Motor für die investitionsempfangenden Länder zur Weiterentwicklung ihrer eigenen Wirtschaft zu qualifizieren. Nur auf diese Weise kann langfristig wirtschaftliches Wachstum und damit einhergehend, insbesondere in den Entwicklungs- und Schwellenländern, auch Wohlstand und verringerte Armut erreicht werden.

B.   Risikofaktoren für den Auslandsinvestor

Bei Investitionsvorhaben im Inland, also dem Heimatstaat des Investors, weiß dieser in der Regel sehr genau worauf er sich einlässt, beispielsweise im Hinblick auf die rechtlichen Rahmenbedingungen und die Rechtsdurchsetzung einerseits, aber auch das regulatorische Umfeld der Investition und womöglich vorgesehene Änderungen andererseits. Bei Investitionen im Inland fällt es dem Investor demnach sehr leicht, eventuelle Risiken einzuschätzen sowie zu minimieren und auf diese Weise die Profitabilität und vor allem die Lebensfähigkeit der Investition langfristig sicherzustellen. Bei Auslandsinvestitionen stellt sich die Sachlage im Gegensatz zum vorher Gesagten anders dar. Investoren sehen sich einer Reihe von Herausforderungen und Risiken im Gaststaat, insbesondere in Entwicklungs- oder Schwellenländern, gegenüber, die im Rahmen der Investitionsentscheidung erkannt und gewichtet werden müssen. Bevor das dagegen erschaffene System des Investitionsschutzes näher untersucht werden wird, sollen im Folgenden zuerst kurz die wichtigsten Risiken kurz beschrieben werden, denen sich der Investor bei Investitionen im Ausland grundsätzlich gegenüber sieht.

I.   Unbeständiges Rechtssystem: Kein Bestand, Keine Rechtssicherheit, Diskriminierung

Eine ausländische Direktinvestition ist im Gegensatz zu einem internationalen Kauf- oder Handelsvertrag bereits auf Grund der zeitlichen Dauer

---

781 *Bhagwati*, in: Defense of Globalization, 178.

der Durchführung des Projekts besonderen Risiken ausgesetzt.[782] Der ausländische Investor muss gerade am Anfang der Investition erhebliches Startkapital aufwenden, wobei er sich ausrechnet über die Laufzeit der Investition hinweg, dieses zu amortisieren und Gewinn zu erwirtschaften; das gerade diese Rechnung durch ein nicht eingeplantes Verhalten des Gaststaates nicht aufgeht, stellt zusammenfassend das Hauptrisiko der Auslandsinvestition dar:

> „Private investors invest to make profits and not for reasons of benevolence. Thus, if they make profits they expect, albeit not unnaturally, to keep them, subject to payment of appropriate taxes to the local authorities; if they acquire property they expect to be entitled to keep it. The feeling of insecurity in these respects is, perhaps, the major deterrent to the flow of direct foreign investment in less-developed countries."[783]

Wie diese Aussage belegt, sucht sich der Investor einen günstigen Investitionsstandort aus, von dem er sich erhofft, nach Ablauf einer gewissen Zeitspanne Gewinne zu erwirtschaften und sein Unternehmen voranzubringen. Im Rahmen dieses Vorgehens können ihm jedoch zahlreiche rechtliche und tatsächliche Probleme begegnen, wobei der Investor regelmäßig aus eigener Einschätzung das kommerzielle Risiko trägt, sich gegen das nicht beeinflussbare, politische Risiko oder die Rechtsunsicherheit im Gaststaat absichern möchte.[784] Der Gaststaat könnte durch Gesetzesänderungen die rechtliche Ausgangslage für die Investition ändern oder die Wettbewerbsbedingungen gegenüber anderen Mitkonkurrenten, vor allem inländischen, für den Investor in negativer Weise beeinflussen. Darüber hinaus könnte der Gaststaat auch die Gewinnabschöpfung der Erträge der Investition und deren Transferierung erschweren, um auf diese Weise den Investor zu Reinvestitionen im Gaststaat zu zwingen. Gleichsam kann der Gaststaat durch die Nichteinhaltung einmal dem Investor gewährter Zusagen die Investition negativ beeinflussen. Zuletzt kann der Gaststaat auch Einfluss auf die eigene, innerstaatliche Gerichtsbarkeit nehmen, wodurch dem Investor die Möglichkeit der rechtlichen Geltendmachung seiner An-

---

782 Siehe eine Darstellung von gegenüberstehender Interessen des Heimatstaates und des Gaststaates des Investors *Salacuse*, Global Regime for Investment, in: Harv ILJ 51 (2010), 427, 436 ff.; *Salacuse/Sullivan*, Do BITs really Work?:, in: Harvard ILJ 46 (2005), 67 ff; *Dugan/Wallace/Rubins/Sabahi*, Investor-State Arbitration, 11 ff.; für eine Beschreibung der Risiken für den ausländischen Investor siehe *Kinsella/Rubins*, International Investment, 1 ff.
783 *Akinsanya*, Investments in the Third World, in: ICLQ 36 (1987), 58.
784 *Kinsella/Rubins*, International Investment, 3 ff.; *Dolzer/Schreuer*, Investment Law, 4; *Dugan/Wallace/Rubins/Sabahi*, Investor-State Arbitration, 11.

sprüche vor unabhängigen, nationalen Gerichten genommen wird oder aber auf Grund der Immunität des Gaststaates seinen Anspruch nicht durchsetzen kann.[785] Diese rechtlichen Risiken muss der Investor vor der Vornahme seiner Investition hinsichtlich der politischen Lage im Gaststaat berücksichtigen und sich gegebenenfalls dagegen absichern. Dementsprechend sind entscheidende Voraussetzung für ein attraktives Investitionsklima und für eine erfolgreiche Durchführung der Investition stabile rechtliche Rahmenbedingungen im Gaststaat.[786] Aufgrund des teilweise berechtigten Misstrauens ausländischer Investoren gegenüber den Gerichten des Gaststaates ist es für den ausländischen Investor von entscheidender Bedeutung, dass ein internationalisierter, unabhängiger Streitbeilegungsmechanismus existiert, den er selbst initiieren kann und auf Grund dessen er seinen Schaden ersetzt verlangen kann. Auf die verschiedenen hier zur Verfügung stehenden Möglichkeiten soll im Folgenden noch eingegangen werden.

II. Enteignungen

Der Eigentumsschutz im Rahmen des völkerrechtlichen Fremdenrechts bildet den eigentlichen gedanklichen Ursprung des internationalen Investitionsrechts, da Enteignungsmaßnahmen als das klassische Investitionsrisiko angesehen werden.[787] In ihm spiegelt sich realitätsgetreu die Interessenlage zwischen Gaststaat und Investor wieder, die zu Anfang durch die Investitionsschutzverträge abgesichert werden sollte. Von direkten Enteignungen wird grundsätzlich dann gesprochen, wenn dem Berechtigten vermögenswerte Güter durch hoheitlichen Einzelakt oder Gesetz entzogen werden, wohingegen Nationalisierungen die Verstaatlichung oder Sozialisierung ganzer Industriezweige umfasst.[788] Auf der einen Seite fürchtet der Investor, dass er das Eigentum an der getätigten, erfolgreichen Investi-

785 Vgl. zu Local Bias und State immunity, *Dugan/Wallace/Rubins/Sabahi*, Investor-State Arbitration, 12 ff.; *Kinsella/Rubins*, International Investment, 25 ff.
786 Vgl. *Nacimiento*, Streitbeilegung, in: *Ehlers/Wolfgang/Schröder*, Investitionen, 171; *Griebel*, Internationales Investitionsrecht, 11; *Kinsella/Rubins*, International Investment, 25 ff.
787 Vgl. zu dieser Problematik, *Verwey/Schrijver*, Taking of Property, in: NYIL 15 (1984), 3; *Dolzer*, Enteignung; *Banz*, Völkerrechtlicher Eigentumsschutz.
788 Siehe hierzu ausführlich *Griebel*, Internationales Investitionsschutzrecht, 17 ff; *Reinisch*, Investitionsschutzrecht, in: *Tietje*, Internationales Wirtschaftsrecht, 346, 363 f.; *Kinsella/Rubins*, International Investment, 5 ff.

tion durch staatliche Maßnahmen ohne oder nur mit geringer Entschädigung an den Gaststaat verliert. Hier können als Beispiele die Enteignungen ausländischer Rohstoffunternehmen in den siebziger Jahren des letzten Jahrhunderts angeführt werden.[789] Auf der anderen Seite sind staatliche Enteignungen auch im Völkerrecht nicht grundsätzlich rechtswidrig, sondern sind, sofern sie gewisse Voraussetzungen erfüllen, zulässig.[790] Zudem muss die Durchsetzung der regulatorischen und politischen Ziele des Gaststaates auch gegenüber ausländischen Investitionen möglich sein. Trotzdem sollten ausländische Investoren vor dem tatsächlichen Verlust ihrer Investition im Gaststaat völkerrechtlich geschützt werden. In dem internationalen Ringen ging es insbesondere um das Erfordernis und den Umfang einer bei Enteignung zu zahlenden Entschädigung.[791] Hierbei fanden vor allem zwei gegensätzliche Entschädigungsstandards Beachtung: die sogenannte Calvo-Doktrin, entwickelt vom argentinischen Diplomaten und Völkerrechtler Carlos Calvo, einerseits, die hauptsächlich durch die Länder Lateinamerikas vertreten wurde, und die Hull-Formel[792], 1938 entwickelt vom amerikanischen Außenminister Cordell Hull, andererseits. Nach der Calvo-Doktrin dürfen ausländische Investoren zwar nicht schlechter als inländische behandelt werden, aber eben auch nicht besser und schließt die Gewährung diplomatischen Schutzes aus.[793]

---

789 Vgl. Iran-United States Claims Tribunal, abgedruckt in Iran-US Claims Tribunal Report und die libyschen Erdölfälle, wie zum Beispiel *Liamco v. Libya*, Award, 12.04.1977, in: ILR 62 (1982), 140; *BP v. Libya*, Award, 10.10.1973 und 1.08.1974; in: ILR 53 (1979), 297; *Salacuse/Sulivan*, Do BITs Really Work?, in: Harv ILJ 46 (2005), 67, 75; *Kinsella/Rubins*, International Investment, 5 f.

790 Enteignungen sind rechtmäßig, wenn sie im öffentlichen Interesse erfolgen, nicht diskriminierend sind und eine Entschädigung gezahlt wird. Vgl. *Kinsella/Rubins*, International Investment, 7 f.; *Griebel*, Investitionsrecht, 17 f; *Häde*, Schutz von Direktinvestitionen, in: AVR 35 (1997), 181, 186.

791 Siehe hierzu *Mendelson*, What Price Expropriation?, in: AJIL 79 (1985), 414; *Amerasinghe*, Issues of Compensation, in: ICLQ 41 (1992), 22; *Schachter*, Compensation, in: AJIL 78 (1984), 121; *Dolzer*, in: AJIL 75 (1981), 553; *Pellonpää/Fitzmaurice*, Taking of Property, in: NYIL 19 (1988), 53; *Aldrich*, Compensable Taking of Property, in: AJIL 88 (1994), 587; *Brower*, The Iran-United States Claims Tribunal, in: RdC 224 (1990), 123.

792 Die Hull-Formel entstand in einem Notenwechsel des US-Außenministers Hull mit der mexikanischen Botschaft, worin es um Verstaatlichungen von Eigentum von US Bürgern in Mexico ging.

793 Zur Calvo-Doktrin *Herdegen*, Investitionsschutz in Lateinamerika, in: ZVglR-Wiss 94 (1995), 341, 343 ff.; *Dugan/Wallace/Rubins/Sabahi*, Investor-State Arbitration, 15 ff.; *Braun*, Globalisierung, in: Ehlers/Wolfgang/Schröder, Investitionen, 155, 157.

Die Hull-Doktrin entstand in einem Briefwechsel des amerikanischen Außenministers, indem er verlangte, dass nach völkerrechtlichen Standard bei Enteignungen eine prompte, angemessene und effektive Entschädigung[794] (*prompt, adequate and effective compensation*) gezahlt werden muss.[795] Diese Absicherung muss zudem unabhängig von der Qualität der Behandlung der eigenen Investoren beziehungsweise Staatsangehörigen des Gaststaats gewährt werden. Dies beschrieb auch der Europäische Gerichtshof für Menschenrecht in einer seiner Entscheidungen:

> „Especially as regards a taking of property effected in the context of a social reform, there may well be good grounds for drawing a distinction between nationals and non-nationals as far as compensation is concerned. To begin with, non-nationals are more vulnerable to domestic legislation: unlike nationals, they will generally have played no part in the election or designation of its authors nor have been consulted on its adoption. Secondly, although a taking of property must always be effected in the public interest, different considerations may apply to nationals and non-nationals and there may well be legitimate reason for requiring nationals to bear a greater burden in the public interest than non-nationals."[796]

Im heutigen Völkerrecht kann man wohl sagen, dass die Hull-Formel den völkergewohnheitsrechtlichen Standard wiedergibt.[797] Dieses Ergebnis ist vor allem auch durch die Niederlegung der Hull-Entschädigungsregelung in den modernen Investitionsschutzverträgen erreicht worden. Wenn jedoch bereits im Fremdenrecht ein Schutztatbestand gegen rechtswidrige Enteignungen besteht, sind dann nicht die Enteignungsklauseln, die jeder Investitionsschutzvertrag enthält,[798] obsolet? Unabhängig von der Frage, ob die Schutztatbestände des völkerrechtlichen Fremdenrechts dem Betroffenen als eigene Rechte zustehen, ist zumindest kein allgemeiner völkerrechtlicher Durchsetzungsmechanismus vorhanden, durch den der Investor die Verletzung seines Eigentums gegenüber dem Gaststaat geltend

---

794 Unter dieser Faustformel versteht man die sofortige Zahlung einer Entschädigungssumme in konvertierbarer Währung, die ins Ausland transferiert werden darf. Strittig ist häufig die adäquate Entschädigung, die heute überwiegend in der Erstattung des vollen Marktwertes besteht.

795 Mexico-United States: Expropriation, in: AJIL Supp. 32 (1938), 191 ff.; *Lauterpacht*, Foreign Investment, in: Ind J Global Legal Stud 4 (1997), 259, 262 ff.

796 Vgl. ECHR, *James & Others v. United Kingdom*, para. 63.

797 *Hindelang*, BIT, in: JWIT 5 (2004), 789; *Dolzer*, Expropriation, in: *Bernhardt*, EPIL II, 319; *Braun*, Globalisierung, in: Ehlers/Wolfgang/Schröder, Investitionen, 155, 156; *Griebel*, Investitionsrecht, 18; *Dolzer/Schreuer*, International Investment Law, 16.

798 Siehe beispielhaft Art. 4 des Modell-BIT der Bundesrepublik Deutschland 2008.

machen könnte.[799] Der ausländische Investor wäre somit darauf angewiesen, dass dessen Heimatstaat sich dazu entschließt, diplomatischen Schutz auszuüben. Diese überaus gewichtige Lücke im Schutzsystem des völkerrechtlichen Fremdenrechts wird unter anderem durch den Enteignungsschutz im Rahmen der internationalen Investitionsschutzverträge geschlossen, da diese, wie noch zu zeigen ist, neben materiellen Schutzstandards dem ausländischen Investor auch prozessuale Durchsetzungsmöglichkeiten zur Verfügung stellen.

Rechtswidrige Enteignungen stellten infolgedessen einen der Hauptrisikofaktoren für Auslandsinvestitionen dar. Auf dieses Problem hat das internationale Investitionsrecht durch die Aufnahme eines dementsprechenden Schutzstandards reagiert und damit ein effektives Schutzsystem gegenüber Enteignungen für Investoren geschaffen. Die Effektivität dieses Schutzsystems mag auch der Grund sein, warum Enteignungen, ob direkt oder indirekt, in neueren Investitionsstreitigkeiten nunmehr eine eher untergeordnete Rolle spielen. In den Investitionsstreitigkeiten des letzten Jahrzehnts tritt die direkte Enteignung oder Verstaatlichung grundsätzlich in den Hintergrund. Bedeutung erlangen vielmehr indirekte Enteignungen oder vielmehr faktische Eingriffe mit enteignungsgleicher Wirkung durch sogenannte „*regulatory measures*".[800] In diesen Fällen trifft der Staat Maßnahmen zur Verwirklichung eines an sich gerechtfertigten regulatorischen Ziels, ohne formell das Eigentum des ausländischen Investors zu entziehen. Die Wirkungen der Maßnahme sind dann so gravierend für den ausländischen Investor, dass der Eingriff einer dauerhaften Nutzungsbeschränkung oder Nutzungsentziehung im Sinne des Enteignungsbegriffs gleichkommt. Sinn und Zweck für den Erlass dieser regulatorischen Maßnahme anstatt einer Enteignung ist es, sich von der Entschädigungspflicht zu befreien. Dennoch darf durch das internationale Investitionsrecht und die damit einhergehende Schiedsgerichtspraxis die staatliche Souveränität,

---

799 Vgl. *Schill*, Investment Law, in: *Waibel/Kaushal/u.a.*, Investment Arbitration, 29, 35 ff.; *Griebel*, Investitionsrecht, 19 ff, der auf andere völkerrechtliche Eigentumsschutzmechanismen eingeht.

800 *Reisman/Sloane*, Indirect Expropriation, in: BYIL 74 (2004), 115; *Kinsella/Rubins*, International Investment, 10 ff.; *Happ*, Investitionsschiedsverfahren unter dem Energiechartervertrag, in: Recht der Energiewirtschaft 2002, 39, 41; *Higgins*, Taking of Property, in: RdC 176 (1982), 259; *Sohn/Baxter*, Responsibility of States, in: AJIL 55 (1961), 545, 553 ff.; *Christie*, Taking of Property, in: BYIL 38 (1962), 307. *Saluka v Czech Republic*, para. 263; *Methanex v USA*, para. 7; *S.D. Mayers Inc. v Canada*, Final Award; *Metalclad v Mexico*, Award; *Pope &Talbot v Canada*, Final Award; *Siemens v Argentina*, Award.

die eigenen Angelegenheiten zu regeln, nicht zu sehr eingeschränkt werden, indem leichtfertig eine enteignungsgleiche Maßnahme angenommen wird. Eine Einschränkung der Staaten in ihrer regulatorischen Politikgestaltung sollte vermieden werden.[801] Infolgedessen sind an das Vorliegen einer indirekten oder faktischen Enteignung hohe Anforderungen zu stellen, beispielsweise hinsichtlich der Schwere und Intensität des Eingriffs.[802] Wegen der Schwierigkeit, eine faktische Enteignung nachzuweisen, lässt sich der Trend erkennen, regulatorische Maßnahmen, die schädliche Auswirkungen auf die Auslandsinvestition haben, unter dem weiten Schutzstandard der fairen und gerechten Behandlung geltend zu machen.

C. Multilateraler Investitionsschutz

I. Konvention über das International Centre for Settlement of Investment Disputes (ICSID)

1. Was ist ICSID? Geschichte und Ziele

Stabile rechtliche Rahmenbedingungen im Gaststaat, folglich Rechtssicherheit, ein im Allgemeinen attraktives Investitionsklima und eine Absicherung gegen den ersatzlosen Verlust der Investition stellen die Hauptanliegen ausländischer Investoren dar.[803] Nachdem jedoch alle Versuche einer multilateralen, umfassenden vertraglichen Lösung eben angeführter Ziele in den fünfziger und sechziger Jahren des letzten Jahrhunderts gescheitert waren, verfolgte Aron Broches, damaliger General Counsel der Internationalen Bank für Wiederaufbau und Entwicklung[804] („Weltbank"), einen neuen Ansatz. Da eine Einigung auf materielle Schutzstandards für ausländische Direktinvestitionen, insbesondere die Ausgestaltung von Entschädigungszahlungen bei Enteignungen, aufgrund der gegenläufigen Interessenstandpunkte von Industriestaaten einerseits und Entwicklungs-

---

801 Eine weite Auslegung regulatorischer Maßnahmen in enteignungsgleiche Eingriffe führt dazu, dass Staaten in ihren neueren Investitionsschutzverträgen aufnehmen, dass nichtdiskriminierende regulatorische Maßnahmen, die einem legitimen Zweck dienen, nicht zur Entschädigung verpflichten. Vgl. Annex 10-D 4(b) des US-Chile FTA; Annex B 13.1 (c) des kanadischen Modell-BITs 2004.
802 *Pope & Talbot v Canada*, Interim Award, para. 96.
803 Vgl. hierzu bereits oben; *Tietje*, Investment Disputes, in: *ders.*, Investment Protection and Arbitration, 17, 21 f.
804 International Bank for Reconstruction and Development (IBRD).

und Schwellenländern andererseits, aussichtslos erschien, sah er die Chance in der Schaffung eines internationalen, unabhängigen Streitbeilegungsmechanismus speziell für Investitionsstreitigkeiten.[805] Um eine möglichst hohe Integration zu ermöglichen, wurden Konferenzen mit Rechtsexperten aus Lateinamerika, Afrika, Asien, Nordamerika und Europa abgehalten. Deren Berichte dienten als Grundlage für die Ausarbeitung eines ersten offiziellen Entwurfes durch Expertenkommissionen der Weltbank zur Schaffung einer institutionalisierten Investitionsschiedsgerichtsbarkeit.[806] Dieser dem Exekutivdirektorium (Executive Directors) der Weltbank vorgelegte Entwurf wurde von diesen im März 1965 angenommen und zusammen mit einem Report der Exekutivdirektoren an alle Mitgliedstaaten zur Ratifizierung verschickt.[807] Dies war die Geburtsstunde für eine Erfolgsgeschichte im Investitionsschutzrecht. Die auf diese Weise[808] geschaffene Konvention über das International Centre for Settlement of Investment Disputes (ICSID Übereinkommen) trat nach Ratifikation durch die Mindestanzahl von zwanzig Staaten am 14. Oktober 1965 in Kraft, deren Text in englischer, französischer und spanischer Sprache verbindlich ist.[809] Das ICSID Übereinkommen zählt zurzeit 149 Mitgliedsstaaten.[810] Diese überaus hohe Anzahl an Mitgliedsstaaten setzt sich aus Industrienationen und Entwicklungsländern gleichermaßen zusammen, was darauf zurückgeführt wird, dass die Interessen der Entwicklungsländer bei den Beratungen und letztlich auch in der Konvention Berücksichtigung fanden.[811] Die Besonderheit ist, dass das ICSID Übereinkommen keine materiell rechtlichen Investitionsvorschriften enthält, sondern ledig-

---

805   Vgl. das wohl umfassendste Werk zur ICSID Konvention *Schreuer/Malintoppi/Reinisch/Sinclair*, ICSID Convention, Präambel, Rn. 1 ff.

806   Siehe die Berichte aus den Jahren 1963, 1964 in: ICSID, History of the ICSID Convention, Vols. I-IV.

807   *Reed/Paulsson/Blackaby*, ICSID Arbitration, 1; siehe IBRD, Report of the Executive Directors, in: ICSID Reports 1 (1993), 23 ff.

808   Die Ausarbeitung des ICSID Übereinkommens weicht in seinem Entstehungsprozess von dem normalerweise durchgeführten Verfahren zum Abschluss völkerrechtlicher Abkommen im Rahmen einer diplomatischen Konferenz insoweit ab, vgl. *Schöbener/Markert*, ICSID, in: ZVglRWiss 05 (2006), 65 Fn. 17; zur Geschichte *Amerasinge,* Investment Disputes, in: *Bernhard*, EPIL II, 1447 ff.

809   Für die BRD am 18.05.1969 in Kraft getreten, in: BGBl. 1969 II, 369 ff.

810   158 Unterzeichner, allerdings haben nur 149 die erforderlichen Ratifikationsinstrumente hinterlegt, vgl. List of Contracting States and Other Signatories of the Convention, abrufbar auf www.worldbank.org/icsid.

811   *Reed/Paulsson/Blackaby*, ICSID Arbitration, 1; *Schöbener/Markert*, ICSID, in: ZVglRWiss 05 (2006), 65, 68.

lich den verfahrensrechtlichen Rahmen zur Beilegung von Investitionsstreitigkeiten vor einem unabhängigen internationalen Schiedsgericht vorgibt, dessen Verfahrensablauf durch das ICSID Zentrum administriert
wird.[812] Die rein administrative Funktion des ICSID Zentrums geht auch
aus Art. 1 Abs. 2 ICSID Übereinkommen deutlich hervor:

> „The purpose of the Centre shall be to provide facilities for conciliation and arbi-
> tration of investment disputes between Contracting States and nationals of other
> Contracting States in accordance with the provisions of this Convention."

Hierin muss wohl auch der Grund für die hohe Akzeptanz und Anzahl von
Mitgliedern des ICSID Übereinkommens gesehen werden. Durch die Zurverfügungstellung eines Streitbeilegungsverfahrens, ohne jedoch den Mitgliedstaaten die Freiheit zu nehmen, die materiell rechtliche Ausgestaltung
des Investitionsverhältnisses selbst zu bestimmen, konnte überhaupt erst
ein derart breiter Konsens in der Staatenwelt erreicht werden. Dementsprechend betonten bereits die Exekutivdirektoren der Weltbank, dass es
das Ziel des ICSID Übereinkommen ist, einerseits Rechtssicherheit für
ausländische Investoren durch einen unabhängigen internationalen Streitbeilegungsmechanismus zu schaffen und andererseits Investitionen zu fördern, um auf diese Weise die wirtschaftliche Entwicklung der Gaststaaten
zu fördern:

> „9. In submitting the attached Convention to governments, the Execu-
> tive Directors are prompted by the desire to strengthen the partnership between
> countries in the cause of economic development. The creation of an institution de-
> signed to facilitate the settlement of disputes between States and foreign investors
> can be a major step toward **promoting an atmosphere of mutual confidence and
> thus stimulating a larger flow of private international capital** into those coun-
> tries which wish to attract it. (...)

> 12. The Executive Directors believe that private capital will continue to flow to
> countries offering a favorable climate for attractive and sound investments, even if
> such countries did not become parties to the Convention or, having joined, did not
> make use of the facilities of the Centre. On the other hand, adherence to the Con-
> vention by a country would provide additional inducement and **stimulate a large
> flow of private international investment into its territories, which is the pri-
> mary purpose of the Convention.**

> 13. While the broad objective of the Convention is to encourage a larger flow of
> private international investment, the provisions of the Convention **maintain a
> careful balance between the interests of investors and those of host States.**

---

812 Report of the Executive Directors, para. 15; *Broches*, ICSID, in: *ders.*, Selected
Essays, 164, 165; *Nacimiento*, Streitbeilegung, in: *Ehlers/Wolfgang/Schröder*,
Rechtsfragen, 171, 172.

Moreover, the Convention permits the institution of proceedings by host States as well as by investors and the Executive Directors have constantly had in mind that **the provisions of the Convention be equally adapted to the requirement of both cases.**"[813] (Hervorhebung durch den Verfasser)

Der Report unterstreicht folglich, dass sowohl die Interessen der Investoren als auch die der Gastländer berücksichtigt werden müssen, um das alles umfassende Ziel, globalen wirtschaftlichen Wohlstand durch einen vermehrten weltweiten Fluss an Privat zu erreichen, zu verwirklichen. Es wurde dabei richtiger Weise erkannt, dass ein neutrales, vom Gaststaat losgelöstes Streitbeilegungssystem den Bedenken des Investors gegenüber dem Rechtssystem des Gaststaates entgegenwirkt und dadurch eine vermehrte Investitionsbereitschaft hervorruft. Andererseits erkennen die Exekutivdirektoren auch die Bedürfnisse der Gaststaaten an, aufgrund der Notwendigkeit ausländischen Kapitals für ihre wirtschaftliche Entwicklung übermächtigen ausländischen Investoren jegliche Freiheiten zu gewähren. Diese sorgfältige Abwägung und Zielsetzung wurde auch in der Präambel des ICSID Übereinkommen niedergelegt.[814] Das ICSID Zentrum selbst ist jedoch kein Schiedsgericht, sondern ein Verwaltungskörper, dem jedoch nach dem ausdrücklichen Willen der Vertragsstaaten Völkerrechtssubjektivität zukommt.[815] Durch das ICSID Übereinkommen wird dem privaten Investor aufgrund eines völkerrechtlichen Vertrages die Möglichkeit gewährt, direkt gegen den Gaststaat ein Schiedsverfahren wegen dessen Verletzung seiner völkerrechtlichen Pflichten einzuleiten und gegebenenfalls Entschädigung zu verlangen.[816] Das stellt im internationalen Wirtschaftsrecht eine in dieser Form bisher einmalige rechtliche Konstruktion dar. Trotz dieser Einzigartigkeit, oder vielleicht gerade deswegen, wurde das ICSID Zentrum in den ersten Jahrzehnten seiner Existenz kaum frequentiert bis im Jahre 1972 der erste Streitfall registriert wurde, der jedoch durch Vergleich beigelegt werden konnte.[817] Dies hat sich in den letzten zwei Jahrzehnten schlagartig geändert. Bisher wurden insgesamt 319 Investitionsstreitigkeiten beim ICSID Zentrum seit seiner Erschaffung registriert, von denen 208 nach den Regeln des ICSID Überein-

---

813 Report of the Executive Directors, paras. 9, 12, 13.
814 Präambel des ICSID Übereinkommens. (Hervorhebung im Original)
815 Vgl. Art. 18 des ICSID Übereinkommen; *Tietje*, Investment Disputes, in: *ders.*, Investment Law and Arbitration, 17, 22.
816 *Böckstiegel*, Investitionsschutz, in: SchiedsVZ 2008, 265, 268; *Tietje*, Investment Disputes, in: *ders.*, International Investment Law and Arbitration, 17, 21.
817 Vgl. Holiday Inns S.A. and others v. Marocco, ICSID Case No. ARB/72/1.

kommens entschieden wurden.[818] Allein im Jahr 2010 stieg die Zahl der anhängigen Verfahren wieder um zwölf Prozent gegenüber dem Vorjahr durch 27 neue Streitfälle gegen 24 verschiedene Gaststaaten.[819] Deutsche Investoren initiierten neun Verfahren, wohingegen die Bundesrepublik Deutschland bis 2009 als Beklagter verschont geblieben ist.[820] Bereits dieser kurze Blick auf die Entwicklung der anhängigen Fälle lässt auf die wachsende internationale Bedeutung der ICSID Schiedsgerichtsbarkeit und die Erfolgsgeschichte schließen, die ICSID in den letzten Jahrzehnten geschrieben hat. Durch die zahlreichen veröffentlichten Schiedssprüche entstand und entstand sich stetig weiterentwickelndes internationales Investitionsrecht, das mittlerweile einen festen Bestandteil des Wirtschaftsvölkerrechts ausmacht. Deswegen wird besonders die Streitbeilegung und Entscheidungen nach dem ICSID Übereinkommen in der folgenden Untersuchung einen Schwerpunkt ausmachen.

2. Die Organisation

Im Anschluss soll, ohne jedoch den Anspruch auf Vollständigkeit zu erheben noch kurz auf die Organisation des ICSID Zentrums eingegangen werden. Das ICSID Zentrum ist ein Verwaltungskörper zur Administration von Investitionsschiedsverfahren und bildet eine der fünf internationalen Organisationen der Weltbankgruppe.[821] Der Mitarbeiterstab des ICSID Zentrums unterstützt die Streitparteien bei zahlreichen organisatorischen Fragen, wie beispielsweise der Auswahl der Schiedsrichter, der Verwaltung der Schriftsätze und Beweismittel oder auch der Veröffentlichung von Institutionen.[822] Daneben nimmt das Zentrum auch Aufgaben der Lehre und Forschung und veröffentlicht in diesem Rahmen zum Beispiel die Zeitschrift ICSID Review. Das Zentrum hat seinen Sitz bei der Weltbank in Washington D.C. in den USA, die das ICSID Zentrum mit Räumen für die Verwaltung sowie mit Verfahrens- und Konferenzräumen ausstattet und vor allem für die Finanzierung des Verwaltungshaushaltes auf-

---

818 ICSID, Annual Report 2010, 21, abrufbar auf www.worldbank.org.
819 ICSID, Annual Report 2010, 21.
820 Am 30.03.2009 wurde der erste Antrag auf Einleitung eines Schiedsverfahrens gegen die Bundesrepublik Deutschland unter dem ECT gestellt, *Vattenfall v Germany*, Request for Arbitration, 30.03. 2009.
821 Organizational Structure of ICSID, abrufbar unter www.worldbank.org/icsid; *Reed/Paulsson/Blackaby*, ICSID Arbitration, 4.
822 *Reed/Paulsson/Blackaby*, ICSID Arbitration, 5.

kommt.[823] Das ICSID Zentrum hat zwei Organe, den Verwaltungsrat (*Administrative Counsel*) und ein Sekretariat (*The Secretariat*), dem auch der Generalsekretär (*Secretary-General*) angehört.[824] Der Verwaltungsrat besteht aus einem Vertreter jedes Mitgliedsstaates des ICSID Übereinkommens, wobei der Vorsitz durch den Präsidenten der Weltbank geführt wird, der jedoch kein Stimmrecht besitzt.[825] Die Aufgaben des Verwaltungsrates sind zum Beispiel die Verfahrens- und Finanzordnung des ICSID Zentrums sowie die Verfahrensregeln für die Einleitung und Durchführung von Schlichtungs- und Schiedsverfahren zu beschließen.[826]

Das Sekretariat nimmt hauptsächlich die administrative Organisation der Schiedsverfahren wahr und besteht aus dem Generalsekretär, dem stellvertretenden Generalsekretär sowie einem Mitarbeiterstab.[827] An dieser Stelle soll auf eine Neuerung hingewiesen werden, die zusätzlich die Unabhängigkeit des ICSID Zentrums unterstreicht. Bisher war regelmäßig der *General Counsel* der Weltbank automatisch zugleich der Generalsekretär des ICSID Zentrums.[828] Seit 2008 jedoch wurden diese beiden Positionen getrennt und mit Frau Meg Kinnear zum ersten Mal eine ICSID-eigener Generalsekretär(in) ernannt. Der Mitarbeiterstab des Sekretariats besteht aus erfahrenen, mehrsprachigen Juristen (*Counsels*), die als Sekretäre die jeweiligen Verfahren betreuen und von einem Verwaltungsstab unterstützt werden.[829] Zudem unterhält das Sekretariat eine eigene Schlichter- und Schiedsrichterliste, aufgrund derer die Parteien geeignete und erfahrene Personen auswählen können.[830] Für die Bundesrepublik Deutschland wurden Prof. Dr. Karl-Heinz Böckstiegel, Prof. Dr. Stephan Hobe, Frau Dr. Sabine Konrad und Frau Dr. Patricia Nacimiento ausgewählt.[831]

Das wichtigste rechtliche Instrument im Rahmen des ICSID Zentrums ist sicherlich die ICSID Konvention, auf die bereits eingegangen wurde und die das Zentrum vor allem geschaffen hat. Daneben gibt es jedoch

---

823 Art. 2 ICSID Übereinkommen; *Reed/Paulsson/Blackaby*, ICSID Arbitration, 5.
824 Vgl. Art. 3 ICSID Übereinkommen.
825 Vgl. Art. 4 Abs. 1, Art. 5 ICSID Übereinkommen.
826 Vgl. Art. 6 Abs. 1 ICSID Übereinkommen.
827 Vgl. Art. 9 ICSID Übereinkommen.
828 *Reed/Paulsson/Blackaby*, ICSID Arbitration, 4.
829 ICSID Administrative and Financial Regulations 25, 27.
830 Vgl. Art. 12 ff. ICSID Übereinkommen.
831 ICSID, Members of the Panels of Conciliators and Arbitrators, abrufbar unter www.worldbank.org/icsid. Jeder Vertragsstaat hat das Recht, vier Personen für jede Liste zu ernennen, vgl. Art. 13 Abs. 1 ICSID Übereinkommen.

noch weitere Vorschriften und Regelungen, die zur Anwendung kommen. Als erstes sind die sogenannten ICSID *Administrative and Financial Regulations* anzuführen, die Regelungen über die Zusammenkünfte des Verwaltungsrates sowie über die Administration der Schlichtungs- und Schiedsverfahren enthalten.[832] Daneben gibt es die ICSID *Rules of Procedure for the Institution of Conciliation and Arbitration Proceedings* (Insitution Rules), die sich mit der Einleitung eines Schlichtungs- oder Schiedsverfahrens im Rahmen vom ICSID Zentrum befassen.[833] Eine wichtige Funktion erfüllen auch die ICSID *Rules of Procedure for Arbitration Proceedings*, in denen sich detaillierte Verfahrensregeln für die Durchführung der verschiedenen Abschnitte eines Schiedsverfahrens finden, wie zum Beispiel die Konstituierung des Schiedsgerichts oder die Beweisaufnahme.[834] Das Pendant zu den eben genannten Arbitration Rules sind als letztes die ICSID *Rules of Procedure for Conciliation Proceedings*, die in gleicher Weise das Verfahren im Rahmen des Schlichtungsprozesses regeln.[835] Die offiziellen Verfahrenssprachen sind identisch mit den authentischen Vertragssprachen der ICSID Konvention, in denen auch alle Kataloge von anderen Verfahrens- und Verwaltungsvorschriften abgefasst sind: Englisch, Französisch und Spanisch.[836] Grundsätzlich ist für die Anwendbarkeit der ICSID Konvention erforderlich, dass Gast- und Heimatstaat des Investors Vertragsstaaten sind.[837] Um eine größere Anwendbarkeit der ICSID Konvention und ihres Streitbeilegungsmechanismus zu ermöglichen, können seit 1978 unter den ICSID *Additional Facility* auch ICSID Schiedsverfahren durchgeführt werden,

---

832 ICSID Administrative and Financial Regulations, erlassen auf der Grundlage von Art. 6 Abs. 1 lit. a ICSID Übereinkommen.

833 ICSID Rules of Procedure, erlassen auf der Grundlage von Art. 6 Abs. 1 lit. b ICSID Konvention, für den Zeitraum zwischen dem Gesuch auf Einleitung eines Verfahrens (*filing of request*) bis zur Benachrichtigung über dessen Registrierung durch das ICSID Zentrum (*dispatch of notice of registration*).

834 ICSID Rules of Procedure for Arbitration, erlassen auf der Grundlage von Art. 6 Abs. 1 lit. c ICSID Übereinkommen. Sie regeln Verfahrensfragen vom Zeitpunkt der Registrierung des Antrags auf Durchführung eines Schiedsverfahrens.

835 ICSID Rules of Procedure for Conciliation, erlassen auf der Grundlage von Art. 6 Abs. 1 lit. c ICSID Übereinkommen. Sie enthalten Vorschriften für den Zeitraum ab der Registrierung des Antrags auf Durchführung eines Schlichtungsverfahrens bis zum Erlass des es beendenden Berichts (reports).

836 Vgl. Arbitration Rule 22; Conciliation Rule 22; Administration and Financial Regulation 34 oder Schlussbestimmung der ICSID Übereinkommen.

837 Vgl. Art. 25 (1) ICSID Übereinkommen.

wenn lediglich ein Staat Vertragsstaat der ICSID Konvention ist.[838] Diese
Möglichkeit wird insbesondere im Rahmen von Investitionsstreitigkeiten
unter Kapitel 11 des NAFTA relevant, auf das noch eingegangen wird.

3. ICSID's Besonderheiten

Selbstverständlich werden Investitionsschutzverfahren nicht ausschließlich im Rahmen der ICSID Konvention und nach ihren Regeln durchgeführt. Des Öfteren werden Schiedsverfahren über Investitionsstreitigkeiten
auch in Form eines Ad Hoc Schiedsverfahrens unter den *United Nations
Commission on International Trade Arbitration Rules* (*UNCITRAL Rules*)
oder im Rahmen der Regelungswerke anderer Schiedsinstitutionen, die
bekannteste unter ihnen wohl die Schiedsinstitution der Internationalen
Handelskammer Paris (*ICC Rules*), durchgeführt. Nichtsdestotrotz ist gerade die Flut von ICSID Verfahren der letzten 25 Jahre ein Zeichen für die
allgemeine Beliebtheit von ICSID bei den Investoren. Im Rahmen der
ICSID Konvention gibt es einige Besonderheiten, wodurch sich das Verfahren besonders für die Durchführung von Investitionsstreitigkeiten unter
Beteiligung staatlicher und privater Parteien eignet, auf die im Folgenden
kurz eingegangen werden soll.

Gerade im Vergleich zu den eben angeführten Institutionen der privaten
Handelsschiedsgerichtsbarkeit oder eines nicht administrierten Ad Hoc
Schiedsverfahrens ist eine Besonderheit von ICSID, dass es sich dabei um
einen neutralen, in sich abgeschlossenen und unabhängigen Streitbeilegungsmechanismus handelt.[839] Im Rahmen der privaten Handelsschiedsgerichtsbarkeit ergeben sich sowohl der Schiedsort als auch die verschiedenen, anwendbaren rechtlichen Regelungen durch ein komplexes Zusammenspiel mehrerer Rechtssysteme. So bestimmt sich der Schiedsort
entweder durch Parteivereinbarung oder die anwendbaren Schiedsregeln
der Schiedsinstitutionen, wodurch sich wiederum das anwendbare Verfahrensrecht, die lex arbitri, ergibt.[840] Die nationalen Gerichte des Schiedsortes haben dann unterschiedlich stark ausgeprägte Kompetenzen, um Einfluss auf das Schiedsverfahren zu nehmen, wie beispielsweise die Möglichkeit das Schiedsgericht zu benennen oder gar den Schiedsspruch ex

---

838 Vgl. Einleitung zu ICSID Additional Facility Rules, abrufbar auf
http://icsid.worldbank.org/ICSID/StaticFiles/facility/AFR_English-final.pdf.
839 *Reed/Paulsson/Blackaby*, ICSID Arbitration, 7.
840 *Reed/Paulsson/Blackaby*, ICSID Arbitration, 7.

post wieder aufzuheben.[841] Bei einem Verfahren unter ICSID hingegen, wird das gesamte Verfahren, losgelöst von der Rechtsordnung des Schiedsortes, durch das in sich abgeschlossene Streitbeilegungssystem von ICSID und delokalisiert durchgeführt. Das befreit die Parteien des Schiedsverfahrens von den Unwägbarkeiten staatlicher Rechtssysteme und der Bindung an diese durch die, teilweise nicht durchdachte, Wahl des Schiedsortes und gewährt dementsprechend ein beträchtliches Maß an Rechtssicherheit.

Zudem sind private Handelsschiedsverfahren und deren Schiedssprüche in der Regel der Öffentlichkeit nicht zugänglich. Das ICSID Zentrum auf der anderen Seite bietet ein hohes Maß an Transparenz, was das Bestehen, den aktuellen Stand und das endgültige Schicksal eines Schiedsverfahrens betrifft, ab dem Zeitpunkt der Registrierung.[842] Zwar sieht Art. 4 ICSID Konvention auch für die Investitionsschiedsverfahren vor, dass die Veröffentlichung des Schiedsspruchs von der Zustimmung beider Parteien abhängig ist. Jedoch sind in der Praxis fast alle Schiedssprüche unter ICSID öffentlich, beispielsweise auf der Webseite, zugänglich. Dem Investor wird hierdurch ein zusätzlicher Leverage für die erfolgreiche Durchsetzung seiner Ansprüche aufgrund dieser Öffentlichkeit ermöglicht, da das Gastland in der Regel ein attraktives Investitionsklima nach außen hin anbieten möchte. Dem Gastland kommt es im Vergleich entgegen, dass der Heimatstaat des Investors während der Durchführung eines ICSID Investitionsschiedsverfahrens auf die Ausübung seines Rechts auf diplomatischen Schutz und die Geltendmachung sonstiger völkerrechtlicher Ansprüche verzichtet.[843] Zwischen Heimatstaat des Investors und Gaststaat besteht in der Regel ein Mächteungleichgewicht, da es sich bei dem Gaststaat um investitionsbedürftige Entwicklungs- oder Schwellenländer und beim Heimatstaat um Industrienationen handeln kann. Wenn es sich um eine Investition von genügender Bedeutung handelt, könnte der Heimatstaat politischen und auch wirtschaftlichen, erheblichen Druck auf den Gaststaat ausüben, unabhängig davon, ob das Begehren des Investors gerechtfertigt ist oder ob ihm etwa auch ein schuldhaftes Verhalten zur Last fällt. Im Rahmen eines ICSID Schiedsverfahrens erhält der Gaststaat die Möglichkeit eines fairen Verfahrens, indem er selbst seine Seite darlegen, ein schuldhaftes Verhalten des Investors monieren oder sich auf einen Rechtfertigungsgrund berufen kann.

---

841 *Reed/Paulsson/Blackaby*, ICSID Arbitration, 7.
842 Vgl. 22, 23 Adminstrative and Financial Regulations.
843 Vgl. Art. 27 ICSID Übereinkommen.

Darüber hinaus, wenn eine Investitionsstreitigkeit im Rahmen der ICSID Konvention durchgeführt wird, ist durch die Zustimmung zum jeweiligen Verfahren und die Mitgliedschaft in der Konvention die Zuständigkeit staatlicher Gerichte ausgeschlossen und der Gaststaat verzichtet wirksam auf jeglichen anderen, staatlichen Rechtsbehelf:

> „Consent of the parties to arbitration under this Convention shall, unless otherwise stated, be deemed consent to such arbitration to the exclusion of any other remedy. A Contracting State may require the exhaustion of local administrative or judicial remedies as a condition of its consent to arbitration under this Convention."[844]

Ob zu Recht oder Unrecht, haben Investoren Zweifel an der Tauglichkeit der nationalen Gerichte des Gaststaates für die Konfliktlösung. Sie erwarten, dass ihnen dort kein unabhängiges Verfahren gewährt wird und die Gerichte voreingenommen gegenüber ihrem Begehren sein werden. Die Ausschließung der Zuständigkeit nationaler Gerichte und die Durchführung eines internationalisierten Schiedsverfahrens stellen für den ausländischen Investor mithin einen wesentlichen Vorteil dar. Durch die Durchführung eines ICSID Investitionsschiedsverfahrens erhält der Investor einen Schiedsspruch, der für den Gaststaat bindend und nur aufgrund der im Rahmen der ICSID Konvention vorgesehenen Aufhebungsgründe angegriffen werden kann.[845] Zusätzlich sind auch alle anderen Vertragsstaaten der ICSID Konvention verpflichtet, den Schiedsspruch anzuerkennen und die aus ihm folgenden Ansprüche wie ein nationales Urteil durchzusetzen.[846] Auf diesem Wege werden die Schwierigkeiten umgangen, die sich bei Schiedssprüchen der privaten Handelsschiedsgerichtsbarkeit regelmäßig bei deren Durchsetzung ergeben. Schiedssprüche im Rahmen der Handelsschiedsgerichtsbarkeit können im Rahmen der New York Convention[847] zwar durchgesetzt werden, zuvor muss jedoch erst ein staatliches Gericht diesen anerkennen und für vollstreckbar erklären. Zudem kann dieser Schiedsspruch auch durch innerstaatliche Aufhebungsverfahren, deren Gründe der Staat in seinen Schiedsgesetzen selbst festlegt, im Nachhinein wieder vernichtet werden.[848] Durch einen ICSID Schiedsspruch erhält der ausländische Investor daher die Sicherheit, nach Durchführung ei-

---

844 Vgl. Art. 26 ICSID Übereinkommen.
845 Vgl. Art. 53 ICSID Übereinkommen.
846 Vgl. Art. 54 ICSID Übereinkommen.
847 Convention on the Recognition and Enforcement of Foreign Arbitral Awards, 10.06.1958, für die BRD in Kraft getreten am 28.09.1961.
848 *Nathan*, The ICSID Convention, 60 f.; *Salacuse*, Regime for Investment, in: Harv ILJ. 51 (2010), 427, 446 ff.; *Nacimiento*, ICSID-Regeln, in: *Ehlers/Wolfgang/Schröder*, Rechtsfragen, 171, 183 f.

nes erfolgreichen Schiedsverfahrens, sein Recht auch tatsächlich durchsetzen zu können. Zuletzt ist wahrscheinlich das bedeutendste Charakteristikum der ICSID Schiedsverfahren, dass in diesem Rahmen einem privaten, ausländischen Investor eine direkte Klagemöglichkeit auf internationaler Ebene gegen den Gaststaat gewährt wird.[849] Der ausländische Investor hat das Recht, ein internationales Verfahren, geschaffen durch einen völkerrechtlichen Vertrag, gleichberechtigt gegen den Gaststaat einzuleiten, durchzuführen und bei Obsiegen durchzusetzen.

4. Fundamentale Voraussetzung für die Zuständigkeit von ICSID

Zunächst soll in gebotener Kürze auf die fundamentalen Voraussetzungen für die Zuständigkeit eines Schiedsgerichts nach ICSID eingegangen werden. Die Zuständigkeit richtet sich grundsätzlich nach Art. 25 Abs. 1 ICSID Konvention:

„The jurisdiction of the Centre shall extend to any **legal dispute arising directly out of an investment**, between a Contracting State (or any constituent subdivision or agency of a **Contracting State** designated to the Centre by that State) and a **national of another Contracting State**, which the parties to the dispute **consent** in writing to submit to the Centre. When the parties have given their consent, no party may withdraw its consent unilaterally."[850] (Hervorhebung durch den Verfasser)

Der Wortlaut spricht nur vom ICSID Zentrum, jedoch haben Schiedsgerichte gleichermaßen die Voraussetzungen dieser Norm als Zuständigkeitsvoraussetzungen anerkannt und prüfen sie regelmäßig.[851]

a. Zuständigkeit rationae personae

Als erste Voraussetzung nennt Art. 25 Abs. 1 ICSID Konvention, dass es sich um einen Rechtsstreit zwischen einem Vertragsstaat und einem Staatsangehörigen eines weiteren Vertragsstaates handelt.[852] Zunächst

---

849 *Schwartmann*, Private im Wirtschaftsvölkerrecht, 95; *Schöbener/Markert*, ICSID, in: ZVglRWiss 105 (2006), 65, 68 f.
850 Vgl. Art. 25 Abs. 1 ICSID Übereinkommen.
851 *Tokios Tokéles v Ukraine*, paras 19 f.; *Champion Trading Company v Egypt*, 9 ff.
852 Vgl. allgemein zu den Zuständigkeitsvoraussetzungen, UNCTAD, 2.4 Requirements Rationae Personae; *Schreuer*, The ICSID Convention, A Commentary, 2001, Art. 25.

müssen also sowohl der Gaststaat als auch der Heimatstaat Vertragsstaaten der ICSID Konvention sein. Sollte einer der beiden betroffenen Staaten kein Vertragsstaat der ICSID Konvention sein, kommt eine Zuständigkeit des ICSID Zentrums nur noch unter ICSID *Additional Facility* in Betracht. Die Voraussetzung, dass auch der Heimatstaat in der ICSID Konvention Mitglied ist, erklärt sich daraus, dass zahlreiche Vorschriften der Konvention auch ihm im Falle eines anhängigen Investitionsstreits Pflichten auferlegen.[853] Die persönliche Zuständigkeit hinsichtlich des Investors hat zwei Voraussetzungen: der Investor darf nicht die Staatsangehörigkeit des Gaststaates innehaben und muss zusätzlich Staatsangehöriger eines anderen Vertragsstaates sein.[854] Der Investor kann sowohl eine private natürliche Person als auch eine juristische Person sein.[855] Bei einer natürlichen Person muss die Staatsangehörigkeit sowohl im Zeitpunkt der Zustimmung zum ICSID Schiedsverfahren als auch der Einleitung des Verfahrens durch Registrierung des Antrags (*request for arbitration*) vorgelegen haben.[856] Eine natürliche Person muss folglich im Zeitpunkt der Registrierung die Staatsangehörigkeit eines Mitgliedsstaates, nicht aber des Gaststaates aufweisen. Eine juristische Person muss im Zeitpunkt, indem sich die Parteien über die Zuständigkeit der ICSID Konvention geeinigt haben, eine andere Staatsangehörigkeit als der Gaststaat besitzen.[857] Die Bestimmung der Staatsangehörigkeit juristischer Personen richtet sich grundsätzlich nach dem Ort ihrer Registrierung oder ihrem Sitz.[858] Grundsätzlich spielt die Kontrolle (*foreign control*) der Gesellschaft keine Rolle zur Bestimmung der Staatsangehörigkeit; dies ändert sich jedoch dann, wenn die Parteien vereinbart haben, dass aufgrund der Kontrolle einer inländischen Gesellschaft durch einen ausländischen Investor diese als

---

853 Vgl. beispielsweise den Verzicht auf die Ausübung diplomatischen Schutzes oder sonstiger völkerrechtlicher Ansprüche in Art. 27 Abs. 1 ICSID Übereinkommen.

854 Vgl. *Holiday Inns v Marocco*, Decision on Jurisdiction; *CSOB v Slovakia*, Decision on Objections to Jurisdiction, paras. 15 ff.; *Klöckner v Cameroon*, Award; *AGIP v Congo*, Award; *Amco v Indonesia*, Decision on Jurisdiction.

855 *Schreuer/Malintoppi/Reinisch/Sinclair*, ICSID Convention, Art. 25 Rn. 270; *Schlemmer*, Investment, in: *Muchlinski/Ortino/Schreuer*, Investment Law, 49, 69 ff; *McLachlan/Shore/Weininger*, Investment Arbitration, Rn. 5.22 ff.

856 Art. 25 Abs. 2 lit. a ICSID Convention; *Schreuer/Malintoppi/Reinisch/Sinclair*, ICSID Convention, Art. 25 Rn. 635 ff., Rn. 679 ff.

857 Ibid.

858 Ausführlich *Schreuer/Malintoppi/Reinisch/Sinclair*, ICSID Convention, Art. 25 Rn. 635 ff., Rn. 688 ff.; *Schlemmer*, Investment, in: *Muchlinski/Ortino/Schreuer*, Investment Law, 49, 75 f.; *McLachlan/Shore/Weininger*, Investment Arbitration, Rn. 5.43 ff.

fremder Staatsangehöriger für die Zwecke von ICSID behandelt werden soll.[859] Allein diese Vereinbarung ermöglicht es, dass der Investor seinen Schutz im Rahmen der ICSID Konvention nicht verliert, wenn er zur Durchführung seiner Investition im Gaststaat eine Tochtergesellschaft gründet.[860] Insbesondere durch die immer weitere Verflechtung gesellschaftsrechtlicher Strukturen weltweit, beispielsweise durch die Gründung zahlreicher Tochtergesellschaften oder Integration ausländischer Gesellschaften unter den Schirm eines Konzerns, und die Entstehung transnationaler oder multinationaler Unternehmen, stellt die Bestimmung der Staatsangehörigkeiten juristischer Personen durch die Schiedsgerichte eine immer wieder neue Herausforderung dar und ist häufig ein äußerst umstrittener Punkt der Entscheidung.

b.   Zustimmung (*consent*)

Eine weitere wichtige Zuständigkeitsvoraussetzung ist die schriftliche Zustimmung zur Unterwerfung der Streitigkeit zwischen Gaststaat und ausländischem Investor unter die ICSID Konvention, die neben der Mitgliedschaft des Gaststaates in der ICSID Konvention erforderlich ist, Art. 25 ICSID Übereinkommen. Die Tatsache, dass der Gaststaat Vertragsstaat der ICSID Konvention ist, reicht allein zur Zuständigkeitsbegründung nicht aus, sondern eröffnet lediglich die Option, Schiedsverfahren unter der Administration des ICSID Zentrums durchzuführen.[861] Diese ausdrückliche Zustimmung kann grundsätzlich in den drei verschiedenen Formen erfolgen. Zuerst können Gaststaat und Investor auf einer konkreten Einwilligung zwischen Gaststaat und Investor beruhen, sei es in einem Investitionsvertrag oder einer anderen gesonderten vertraglichen Vereinbarungen zwischen diesen Parteien.[862] Die Zustimmung kann sowohl vor

---

859   Vgl. Art. 25 Abs. 2 lit. b a.E. ICSID Übereinkommen.
860   Vgl. hierzu die zahlreichen Fallgestaltungen *LANCO v Argentina*, para. 10; *CMS v Argentina*, Decision on Objections to Jurisdiction, paras. 55 f.; *Autopista Concesionada de Venezuela v Venezuela*, Decision on Jurisdiction, paras. 107 ff.
861   Auch die Tatsache, dass eine Mitgliedschaft in der ICSID Konvention noch keine konkreten Folgen, sondern noch die ausdrückliche Einwilligung für die jeweilige Streitigkeit zu erfolgen hat, ist wohl einer der Hauptgründe für den Erfolg der Konvention. *Schöbener/Markert*, ICSID, in: ZVglRWiss 105 (2006), 65, 78 ff.
862   *Nathan*, ICSID Convention, 117; *World Duty Free v Kenya*, para. 6; *Plama v Bulgaria*, Decision on Jurisdiction; *Duke Energy v Peru*, Decision on Jurisdiction, paras. 199 ff.; *Klöckner v Cameroon*, 65 ff.; *SOBI v Senegal*, paras. 47 ff.

oder nach dem Entstehen einer Investitionsstreitigkeit erfolgen kann, wobei ersteres den Regelfall darstellt.[863] Zweitens kann der Gaststaat eine allgemeine Zustimmung einseitig im Rahmen seiner nationalen Investitionsgesetze erklären, die bei Auftreten einer Investitionsstreitigkeit vom Investor nur noch angenommen werden braucht, in der Regel implizit durch die Einleitung des ICSID Schiedsverfahrens.[864] Den wohl wichtigsten praktischen Anwendungsfall stellt die einseitige, antizipierte Zustimmung des Gaststaates zur Streitbeilegung nach der ICSID Konvention in einem Investitionsschutzvertrag dar.[865] Diese Investitionsschutzverträge sind entweder bilaterale oder multilaterale völkerrechtliche Abkommen, in denen sich die Vertragsstaaten gegenseitig der ICSID Schiedsgerichtsbarkeit unterwerfen.[866] Auch im Falle dieser vorweggenommenen einseitigen Zustimmungen der Gaststaaten kann der Investor im konkreten Streitfall ausdrücklich oder konkludent durch die Einleitung des ICSID Schiedsverfahrens die Einwilligung annehmen.

c.   Zuständigkeit rationae materiae

Als Letztes muss sich die Streitigkeit direkt aus einer Investition ergeben.[867] Diese Voraussetzung und insbesondere der Begriff der Investition sind höchst umstritten. Da hierüber eine gesamte Untersuchung verfasst werden könnte, soll die folgende Darstellung nur eine kurze Einführung bieten, ohne jedoch einen Anspruch auf nur annähernde Vollständigkeit zu erheben. Obwohl der Investitionsbegriff eine Schlüsselrolle in der Bestimmung der Zuständigkeit eines ICSID Schiedsverfahrens einnimmt, enthält Art. 25 Abs. 1 ICSID Konvention selbst, oder vielleicht gerade

---

863 Vgl. Report of the Executive Directors, para. 23; Zustimmung nach Entstehung der Streitigkeit siehe *MINE v Guinea*, 64; *Compania del Desarrollo de Santa Elena S.A. v Costa Rica*, para. 26.

864 *Tietje*, Investment Disputes, in: *ders.*, Investment Law and Arbitration, 17, 23. *SPP v. Egypt*, Decision on Jurisdiction I, paras. 70 ff.; *Tradex Hellas v Albania*, Decision on Jurisdiction.

865 *Reed/Paulsson/Blackaby*, ICSID Arbitration, 7; *Schreuer/Malintoppi, u.a.*, ICSID Convention, Preamble Rn. 35 f. und Art. 25 Rn. 427 ff; *Dolzer/Stevens*, BIT, 130 ff; *Paulsson*, Arbitration without Privity, in: ICSID Rev 10 (1995), 232, 246 ff.

866 Vgl. Art. 26 Abs. 3 lit. a ECT; Art. 1122 NAFTA für die ICSID Additional Facility; Beispiele für BITs: Art. 8 UK Model BIT (2005); Art. 8 French Model BIT; Art. 25 US Model BIT (2004); Art. 28 Canada Model BIT 2004.

867 Vgl. Art. 25 Abs. 1 ICSID Konvention.

deshalb, keine Definition des Begriffs.[868] Die Ausfüllung des Begriffs wurde mithin den Parteien im Rahmen ihrer Einwilligung sowie maßgeblich den die ICSID Konvention anwendenden Schiedsgerichten überlassen. Besondere Bedeutung kommt in diesem Rahmen der *Salini* Entscheidung zu, in der das Schiedsgericht feste Kriterien für die Bejahung einer Investition definierte:

> „The doctrine generally considers that investment infers: contributions, a certain duration of performance of the contract and a participation in the risks of transaction. In reading the Convention's preamble, one may add the contribution to the economic development of the host State of the investment as an additional condition."[869]

Von dieser Festlegung allgemeiner Charakteristika eines Investments spricht man seither vom Salini Test. Erforderlich ist danach, dass das Vorhaben auf gewisse Dauer angelegt ist, zur Abgrenzung vom *commercial contract* abzugrenzen. Zudem muss die Investition zu gewissen Einkünften führen. Als nächstes muss das Vorhaben mit einem gewissen, Auslandsinvestitionen inhärenten Risiko behaftet sein. Zuletzt ist notwendig, dass das Projekt zur wirtschaftlichen Entwicklung des Gaststaates beiträgt. Jedoch sind diese Kriterien nicht in Stein gemeißelt, sondern es muss im konkreten Fall vom konkreten Tribunal geprüft werden, ob alle Kriterien für die Qualifizierung des in Rede stehenden Projekts als Investition erforderlich sind.[870] Obwohl teilweise diese Merkmale stark kritisiert worden sind,[871] folgen doch mittlerweile die meisten Tribunals diesem Ansatz zur Bestimmung einer Investition.[872] Auch die Investitionsschutzverträge enthalten eine Regelung beziehungsweise Definition der Investition. Somit bestimmt das Schiedsgericht im Rahmen der ICSID Konvention diese

---

868 Report of the Executive Directors, para. 27; *Rubins*, The Notion of 'Investment', in: *Horn/Kröll*, Investment Disputes, 283; *Plama v Bulgaria*, Decision on Jurisdiction; *Occidental v Ecuador*, Decision on Jurisdiction.

869 *Salini v Marocco*, Decision on Jurisdiction, para. 53.

870 *Schreuer/Malintoppi/Reinisch/Sinclair*, ICSID Convention, Art. 25 Rn. 635 ff., 121, 152 ff.; *Joy Mining v Egypt*, Decision on Jurisdiction, para. 53; *MHS v Malaysia*, Decision on Jurisdiction, para. 72; *Bayindir v Pakistan*, Decision on Jurisdiction, paras. 130 ff.

871 Vgl. beispielsweise *L.E.S.I v Algeria*, Decision on Jurisdiction, para. 72, der die Notwendigkeit eines Beitrags zur wirtschaftlichen Entwicklung des Gaststaates ablehnt; *Mitchell v Congo*, Decision on Annulment, paras. 25 ff.

872 *SGS v Pakistan*, Decision on Jurisdiction, paras. 133 ff.; *AES v Argentina*, Decision on Jurisdiction, para. 88; *Jan de Nul v Egypt*, Decision on Jurisdiction, paras. 90 ff.; *Impregilo v Pakistan*, Decision on Jurisdiction; *SGS v Philippines*, Decision on Jurisdiction, paras. 96 ff.

Voraussetzung durch eine zweiseitige Prüfung, einmal nach Art. 25 Abs. 1 ICSID Konvention und das zweite Mal nach dem Investitionsschutzvertrag. Nur wenn das Vorhaben beide Definitionen erfüllt, handelt es sich um eine Investition, für die Zuständigkeit besteht.

5.   Chancen und Trends

Auf der einen Seite besteht sicherlich eine Konkurrenz für die ICSID Schiedsgerichtsbarkeit durch sogenannte Investitionsversicherungen, nach denen der Investor bei Schadenseintritt seinen Schaden durch die Versicherung ersetzt bekommt.[873] Durch die Wahrnehmung der Investitionsversicherung geht der Schadensersatzanspruch auf den Versicherungsgeber, zum Beispiel im Fall Deutschlands auf den Bund, über, der dann über eine Geltendmachung gegenüber dem Gaststaat entscheiden kann.[874] Da sich der Investor auf diese Weise schadlos halten kann, ist er nicht mehr auf die Streitbeilegung nach der ICSID Konvention angewiesen und erspart sich die Durchführung eines langwierigen, kostspieligen Schiedsverfahrens, dessen Ausgang ungewiss ist. Jedoch erscheint die Inanspruchnahme einer Investitionsversicherung nur dann angebracht, wenn die Investition bereits vollständig gescheitert ist und der Investor kein Interesse an der Fortführung seines Projektes hat.

Des Weiteren führte die für die ausländischen Investoren zum Großteil erfolgreiche Durchführung von Investitionsschiedsverfahren nach der ICSID Konvention zu einer sinkenden Akzeptanz des Streitbeilegungsmechanismus unter denjenigen Ländern, die vermehrt durch die Verfahren auf Schadensersatz für ihre Handlungen gegenüber den ausländischen Investoren in Anspruch genommen wurden. So führte der Austritt von Bolivien aus der ICSID Konvention zu einer Welle von Austritten oder Austrittsdrohungen weiterer südamerikanischer Länder.[875] In Boliviens bilate-

---

873 *Nacimiento*, Streitbeilegung, in: *Ehlers,/Wolfgang, u.a.*, Rechtsfragen, 171, 186.

874 Ibid.

875 Bolivien erklärte am 2.05.2007 der Weltbank seinen Austritt, der dann zum 3. November 2007 wirksam wurde. Zum Austritt aus der ICSID Konvention vgl. Art. 71 ICSID Convention. Dies steht im Einklang mit Art. 54 WVK, nach dem der Rücktritt von einem Völkerrechtsvertrag nach den in diesem vorgesehenen Regeln zu erfolgen hat. Zu den Auswirkungen der Kündigungen der ICSID Konvention *Schreuer*, Denunciation of the ICSID Convention, in: *Waibel/Kaushal, u.a.*, Investment Arbitration, 353 ff.; *Tietje/Nowrot*, Legal Effects of a Denunciation of ICSID, in: *Tietje/Kraft/Sethe*, Wirtschaftsrecht, Heft 74.

ralen Investitionsschutzverträgen war einerseits größtenteils ausschließlich ICSID als Streitbeilegungsmechanismus vorgesehen, was Bolivien den Zugang zu weiteren Streitbeilegungsmechanismen versperrte und andererseits misstraute Bolivien ICSID als neutrale „Weltbankschiedsinstitution". Neben Bolivien planen auch Venezuela, Nicaragua und Ecuador einen Rücktritt von der ICSID Konvention.[876] Aufgrund dieser Entwicklungen muss befürchtet werden, dass ICSID seine Integrationsfunktion zur Förderung von Auslandinvestitionen und globaler Wirtschaftsentwicklung verliert. Auf der anderen Seite spricht die steigende Anzahl von Verfahren unter Administration des ICSID Zentrum gegen eine negative Einschätzung. Darüber hinaus, ist auch bei einer Drittfinanzierung von Investitionsprojekten im Ausland, das Vorhandenseins eines Investitionsschutzvertrages sowie eines unabhängigen, effektiven internationalisierten Streitbeilegungsmechanismus unter anderem von ausschlaggebender Bedeutung für die Vergabe einer Finanzierungsmöglichkeit.[877] Im Zentrum aktueller Diskussion steht eigentlich nicht die abnehmende Akzeptanz von ICSID Schiedsverfahren, sondern wie die einzelnen Verfahren noch effektiver gestaltet werden können. Damit das enorm spezialisierte, mit hervorragend ausgebildetem Personal besetzte ICSID Zentrum und unter diesem administrierte Schiedsverfahren weiterhin eine zentrale Rolle im Investitionsschutzrecht spielen können, sollten Neuerungen im Rahmen des Zentrums in Betracht gezogen werden.

Trotz der steigenden Verfahrenszahlen wird am System der Investitionsschutzverträge Kritik geäußert. Beispielhaft sollen hier einige Hauptkritikpunkte[878] angeführt werden. Zunächst besteht die Gefahr widersprüchlicher Entscheidungen der Schiedsgerichte, denn es gibt keine zweite Instanz und die Möglichkeit der Überprüfung der Schiedssprüche durch innerstaatliche Gerichte ist eingeschränkt.[879] Schwerwiegender ist jedoch die Kritik, dass durch die enge Auslegung der Investitionsschutzverträge durch die Schiedsgerichte den wirtschaftlichen und sozialen Zielen der Gaststaaten, gerade vor dem Hintergrund finanzieller Staatskrisen wie in

---

876 Die Republik Ecuador erklärte ihren Rücktritt von der ICSID Konvention der Weltbank am 6.07.2009. Dieser wurde bereits am 7.01.2010 wirksam.

877 Vgl. hierzu *Klemm*, Bedeutung des Investitionsschutzrecht, in: *Tietje*, Investment Law and Arbitration, 161 ff.

878 Vgl. zur Legitimationskrise des Investitionsschutzrechts insbesondere die Abhandlungen *Van Harten*, Investment Treaty Arbitration and Public Law; *Schneiderman*, Constitutionalizing Economic Globalization.

879 *Wells*, Backlash to Investment Arbitration, in: *Waibel/Kaushal, u.a.*, Investment Arbitration, 341.

Argentien, nicht genug Rechnung getragen würden.[880] Zunehmend im Fokus steht auch das Verhältnis von Investitionsschutzrecht zu den Menschenrecht, inbesondere die Verpflichtung der Investoren zu deren Einhaltung und die Beilegung von Investitionsstreitigkeiten im Rahmen der Verfahren zur Ahndung von Menschenrechtsverletzungen.[881] Zuletzt ist der Zugang zum Investor-Staat-Streitbeilegungsmechanismus nur einseitig.[882] Der Gaststaat kann nicht als Kläger auftreten und auf diese Weise vom Investor die Einhaltung der Bestimmungen des Investitionsvertrages zu verlangen oder auch Verdachtsmomente der Korruption aufzuklären. Bestehende Probleme und Kritikpunkte müssen aufgegriffen und behandelt werden, damit das Investitionsschutzrecht weiterhin den Erwartungen sowohl der kapitalexportieren als auch der kapitalimportierenden Staaten gerecht wird und auf diese Weise weiterhin seine herausragende Stellung beibehält.

II.   Energy Charter Treaty (ECT)

Ein Instrument zur Beilegung von Investitionsstreitigkeiten relativ neueren Datums ist der sogenannte Energy Charter Treaty (ECT)[883]. Das Ende der Ära des Kalten Krieges zu Beginn der 90er Jahre und die dadurch erfolgende Öffnung der Osteuropäischen Länder hin zu Westeuropa bildet das historische Fundament, das einen Vertrag wie den ECT überhaupt erst ermöglichte.[884] Der Vertrag wurde auf einem Treffen des Europarates im Juni 1990 in Dublin durch den Niederländischen Premier Minister Ruud Lubbers initiiert.[885] Die westeuropäischen Staaten hatten große Bedenken,

---

880 Ibid., 342 f.
881 *Dupuy/Petersmann/Francioni*, Human Rights in International Investment Law.
882 *Wells*, Backlash to Investment Arbitration, in: *Waibel/Kaushal, u.a.*, Investment Arbitration, 341, 344 ff.
883 Siehe die ausführlichen Darstellungen zum ECT bei *Wälde*, ECT; *ders.*, Investment Arbitration under the ECT, in: *Horn*, Arbitrating Foreign Investment Disputes, 193 ff.; *Ribeiro*, Investment Arbitration and the ECT; *Happ*, Dispute Settlement under the ECT, in: GYIL 45 (2002), 331.
884 Vgl. zur Historie *Doré*, Negotiating the ECT, in: *Wälde*, ECT, 137 ff. Informationen über die Geschichte des ECT sind auch unter www.encharter.org "About the Charter" erhältlich.
885 Vgl. ECT, Final Act of the European Energy Charter Conference, Lissabon, 12.12.1994, abgedruckt in: ILM 34 (1995), 373 ff. oder in der ECT and Related Documents, A Legal Framework for the International Energy Cooperation, 21 ff., abrufbar auf www.encharter.org.

sich eine ausreichende und stabile Zufuhr an Energien aus Osteuropa zu sichern, wohingegen die osteuropäischen Staaten dringend fremdes Kapital und Technology benötigten, um die reich vorhanden Energieressourcen fördern zu können.[886] Die Unterzeichnung des zwischen über fünfzig Staaten und der Europäischen Gemeinschaften ausgehandelten multilateralen Vertrages erfolgte am 17. Dezember 1994 in Lissabon.[887] Der ECT trat darauffolgend am 16. April 1998 nach Unterzeichnung und Ratifikation durch 45 Staaten in Kraft.[888] Bis heute zählt der ECT 53 Unterzeichner, zu denen die Mitgliedsstaaten der Europäischen Union und die Europäischen Gemeinschaften selbst gehören. Russland hat den ECT zwar unterzeichnet aber bis jetzt nicht ratifiziert und wendet ihn nur sporadisch an.[889] Die Energy Charter Conference selbst ist als internationale Organisation zu bewerten. Das ausdrückliche Ziel des Vertrages ist es, rechtliche Rahmenbedingungen zum Aufbau einer langfristigen Kooperation im Energiesektor zu schaffen:

> „This Treaty establishes a legal framework in order to promote long-term cooperation in the energy field, based on complementarities and mutual benefits, in accordance with the objectives and principles of the Charter."[890]

Zwar wird der ECT als größter Erfolg, ein internationales Investitionsschutzinstrument zu schaffen, gewertet[891] und spielt auch im Rahmen dieser Untersuchung nur unter dem Gesichtspunkt des Investitionsschutzes eine Rolle. Dabei darf aber nicht übersehen werden, dass der Schutz von Auslandsinvestitionen im Energiesektor nur einen Teil des Regelungsbereichs des ECT ausmacht. Neben der Förderung und dem Schutz ausländischer Investitionen in ECT (Teil III) und deren prozessuale Durchsetzung (Teil V), regelt der Vertrag darüber hinaus vornehmlich den Handel mit Energieprodukten (Teil II) und umfasst auch Einzelfrage des Energiehandels wie beispielsweise die Besteuerung und den Umweltschutz (Teil IV). Im Bereich des internationalen Investitionsschutzes enthält der ECT in seinem Teil II eine Reihe von wichtigen materiellen Schutzbestimmungen

---

886 Siehe *Tietje*, ICSID, in: *ders.*, Investment Protection and Arbitration, 17, 26 f.; *Gaillard/McNeill*, ECT, in: *Yannaca-Small*, Arbitration under International Investment Agreements, 37 ff.
887 ECT, Final Act of the European Engergy Charter Conference, in: The ECT and Related Documents, A Legal Framework for the International Cooperation, 21 ff.
888 Für die Bundesrepublik Deutschland, abgedruckt in BGBl. 1997 II, 4 ff.
889 Vgl. zum aktuellen Stand des ECT, www.encharter.org.
890 Vgl. Art. 2 ECT, Purpose of the Treaty.
891 *Gaillard/McNeill*, ECT, in: *Yannaca-Small*, Arbitration under International Investment Agreements, 37.

für den ausländischen Investor. Zuerst enthält er eine weite Definition des Begriffs der Investition und des Investors im Rahmen der Definitionen in Art. 1 ECT.[892] Nach Art. 1 (5) ECT wird jede Investition eines ausländischen Investors geschützt, die sich sachlich auf wirtschaftliche Aktivitäten im Energiesektor bezieht. Es finden sich die aus den bilateralen Investitionsschutzverträgen gängigen Schutzstandards wie beispielsweise der Meistbegünstigungsgrundsatz, der Schutz vor entschädigungslosen Enteignungen oder der Grundsatz der Fairen und Gerechten Behandlung.[893] Daneben enthält der ECT aber auch Neuerungen wie zum Beispiel ausdrückliche Bestimmungen zur Berücksichtigung von staatlichen Rechtsträgern und juristischen Personen des öffentlichen Rechts unterhalb der Staatsebene[894] sowie eine „best efforts" Klausel zur Nichtdiskriminierung für die Phase, vor der Zulassung und Durchführung der Investition (*preestablishment*).[895]

Neben diesen materiell rechtlichen Schutzbestimmungen für Auslandsinvestitionen verdient aber besonderes Augenmerk die prozessuale Durchsetzung dieser Rechte des Investors in Teil V des ECT. Nach Art. 26 ECT hat der ausländische Investor die Möglichkeit, eine Verletzung seiner Rechte aus Teil III des ECT selbst prozessual durchzusetzen, wenn eine erste „cooling off" Zeitspanne keine Abhilfe gebracht hat. Grundvoraussetzung ist, dass die Investitionsstreitigkeit zwischen einem Vertragsstaat und dem Investor eines anderen Vertragsstaats besteht, es sich also um grenzüberschreitende Auslandsinvestitionen unter Vertragsstaaten handelt. Nach Art. 26 (2), (3) ECT stehen dem Investor mehrere Möglichkeiten zur Verfügung, seine Rechte aus dem ECT prozessual durchzusetzen. Neben den Verwaltungsgerichten des Gaststaates oder eines explizit mit dem Gaststaat vereinbarten Streitbeilegungsmechanismus, kommt vor allem den vier, in Art. 26 (2) lit. c, (3) ff. ECT aufgelisteten Möglichkeiten der Schiedsgerichtsbarkeit in der Praxis hervorgehobenen Bedeutung zu. Der Investor kann ein Schiedsverfahren unter der bereits beschriebenen ICSID Konvention oder ICSID Additional Facility, den UNCITRAL Schiedsregeln sowie nach den Schiedsregeln der Stockholmer Handelskammer ein-

---

892 Zum Beispiel Art. 1 (6) ECT: „"Investment" means every kind of asset, owned or controlled directly or indirectly by and Investor (...)".

893 Vgl. Art. 10 ECT; zu den gewöhnlichen materiell rechtlichen Schutzbestimmungen in bilateralen Investitionsschutzverträgen siehe unten.

894 Vgl. Art. 22, 23 ECT.

895 Vgl. Art. 10 (2) ECT.

leiten.[896] Das im Schiedsverfahren anwendbare Recht ist laut Art. 26 (4) ECT die im ECT enthaltenen Vertragsbestimmungen sowie anwendbare Vorschriften und Prinzipien des internationalen Rechts. Insbesondere im Vergleich zu der gerade dargestellten ICSID Konvention, ist das herausragende Charakteristikum der Streitbeilegungsmechanismen des ECT für den Investor, das in diesem Vertrag gerade keine explizite, konkrete Schiedsvereinbarung (*consent*) zwischen Gaststaat und ausländischen Investor mehr erforderlich ist, sondern der Investor gleich das Schiedsverfahren einleiten kann. Die Vertragsstaaten des ECT haben in Art. 26 (3) ECT ihre Zustimmung zu einem Schiedsverfahren nach Art. 26 (4) ECT im Voraus erteilt. Infolgedessen kann der ausländische Investor ohne konkrete Zustimmung des Gaststaats seine materiellen Rechte unter dem ECT prozessual auf internationaler Ebene durchsetzen. Der ECT ist das Investitionsschutzabkommen, unter dem Deutschland zum ersten Mal sich in der Rolle des beklagten Staates wiederfand. In Vattenfall I klagte Vattenfall, ein schwedischer Investor und Kraftwerkbetreiber, gegen die Bundesrepublik Deutschland wegen der Versagung und des späteren Erlasses einer Wasserentnahmegenehmigung und einer Immissionskontrollgenehmigung mit erheblichen Beschränkungen, ohne die eine entgültige Baugenehmigung für das Kraftwerk nicht beantragt werden konnte.[897] Am Ende wurde dieser Streit durch einen im Schiedsspruch protokollierten Vergleich ohne Entscheidung in der Sache beigelegt.[898]

Weitaus brisanter könnte die Entscheidung des ICSID Schiedsgerichts im Vattenfall-II-Schiedsverfahren für die Bundesrepublik Deutschland ausgehen.[899] In diesem erneuten Schiedsverfahren wendet sich der ausländische Investor Vattenfall im Hinblick auf die von ihm betriebenen Atomkraftwerke gegen den vorzeitigen Atomausstieg der Bundesrepublik Deutschland. Vattenfall ist der einzige ausländische Atomkraftwerkbetreiber, der sich auf den Schutz durch den ECT Part III berufen kann. Den weiteren drei deutschen Kraftwerkbetreibern blieb nur der Weg vor das Bundesverfassungsgericht. Jedoch klagte auch Vattenfall neben dem ICSID Schiedsverfahren vor dem Bundesverfassungsgericht.[900] Insofern bleibt mit Spannung abzuwarten, welchem Ergebnis das Nebeneinander

---

896 Vgl. Art. 26 (4) ECT.
897 Siehe hierzu *Vattenfall v Germany*, Request for Arbitration.
898 Siehe hierzu Vattenfall v Germany, Award.
899 *Vattenfall v. Germany*, Notice of Arbitration (unveröffentlicht).
900 Vgl. Zeit Online vom 12.07.2012; *Schröder*, Verfassungsrechtlicher Investitionsschutz beim Atomausstied, in: NVwZ 2013, 105.

von Investitionsschutz durch nationale Gerichte und internationale Investitionsschiedsgerichte zugeführt wird.

III. Multilaterale-Investitions-Garantie-Agentur (MIGA)

Neben den nationalen Investitionsversicherungen, die bereits erwähnt wurden, wurde 1985 als multilaterales Abkommen zur Förderung und Herstellung von Investitionssicherheit von Auslandsinvestitionen die Multilaterale Investitions-Garantie-Agentur (*Multilateral Investment Guarantee Agency* oder *MIGA*) ins Leben gerufen.[901] Die MIGA ist im Rahmen der Weltbank entstanden, aber stellt eine eigenständige internationale Organisation dar, die momentan 175 Mitglieder zählt.[902] Sie nahm ihre Arbeit im Jahre 1988 auf und die Bundesrepublik Deutschland stellt eines ihrer Gründungsmitglieder dar.[903] Im diesem Rahmen sind nichtkommerzielle Investitionsrisiken versicherbar, wie beispielsweise das Transferrisiko, das Enteignungsrisiko, das Risiko einer Vertragsverletzung durch den Gaststaat, ohne dafür ausreichenden Rechtsschutz zu erhalten, sowie das Risiko von bewaffneten Konflikten und ziviler Unruhen.[904] Leistet die MIGA im Versicherungsfall eine Entschädigung an den ausländischen Investor, geht durch einen Forderungsübergang dessen Anspruch auf die MIGA über.[905] MIGA kann dann den Anspruch des ausländischen Investors im Rahmen eines internationalen Schiedsverfahrens gegen den Gaststaat geltend machen.[906] In diesem Sinne stellen Investitionsversicherungen nach dem MIGA Übereinkommen durchaus eine wirtschaftliche sinnvolle Alternative zu einem Investitionsschutzverfahren durch den Investor dar, da dieser in letzterem Falle das Erfolgsrisiko selbst tragen muss. Jedoch handelt es sich bei den in diesem Übereinkommen enthaltenen Versicherungsleistungen nicht um eigene materielle Rechte des Investors gegenüber dem Gaststaat.

---

901 Übereinkommen über die Errichtung einer Multilateralen Investitions-Garantie-Agentur vom 11.10.1985, abgedruckt in: BGBl. 1987 II, 454 ff.

902 Vgl. *Oleschak*, Export Credit and Investment Insurance Agencies, in: *Reinisch/Knahr*, Investment Law, 115, 124 f.; *Reinisch*, Investitionsschutzrecht, in: *Tietje*, Internationales Wirtschaftsrecht, 346, 373 f.; zu den genauen Zahlen vgl. www.miga.org.

903 Siehe hierzu die Informationen auf www.bmz.de und www.miga.org.

904 Vgl. zu den versicherbaren Risiken Art. 11 (a) des MIGA Übereinkommens.

905 Vgl. Art. 18 des MIGA Übereinkommens.

906 Vgl. Art. 57 und Anlage II des MIGA Übereinkommens.

IV. Multilateral Agreement on Investment (MAI)

Im Jahre 1995 wurde zum ersten Mal in dieser Art im Rahmen der Organisation für wirtschaftliche Zusammenarbeit und Entwicklung (*Organisation for Economic Co-operation and Development* oder *OECD*) der Versuch gestartet, sich auf ein multilaterales Abkommen zum Schutz von ausländischen Investitionen zu verständigen. Die Idee der OECD Mitgliedsstaaten als Initiatoren war die Schaffung eines umfassenden Regelungskatalogs, der gleichzeitig zu Liberalisierung, als auch zu verbessertem Schutz ausländischer Direktinvestitionen führen sowie erhöhte Rechtssicherheit aufgrund eines Streitbeilegungsmechanismus zwischen Gaststaat und Investor schaffen sollte.[907] Die OECD als das Forum westlicher Industriestaaten, aus denen der Großteil der ausländischen Direktinvestitionen stammt, wollte als Primärziel einen rapiden Anstieg ausländischer Direktinvestitionen durch verbesserte materiell-rechtliche Schutzbestimmungen auf der Grundlage eines umfassenden Diskriminierungsverbots für die Investoren schaffen und zudem globales Wachstum und wirtschaftlichen Wohlstand durch diese grenzüberschreitende Investitionsförderung erreichen.[908] So trafen sich im September 1995 die 25 Mitgliedstaaten der OECD und die Europäische Gemeinschaft zu Verhandlungen über das sogenannte Multilaterale Investitionsabkommen (*Multilateral Agreement on Investment* oder *MAI*), das sowohl den Mitgliedstaaten der OECD als auch Drittstaaten zum Beitritt offenstehen sollte. Als die zuerst hinter verschlossenen Türen abgehaltenen Verhandlungen über das MAI öffentlich bekannt wurden, regte sich vehementer internationaler Widerstand, wobei eine grundsätzliche Debatte über Nutzen und Schaden der Globalisierung angeführt durch die Nichtregierungsinstitutionen (NGOs) entflammte.[909] Schließlich stimmten auch einige der OECD Mitgliedstaaten und Verhandlungsteilnehmer in diese Richtung der Debatte mit ein. Eines der

---

907 Vgl. Präambel des Entwurfs des Multilateralen Investitionsschutzabkommens, abrufbar unter http://www1.oecd.org/daf/mai/pdf/ng/ng987r1e.pdf.

908 Vgl. die gesammelten Dokumente zur Verhandlungsgeschichte und Hintergrund des MAI auf www.oecd.org; einen detaillierten Überblick über die Ziele des MAI bieten auch UNCTAD, Lessons from the MAI: UNCTAD Series on Issues in International Investment Agreements (1999), abrufbar unter www.unctad.org; *Geiger*, Multilateral Agreement on Investment, in: Cornell Intl LJ 31 (1998), 467; *Muchlinski*, Multilateral Agreement on Investment, in: Intl Lawyer 34 (2000), 1033; *Picciotto*, Investment Regulation, in: UPenn J Intl Eco L 19 (1998), 731.

909 *Geiger*, Multilateral Agreement on Investment, in: Cornell Intl LJ 31 (1998), 467, 473 ff.; *Häde*, Schutz von Direktinvestitionen, in: AVR 35 (1997), 181, 210 f.

Hauptprobleme stellte die Meistbegünstigungsklausel dar, die in Konflikt mit Nichtdiskriminierungsklauseln anderer internationaler Abkommen über wirtschaftliche Zusammenarbeit, wie zum Beispiel Art. II (1) GATS, steht oder auch ohne Vertragsbeitritt den anderen Staaten zugutekommen müsste.[910] Auf der anderen Seite wurde argumentiert, wie auf von der Europäischen Gemeinschaft vertreten, dass der geeignetere Rahmen über den Abschluss eines Multilateralen Investitionsabkommens wohl die Welthandelsorganisation sei, da nur in diesem Forum sichergestellt werden könnte, dass die Interessen von Entwicklungs- und Schwellenländern ausreichend berücksichtigt würden.[911] Mit dem Ausstieg der französischen Verhandlungsdelegation Ende 1998 waren die Verhandlungen über das MAI eigentlich gescheitert. Was im Ansatz ein durchaus gutes Konzept war, scheiterte an den Interessengegensätzen der verschiedenen Staaten, so dass bis heute eine Einigung über ein umfassendes, multilaterales Investitionsschutzabkommen nicht erzielt werden konnte.

D. Bilateraler und Regionaler Investitionsschutz

I. Verträge zwischen Investor und Gaststaat (*investment contracts* oder *state contracts*)

1. Begriff und Inhalt

Ein weiteres Mittel zum Schutz ausländischer Direktinvestitionen im weiteren Sinne stellen die sogenannten Investitionsverträge (*investment contracts* oder *state contracts*) dar. Darunter versteht man im Allgemeinen einen Vertrag zwischen Gaststaat und ausländischem Investor, in dem die konkreten wirtschaftlichen Rahmenbedingungen des Projekts des ausländischen Investors geregelt werden sollen, also die Zuteilung von Rechten und Pflichten zwischen Gaststaat und Investor sowie eine Verteilung der Risiken und Verantwortungsbereiche.[912] Der Investitionsvertrag steht im Gegensatz zu den bereits angesprochenen bi- oder multilateralen Instrumenten, die im Allgemeinen Rechtsfragen ausländischer Investitionen für eine Vielzahl von Anwendungsfällen regeln, wenn der persönliche und

---

910 Siehe *Häde*, Schutz von Direktinvestitionen, in: AVR 35 (1997), 181, 210 f.
911 *Häde*, Schutz von Direktinvestitionen, in: AVR 35 (1997), 181, 210 f.
912 Siehe zu den State Contracts die Abhandlung von *Kischel*, State Contracts, in der jegliche sich in diesem Zusammenhang stellenden Fragen untersucht werden.

sachliche Anwendungsbereich erfüllt ist. Investitionsverträge zeichnen sich dadurch aus, dass sie in der Regel eine lange Laufzeit festsetzen, eine Folge des zeitlichen Charakteristikums einer Investition, und auf einer engen Kooperation zwischen Gaststaat und ausländischem Investor zur Umsetzung der wirtschaftlichen Zielsetzung aufbauen.[913] Historisch gesehen wurden Investitionsverträge vor allem im Bereich der Förderung von Rohstoffen, wie beispielsweise im Erdöl- und Erdgasbereich abgeschlossen, wodurch multinationale Unternehmen die Konzession zum Abbau gegen ein Entgelt erhielten.[914] Wenn gleich im Rahmen der modernen Investitionsverträge die Konzessionen zur Förderung von Rohstoffen weiterhin eine bedeutende Rolle spielen, sind sie jedoch thematisch nicht auf diese beschränkt. Moderne Investitionsverträge existieren für alle Arten von ausländischen Investitionen und regeln deren wirtschaftliche Rahmenbedingungen. Sie unterscheiden sich von den internationalen Handelsverträgen (*international commercial contracts*), wie beispielsweise Warenkaufverträge, durch ihre langfristige zeitliche Geltung. Typischerweise regeln moderne Investitionsverträge neben Konzessionsverträgen auch die Errichtung eines Gemeinschaftsunternehmens zwischen ausländischem Investor und Gaststaat (*joint ventures*) zur gemeinsamen Durchführung der Investition.[915] Eine weitere Erscheinungsform stellen Verträge über die Errichtung von Betriebsanlagen oder Infrastrukturprojekten dar, nach deren Fertigstellung der Investor für einen gewissen Zeitraum auch für deren Betrieb zuständig ist, bevor das Eigentum an ihnen auf den Gaststaat übergeht, so dass man von BOT-Verträgen (built, operate, transfer) spricht.[916] Zusammenfassend Regeln Investitionsverträge zwischen Gaststaat und Investor die wirtschaftlichen Kernaspekte einer Investition und dienen vor allem zur Zuweisung der Risiken sowie einer Verteilung der durch die Investition erwirtschafteten Gewinne.

---

913 *Marboe/Reinisch*, Contracts between States and Foreign Private Law Persons, in: MPEPIL 2010, Rn. 9 ff.

914 *Bishop*, International Arbitration of Petroleum Disputes in: YCommArb XXIII (1998), 1131; *El-Kosheri/Riad*, Petroleum Agreements, in: ICSID Review 1 (1986), 257; *AlKholy*, Arbitration in Energy Disputes, in: JArabArb 2 (2000), 46.

915 *Reinisch*, Investitionsschutzrecht, in: *Tietje*, Wirtschaftsrecht, 346, 353.

916 Siehe hierzu *Dolzer/Schreuer*, Investment Law, 72 ff.; *Rubins/Kinsella*, International Investment, 34 ff.

2. Risiken

Da Investitionsverträge zwischen einem ausländischen, privaten Investor und einem souveränen Staat oder zumindest einem dem Staat zuzuordnenden Unternehmen geschlossen werden, ergeben sich hieraus rechtliche Besonderheiten und Risiken, auf die kurz eingegangen werden soll. Als Ausgangspunkt muss man sich fragen, welchem Recht der Investitionsvertrag grundsätzlich unterliegt. In Abwesenheit einer Rechtswahlklausel wird davon ausgehen, dass der Vertrag privatrechtlicher Natur ist und nach allgemeinen Grundsätzen des internationalen Privatrechts der Vertrag daher dem innerstaatlichen Recht des Gaststaates unterliegt, da zu dieser Rechtsordnung die engste Verbindung hat (*closest link*).[917] Aus dieser Tatsache ergeben sich zahlreiche Bedenken für den ausländischen Investor. Da es sich bei seinem Vertragspartner um den souveränen Staat handelt, wird die nationale Rechtsordnung des Gaststaates regelmäßig besondere rechtliche Vorschriften enthalten. Danach könnte beispielsweise der Vertrag in den Anwendungsbereich eines besonderen Rechtsgebiets, dem Verwaltungsrecht, fallen, wonach bei Erfüllung des Vertrages oder Vertragsbruchs dem öffentlichen Interesse angemessen Rechnung getragen werden muss.[918] Darüber hinaus muss der ausländische Investor befürchten, dass sich der Gaststaat seiner vertraglichen Verpflichtungen entledigen könnte, indem er unter Zuhilfenahme seiner legislativen und administrativen Befugnisse einfach das bestehende Recht zu seinen Gunsten verändert.[919] Da der Investor im Gegensatz dazu ein stabiles rechtliches Umfeld für seine Investition anstrebt, enthalten Investitionsverträge in der Regel Rechtswahl- und Streitbeilegungsklauseln, die ja nach Verteilung der Verhandlungsstärke ganz unterschiedlich gestaltet sein können.

---

917 PCIJ, Serbian Loans Case, 3, 41: "Any contract which is not a contract between States in their capacity as subjects of international law is based on the municipal law of some country.".

918 Vgl. zur Charakterisierung als Investitionsrisiko *Rubins/Kinsella*, International Investment, 19 f.

919 *Marboe/Reinisch*, Contracts between States and Foreign Private Law Persons, in: MPEPIL 2010, Rn. 2; *Rubins/Kinsella*, International Investment, 20.

3. Rechtswahl- und Stabilisierungsklauseln

Die vom ausländischen Investor angestrebte Rechtssicherheit wird in der Praxis zumeist durch zwei Instrumente verwirklicht. Zum einen wird der Investor versuchen durch die Rechtswahlklausel den Vertrag zu internationalisieren, indem neben der innerstaatlichen Rechtsordnung des Gaststaates ergänzend und lückenfüllend das Völkerrecht insgesamt oder aber allgemeine Rechtsgrundsätze anwendbar sein sollen.[920] Diesen Ansatz, den man als Kompromiss zwischen den gegensätzlichen Standpunkten von Gaststaat und ausländischem Investor bezeichnen könnte, wählt auch die ICSID Konvention hinsichtlich des anwendbaren Rechts.[921] Die durch derartige Rechtswahlklauseln erfolgte Internationalisierung wird regelmäßig durch Streitbeilegungsklauseln verstärkt, die den Rechtsstreit der Zuständigkeit der innerstaatlichen Gerichte des Gaststaates entziehen und einem internationalen Schiedsgericht unterwerfen.[922]

Die andere Gestaltungsmöglichkeit, die in Investitionsverträgen zur Anwendung kommt, sind sogenannte Stabilisierungsklauseln, sozusagen eine Sonderform einer Rechtswahlklausel. Durch eine Stabilisierungsklausel wird versucht, die Rechtsordnung des Gaststaates in der Art, wie sie zum Zeitpunkt des Vertragsschlusses besteht, einzufrieren (freezing), wodurch geänderte Rechtsvorschriften nicht auf den Investitionsvertrag anwendbar sein sollen. Die rechtlichen Auswirkungen dieser Stabilisierungsklauseln sind umstritten, da auf diese Weise dem Gaststaat jedenfalls seine Rechtssetzungsbefugnis nicht entzogen werden kann. Einerseits wird angenommen, dass eine Veränderung derjenigen rechtlichen Vorschriften, die auf den Investitionsvertrag anwendbar sind, eine Verletzung der Stabilisierungsklauseln und insofern einen Vertragsbruch darstellt; andererseits soll eine Rechtsänderung grundsätzlich möglich sein, jedoch eine Schadensersatzpflicht des Gaststaates gegenüber dem ausländischen Investor

---

920 Vgl. hierzu *Texaco v Libya*, in: ILM 17 (1978); *Aminoil v Kuwait*, Final Award, in: ILM 21 (1982), 976; BP v Libya, in: ILR 53 (1979), 297; Liamco v Libya, in: ILM 20 (1981), 1; *von Mehren/Kourides*, International Arbitration between States and Foreign Private Parties:, in: AJIL 75 (1981), 476.
921 Siehe Art. 42 ICSID Übereinkommen.
922 *Reinisch*, Investitionsschutzrecht, in: *Tietje*, Wirtschaftsrecht, 346, 353.

zur Folge haben.[923] In der Praxis ist die Bedeutung der Stabilisierungsklauseln im Zuge der Ausweitung des Netzwerkes von bilateralen und multilateralen Investitionsschutzinstrumenten eher in den Hintergrund getreten. Im diesem Rahmen erhält der ausländische Investor Rechtsschutz durch Investor-Staat Schiedsverfahren auf völkerrechtlicher Ebene, sobald das angegriffene Verhalten des Gaststaates nicht nur die Stabilisierungsklausel verletzt, sondern gleichzeitig auch Bestimmungen des Investitionsschutzvertrages.[924] Dadurch wird dem Investor ein wesentlich rechtsschutzintensiveres und effektiveres Mittel zur Durchsetzung seiner Position an die Hand gegeben.

II. Chapter 11 of the North American Free Trade Agreement (NAFTA)

Das North American Free Trade Agreement (NAFTA) zwischen Kanada, Mexiko und den Vereinigten Staaten von Amerika ist kein reines Investitionsschutzabkommen, sondern ein umfassender Freihandelsvertrag, der sowohl Aspekte des Handels, insbesondere der Reduzierung von Handelsbarrieren, als auch des Investitionsschutzes betrifft.[925] Für diese Untersuchung soll allein Kapitel 11 NAFTA vorgestellt werden, da sich in diesem die Vorschriften hinsichtlich grenzüberschreitender Direktinvestitionen befinden. Das Gesamtziel des NAFTA Vertrages ist die Liberalisierung und der freie Verkehr von Waren, Dienstleistungen, Personen und Investi-

---

923 Vgl. zur Problematik der Stabilisierungsklauseln *Leben,* La théorie du Contract d'État, in: RdC 302 (2003), 197; *Paasivirta,* Internationalization and Stabilization of Contracts, in: BYIL 60 (1989), 315; *Waelde/Ndi,* „Stabilizing International Investment Commitments", in: TILJ 31 (1996), 215; *Al Faruque,* Validity and Efficacy of Stabilization Clauses, in: JIntlArb 23 (2006), 317.

924 Auf die äußerst umstrittene Frage, ob eine Verletzung des Investitionsvertrages an sich im Rahmen des im BIT vorgesehenen Streitbeilegungsmechanismus geltend gemacht werden kann, soll hier nicht eingegangen werden, da dies den Rahmen der Untersuchung sprengen würde. Siehe zu dieser Thematik überblicksweise die wichtigsten Entscheidungen *Vivendi v Argentina,* Decision on Annulment, para. 55; *SGS v Pakistan,* Decision on Jurisdiction, para. 161; SGS v Philippines, Decision on Jurisdiction, paras. 131 ff.; *Salvarese,* Investment Treaties and the Investor's Right to Arbitration, in: JWIT 7 (2006), 407; *Griebel,* Geltendmachung von Ansprüchen aus Investitionsschutzverträgen in Investitionsschiedsverfahren, in: *Ehlers/Wolfgang/Schröder,* Rechtsfragen, 187.

925 NAFTA vom 12.12.1992 zwischen Kanada, Mexiko und den USA, in Kraft getreten am 1.01.1994, in: ILM 32 (1993), 289.

tionen.[926] Das Ziel von Kapitel 11 NAFTA ist es, ein sicheres Investment-
klima auf dem Gebiet der Vertragsstaaten zu schaffen und dadurch die Investitionstätigkeit zu fördern, indem stabile und faire rechtliche Rahmen-
bedingung für ausländische Investoren etabliert werden, bestehende
Hemmnisse für ausländische Direktinvestitionen reduziert oder abgeschafft werden und ein effektiver Streitbeilegungsmechanismus zwischen
Gaststaat und Investor zur Verfügung steht.[927] Die inhaltliche Aufteilung
des Kapitels 11 NAFTA enthält zuerst materiell rechtliche Bestimmungen,
auf die sich der Investor gegenüber dem Gaststaat berufen kann,[928] dann
folgen Vorschriften über die prozessuale Beilegung von Investitionsstreitigkeiten[929] und zuletzt ein Abschnitt mit Definitionen[930]. Im Rahmen der
materiell rechtlichen Bestimmungen finden sich die üblichen Investitionsschutzvorschriften wie Meistbegünstigung, faire und gerechte Behandlung, Inländergleichbehandlung und Vorschriften über die Enteignung.

Durch NAFTA wurde kein Streitbeilegungsmechanismus vor einem
ständigen Gericht ins Leben gerufen.[931] Dennoch sieht es Möglichkeiten
für ein Schiedsverfahren zwischen Gaststaat und Investor vor, wodurch
der Investor auf völkerrechtlicher Ebene einen Schadensersatzanspruch im
Wege einer Schiedsklage gegen den anderen Vertragsstaat geltend machen
kann.[932] Nach Art. 1120 NAFTA hat der ausländische Investor die Wahl
zwischen einer Streitbeilegung nach der ICSID Konvention, nach den
ICSID Additional Facility Rules oder nach den UNCITRAL Rules. Für
die erste Möglichkeit ist erforderlich, dass sowohl der Heimatstaat des Investors als auch der Gaststaat Mitgliedstaaten der ICSID Konvention
sind.[933] Kanada hat 2006 die ICSID Konvention unterschrieben, aber noch

---

926 Vgl. Präambel des NAFTA.
927 Art. 102 NAFTA: "c) increasing substantially investment opportunities in the ter-
      ritories of the Parties (...), e) creating effective procedures for the implementa-
      tion and application of this Agreement, (...) and for the resolution of disputes.";
      allgemein zum Investitionsschutz nach NAFTA Chapter 11 *Weiler*, NAFTA;
      ders., International Investment Law and Arbitration; *Kinnear/Bjorklund/Hanna-
      ford,* Investment Disputes under NAFTA; *Brower*, NAFTA's Investment Chap-
      ter, in: Vanderbilt Journal of Transnational Law 36 (2003), 1533; ders., Structure,
      Legitimacy and NAFTA's Investment Chapter, in: Vand J TransnatlL 36 (2003),
      37; *Aguilar Alvarez/Park*, NAFTA Chapter 11, in: YJIL 28 (2003), 365.
928 Vgl. Section A, Articles 1101-1114 NAFTA.
929 Vgl. Section B, Articles 1115-1138 NAFTA.
930 Vgl. Section C, Article 1139 NAFTA.
931 *Del Vecchio*, International Court and Tribunals, in: MPEPIL 2010, Rn. 57 ff.
932 Vgl. Article 1134 NAFTA.
933 Vgl. Article 25 (1) ICSID Übereinkommen.

nicht ratifiziert, Mexico ist kein Mitglied, somit bleiben lediglich die USA.[934] Dementsprechend scheidet diese Streitbeilegungsalternative momentan noch aus. Jedoch wird häufig von Investoren auf die ICSID Additional Facility Rules zurückgegriffen, nach denen entweder nur der Heimatstaat oder der Gaststaat Mitglied der ICSID Konvention sein muss.[935] Die Klageverfahren des Art. 1120 NAFTA sind hierbei auf Investitionsstreitigkeiten über die Rechte des Investors aus Section A des Kapitels 11 NAFTA beschränkt. Genauso wie beim ECT haben die Vertragsstaaten des NAFTA in Art. 1116 NAFTA ihre antizipierte Zustimmung zu zukünftigen Schiedsverfahren abgegeben. Der Investor kann demnach bei Aufkommen eines Investitionsstreites nach Erfüllung der weiteren Voraussetzung der Section B ohne weitere Involvierung des Gaststaates das Schiedsverfahren einleiten. Wie es für das Investitionsschutzrecht charakteristisch ist, stehen den materiell rechtlichen Verpflichtungen gegenüber dem Investor ihm auch eine prozessuale Durchsetzungsmöglichkeit einer Verletzung dieser Rechte auf völkerrechtlicher Ebene zur Verfügung. Damit wird ein Investitionsschutz für private Investoren von besonderem Charakter und Effizienz geschaffen.

III.   The Association of Southeast Asia Nations (ASEAN)

Im asiatischen Raum soll noch in gebotener Kürze die Association of Southeast Asia Nations (ASEAN) angesprochen werden. ASEAN ist eine internationale Organisation.[936] Im Rahmen dieser Organisation wurde 1987 auch ein Instrument des regionalen Investitionsschutzes gegründet, das *Agreement for the Promotion and Protection of Investments*.[937] Dessen personaler Anwendungsbereich umfasst Investitionen im Gastland von Investoren der jeweils anderen Mitgliedstaaten.[938] Dieses regionale Investitionsschutzabkommen verfolgt die gleiche Zielsetzung wie seine bereits

---

934 Vgl. ICSID, List of Member States, abrufbar unter www.icsid.org.

935 Vgl. Article 2 ICSID Additional Facility Rules. *Waste Management v Mexico*, Final Award; *Metalcald v Mexico*, Award; Tecmed v Mexico, Final Award.

936 Vgl. *Kodama*, APEC and ASEAN, in: Intl Lawyer 30 (1996), 368.

937 Association of Southeast Asian Nations, Agreement Among the Governments of Brunei Darussalam, The Republic of Indonesia, Malaysia, The Republic of the Philippines, The Republic of Singapore and The Kingdom of Thailand for the Promotion and Protection of Investment (ASEAN), 15.12.1987, in: ILM 27 (1988), 612.

938 Vgl. zum Anwendungsbereich die Präambel sowie Art. II ASEAN.

angesprochenen Counterparts, nämlich ein günstiges Investitionsklima durch die Verpflichtung des Gaststaates auf die gängigen materiellen Schutzstandards herzustellen und dadurch die Investitionsfluss anzukurbeln.[939] Die praktische Relevanz dieses Investitionsschutzvertrags ist als gering einzuschätzen, was insbesondere daran zu sehen ist, dass seit seinem Inkrafttreten nur ein Investitionsschiedsverfahren eingeleitet wurde.[940]

IV.   Investitionsschutzverträge zwischen Gaststaat und Heimatstaat (BITs)

Das wichtigste Instrument des modernen Investitionsschutzrechts stellen die bilateralen Investitionsschutzverträge (*bilateral investment treaties* oder *BITs*)[941] zwischen Gaststaat und Heimatstaat des Investors dar. BITs sind völkerrechtliche Verträge zwischen zwei Staaten auf internationaler Ebene, in denen sie sich gegenseitig zur Einhaltung gewisser Standards gegenüber Investitionen und Investoren aus dem anderen Vertragsstaat auf eigenem Hoheitsgebiet verpflichten.[942] Den Anfang einer Erfolgsgeschichte machte der erste BIT zwischen der Bundesrepublik Deutschland und der Islamischen Republik Pakistan, der am 25. November 1959 unter

---

939 Siehe Protocol to amend the ASEAN Investment Agreement of 12.09.1996, Art. III-A und B, sowie die Bestimmungen des ASEAN selbst, Art. III ff.

940 *Yaung Chi Oo v. Myanmar*, Award, in: ILM 42 (2003), 540; dieses Schiedsverfahren wurde wegen fehlender Zuständigkeit bereits in der jurisdictional phase abgewiesen. Vgl. hierzu *Gaillard*, The First ASEAN Award, in: NYLJ 3 (2003); *Reading*, BIT in ASEAN, in: Duke LJ 42 (1992), 679.

941 Für einen Überblick über die existierenden BITs siehe die Übersicht auf http://www.unctadxi.org/templates/DocSearch____779.aspx.

942 Vgl. allgemein zu den BITs UNCTAD, Bilateral Investment Treaties 1959-1999, abrufbar auf www.unctad.org/en/docs/poiteiiad2.en.pdf; für den umfassendsten Überblick, mittlerweile wohl etwas veraltet vgl. *Dolzer/Stevens*, BITs; *Vandevelde*, U.S. IIAs; *Salacuse*, BIT by BIT, in: Intl Lawyer 24 (1990), 655; *ders./Sullivan*, Do BITs Really Work?, in: Harv ILJ 46 (2005), 67; *Diehl*, "The Baby Boom of BITs", in: *Reinisch/Knahr*, Investment Law, 7; *Pappas*, BITS, in: ICSID Review 4 (1989), 189; *Khalil*, BITs, in: ICSID Review 7 (1992), 339; *Denza/Brooks*, International Protection of Investment Treaties, in: ICLQ 36 (1987), 908; *Ocran*, BITS, in: NYLSch J. Int'l. & Comp. L. 8 (1987), 401.

schrieben wurde und auf der *Abs-Schawcross Draft Convention on Investment Abroad* basierte.[943] Zusätzlich dienten auch die älteren Freundschafts-, Handels- und Schifffahrtsverträge als Orientierungshilfe.[944] Ein Exportschlager ward in diesem Moment geboren. Bis heute wurden weltweit circa 2800 BITS bisher abgeschlossen, davon 80 Prozent in den letzten zwanzig Jahren; allein im Jahr 2009 kamen 82 neue BITs hinzu.[945] Diese Investitionsschutzverträge bilden ein Netz auf völkerrechtlicher Ebene zum Schutz ausländischer Direktinvestitionen, losgelöst von der nationalen Rechtsordnung oder völkergewohnheitsrechtlichen Schutzmechanismen für Investoren wie der Eigentumsschutz des Fremdenrechts. Sie entfalten Geltung unter Anwendung des lex specialis Grundsatzes zwischen den jeweiligen Vertragsparteien, was bedeutet, dass sie anderen völkerrechtlichen Übereinkünften und vor allem eventuell anwendbarem Völkergewohnheitsrecht vorgehen, soweit ein Widerspruch zum BIT besteht.[946] Mittlerweile gehören die BITs zu einer weitsichtigen Außenpolitik eines Landes als wichtiger Bestandteil dazu. Deutschland führt in dieser Hinsicht mit 140 unterzeichneten BITs, dicht gefolgt von der Volksrepublik China.[947] BITs waren zuerst so konzipiert, dass sie für Investoren aus Kapital exportierenden Staaten in Kapital importierende Staaten, besonders Entwicklungsländer stärker anzieht. Im modernen Investitionsschutzrecht schließen jedoch Entwicklungsstaaten untereinander genauso BITs ab, wie dies normalerweise mit westlichen Industrienationen geschah.[948] Das herausragende und eindeutigste Beispiel für die veränderte

---

943 Treaty between the Federal Republic of Germany and Pakistan for the Promotion and Protection of Investments, in: BGBl. II (1964), 794. Eine Übersicht aller deutschen, rechtsverbindlichen Investitionsschutzverträge ist auf www.dis-arb.de/materialien/indexbiinvest.html abrufbar.

944 Siehe beispielsweise *Vandevelde*, History of IIAs, in: UCD JIntlLPol 12 (2005), 157; *Diehl*, "The Baby Boom of BITs", in: *Reinisch/Knahr*, Investment Law, 7.

945 UNCTAD, World Investment Report 2010, Overview, 21 sowie Annex Table 3 für einen Übersicht der von den einzelnen Staaten abgeschlossenen BITs; UNCTAD, Development Implications of IIAs, IIA Monitor No. 2 (2007), 2.

946 *Bishop/Crawford/Reisman*, Investment Disputes, 1007; *Salacuse*, Global Regime for Investment, in: HarvILJ 51 (2010), 427, 430.

947 Die deutschen rechtsverbindlichen BITs und deren Vertragstexte können unter www. www.dis-arb.de/materialien/indexbiinvest.html abgerufen werden; Datenbank für BITs weltweit: http://ita.law.uvic.ca/investmenttreaties.htm .

948 UNCTAD, BITS 1959-1999, 3 f.; *Salacuse*, Global Regime for Investment, in: HarvILJ 51 (2010), 427, 433 f.

Entwicklung beim Abschluss von BITs, ist die Volksrepublik China.[949] Deren BITs der sogenannten ersten Generation stellen solche BITs dar, in denen ein Entwicklungsland versucht, so wenig Zugeständnisse wie möglich zu machen und eigene Kontrollmechanismen weitestgehend zu behalten. Durch die wirtschaftliche Fortentwicklung Chinas befindet das Land sich aber immer mehr in der Position eines Kapital exportierenden Staates. Als Konsequenz änderten sich auch die in den letzten Jahren verhandelten BITs, indem weniger Kontrollmechanismen eingefügt wurden und vor allem die Streitbeilegungsklauseln zugunsten der unabhängigen, internationalen Schiedsgerichtsbarkeit deutlich verbessert. Die meisten Kapital exportierenden Länder, für die der Abschluss zahlreicher BITs von hoher Notwendigkeit ist, halten unter anderem Modellverträge bereit, auf deren Grundlage Verhandlungen über einen neuen BIT geführt werden können.[950] Obwohl es sich dogmatisch bei den BITs um bilaterale völkerrechtliche Einzelverträge zwischen den Vertragsparteien handelt und sie folglich nur in diesem Verhältnis bindende Wirkung entfalten, sind in den meisten BITs die gleichen Vorschriften enthalten und haben identische Strukturen, worauf in den nächsten beiden Abschnitten noch eingegangen wird.[951] Diese generell einheitliche Ausgestaltung der Vertragstexte erlaubt den internationalen Investitionsschiedsgerichten eine größtenteils übereinstimmende, homogene Anwendung der einzelnen Schutzstandards und daher den Aufbau und die Fortentwicklung eines Rechtsregimes für Investitionsschutz. Wenn gleich dem genauen Wortlaut der Vertragsbestimmung genügend Rechnung getragen werden muss, kann die folgende Analyse daher trotzdem von einheitlichen, materiell-rechtlichen Standards ausgehen.

---

949 Vgl. für UK BITs *Denza/Brooks*, Investment Treaties, in: ICLQ 36 (1987), 908, 915 ff.; *Salacuse/Sullivan*, Do BITs Really Work, in: HarvILJ 46 (2005), 67, 75.
950 Siehe die Model BITs auf www.unctad.org.
951 Deswegen wird in der Literatur auch von einem Investment Regime durch "treatification" oder gar von einer Konstitutionalisierung des internationalen Investitionsschutzrechts gesprochen, vgl. *Salacuse*, Treatification, in: TDM 3 (2006); *Behrens*, Constitutionalization, in: AVR 45 (2007), 153; siehe auch *Diehl*, "The Baby Boom of BITs", in: *Reinisch/Knahr*, Investment Law, 7, 9 f., die BITs als "fraternal twins" beschreibt; *Echandi*, Investment Protection in Regional Trade Agreements, in: *Yannaca-Small*, Arbitration under IIAs, 3.

1. Typische Materiell-rechtliche Bestimmungen in BITs (*protective standards*)

a. Genereller Aufbau

Wie bereits angesprochen, ähneln oder gleichen sich die meisten der zahlreichen BITs und lassen einen einheitlichen Aufbau erkennen. Der erste Teil enthält für gewöhnlich eine Bestimmung mit Definitionen beispielsweise der Begriffe „Investition" oder „Investor", damit der Anwendungs- und Schutzbereich des BITs eröffnet ist.[952] Der zweite Teil enthält in der Regel die materiell-rechtlichen Schutzstandards (*protective standards* oder *substantive protections*), die im Anschluss an die Zusammenfassung noch einzeln angesprochen werden sollen.[953] Dazu gehören auch ausführliche Bestimmungen für die Rechtmäßigkeit von Enteignungen der Investitionen, besonders Höhe und Berechnung der dann zu zahlenden Entschädigungen sowie Ausnahmen von der Entschädigungspflicht.[954] Des Weiteren enthalten die BITs in der Regel Bestimmungen über den freien Transfer von Kapital und durch die Investition erwirtschafteten Gewinnen.[955] Häufig enthalten BITs auch noch eine Bestimmung, nach der sich die Vertragsstaaten verpflichten, jegliche weitere Verpflichtung, die sie im Hinblick auf eine Investition eingegangen sind, zu beachten oder einzuhalten (sogenannte *umbrella clauses*).[956] Am Ende befinden sich dann die Klauseln über die Streitbeilegung beziehungsweise die prozessuale Durchsetzung der materiell-rechtlichen Vertragsbestimmungen, die von ganz entscheidender Bedeutung für eine wirkungsvolle Anwendung des BIT sind. Hierbei ist sind einerseits die Vorschriften über die Beilegung von Streitigkeiten zwischen den Vertragsparteien zu unterscheiden, die bis circa zum Jahre 1970 die einzige, vorgesehene prozessuale Durchsetzungsmöglichkeit darstellten und regelmäßig die Zuständigkeit des IGH oder eines reinen Ad Hoc Schiedsgerichtes vorsehen.[957] Andererseits existieren in allen modernen BITs Streitbeilegungsklauseln, nach denen der Investor Verletzungen der materiell-rechtlichen Standards des BIT selbst vor den in

---

952 Vgl. Art. 1 Definitions, German Model BIT 2008; vgl. zum Aufbau der BITs Salacuse, Regime for Investment, in: HarvILJ 51 (2010), 427, 445 f.; *Diehl*, "The Baby Boom of BITs", in: *Reinisch/Knahr*, Investment Law, 7, 10 ff.

953 Z. Bsp. National treatment and MFN, Art. 3 German Model BIT 2008.

954 Art. 4 German Model BIT 2008.

955 Art. 5 German Model BIT 2008.

956 Art. 7 German Model BIT 2008.

957 Art. 9 German Model BIT 2008.

der Klausel vorgesehenen Institutionen gegenüber dem Gaststaat geltend machen kann.[958] Diese eigene prozessuale Durchsetzungsmöglichkeit des Investors im Hinblick auf die im BIT vorgesehenen materiell-rechtlichen Standards macht die besondere Effektivität des internationalen Investitionsschutzes aus.

b.   Faire und Gerechte Behandlung

Der mittlerweile wichtigste und meist diskutierteste materiell-rechtliche Schutzstandard ist die Verpflichtung zur fairen und gerechten Behandlung (*fair and equitable treatment*).[959] Wie bereits aus dem weiten, offenen Wortlaut geschlossen werden kann, bedarf dieser Standard der Auslegung und Ausfüllung durch die Investitionsschiedsgerichte zu dessen Anwendung auf den Einzelfall. Ohne sich zu sehr im Detail zu verlieren, sollen kurz die Hauptdiskussionspunkte im Zusammenhang mit dem Fair and Equitable Treatment Standard dargelegt werden. Der Fair and Equitable Treatment Standard stellt einen absoluten Standard dar, an dem der Gaststaat sein Verhalten gegenüber dem Investor messen lassen muss, unabhängig davon, welche Behandlung er seinen eigenen Staatsangehörigen zukommen lässt.[960] So wird der Standard als Messlatte für sämtliche staatliche Handlungen gegenüber dem ausländischen Investor verstanden:

> „The standard serves the useful purpose of giving foreign investors the opportunity to question administrative and other actions without actually embarking upon deliberations on the requirements of either municipal law or customary law. Investors are thus able to approach host States with the abstract question whether a particular form of treatment is unfair or inequitable in the context of investment relations (…)."[961]

Neben der Diskussion um den eigentlichen Inhalt des Fair and Equitable Treatment Standard ist einer der Hauptstreitpunkte das Verhältnis zum internationalen Mindeststandard (*International Minimum Standard*) des

---

958   Art. 10 German Model BIT 2008.
959   Z. B. Art. 2 (2) German Model BIT 2008.
960   *Schreuer*, FET, in: JWIT 6 (2005), 357; *Vasciannie*, FET, in: BYIL 70 (2000), 99; *Thomas*, Reflections on Article 1105 NAFTA, in: ICSID Review 17 (2002), 21; *Choudhury*, Defining FET, in: JWIT 6 (2005), 297; *McLachlan/Shore/Weiniger*, IIAs, 11 ff. Vgl. zu neueren Entwicklungen in der internationalen Schiedspraxis *Laird/Sabahi*, Investment Disputes, in: *Sauvant*, Yb Investment Law & Pol 2008-2009, 79, 88 ff.
961   *Vasciannie*, FET, in: BYIL 70 (2000), 99, 163.

Völkergewohnheitsrechts. Insbesondere im Rahmen von Art. 1105 NAFTA wird der Standpunkt vertreten, dass eine Fair and Equitable Treatment Klausel im BIT lediglich den internationalen Mindeststandard des Völkergewohnheitsrechts wiedergibt und keine darüber hinausgehenden Verpflichtungen enthält.[962] Zu einer Klärung des konkreten Inhalts des Fair and Equitable Treatment Standards trägt diese Ansicht jedoch nichts bei. Die wohl überwiegende Ansicht geht davon aus, dass der Fair and Equitable Treatment Standard in BITs eine unabhängige, autonome materiell-rechtliche Verhaltensanforderung darstellt, sofern der konkrete Wortlaut des in Rede stehenden BITs nichts anderes erkennen lässt.[963] Anerkannte Bestandteile des Fair and Equitable Treatment Standards sind zum Beispiel *Denial of Justice*, die Vorhersehbarkeit und Stabilität staatlicher Handlungen im Hinblick auf die Investition und die Beachtung der legitimen Erwartungen des Investors.[964] Aufgrund der Weite des Anwendungsbereichs dieses materiell-rechtlichen Standards basiert heute nahezu jedes Investitionsschiedsverfahren auf einer gerügten Verletzung des Fair and Equitable Treatment Standards, da dessen Voraussetzungen regelmäßig leichter darzulegen sind als beispielsweise die einer indirekten Enteignung. Aufgrund seiner hohen praktischen Relevanz stellt der Fair and Equitable Treatment Standard den wichtigsten materiell rechtlichen Schutzstandard da.

---

962 Siehe hierzu *S.D. Myers v Canada*, First Partial Award, paras. 263 f.; *Pope & Talbot v Canada*, Award on the Merits of Phase 2, paras. 105 ff.; *Loewen v USA*, Award, para. 128.; *Genin v Estonia*, Award, para. 367; *Kalicki/Madeiros*, ICSID Review 22 (2007), 24, 41.

963 *Waste Management v Mexico*, Final Award, para. 99; *Enron v Argentina*, Award; *MTD v Chile*, Award, paras. 109-115; *Biwater Gauff v Tanzania*, Award, para. 591; *Azurix v Argentina*, Award, para. 361; *Occidental v Ecuador*, Award, para. 190; *Saluka v Czech Republic*, Partial Award, para. 291; *Tecmed v Mexico*, Award, para. 155; *CMS v Argentina*, Award, para. 282; *Dolzer/Stevens*, BITs, 60.

964 UNCTAD Series on Issues in International Investment Treaties, FET, 1, 9 f.; *Waste Management v Mexico*, Final Award, para. 98; Azinian v Mexico, Award, paras. 102 f.; *Westcott*, FET, in: JWIT 8 (2007), 409, 414; *McLachlan/Shore/Weiniger*, Investment Arbitration, 11 f.; *Weiler*, NAFTA Art. 1105, in: Colum J Transnatl L 42 (2003-2004), 74, 79; *McLachlan*, Investment treaties, in: ICQL 2008 361, 400; *Rubins*, Loewen v. USA, in: ArbInt'l 22 (2005), 1, 10; *Wallace/Don Jr.*, FET, in: *Weiler*, Investment Law and Arbitration, 1.

c.   Full Protection and Security

In engen Zusammenhang mit diesem steht der materiell-rechtliche Schutz-standard *Full Protection and Security*. In einer Vielzahl von Fällen wird dieser Standard in derselben Klausel wie der Fair and Equitable Treatment Standard, ja sogar im gleichen Satz aufgeführt.[965] Deswegen wird teilwei-se angeführt, dass es sich nicht um einen eigenständigen materiell-rechtlichen Behandlungsstandard handelt, sondern lediglich um einen Teilaspekt des Fair and Equitable Treatment Standard.[966] Dem ist jedoch nicht generell zu folgen. Traditionell soll Full Protection and Security den Investor und seine Investition vor physischer Gewalteinwirkung durch beispielsweise die Streitkräfte, die Polizei oder zivile Unruhen im Gast-staat schützen.[967] Hierbei ist zu beachten, dass der Gaststaat zur Erfüllung seiner Verpflichtungen aus diesem materiell-rechtlichen Behandlungs-standard lediglich zur Anwendung der gebotenen Sorgfalt verpflichtet ist und daher nur für Fahrlässigkeit haftet.[968]

d.   Verbot entschädigungsloser Enteignung

Der Schutz des Eigentums ist ein im Völkerrecht an sich ausführlich ana-lysierter Bereich und es besteht bereits Schutz vor entschädigungsloser Enteignung nach völkergewohnheitsrechtlichen Vorschriften.[969] Heutzuta-ge kommen direkte Enteignungen oder Verstaatlichungen eher selten vor. Die Schiedsgerichte müssen sich vielmehr mit der Frage beschäftigen, ob Handlungen des Staates den schwierig zu fassenden Tatbestand der indi-rekten oder faktischen Enteignung erfüllen. Dies geschieht derart, dass das Eigentum formal nicht entzogen wird, jedoch von seiner Substanz so aus-gehöhlt wird, so dass es sich faktisch als wertlos erweist oder allein die Nutzungsmöglichkeit entzogen wird. In den Enteignungsklauseln der In-vestitionsschutzverträge werden die bereits bestehenden Vorschriften des

---

965 Vgl. „Each Contracting State shall in its territory in every case accord invest-ments by investors of the other Contracting State fair and equitable treatment as well as full protection under this Treaty.", Art. 2 (2) German Model BIT 2008.
966 CME v Czech Republic, Award, para. 613; *Siemens v Argentina*, Award, para. 303.
967 *Tudor*, FET, 183; *Bishop/Crawford/Reismann*, Investment Disputes, 100.
968 *Tudor*, FET, 183; *Bishop/Crawford/Reismann*, Investment Disputes, 1007.
969 ausführlich *Dolzer*, Eigentum, Enteignung und Entschädigung; UNCTAD, Inter-national Investment Agreements: Key Issues, 235 ff.

Völkergewohnheitsrechts über Enteignungen kodifiziert.[970] Danach sind Enteignungen nicht von vornherein rechtswidrig, sondern grundsätzlich rechtlich zulässig, wenn sie zu einem öffentlichen Zweck in nichtdiskriminierender Weise unter Zahlung einer geeigneten Entschädigung erfolgen.[971] Die Entschädigungszahlung muss in der Regel nach den Bestimmungen der Investitionsschutzverträge sofortig, angemessen und wirksam erfolgen (*prompt, adequate and effective*). Am umstrittensten im Rahmen der Enteignungsentschädigung war die Frage nach der Höhe der Entschädigung schon im Völkergewohnheitsrecht gewesen. Manche BITs entziehen sich der Pflicht eine Antwort auf diese Frage vorzugeben und sprechen lediglich von einem angemessenen Wert.[972] Eine Vielzahl von BITs setzt jedoch den Marktwert kurz vor der Enteignung (*fair market value*) als geeignete Höhe der Enteignung an oder es werde sogar genaue Berechnungsmethoden vorgegeben.[973] Auf diese Weise entziehen die meisten BITs die Frage der Höhe der Entschädigung dem Streit und überlassen die Bestimmung des konkreten Werts dem jeweils zuständigen internationalen Schiedsgericht.

e.   Gebot der Inländergleichbehandlung
       (*National Treatment*)

Der materiell-rechtliche Standard der Inländergleichbehandlung stellt einen Unterfall des umfassenden Diskriminierungsverbots dar, dass im

---

970 *Kinsella/Rubins*, International Investment, 200; Vgl. zum Enteignungsschutz im internationalen Investitionsschutzrecht *Dolzer*, Indirect Expropriation, in: N.Y.U. Environ. L. J.11 (2003), 64; *Kunoy*, Indirect Expropriation, in: JWIT 6 (2005), 467; *Norton*, Expropriation and ECT, in: *Wälde*, ECT, 365; *Coe, Jr./Rubins*, Regulatory Expropriation and the Tecmed Case, in: *Weiler*, Investment Law and Arbitration, 597, 613 ff.; *Levy*, Expropriation, in: StanJIL 31 (1995), 423.

971 Vgl. Art. 4 (2) German Model BIT 2008: "Investments by investors of either Contracting State may not directly or indirectly be expropriated, nationalized or subjected to any other measure the effects of which would be tantamount to expropriation or nationalization in the territory of the other Contracting State except for the public benefit and against compensation.

972 So inbesondere die BITs der Volksrepublik China, vgl. UNCTAD, IIAs: Key Issues 1 (2000), 239 ff.

973 Vgl. Art. 13 (1) ECT; Art. 4 (2) German Model BIT 2008: "(…) such compensation must be equivalent to the value of the expropriated investment immediately before the date on which the actual or threatened expropriation, nationalization or other measure became publicly known."

Rahmen der Investitionsschutzverträge verwirklicht werden sollte und ist in fast allen BITs enthalten. Das Diskriminierungsverbot in Form der Inländergleichbehandlung bedeutet, dass ausländische Investoren und ihr Projekt genauso wohlwollend behandelt werden müssen wie inländische Investoren.[974] Unterschiede bestehen jedoch hinsichtlich des Zeitpunktes, ab welchem das Gebot der Inländergleichbehandlung durch den Gaststaat zu beachten ist. Einerseits gewähren BITs diesen Schutz sowohl für die Zeitspanne vor der Durchführung des Investments (*pre-establishment phase*) als auch nach getätigter Investition (*established investment*); andererseits sehen BITs Inländergleichbehandlung, wohl mehrheitlich, lediglich für eine bereits getätigte Investition vor.[975] BITs der USA gewähren Inländergleichbehandlung regelmäßig auch im Hinblick auf einen gleichberechtigten Marktzugang.[976] Vom Gebot der Inländergleichbehandlung sind unstreitig Maßnahmen der Gesetzgebung, *de jure* Diskriminierung, in denen bereits die Ungleichbehandlung enthalten ist. Strittig ist, ob gleichzeitig auch *de facto* Diskriminierungen erfasst werden, bei denen die Diskriminierung nicht in der Regelung selbst, aber in ihrer konkreten Anwendung liegt. Für das Vorliegen einer faktischen Diskriminierung müssen als Vergleichsbasis inländische Investitionen oder Investoren aus dem gleichen Wirtschaftsbereich oder Betätigungsfeld herangezogen werden.[977] Derartige faktische Diskriminierungen sind eindeutig schwerer zu untersuchen und zu bejahen als rechtliche, in der Praxis aber die häufiger vorkommende Variante. Bestimmungen der Inländergleichbehandlung sehen letztlich auch diverse Ausnahmebestimmungen, wie beispielsweise für das Steuerrecht, die nationale Sicherheit oder das Recht des geistigen Eigentums, vor, für deren Bereiche die Inländergleichbehandlung gerade keine Anwendung findet.[978]

---

974 Vgl. Art. 3 (1) German Model BIT 2008; siehe zur Nichtdiskriminierung UNCTAD, IIAs: Key Issues, 161 ff.; *Weiler*, Non-Discrimination in International Investment Law, in: *ders.*, Investment Law and Arbitration, 557 ff.; *ders.*, Prohibitions against Discrimination, in: *ders.*, NAFTA Investment Law, 27.

975 *Kinsella/Rubins*, International Investment, 226.

976 Siehe Art. 3 US Model BIT 2004.

977 In der Regel wird von "like" oder "similar circumstances" gesprochen; *Bishop/Crawford/Reisman*, Investment Disputes, 1007.

978 Siehe beispielhaft Art. 1108 (7) (a)-(b) NAFTA.

f.   Gebot der Meistbegünstigung
(Most-Favoured Nation Treatment)

Eine weitere Ausprägung des allgemeinen Diskriminierungsverbotes ist das Gebot der Meistbegünstigung. Gleichermaßen wie das Gebot der Inländergleichbehandlung handelt es sich bei dem Gebot der Meistbegünstigung um einen relativen Schutzstandard (*contingent standards*), da beide davon abhängig sind, inwieweit der Gaststaat anderen Personen oder Investitionen Schutz gewährt.[979] Das Gebot der Meistbegünstigung findet sich meistens zusammengefasst in derselben Vertragsklausel des BIT wie das Gebot der Inländergleichbehandlung. Der Unterschied besteht in dem Bezugspunkt der Diskriminierung. Bezog sich der Vergleich bei der Inländergleichbehandlung auf die Behandlung ausländischer und inländischer Investoren, geht es bei der Meistbegünstigung um die Gegenüberstellung der Behandlung des ausländischen Investors des Heimatstaates sowie ausländische Investoren von Drittstaaten.[980] Der interessanteste Streitpunkt im Rahmen des Gebots der Meistbegünstigung ist die Frage nach dem Umfang des Anwendungsbereichs. Manche Vertragsklauseln legen eindeutig und ausdrücklich fest für welche Anwendungsfälle das Gebot der Meistbegünstigung gelten soll.[981] Andere hingegen enthalten sehr allgemein gehaltene Meistbegünstigungsbestimmungen, die einer weiten Auslegung zugänglich sind, da sie sich auf alle Anwendungsfälle des Vertrages beziehen.[982] So kam es auch, dass der Anwendungsbereich des Gebots der Meistbegünstigung neben den materiell-rechtlichen Bestimmungen über den Investor, von der internationalen Schiedsgerichtsbarkeit teilweise auch auf prozessuale Bestimmungen ausgeweitet wurde.[983]

g.   Ergebnis zu 1.

Es kann zwar durchaus vorkommen, dass der eine oder andere BIT durchaus noch andere Schutzstandards als die eben angesprochenen enthält, da

---

979   Siehe dazu ausführlich UNCTAD, IIAs: Key Issues, 191 ff.; *McLachlan/Shore/Weiniger*, Investment Arbitration, 11 f.
980   Vgl. Art. 3 German Model BIT 2008.
981   Zum Beispiel Art. 3 (2) UK-Czech Republic BIT (1993).
982   Siehe Art. 4 Belgium-Russian Federation BIT (1989).
983   *Maffezini v Spain*, Decision on Jurisdiction; *Siemens v Argentina*, Decision on Jurisdiction; generell *Teitelbaum*, Developments in the Interpretation of MFN, in: JIntlArb 22 (2005), 225.

es sich bei jedem Investitionsschutzvertrag um einen eigenständigen völkerrechtlichen Vertrag handelt. In der Zusammenfassung wurden jedoch die materiell-rechtlichen Schutzstandards angesprochen, die regelmäßig in jedem BIT enthalten sind und daher das Gerüst des Investorenschutzes im Investitionsrecht darstellen. Auf die Problematik hingegen, ob es sich bei diesen materiell-rechtlichen Schutzstandards um internationale Rechte des Investors oder um solche des Heimatstaates zu Gunsten des Investors soll im folgenden Kapitel der Untersuchung noch ausführlich beleuchtet werden. Anzumerken ist, dass die Antwort auf diese Frage nichts daran ändert, dass bei beiden Varianten die materiell-rechtlichen Vertragsbestimmungen zu einem erhöhten Schutz des Investors führen und deswegen grundsätzlich zu einem besseren Investitionsklima und –Förderung beitragen. Dieses Ergebnis wird unabhängig davon erzielt, ob es sich um einen Rechtsreflex oder ein eigenes Individualrecht handelt.

2. Prozessuale Durchsetzung materiell rechtlicher Vertragsbestimmungen

Nachdem bereits dargestellt wurde, welche materiell-rechtlichen Vorschriften in Vertragsinstrumenten zum Investitionsschutz im Allgemeinen enthalten sind, soll im folgenden Teil der Untersuchung noch auf deren prozessuale Durchsetzung eingegangen werden. Hierbei sollen die verschiedenen Möglichkeiten, die dem Investor zur Durchsetzung eventueller Ansprüche zur Verfügung stehen, dargestellt und kurz hinsichtlich ihrer Erfolgsaussichten und potentieller Schwierigkeiten bewertet werden.

a. Nationale Gerichte des Gaststaates und Andere Staatliche Gerichte

Bei Auslandsinvestitionen handelt es sich regelmäßig um Projekte im Territorium des Gaststaates. Die erste Alternative für den Investor, Maßnahmen des Gaststaates rechtlich überprüfen zu lassen, ist, sich an die Gerichte des Gaststaates zu wenden. Nach den Regeln des internationalen Privatrechts über die gerichtliche Zuständigkeit besteht allgemein zu den Gerichten des Gaststaates die engste sachliche Verbindung, was dementsprechend deren Zuständigkeit über einen Rechtsstaat zwischen Gaststaat und ausländischem privaten Investor begründen würde.[984] Dies gilt umso mehr, wenn keine Gerichtsstandsvereinbarung, sei es einem Vertrag zwischen Gaststaat und Investor oder sei es in bilateralen oder multinationalen Investitionsschutzverträgen, existiert, die eine Zuständigkeit eines anderen Forums begründet. Jedoch können gewichtige Argumente angeführt werden, die belegen, dass die nationalen Gerichte des Gaststaates speziell für die Beilegung von internationalen Investitionsstreitigkeiten nicht geeignet sind.

Zuerst hat die Zuständigkeit der staatlichen Gerichte des Gaststaates Auswirkungen auf das auf die Entscheidung der Streitigkeit anwendbare materielle Recht. Zur Bestimmung des anwendbaren materiellen Rechts wenden nationale Gerichte die Regeln des internationalen Privatrechts ihrer eigenen Rechtsordnung an. Haben die Parteien im Hinblick auf ihre Investition eine Rechtswahl getroffen, kann grundsätzlich davon ausgegangen werden, dass die staatlichen Gerichte diese Wahl akzeptieren, was aber nicht immer der Fall sein muss. Die Rechtswahl kann aber nicht die zwingenden Vorschriften des nationalen Rechts verdrängen, zu deren Anwendung die staatlichen Gerichte gezwungen sind, und die nicht selten das nationale Investitionsrecht betreffen.[985] Darüber hinaus, werden staatliche Gerichte des Gaststaates regelmäßig dem nationalen Recht Vorrang vor dem Völkerrecht gewähren, abhängig von der Ausgestaltung der Inkorporierung von Völkerrecht in innerstaatliches Recht in der jeweiligen Rechtsordnung.[986] Eine vollständige Internationalisierung einer Investitionsstreitigkeit bei Zuständigkeit nationaler Gerichte allein durch Rechtswahlklauseln ist mithin nicht realisierbar.

Neben Problemen mit dem anwendbaren Recht, bestehen gegen eine Zuständigkeit staatlicher Gerichte des Gaststaates noch weitere Bedenken. Bei der Beurteilung dieser Frage, darf nicht das spezifische Charakteristikum ausländischer Direktinvestitionen übersehen werden. Bei internationalen Investitionsstreitigkeiten stehen sich der Gaststaat sowie ein ausländischer Investor gegenüber. Deswegen besteht die Befürchtung, wenngleich nicht immer begründeter Weise, dass die Gerichte des Gaststaates aufgrund dieser Konstellation dem ausländischen Investor gegenüber von

---

984 Siehe *Reinisch/Malintoppi*, Dispute Resolution, in: *Muchlinski/Ortino/Schreuer*, Handbook of Investment Law, 691, 696.

985 *Reinisch/Malintoppi*, Dispute Resolution, in: *Muchlinski/Ortino/Schreuer*, Handbook of Investment Law, 691, 696.

986 Ibid.

vornherein voreingenommen gegenüberstehen oder befangen sind.[987] Hinzukommen kann, dass die nationalen Richter besonders in Entwicklungs- oder Schwellenländern, keine ausreichende Unabhängigkeit genießen, um frei und unabhängig gegen ihren eigenen Staat zu urteilen.[988] Einerseits kommt es häufig in Entwicklungs- oder Schwellenländern vor, dass aufgrund der schlechten Bezahlung der staatlichen Richter, diese anfällig für Korruption. Andererseits verfügen diese Länder teilweise nicht über eine ausreichend verwirklichte Gewaltenteilung und sind daher der politischen Einflussnahme durch die Regierung ausgesetzt. Zuletzt muss auch noch berücksichtigt werden, dass viele dieser staatlichen Gerichte nicht über genügend Personal und finanzielle Mittel verfügen, um eine effektive und vor allem zeitnahe Streitentscheidung zu gewährleisten.[989] Ein weiterer Punkt, der wohl alle staatlichen Gerichte betrifft, ist, dass es sich bei diesen Investitionsstreitigkeiten um äußerst komplexe, hoch spezialisierte wirtschaftliche Projekte geht, weswegen zu befürchten ist, dass die staatlichen Gerichte nicht über die notwendige Expertise verfügen, daraus resultierende Rechtsstreitigkeiten zu entscheiden. Aus diesen Gründen sind die staatlichen Gerichte des Gaststaates zumeist die nicht die geeignetste Wahl für den ausländischen Investor, seine Investition betreffende Rechtsstreitigkeiten vor diesen geltend zu machen. Hier zeigt sich wiederum ein Vorteil der Streitbeilegung nach der ICSID Konvention, die bei erteilter ausdrücklicher Einwilligung zur Streitbeilegung jeglichen anderen Rechtsbehelf ausschließt.[990]

Neben den staatlichen Gerichten des Gaststaates könnte man an eine Gerichtsstandsvereinbarung zwischen Investor und Gaststaat denken, die entweder die nationalen Gerichte des Heimatstaates des Investors oder eines unabhängigen dritten Staates für zuständig erklärt. Bezüglich der Gerichte des Heimatstaates wird in der Regel nicht davon auszugehen sein,

---

987 Vgl. *Schill*, Private Enforcement of Investment Law, in: *Waibel/Kaushal, u.a.*, Investment Arbitration, 29, 32 f.; *Reinisch/Malintoppi*, Dispute Resolution, in: *Muchlinski/Ortino/Schreuer*, Handbook of Investment Law, 691, 694.

988 *Schill*, Private Enforcement of Investment Law, in: *Waibel/Kaushal, u.a.*, Investment Arbitration, 29, 32 f.

989 Vgl. zu dieser Problematik *Schill*, Private Enforcement of Investment Law, in: *Waibel/Kaushal, u.a.*, Investment Arbitration, 29, 32 f.

990 Siehe Art. 26 ICSID Übereinkommen; Art. 26 S. 2 ICSID Übereinkommen bietet den Mitgliedsstaaten die Möglichkeit, ihre Zustimmung zum Schiedsverfahren und zur ICSID Konvention von der vorherigen Ausschöpfung nationaler Rechtsbehelfe abhängig zu machen. In der Praxis haben wenige Staaten hiervon Gebrauch gemacht, vgl. *Schreuer/Malintoppi/Reinisch/Sinclair*, ICSID Convention, Art. 26 Rn. 1 ff., insbesondere Rn. 188 ff.

dass eine Einigung über eine derartige Vereinbarung zwischen Investor und Gaststaat zustande kommt. In ähnlicher Weise wie der ausländische Investor wird der Gaststaat die fehlende Unvoreingenommenheit dieser Gerichte befürchten. Warum aber nicht die staatlichen Gerichte eines dritten Staates zum Streitentscheid auswählen? Zuerst stellen sich hier ähnliche Probleme wie gerade am Ende hinsichtlich der nationalen Gerichte des Gaststaates angesprochen wurden. Bei komplexen Investitionsstreitigkeiten in spezialisierten Wirtschaftsbereichen, wie beispielsweise Anlagenbau oder Energiewirtschaft, ist zu befürchten, dass staatlichen Gerichten in der Regel die notwendige fachliche Kenntnis fehlt, um daraus entstehende, strittige Fragestellungen sachgerecht zu entscheiden. Das Hauptproblem ergibt sich jedoch wiederum aus der besonderen Natur von internationalen Investitionsstreitigkeiten. Auch die staatlichen Gerichte eines Drittstaates werden regelmäßig sehr zurückhaltend sein, über eine Vorgehensweise eines anderen Staates in seinem eigenem Territorium zu urteilen, sondern sich an die Beachtung der Souveränität von Staaten gebunden fühlen.[991] Dementsprechend stehen der effektiven Streitschlichtung vor staatlichen Gerichten eines jeden Staates die Souveränität der Staaten und Prinzipien wie die „Act of State Doctrine" entgegen. Das kann entweder dazu führen, dass die staatlichen Gerichte bereits die Zulässigkeit der Klage ablehnen, oder aber zögern, gegen den fremden Staat zu urteilen. Nach dem Prinzip der Souveränität der Staaten soll kein Staat über das Verhalten eines anderen Staates unter seiner eigenen Gerichtsbarkeit urteilen dürfen.[992] Zwar wurde dieses Prinzip eingeschränkt auf hoheitliches Handeln (jure imperii) und erlaubt eine Beurteilung von privatrechtlichem Verhalten (jure gestionis).[993] Bei den die Investitionen negativ berührenden Vorkommnissen, wie zum Beispiel Enteignungen, wird es sich aber im Grundsatz um Ersteres handeln. Nach anderen Prinzipien, wie die bereits angesprochene „Act-of-State Doctrine", wird bereits die Zulässigkeit derartiger Klagen gegen souveräne Staaten abgelehnt, woran auch ein Verzicht des Gaststaates auf die Geltendmachung seiner Souve-

---

991 Siehe *Reinisch/Malintoppi*, Dispute Resolution, in: *Muchlinski/Ortino/Schreuer*, Handbook of Investment Law, 691, 696 f.; *Schill*, Private Enforcement of Investment Law, in: *Waibel/Kaushal, u.a.*, Investment Arbitration, 29, 33.

992 *Schill*, Private Enforcement of Investment Law, in: *Waibel/Kaushal, u.a.*, Investment Arbitration, 29, 33.

993 *Reinisch/Malintoppi*, Dispute Resolution, in: *Muchlinski/Ortino/Schreuer*, Handbook of Investment Law, 691, 696 f.

ränität nicht ändern würde.[994] Aus diesen Gründen ist davon abzuraten, internationale Investitionsstreitigkeiten vor innerstaatlichen Gerichten des Gaststaates, aber auch jeglicher Drittstaaten zu bringen. Der private Investor muss befürchten, dass er keine unabhängige, unvoreingenommene Entscheidung über seine Ansprüche auf Schadensersatz erhalten wird oder im schlimmsten Fall sein Vorbringen bereits als unzulässig abgewiesen wird.

b.   Diplomatischer Schutz

Eine weitere Möglichkeit eines Rechtsschutzes des ausländischen Investors gegenüber dem Gaststaat stellt der Weg des diplomatischen Schutzes durch dessen Heimatstaat dar.[995] Bei einer Verletzung der Verpflichtungen des Gaststaates gegenüber dem ausländischen Investor, beispielsweise durch entschädigungslose Enteignung der Investition, war das traditionelle Mittel zur Rechtsdurchsetzung nach Völkergewohnheitsrecht, dass der Heimatstaat sich dieser Probleme annahm und auf völkerrechtlicher Ebene durch Ausübung diplomatischen Schutzes gegen den Gaststaat durchsetzte. Im Gegensatz zu den modernen Instrumenten des Investitionsschutzes, den bilateralen oder multilateralen Investitionsschutzverträgen, und den darin enthaltenen eigenen Streitbeilegungsverfahren unter Beteiligung des Investors, birgt dieser Weg der Rechtsdurchsetzung gewisse, nicht zu unterschätzende Risiken für den Investor. Die Ausübung diplomatischen Schutzes beruhte vor allem auf der überkommenen Vorstellung, dass eine Verletzung der Interessen des ausländischen Investors durch den Gaststaat lediglich eine Verletzung der völkerrechtlichen Rechte des Gaststaates darstellte und daher nur von ihm auf internationaler Ebene durchgesetzt werden konnte.[996] Einziger Vorteil des diplomatischen Schutzes als Rechtsdurchsetzungsmittel ist, dass für dieses Vorgehen keine vorherige Zustimmung oder eine irgendwie geartete andere vertragliche Übereinkunft erforderlich ist und es mithin immer zur Verfügung steht, sobald der

---

994 *Reinisch/Malintoppi*, Dispute Resolution, in: *Muchlinski/Ortino/Schreuer*, Handbook of Investment Law, 691, 697; *Schill*, Private Enforcement of Investment Law, in: *Waibel/Kaushal, u.a.*, Investment Arbitration, 29, 33 f.
995 Vgl. zum diplomatischen Schutz im Allgemeinen bereits oben.
996 Vgl. zur geschichtlichen Entwicklung *Schill*, Private Enforcement of Investment Law: Why We Need Investor Standing in BIT Dispute Settlement, in: Waibel, Kaushal et al. (Hrsg.), The Backlash against Investment Arbitration, 2010, 29, 35 ff.; Siehe zur Problematik des diplomatischen Schutzes beim Eigentum Griebel, Internationales Investitionsrecht, S. 20 ff.

innerstaatliche Rechtsweg erschöpft ist.[997] Der erste Nachteil des diplomatischen Schutzes als Mittel des Investitionsschutzes besteht darin, dass die Gewährung diplomatischen Schutzes im Ermessen des Heimatstaates steht und der in seinen Interessen verletzte Investor hierauf keinen Rechtsanspruch hat.[998] Lediglich der Heimatstaat selbst hat ein völkerrechtliches Recht gegen den Gaststaat aufgrund der Verletzung internationaler Verpflichtungen, über dessen Geltendmachung der Heimatstaat entscheiden kann. Auch das nationale Recht gewährt dem Investor in der Regel keinen Anspruch gegen seinen Heimatstaat auf Ausübung diplomatischen Schutzes. Demnach ist der ausländische Investor auf das Wohlwollen seines Heimatstaates angewiesen. Bei der Ausübung seines Ermessens wird der Heimatstaat viele unterschiedliche Positionen und Beweggründe in seine Entscheidung einbeziehen. Zwar wird er die Interessen des Investors berücksichtigen, aber das Hauptaugenmerk wird auf der Gefährdung der diplomatischen Beziehung zum Gaststaat und weiteren staatspolitischen Aspekten liegen.[999] Dies erlaubt es dem privaten Investor nicht, die Chancen auf die Gewährung diplomatischen Schutzes von vornherein einschätzen zu können.

Darüber hinaus ändert sich durch die positive Entscheidung über die Ausübung diplomatischen Schutzes der Anspruchsinhaber. Sobald der Gaststaat beschlossen hat, diplomatischen Schutz zu gewähren, geht auch die Dispositionsbefugnis hinsichtlich des Rechtsstreits auf ihn über.[1000] Das bedeutet, dass der Heimatstaat darüber entscheiden kann, ob er zu einem späteren Zeitpunkt des Verfahrens auf die weitere Geltendmachung des Anspruchs verzichtet oder sich vergleicht. Zusätzlich wird, wie bereits gesagt, auf dem Wege des diplomatischen Schutzes ein Anspruch des Heimatstaates verfolgt.[1001] Aus diesem Grund wird auch eine eventuell zu zahlende Entschädigung an den Heimatstaat beglichen, der wiederum

---

997 *Reinisch/Malintoppi*, Dispute Resolution, in: *Muchlinski/Ortino/Schreuer*, Handbook of Investment Law, 691, 712; *Tietje*, Investment Disputes, in: *ders.*, Investment Protection and Arbitration, 17, 20.

998 *Reinisch/Malintoppi*, Dispute Resolution, in: *Muchlinski/Ortino/Schreuer*, Handbook of Investment Law, 691, 712 f.; *Schill*, Private Enforcement of Investment Law, in: *Waibel/Kaushal, u.a.*, Investment Arbitration, 29, 38 ff.; *Tietje*, Investment Disputes, in: *ders.*, Investment Protection and Arbitration, 17, 20.

999 Ausführlich hierzu mwN *Schill*, Private Enforcement of Investment Law, in: *Waibel/Kaushal, u.a.*, Investment Arbitration, 29, 40.

1000 *Reinisch/Malintoppi*, Dispute Resolution, in: *Muchlinski/Ortino/Schreuer*, Handbook of Investment Law, 691, 713; *Schill*, Private Enforcement of Investment Law, in: *Waibel/Kaushal, u.a.*, Investment Arbitration, 29, 39.

1001 ICJ, Barcelona Traction, ICJ Reports 1970, 3, 357.

nicht verpflichtet ist, diese an den Investor weiterzuleiten, der den eigentlichen finanziellen Schaden erlitten hat.[1002] Der Ersatz des erlittenen Schadens ist aber das eigentliche Begehren des Investors.

Zuletzt tragen das Wesen und die Voraussetzungen diplomatischen Schutzes den komplexen Strukturen moderner Investitionstätigkeit kaum Rechnung. Moderne Investitionsprojekte und deren Finanzierung bestehen aus vielschichtigen Zusammenhängen, zu berücksichtigen Faktoren und Akteuren. Die Gewährung diplomatischen Schutzes hängt von der Staatsangehörigkeit des Investors ab. Ein Heimatstaat kann lediglich gegenüber seinen eigenen Staatsangehörigen Schutz ausüben. Wenn die Bestimmung der Staatsangehörigkeit bei natürlichen Personen relativ unproblematisch ist, kann es bei juristischen Personen zu erheblichen Schwierigkeiten kommen. Die gerade im Bereich großer Auslandsinvestitionsvorhaben tätigen international strukturierten Konzerne setzen sich zumeist aus zahlreichen Tochterunternehmen und angegliederten Gesellschaften zusammen, die häufig in anderen Staaten inkorporiert sind oder unter fremder Kontrolle stehen.[1003] Eine Bestimmung der Staatsangehörigkeit des tätigen Akteurs gestaltet sich hier eher als schwierig. Das Recht des diplomatischen Schutzes ist eher auf den Schutz von natürlichen Personen ausgelegt als von juristischen beziehungsweise transnationalen oder multinationalen Unternehmen.

Dementsprechend ist der diplomatische Schutz für den Schutz grenzüberschreitender Direktinvestitionen aufgrund seiner konzeptionellen und verfahrenstechnischen Defizite als unangemessen zu beurteilen. Diplomatischer Schutz ist ein traditionelles Rechtsinstrument des Völkerrechts, das den Anforderungen an ein modernes Investitionsschutzsystem nicht gerecht werden kann. Wenn man noch einmal auf das Beispiel der ICSID Konvention zurückkommt, dann sieht man, dass die ICSID Konvention grundsätzlich die Gewährung diplomatischen Schutzes für eigene Investoren gegenüber dem Gaststaat nicht ausschließt, sondern weiterhin erst einmal möglich bleibt. Erst wenn der Investor und der Gaststaat einem Schiedsverfahren nach der ICSID Konvention konkret zugestimmt haben, ist die Gewährung diplomatischen Schutzes solange ausgeschlossen, es sei

---

1002 *Schill*, Private Enforcement of Investment, in: *Waibel/Kaushal, u.a.*, Investment Arbitration, 29, 39; *Reinisch/Malintoppi*, Dispute Resolution, in: *Muchlinski/Ortino/Schreuer*, Handbook of Investment Law, 691, 713.
1003 Siehe hierzu *Schill*, Private Enforcement of Investment, in: *Waibel/Kaushal, u.a.*, Investment Arbitration, 29, 42 f.

denn der Gaststaat erfüllt den Schiedsspruch nicht.[1004] Daraus kann geschlossen werden, dass insbesondere in den Fällen, in denen der Gaststaat seine antizipierte Zustimmung in internationalen Instrumenten wie einem bilateralen Investitionsschutzvertrag erteilt hat, liegt die Entscheidungsgewalt beim ausländischen Investor. Solange dieser das Angebot des Gaststaates auf Einleitung eines Schiedsverfahrens noch nicht angenommen hat, kann er weiterhin seinen Heimatstaat um die Gewährung diplomatischen Schutzes bitten. Auch wenn daher die Bedeutung des diplomatischen Schutzes im Investitionsrecht nicht vollständig verdrängt worden ist, sind die Vorteile eines unabhängigen internationalen Rechtsdurchsetzungsmechanismus zur Beilegung von Investitionsstreitigkeiten unübersehbar. Zum einen gewähren die bilateralen oder multilateralen Investitionsschutzverträge Rechte, die den modernen Strukturen internationalen Investitionen besser gerecht werden, indem sie beispielsweise auch Minderheitenaktionären anderer Nationalität als der Investition den Schutzbereich des Vertrages eröffnen. Zum anderen sehen alle modernen Investitionsschutzverträge unabhängige internationale Streitbeilegungsmechanismen vor. Dadurch kann der Investor selbst entscheiden, ob er seine Ansprüche vor einem internationalen Schiedsgericht geltend machen will. Dies bedeutet einen enormen Gewinn an Rechtssicherheit für ausländische Direktinvestitionen.

c. Internationale Schiedsverfahren

Welche Arten von Schiedsverfahren gewöhnlicher Weise in den Investitionsschutzverträgen vorgesehen werden und deren charakterliche Besonderheiten sowie Vor- und Nachteile sollen zum Abschluss im Folgenden kurz vorgestellt werden.

aa. ICSID Konvention

Bereits ausführlich dargestellt wurde die Möglichkeit sowie die Vor- und Nachteile eines Schiedsverfahrens nach der ICSID Konvention oder der ICSID Additional Facility.[1005] Deswegen soll diese Art von Schiedsverfahren hier lediglich der Vollständigkeit halber angeführt, inhaltlich aber

---

1004 Vgl. Art. 27 ICSID Convention.
1005 Siehe oben unter S. 216 ff.

auf die Ausführungen von oben verwiesen werden. Im Unterschied zu den folgenden Schiedsverfahren soll kurz angemerkt werden, dass es sich bei ICSID um eine Schiedsinstitution handelt, die gerade und ausschließlich für Investitionsstreitigkeiten ins Leben gerufen wurde. Sie enthält zwar in ähnlicher Weise wie andere internationale Schiedsregeln keine materiellen, inhaltlichen Schutzbestimmungen, sondern rein prozessuale Vorschriften. Doch merkt man an vielen Bestimmungen, dass sie im Hinblick auf die Besonderheiten eines Schiedsverfahrens zwischen privatem Investor und Gaststaat geschaffen wurden. Die modernen Investitionsschutzverträge sehen ganz überwiegend, die Möglichkeit eines ICSID Schiedsverfahrens vor, was in stetig ansteigender Anzahl in Anspruch genommen.

bb.   Ad hoc Schiedsverfahren (UNCITRAL)

Zunächst sind hier die Ad Hoc Schiedsverfahren im Unterschied zu den durch eine Schiedsinstitution administrierten Schiedsverfahren anzusprechen. Es gibt die Möglichkeit, dass die Parteien sich vor oder nach Entstehung des Streitfalls unabhängig von irgendwelchen vorgegebenen Schiedsregeln über die Art und Weise der Durchführung ihres Streitbeilegungsverfahrens einigen.[1006] Dies kommt jedoch in der Praxis eher selten vor. Viele der Investitionsschutzverträge sehen neben administrierten Schiedsverfahren zusätzlich die Möglichkeit eines Schiedsverfahrens nach den UNCITRAL Schiedsregeln vor.[1007] Diese Schiedsregeln wurden unter Zusammenarbeit von Vertreter aus Industrie- und Entwicklungsländern im Rahmen der United Nations Commission for International Trade Law für internationale Handelsschiedsverfahren entwickelt und gerade im Jahr 2010 modernisiert.[1008] Im Gegensatz zu administrierten Schiedsverfahren gewähren die UNCITRAL Schiedsregeln den Parteien große Freiheiten und sind in keinster Weise an einen Ort gebunden, bevor die Parteien darüber entscheiden. Schiedsverfahren nach den UNCITRAL Rules finden auch vermehrt für Investitionsstreitigkeiten Anwendung, wobei die Möglichkeit besteht, dass eine Institution wie zum Beispiel ICSID nach den

---

1006 *Böckstiegel*, Internationaler Investitionsschutz, in: SchiedsVZ 2008, 265, 269 f.
1007 Zum Beispiel Art. 10 (2) Nr. 3 German Model BIT (2008).
1008 Siehe den Text der UNCITRAL Schiedsregeln und zu ihren verschiedenen Fassungen seit 1976 unter http://www.uncitral.org/pdf/english/texts/arbitration/html.

UNCITRAL Regeln das Verfahren administriert.[1009] Die UNCITRAL Regeln stellen umfassende Regelungen für jeden Schritt des Verfahrens auf. Sie erfreuen sich in der Schiedswelt großer Beliebtheit, weil es ihnen trotzdem gelungen ist, den Parteien ein großes Maß an Freiheit zu gewähren.

cc.   Sonstige Schiedsinstitutionen

Neben Ad Hoc Schiedsverfahren gibt es zahlreiche Schiedsinstitutionen, die den Parteien bei der Durchführung ihres Schiedsverfahrens ähnlich wie das ICSID Zentrum administrativ zur Seite stehen. In der Regel finden auf das Schiedsverfahren zugleich die Schiedsregeln der Institution Anwendung. Im Folgenden soll exemplarisch auf die Schiedsinstitutionen in aller Kürze eingegangen werden, die auch für Investitionsstreitigkeiten von großer Bedeutung sind. An erster Stelle ist hier sicherlich die Internationale Handelskammer (*International Chamber of Commerce* oder *ICC*) mit Sitz in Paris zu nennen. Die *ICC* besteht bereits seit 1923, wobei ihre momentan gültigen Schiedsregeln von 1998 sind.[1010] Investitionsstreitigkeiten, bei der eine Partei ein Staat und die andere ein privater Investor ist, machen bei der *ICC*, die eigentlich eine Schiedsinstitution der privaten Handelsschiedsgerichtsbarkeit ist, mittlerweile circa 10 % der Fälle aus.[1011] Im Rahmen der *ICC* Verfahren gibt es die Besonderheit der „Terms of Reference", entworfen durch die Schiedsrichter, die eine Zusammenfassung des Falles beinhalten und die weiteren Schritte darlegen.

Neben der *ICC* ist vor allem noch zu nennen der *London Court of International Arbitration* (*LCIA*)[1012]. Der *LCIA* existiert in dieser Form seit 1986 und hat seinen Sitz in London. Er wurde für die Beilegung von internationalen Handelsstreitigkeiten unabhängig von der Nationalität der Parteien ins Leben gerufen, befasst sich aber auch teilweise mit der Beile-

---

1009 Vgl. *OEPC v. Ecuador*, Award, administriert durch LCIA; *CME v. Czech Republic* administriert durch SCC; *Saluka v Czech Republic* verhandelt in Genf; *Lauder v. Czech Republic* verhandelt in London; *Böckstiegel*, Internationaler Investitionsschutz, in: SchiedsVZ 2008, 265, 269; *Sacerdoti*, Investment Arbitration, in: ICSID Review 19 (2004), 1.

1010 Abrufbar unter http://www.iccwbo.org.

1011 *Böckstiegel*, Internationaler Investitionsschutz, in: SchiedsVZ 2008, 265, 269.

1012 Für nähere Informationen vgl. www.lcia-arbitration.com.

gung von Investitionsstreitigkeiten zwischen Staaten und Investoren.[1013] Desweiteren gibt es noch *The Permanent Court of Arbitration* (*PCA*) mit Sitz in Den Haag, der 1899 zuerst durch die Haager Friedenskonferenz ins Leben gerufen wurde.[1014] Der *PCA* ist trotz seines Namens kein Gericht im eigentlichen Sinne, sondern führt die Schiedsverfahren lediglich administrativ durch.[1015] Obwohl vor dem *PCA* sowohl staatliche als auch private Parteien auftreten können, hat der *PCA* während dem ersten Jahrhundert seiner Existenz wenig Beachtung erfahren. Dies hat sich jedoch in neuester Zeit geändert. Seit die UNCITRAL Arbitration Rules den *PCA* für den Fall, dass sich die Parteien nicht auf die Benennung der Schiedsrichter einigen können, als *Appointing Authority* vorsieht, ist seine Bedeutung in der Investitionsschiedsgerichtspraxis durchaus gestiegen.[1016] Zudem hat der *PCA* sich mit fachlich gut ausgebildetem Personal ausgestattet und bietet sich vor allem für Großverfahren mit hohem administrativem Aufwand an.[1017]

Abschließend ist noch die Stockholmer Handelskammer (*Stockholm Chamber of Commerce* oder *SCC*) zu nennen. Die *SCC* wurde für Schiedsverfahren über private Handelsstreitigkeiten geschaffen und hatte traditionell einen Schwerpunkt auf Schiedsverfahren im Rahmen des Ost-West Handels.[1018] Aus diesem Grund werden auch heute vermehrt Investitionsstreitigkeiten zwischen Ost und West vor ihr ausgetragen, wie zum Beispiel zwischen Russland und China.

E. Ergebnis zum Siebten Kapitel

Wie dieses Kapitel aufgezeigt hat, ist das internationale Investitionsschutzrecht ein Geflecht aus unterschiedlichen Regelungen völkergewohnheitsrechtlicher und völkervertraglicher Art, Regeln des internationalen Wirtschaftsrechts und der Handelsschiedsgerichtsbarkeit und spezielle dem Investitionsschutzrecht eigene Regelungen. Für den konkreten Einzelfall kann zudem auch nationales Recht des Gaststaates relevant werden.

1013 *Dolzer/Schreuer*, Investment Law, 227; *Böckstiegel*, Investitionsschutz aus der Perspektive eines Schiedsrichters, in: SchiedsVZ 2008, 265, 269.

1014 Vgl. zur Geschichte *Schlochauer*, PCA, in: *Bernhardt*, EPIL III, 981.

1015 *Dolzer/Schreuer*, Investment Law, 229 f.

1016 Vgl. zu dieser Einschätzung auch *Böckstiegel*, Investitionsschutz aus der Perspektive eines Schiedsrichters, in: SchiedsVZ 2008, 265, 266 f.

1017 Ibid., 266 f.

1018 Ibid., 269.

Dieses besondere Zusammenspiel muss bei jeder Analyse investitions-schutzrechtlicher Fragestellungen berücksichtigt werden.

Das international Investitionsschutzrecht wie es heute besteht, began seinen Triumpfzug Anfang der 80er Jahre durch den außergewöhnlichen Zuwachs an bilateralen Investitionsschutzverträgen, die standardmäßig mit Investor-State-Streitbeilegungsklauseln ausgestattet wurden sowie den gleichzeitigen enormen Anstieg des Volumens der weltweiten Auslands-investitionen. Insbesondere die Streitbeilegung zwischen Investoren und Gaststaaten auf völkerrechtlicher Ebene und der in den letzten zwanzig Jahren daraus entstandene Corpus iuris aus investitionsschutzrechtlichen Schiedsurteilen stellt eine revolutionäre Entwicklung dar.

Vergleichbar mit den meisten, sich in der Entwicklung und im Wachs-tum befindenden Systemen besteht auch für das Investitionsschutzrecht Reformbedarf. Nur auf diese Weise kann sichergestellt werden, dass das Investitionsschutzrecht auch in Zukunft seine Bedeutung aufrechterhalten kann. So wird beispielsweise kritisiert, dass es im Rechtssprechungssys-tem des Investitionsschutzrechts weiterhin keine tatsächliche zweite In-stanz gibt. Aufgrund der weitgehenden Delokalisierung der Schiedssprü-che sind diese einer Kontrolle durch innerstaatliche Gerichte entzogen. Genauso wurde bisher die fehlende Transparenz, vor allem bei Nicht-ICSID Schiedsverfahren bemängelt. Kürzlich wurden im Rahmen der UNCITRAL-Schiedsregeln besondere Transparenzvorschriften für Inves-tor-Staat-Schiedsverfahren vereinbart.[1019] Gerade hier lässt sich aber er-kennen, dass ein grundsätzlicher Wille zur Reform und Weiterentwicklung besteht.

Das Regime des Investitionsschutzrechts ist insbesondere wegen der di-rekten internationalen Klagemöglichkeit der Investoren gegen den Gast-staat einzigartig, da das Investitionsschutzrecht den Investor nicht auf die traditionellen Formen völkerrechtlicher Konfliktlösung wie den diploma-tischen Schutz verweist. Durch die antizipierte Zustimmung des Gaststaats zum Schiedsverfahren in den bilateralen Investitionsschutzverträgen wird das Investor-Staat-Schiedsverfahren als Regelfall sichergestellt. Insofern ist es wünschenswert, dass das Regime der Investitionsschutzverträge durch die Einführung der notwendigen Reformen auf die nächste Entwick-lungsstufe gebracht wird.

1019 Siehe hierzu draft rules of transparency in treaty-based investor-State Arbitration, abrufbar auf www.uncitral.org.

Achtes Kapitel Das Subjektive Recht im Investitionsschutzrecht im Lichte der LaGrand Entscheidung

A. Das subjektive Recht im Investitionsschutzrecht

I. Grundvoraussetzungen eigener Rechte im Investitionsschutzrecht

Die verschiedenen Bestimmungen der Investitionsschutzverträge über die Behandlung des Investors (Behandlungsstandards[1020]), die in internationalen Investitionsschutzverträgen niedergelegt sind, standen im Zentrum von zahlreichen internationalen Schiedsverfahren zwischen Gaststaaten und privaten Investoren im Laufe der letzten Jahrzehnte. Als Folge davon existiert bereits eine beträchtliche Anzahl von Schiedssprüchen und Sekundärliteratur der (Investitionsschutzrechts-) Lehre. Diese beschäftigen sich mit einer Vielzahl von Fragestellungen im Zusammenhang mit den Behandlungsstandards. Themen umfassen den grundsätzlichen Inhalt und die Reichweite der mehrheitlich sehr weitgefassten Bestimmungen, die Auslegung einzelner Merkmale einer Vorschrift sowie die spezifische Anwendung der Behandlungsstandards auf die Tatsachen im Einzelfall. Hat sich somit auf diese Weise ein beträchtlicher Körper von Präzedenzfällen angesammelt, wird dennoch ein Fragekomplex so gut wie gar nicht behandelt, der eigentlich dogmatisch die Grundlage jeder weiteren Analyse im internationalen Investitionsschutzrecht bildet. Handelt es sich dabei um Rechte der Vertragsstaaten oder der Investoren selbst? Wem stehen die geltend gemachten Rechte aus den Investitionsschutzverträgen eigentlich zu? Beziehungsweise verleihen die internationalen Investitionsschutzabkommen, die ihrer Natur nach völkerrechtliche Verträge darstellen, eigene subjektive Rechte an die Investoren? Diese Fragen, die eigentlich am Anfang jeglicher praktischer Anwendung stehen und teilweise sich auch für das Verständnis einer Bestimmungen als hilfreich erweisen können, werden in den bereits angesprochenen Quellen kaum behandelt. Unstreitig wird durch die Bestimmungen der Investitionsschutzverträge der Investor begünstigt. Wenn aber die Behandlungsstandards analysiert und angewandt werden, wird auf die Natur dieser Bestimmungen sowie die Inhaberschaft aus ihnen fließender Berechtigungen nicht eingegangen. Die In-

---

1020 Vgl. die Darstellung der einzelnen Behandlungsstandards oben unter S. 249 ff.

vestitionsschutzverträge werden zwischen Staaten abgeschlossen, um ausländische Investitionen im Gaststaat zu fördern und zu schützen. Zur Erreichung dieser Zielsetzung enthalten die Investitionsschutzverträge Bestimmungen über die geschuldete Behandlung der Investition sowie des Investors und regelmäßig eine direkte Klagemöglichkeit des Investors auf internationaler Ebene, wodurch eine Verletzung der Behandlungsstandards durch den Gaststaat gerügt werden kann. Geht man von einem traditionellen völkerrechtlichen Standpunkt aus, müsste es sich um Rechte der Vertragsstaaten handeln, da sie auf der Grundlage eines völkerrechtlichen Vertrages entstehen. Folgt man hingegen modernen Strömungen im Völkerrecht könnten sie auch eigene Rechte des Investors darstellen, da mittlerweile von einer veränderten (Rechts-)Stellung des Individuums im Völkerrecht ausgegangen wird. Die Qualifizierung dieser Berechtigungen als eigene Rechte des Investors oder Rechte der Vertragsstaaten kann Auswirkungen auf deren Anwendung nach sich ziehen. Eine eindeutige Einstufung der Natur der Vertragsbestimmungen hat sich bisher nicht herausgebildet. Diese Lücke soll die folgende Untersuchung füllen. Dazu sollen zunächst abstrakt die Grundvoraussetzungen für die Annahme subjektiver Individualrechte des Investors aus Investitionsschutzverträgen unter Zugrundelegung, der im ersten Teil der Untersuchung gefundenen Ergebnisse zur veränderten Stellung des Individuums im modernen Völkerrecht aufgezeichnet werden. Sodann sollen zwei mögliche Ansätze für die Bestimmung der Rechtsnatur der Behandlungsstandards vorgestellt werden. In einem letzten Schritt soll unter Fruchtbarmachung der Ergebnisse aus der durchgeführten Analyse[1021] der *LaGrand* Entscheidung die Frage nach der Existenz von subjektiven Individualrechten des Investors aus internationalen Investitionsschutzverträgen beantwortet werden.

1. Partielle Völkerrechtssubjektivität des betroffenen Investors/Individuum

Die Struktur und Zielsetzung der internationalen Investitionsschutzverträge lassen keinen Zweifel daran, dass letzten Endes der private Investor der Begünstigte dieser Schutzstandards ist. Rein praktisch betrachtet profitiert er sowohl von den materiell-rechtlichen Behandlungsstandards als auch von den Streitbeilegungsmechanismen am meisten, da dadurch ein erheb-

---

1021 Siehe hierzu oben unter S. 138 ff., 179 ff.

lich höherer Schutz für seine Auslandsinvestitionen im Gaststaat erreicht wird. Die Tatsache allein, wem eine Regelung im Endeffekt zu Gute kommt, sagt jedoch nichts über den eigentlichen Inhaber der Berechtigungen aus, da es im Völkerrecht durchaus üblich war und ist, dass durch Rechte der Staaten auch der Einzelne letztlich profitierte. So findet die Thematik, wie bereits angedeutet, sowohl in der Praxis der Investitionsschiedsgerichtsbarkeit als auch in der Lehre wenig Beachtung, ob es sich bei den geltend gemachten Bestimmungen der Investitionsschutzverträge um eigene Rechte der Investoren oder um Rechte der Heimatstaaten handelt. Und doch stellt die Antwort auf diese Frage die Ausgangsbasis für die Beantwortung weiterer, vor allem in der Praxis bedeutsameren Problematiken dar. Des Öfteren wird beispielsweise diskutiert, ob der ausländische Investor durch eine Gerichtsstandsklausel, die in einem Investitionsvertrag mit dem Gaststaat vereinbart wurde, die Streitbeilegungsverfahren, die im betreffenden internationalen Investitionsschutzvertrag festgelegt wurden, abbedingen kann.[1022] Ohne en detail auf das komplexe Verhältnis zwischen Investitionsverträgen und Investitionsschutzverträgen sowie deren Regelungen über die Zuständigkeit zur Streitbeilegung näher eingehen zu können, wäre ein Verzicht des Investors von vornherein allein dann möglich, wenn es sich bei den Bestimmungen in Investitionsschutzverträgen um eigene Rechte des Investors handelt.[1023] Man kann denknotwendig nur auf etwas verzichten, was einem auch zusteht und worüber man die Verfügungsbefugnis besitzt. Daran zeigt sich, dass die Frage nach eigenen Rechten des Investors aus internationalen Investitionsschutzverträgen

---

1022 Zu dieser Thematik *Liebscher*, Domestic Courts in BIT Arbitration, in: *Binder/Kriebaum/Reinisch/Wittich*, Investment Law, 105, 115 ff.

1023 Vgl. die kurzen Bemerkungen in *Eureko v Poland*, Partial Award, paras. 174 f.: „A waiver or settlement by an alien of a claim against a state made after an injury attributable to that state but before espousal… is effective as a defense on behalf of the respondent provided the waiver or settlement is not made under duress. A state's claim against another state for injury to its national fails if, after the injury, the person waives the claim or otherwise reaches a settlement with the respondent state. International law thus recognizes that an investor may, after a claim against a State has arisen, enter into a settlement agreement with that State and commit to a final waiver of those claims. The State can subsequently rely on that waiver and assert it as a defense against the investor, should such investor attempt to raise those claims again."; *Aguas del Tunari v Bolivia*, Objections to Jurisdiction, para. 118: "Given that it appears clear that the parties to an ICSID Arbitration could jointly agree on a different mechanism for the resolution of their disputes other than that of ICSID, it would appear that an investor could also waive its rights to invoke jurisdiction of ICSID".

nicht rein theoretische Bedeutung, sondern auch konkrete, entscheidende Auswirkungen auf die Praxis haben kann. Für die Frage, ob ein Investor direkte eigene Rechte aus internationalen Investitionsschutzverträgen innehaben kann, ist erste Grundvoraussetzung, dass er überhaupt die Fähigkeit besitzt, auf völkerrechtlicher Ebene Inhaber von Rechten zu sein. Das heißt, es muss zuerst festgestellt werden, ob der Investor zumindest beschränkte Völkerrechtssubjektivität besitzt, bevor man sich damit beschäftigen kann, ob ihm im konkreten Fall durch die internationalen Investitionsschutzverträge derartige subjektive völkerrechtliche Rechte auch tatsächlich zugewiesen werden.

Grundsätzlich ist die Diskussion im Völkerrecht um eine (partielle) Völkerrechtssubjektivität des Individuums genauso wenig neu wie überraschend.[1024] Besonders die modernen Rechtsinstrumente des Völkerrechts haben in immer größerem Maße Sachverhalte zum Inhalt, die weniger die Beziehungen der Staaten untereinander als die Behandlung und den Schutz des Einzelnen zum Gegenstand haben.[1025] Ausgangspunkt ist, dass das Konzept der Völkerrechtssubjektivität aus sich heraus nicht auf Staaten oder irgendein anderes Rechtssubjekt beschränkt ist.[1026] Die internationale Gemeinschaft ist sowohl an Akteuren, wie zum Beispiel internationalen Organisationen, NGOs, Individuen und multinationalen Unternehmen, als auch an zu regelnden Themengebieten wie Umweltschutz oder Unterstützung im Falle humanitärer Katastrophen zu einem komplexen, verzweigten internationalen Rechtssystem herangewachsen. In vielen dieser neuen Rechtsinstrumente und Sachbereiche steht das Individuum im Zentrum der Regelungen und wird zum Teil mit eigenen subjektiven Rechten und/oder eigener prozessualer Durchsetzungsmacht auf internationaler Ebene ausgestattet. Prototyp dieser Veränderung im modernen Völkerrecht sind die Verträge zum Schutz der Menschenrechte, die eine Tendenz erkennen lassen, dem Einzelnen neben materiellen Schutzbestimmungen eine eigene Klagemöglichkeit zur Verfügung zu stellen.[1027] Eine herausragende Stellung nimmt sicherlich die Europäische Konventi-

---

1024 Vgl. die ausführliche Darstellung um die Diskussion einer Völkerrechtssubjektivität des Individuums im Völkerrecht Kapitel 3; siehe bereits oben zu den traditionellen Ansätzen im Hinblick auf eine Völkerrechtssubjektivität des Individuums S. 34 ff.; insbesondere die Kritik an der Objektstheorie S. 36 ff.

1025 Die Theorie einer partiellen Völkerrechtssubjektivität des Individuums hatte ihren Ausgang in den Menschenrechtsverträgen, vgl. S. 36 ff.

1026 *Mosler*, Völkerrechtssubjekte, in: ZaÖRV 22 (1962), 1, 7; *Hobe*, Individuals, in: *Hofmann*, Non-State Actors, 118 f.

1027 Vgl. dazu die Darstellung oben unter Kapitel 3 C I.

on zum Schutz der Menschenrechte (EMRK)[1028] ein, deren subjektive Individualgarantien durch die Betroffenen vor dem Europäischen Menschengerichtshof (ECHR) in einem Individualklageverfahren durchgesetzt werden können.[1029] Eine Gesamtschau dieser Entwicklungen ergibt, dass sich die Stellung des Individuums im Völkerrecht gewandelt hat. Die veränderte Ausgestaltung und Entstehung neuer Regelungsbereiche völkervertraglicher Rechtsinstrumente führten zur Annahme einer beschränkten, von den Staaten als den originären Völkerrechtssubjekten abgeleiteten Völkerrechtssubjektivität des Individuums. Diese Völkerrechtssubjektivität besteht allein in den Bereichen, in denen die Staaten durch Rechtsinstrumente diese Qualität der Berechtigungen vorgesehen haben und im Grunde nur so lange, wie die Staaten diese eigenständige Rechtssubjektivität gewähren wollen.[1030] Mittlerweile wird eine partielle Völkerrechtssubjektivität des Individuums im Völkerrecht von der Mehrheit akzeptiert.[1031] Die veränderte Stellung des Individuums im Völkerrecht hin zu einer partiellen Völkerrechtssubjektivität wurde auch im Rahmen des internationalen Investitionsschutzrechts von den zur Streitbeilegung berufenen internationalen Schiedsgerichten ihren Entscheidungen als gegeben zu Grunde gelegt:

> „Secondly, *Neer* and like arbitral awards were decided in the 1920s, when the status of the individual in international law, and the international protection of foreign investments, were far less developed than they have since come to be. In particular, both the substantive and the procedural rights of the individual in international law have undergone considerable development".[1032]

Infolgedessen besitzt der ausländische Investor die erforderliche Fähigkeit, auf internationaler Ebene grundsätzlich Inhaber eigener subjektiver Rechte sein zu können. Für die Frage nach der Inhaberschaft, der aus den internationalen Investitionsschutzverträgen resultierenden Berechtigun-

---

1028 Vom 4.11.1950, in der Fassung der Neubekanntmachung vom 17.05.2002 (BGBl. II S. 1054), in Kraft getreten am 3.09.1953. Für eine Schilderung der Entwicklung und Bedeutung der EMRK, vgl. *Hobe*, Individuals, in: *Hofmann*, Non-State Actors, 123.

1029 Siehe zur EMRK und ihrer Individualklagemöglichkeit oben Kapitel 5, S. 130 ff.

1030 Siehe zur Unterscheidung zwischen abgeleiteten, originären, partiellen und unbeschränkten Völkerrechtssubjekten ausführlich die Darstellung oben S. 44 ff., besonders S. 32.

1031 Vgl. zur Akzeptanz Kapitel 3 D, S. 59; *Lauterpacht*, International Law and Human Rights, 61; *Brownlie*, International Law, 60; *Barberis*, Nouvelles Questions, RdC 179 (1983-I), 145, 185 ff.; *Clapham*, Human Rights Obligations ,71.

1032 Mondev v. USA, Award, para. 116.

gen, bedeutet dies dementsprechend, dass die erste Grundvoraussetzung in Form der partiellen Völkerrechtssubjektivität für die Annahme eigener subjektiver Rechte des Investors als erfüllt anzusehen ist.

2. Zuweisung eigener Rechte durch die wesentlichen Rechtsinstrumente

Positiv ist nun geklärt, dass der Investor grundsätzlich Träger völkerrechtlicher Rechte sein kann. Er braucht den Heimatstaat nicht als Mittler für die Rechtsinhaberschaft ihm zugewiesener Rechte und immer häufiger auch nicht zu deren prozessualer Durchsetzung auf internationaler Ebene. Dennoch ist allein durch die Bejahung der partiellen Völkerrechtssubjektivität von Investoren keine Aussage über die Natur der in internationalen Investitionsschutzverträgen niedergelegten Rechte getroffen. Weiterhin ist für eine Inhaberschaft eigener, direkter Rechte des Investors im Investitionsschutzrecht erforderlich, dass ihm die in Rede stehenden Rechte durch die betreffenden völkerrechtlichen Rechtsinstrumente zugewiesen worden sind. Für subjektive Rechte von Individuen im Völkerrecht kommt es nicht auf historisch bedingte Thesen an, sondern auf eine konkrete Untersuchung völkerrechtlicher Normen hinsichtlich des in ihnen zum Ausdruck kommenden Willens des Rechtssetzers. Internationale Verträge können dem Einzelnen immer dann und soweit Rechte verleihen, wie dies die darin zum Ausdruck kommende Intention der Vertragsschließenden ist, ohne dass es der staatlichen Vermittlung dieser Rechte durch nationales Recht zwingend bedarf.[1033] Aus dieser Aussage muss man sich trotzdem bewusst machen, dass es sich um eine Möglichkeit handelt, nicht alle Rechtsinstitute diesen Effekt jedoch haben. Zur Unterscheidung einer reflexhaften Begünstigung des Einzelnen im Völkerrecht und der Verleihung materieller Rechte kann nicht auf das Bestehen eines internationalen Durchsetzungsmechanismus abgestellt werden, sondern einzig und allein auf die Intention der vertragsschließenden Staaten, dem Einzelnen durch die in Rede stehende Vorschrift bewusst und final materielle Rechte einräumen zu wollen. Der Vertragstext muss somit grundsätzlich dem Einzelnen eindeutig ein Recht verleihen wollen.

Erste Voraussetzung für ein subjektives Recht im Völkerrecht ist das

---

1033 *Tomuschat*, Grundpflichten des Individuums, 289, 298 f.; *Clapham*, Human Rights Obligations, 74; Mit Hinweisen auf andere Quellen zu diesem Ergebnis *Dahm/Delbrück/Wolfrum*, Völkerrecht I/2, § 109 V Rn. 42.

Vorliegen einer zwingen Rechtsnorm.[1034] Um überhaupt von einem Recht oder einer Pflicht des Individuums sprechen zu können, müsste es sich um einen völkerrechtlichen Rechtssatz handeln, der in Form einer verbindlichen Geltungsanordnung eine objektive Verhaltenspflicht für den Rechtssatzunterworfenen begründet, zu der als Korrelativ ein Recht des Begünstigten entsteht.[1035] Die völkerrechtliche Regelung muss mithin Rechte und mit einem Recht korrespondierende Pflichten begründen und nicht lediglich eine Empfehlung, Richtlinie oder Zielvorgabe darstellen, die im Völkerrecht häufig vorkommen. Zweite Voraussetzung ist, dass die Vorschrift die materielle Qualität eines Individualrechts aufweist.[1036] Ein subjektives Recht im Völkerrecht besteht immer dann, wenn die (vertragliche) Regelung ihrem jeweiligen Inhalt und Regelungsgehalt nach eine subjektive Rechtsposition, also ein Recht oder einen Anspruch, gewährt.[1037] Der konkrete Inhalt der in Rede stehenden Norm ist dieser entweder ausdrücklich zu entnehmen oder muss im Regelfall durch Auslegung der Regelung ermittelt werden.[1038] Nach neuster Entwicklung können völkerrechtliche Individualrechte nicht nur im Bereich der Menschenrechtsverträge auftreten, sondern auch in Vertragswerken, die eigentlich dem zwischenstaatlichen Bereich angehören und somit nicht zum primären Ziel des Individu-

---

1034 Kapitel 5, S. 107 f.

1035 So im Ergebnis auch *Vázquez*, Rights and Remedies of Individuals, in: ColumLRev. 92 (1992), 1082, 1085 f.; Das Vorliegen einer hinreichend konkreten Rechtsnorm wird auch im deutschen Recht als Grundvoraussetzung für die Annahme eines subjektiven Rechts gewertet, vgl. *Bauer*, Geschichtliche Grundlagen, 135, 137; *Wolff/Bachhof/Stober/Kluth*, VerwR, § 43 Rn. 31 ff; *Detterbeck*, VerwR, Rn. 394 ff; *Scherzberg*, Das subjektiv-öffentliche Recht, in: Jura 2006, 839, 841; *ders.*; in: *Erichson/Ehlers*, VerwR, § 11 Rn. 3 ff.

1036 Kapitel 5, S. 108 ff.

1037 *Geiger*, GG und Völkerrecht, § 34 I 1; *Grzeszick*, Rechte des Einzelnen im Völkerrecht, in: AVR 43 (2005), 312, 318; *Herdegen*, Völkerrecht, § 12 Rn. 2; *Schwartmann*, Beteiligung privater Unternehmen, ZVglRWiss 102 (2003), 75, 77; *Vázquez*, Rights and Remedies of Individuals, in: 92 (1992) ColumLRev, 1082, 1087 ff.; nach Auffassung des BVerfG sind an die Ableitung subjektiver Rechte aus einem völkerrechtlichen Vertrag im Wege der Auslegung hohe Anforderungen zu stellen; erforderlich sei, der hinreichend konkrete Wille der Vertragsparteien solche Rechtspositionen zu begründen, wie er im Vertragstext zum Ausdruck kommt und scheitert von vornherein für sogenannte „hochpolitische" Verträge (BVerfGE 40, 141, 163 f., Urteil vom 7.7.1975; BVerfGE 43, 203, 209, Urteil v. 25.1.1977).

1038 *Herdegen*, Völkerrecht, § 12 Rn. 2; *Grzeszick*, Rechte des Einzelnen im Völkerrecht, in: AVR 43 (2005), 312, 318; *Schwartmann*, Beteiligung privater Unternehmen, in: ZVglRWiss 102 (2003), 75, 77; *ders.*, Private im Wirtschaftvölkerrecht, 42.

alschutzes erlassen wurden. Dies entschied der IGH in eindrucksvoller Weise in seiner *LaGrand* Entscheidung.[1039] Für das Vorliegen eines subjektiven Individualrechts im Völkerrecht kommt es mithin maßgeblich auf die inhaltliche Qualität der Vorschrift als individualschützend an. Ein prozessualer Durchsetzungsmechanismus auf völkerrechtlicher Ebene ist nicht als erforderlich anzusehen.[1040] Somit wurde ein Wechsel im Völkerrecht weg von formal prozessualen hin zu materiellen Kriterien vollzogen.

Im Zentrum der Untersuchung stehen hier im internationalen Investitionsschutzrecht die bilateralen und multilateralen Investitionsschutzabkommen zwischen Staaten, die die Hauptrechtsinstrumente, also den corpus iuris des internationalen Investitionsschutzrechts darstellen. Nach dem, was gerade noch einmal kurz zusammengefasst wurde, ist Voraussetzung für die Zuweisung eigener völkerrechtlicher Individualrechte, dass eine subjektive Rechtsverleihung in dem jeweiligen Rechtsinstrument durch die Vertragsparteien intendiert war. Übertragen auf das Investitionsschutzrecht bedeutet dies, dass analysiert werden muss, ob es die aus den Investitionsschutzverträgen hervorgehende Intention der vertragsschließenden Parteien ist, dem Investor durch den Investitionsschutzvertrag eigene Rechte zuzuweisen.

II. Inhaberschaft von Rechten aus Investitionsschutzverträgen: Zwei Mögliche Ansätze

Nachdem die Grundvoraussetzung für eine Inhaberschaft eigener subjektiver Rechte vorgestellt worden sind, soll sich die Untersuchung im Folgenden damit auseinandersetzen, wie diese Rechtsinhaberschaft des Investors im Rahmen der Investitionsschutzverträge konkret aussehen könnte, bevor in einem weiteren Schritt die Frage der Rechtsverleihung in Investitionsschutzverträgen durch Übertragung der *LaGrand* Kriterien zu subjektiven Individualrechten im Völkerrecht endgültig beantwortet werden soll. Wer ist also der eigentliche Berechtigte aus Investitionsschutzverträgen? Investitionsschutzverträge enthalten materiell-rechtliche und prozessuale Gewährleistungen. Für die Frage nach der Rechtsinhaberschaft gilt die im Folgenden durchzuführende Analyse jedoch gleichermaßen. Im Wesentli-

---

1039 ICJ, LaGrand Case, ICJ Rep 2001, 466, 494, para. 77. Diese Ansicht des IGH im Hinblick auf Art. 36 Abs. 1 WKÜ wurde vom Inter-Amerikanischen Gerichtshof für Menschenrechte in seinem Gutachten bestätigt.
1040 Siehe zu diesem Ergebnis oben unter Kapitel 5, S. 137 f.

chen werden zwei verschiedene Ansätze vertreten, in welcher Form Investitionsschutzverträge privaten Investoren Rechte verleihen könnten. Zum einen könnte es sich um vom Heimatstaat abgeleitete Rechte handeln, die vom Investor im Zuge der Investitionsschiedsverfahren geltend gemacht werden dürfen. Rechtsinhaber wäre folglich der Heimatstaat, der dem tatsächlich betroffenen Investor die Rechtsdurchsetzung überlässt. Diese Ansicht basiert auf der Annahme, dass es sich bei der im Investitionsschutzvertrag vorgesehenen prozessualen Durchsetzungsmöglichkeit nur um eine Institutionalisierung und Verstärkung der Ausübung des diplomatischen Schutzes geht.[1041] Zum anderen könnten die Bestimmungen der Investitionsschutzverträge den jeweiligen Investoren direkte subjektive Rechte im eigentlichen Sinne zuweisen. Danach wäre der Investor selbst der Inhaber der aus den Investitionsschutzverträgen herrührenden Rechte. Beide Ansätze sowie deren dogmatische Begründung sollen zunächst vorgestellt werden.

1. Erste Theorie: Model Abgeleiteter Rechte des Investors

Traditionell stellte das Völkerrecht ein Recht zwischen Staaten als den einzigen und wahren Völkerrechtssubjekten dar, wodurch jene ihre Beziehungen untereinander regelten. Darunter existierten jedoch vereinzelte völkerrechtliche Rechtsgebiete, in denen auf das einzelne Individuum Bezug genommen wurde. Hierzu zählt unter anderem das völkerrechtliche Fremdenrecht[1042] und der Eigentumsschutz, die man als Vorläufer des modernen Investitionsschutzrechtes bezeichnen könnte. Hingegen dienten die zugehörigen rechtlichen Regelungen, die zumeist dem Völkergewohnheitsrecht entsprangen, nicht dazu dem einzelnen Individuum subjektive Rechte zu verleihen. Sie sahen zwar die völkerrechtswidrige Behandlung eines fremden Staatsangehörigen als einen Verstoß gegen internationales Recht an und orientierten sich auch bei der Bestimmung des Schadens an den beim verletzten Individuum eingetretenen Einbußen. Dennoch blieb Rechtsinhaber der Heimatstaat des Individuums, der sowohl über eine Geltendmachung der Völkerrechtswidrigkeit des in Rede stehenden Verhaltens gegenüber seinen Staatsangehörigen zu entscheiden hatte als auch letzten Endes der rechtmäßige Empfänger eines eventuellen Schadenser-

---

1041 Vgl. hierzu ausführlich *Douglas*, Foundations of Investment Treaty Arbitration, in: BYIL 74 (2003), 151, 156; *ders.*, International Investment Claims, 11.
1042 Vgl. hierzu bereits oben S. 100 f.

satzes oder sonstiger Widergutmachung war.[1043] Das im tatsächlichen Sinne verletzte Individuum selbst blieb anspruchslos und zumeist auch entschädigungslos. Das traditionelle Mittel zur Geltendmachung von Rechtsverletzungen von Seiten des Gaststaates gegenüber einem Fremden ist der diplomatische Schutz.[1044] Im Rahmen des diplomatischen Schutzes nimmt der Heimatstaat des verletzten Individuums dessen Streitfall auf und führt ihn im eigenen Namen gegenüber dem Gaststaat fort. Insofern entsteht auf diese Weise durch den Schaden, der dem Individuum durch den Gaststaat zugefügt wurde, ein internationales Delikt. Diese kann der Heimatstaat gegenüber dem Gaststaat durch Aufnahme des Streitfalls im Wege des diplomatischen Schutzes auf internationaler Ebene geltend machen. Der Betroffenen selbst hat weder einen Anspruch auf die Ausübung diplomatischen Schutzes noch Einfluss auf die weitere Gestaltung des Rechtsstreits, sobald sich sein Heimatstaat der Streitsache angenommen hat.[1045] Aus Sicht des betroffenen Individuums stellt dieser Weg mithin eine äußerst dürftige und wenig erfolgsversprechende Möglichkeit dar, Rechtsschutz zu erlangen. Dies ist der rechtshistorische Hintergrund, von dem die erste Theorie zur Bestimmung der Natur der in den internationalen Investitions-

---

1043 Vgl. zum Recht des diplomatischen Schutzes die sogenannte 'Mavrommatis Formel', PCIJ, *Mavrommatis Palestine Concessions*, PCIJ Series A, No. 2 (1924), 7, 12: "It is an elementary principle of international law that a State is entitled to protect its subjects, when injured by acts contrary to international law committed by another State, from whom they have been unable to obtain satisfaction through the ordinary channels. By taking up the case of one of its subjects and by resorting to diplomatic action or international judicial proceedings on his behalf, a State is in reality asserting its own rights – its rights to ensure, in the person of its subjects, respect for the rules of international law"; diese Ansicht wurde in darauffolgenden Entscheidungen internationaler Gerichte bestätigt, siehe PCIJ, *Panecezys-Saldutiskis Railway* Case, PCIJ Series A/B No. 76 (1939); PCIJ, *Serbian Loans*, PCIJ Series A No. 20 (1929); ICJ, Reparations for Injuries Suffered, ICJ Rep 1949, 174, 181; ICJ, Barcelona Traction, ICJ Rep 1970, 3.

1044 Vgl. zum diplomatischen Schutz S. 100 ff., 261 ff.; *Muchlinski*, Diplomatic Protection, in: *Binder/Kriebaum/Reinisch/Wittich*, Investment Law, 341.

1045 Der Betroffene hat regelmäßig keinen Anspruch auf ein Tätigwerden seines Heimatstaates an sich und auf die konkrete Art und Weise des Tätigwerdens. Anspruchinhaber ist der Heimatstaat, der auch über das weitere Schicksal des Rechtsstreits entscheidet. So kann dieser beispielsweise von einer weiteren Geltendmachung im Wege des diplomatischen Schutzes absehen oder mit dem Gaststaat einen Vergleich schließen sowie eine pauschale Entschädigung (lump sum agreement) vereinbaren. Zwar bemisst sich die Höhe des zu zahlenden Schadensersatzes nach der beim Individuum entstandenen Verletzung, jedoch hat dieses keine weiteren Ansprüche auf Erhalt eines Anteils an eventuellen Wiedergutmachungen.

schutzverträgen enthaltenen Rechten ausgeht. Die bilateralen und multilateralen Investitionsschutzverträge werden zwischen zwei oder mehreren Staaten abgeschlossen und stellen daher völkerrechtliche Verträge dar. Deswegen erscheint es konsequent, davon auszugehen, dass der jeweilige Heimatstaat berechtigt ist, vom Gaststaat die Einhaltung der in den jeweiligen Investitionsschutzverträgen niedergelegten Behandlungsstandards gegenüber seinen Investoren zu verlangen. Die Bestimmungen der Investitionsschutzverträge würden folglich nur den Heimatstaat berechtigen, wobei dem Investor eine Begünstigung in Form eines Rechtsreflexes zuteilwürde. Durch die besondere Ausgestaltung der im Investitionsschutzvertrag festgelegten internationalen Streitbeilegungsmechanismen erhält der Investor dann die Möglichkeit, eine Verletzung der vertraglichen Behandlungsstandards für den Heimatstaat direkt gegenüber dem Gaststaat auf internationaler Ebene durchzusetzen. Eine derartige Konstellation kann rechtlich als Form der Prozessstandschaft qualifiziert werden. Diese Ansicht wird auf der Annahme gegründet, dass die Investitionsschutzverträge lediglich dazu dienen, die Schwächen der Rechtsdurchsetzung im Wege des diplomatischen Schutzes zu verbessern und demnach das System des diplomatischen Schutzes lediglich institutionalisieren.[1046] Auf diesen Standpunkt stellte sich in der Rechtsprechungspraxis im Investitionsrecht bisher allein das Schiedsgericht in *Loewen v United States of America* mit seinem Ausspruch:

„Rights of action under private law arise from personal obligations (albeit they may be owed by or to a State) brought into existence by domestic law and enforceable through domestic tribunals and courts. NAFTA claims have a quite different character, stemming from a corner of public international law in which, by treaty, the power of States under that law to take international measures for the correction of wrongs done to its nationals has been replaced by an ad hoc definition of certain kinds of wrong, coupled with specialist means of compensation. These means are both distinct from and exclusive of the remedies for wrongful acts under private law (…). It is true that some aspects of the resolution of disputes arising in relation to private international commerce are imported into the NAFTA system via Article 1120 (1) (c), and that the handling of disputes within that system by professionals experienced in the handling of major international arbitrations has tended in practice to make a NAFTA arbitration look like the more familiar kind of process. But, this apparent resemblance is misleading. **The two**

1046 Siehe zur Ansicht einer Institutionalisierung des diplomatischen Schutzes *Crawford*, ILC's Articles on Responsibility of States, in: AJIL 96 (2002), 874, 888; als strenger Verfechter der Theorie abgeleiteter Rechte vgl. *Sornarajah*, State Responsibility, in: JWIT 79 (1986), 79, 93; vgl. die Darstellung bei *Douglas*, Foundations of Investment Treaty Arbitration, in: BYIL 74 (2003), 151, 162 ff.

forms of process, and the rights which they enforce, have nothing in common.
There is no warrant for transferring rules derived from private law into a field of
international law where **claimants are permitted for convenience to enforce
what are in origin the rights of Party states.**"[1047]

Nach der Ansicht des Schiedsgerichts handelt es sich demnach bei den in
Investitionsschutzverträgen vorgesehenen Behandlungsstandards um
Rechte der Vertragsstaaten, die der Investor lediglich zur Vereinfachung
der Rechtsdurchsetzung statt im Wege des diplomatischen Schutzes selbst
im Rahmen der vorgesehenen internationalen Streitbeilegungsmechanismen gegenüber dem Gaststaat geltend machen kann. Der betroffene Investor leitet somit seine Rechtsposition, nämlich eine ihm gegenüber erfolgte
Verletzung von Behandlungsstandards in einem internationalen Verfahren
durchzusetzen und Ersatz des ihm entstandenen Schadens vom Gaststaat
zu verlangen, lediglich von seinem Heimatstaat ab. Er selbst wird jedoch
nicht Inhaber der in Rede stehenden Rechte aus dem Investitionsschutzvertrag.

2. Zweite Theorie: Model Direkter Eigener Rechte des Investors

Durch die zahlreichen Investitionsschutzverträge soll ausländische Investitionstätigkeit gefördert werden, indem dem ausländischen Investor ein
besserer Schutz vor bei Auslandsinvestitionen typischen Risiken gewährt
wird. In den letzten sechzig Jahren hat sich aus diesen bilateralen und multilateralen völkerrechtlichen Verträgen und der sie anwendenden und kon-
kretisierenden internationalen Schiedsgerichtspraxis eine umfassende
Rechtsmaterie entwickelt. Aufgrund ihrer Zielsetzung ist unumstritten,
dass der Investor und seine Investition im Rahmen der Rechtsinstrumente
des internationalen Investitionsschutzrechts im Mittelpunkt stehen. Darüber hinaus ist es gerade der Investor, der hauptsächlich zur Fortbildung
des Investitionsschutzrechts beiträgt, indem er zahlreiche Schiedsverfahren angestrengt hat. So kann man heute auf eine beachtliche Sammlung an
Präzedenzfällen zurückgreifen. Durch die auf diese Weise ergangenen

---

1047 Loewen v USA, Award on Merits, para. 233 (Hervorhebung durch den Verfasser). Beachte jedoch die gegensätzliche Aussage in para. 223: "Chapter Eleven
of NAFTA represents a progressive development in international law whereby
the individual investor may make a claim on its own behalf and submit the claim
to international arbitration (...)".

Schiedssprüche wurden die sehr weiten und ungenauen Formulierungen der Behandlungsstandards inhaltlich ausgefüllt. Da folglich die privaten Investoren und deren Investitionstätigkeit als die eigentlichen Motoren des internationalen Investitionsschutzrechts angesehen werden müssen, liegt die Schlussfolgerung nahe, dass es sich bei den von ihnen durchgesetzten Behandlungsstandards um ihre eigenen subjektiven Rechte handeln dürfte. Hält man sich vor Augen, dass die internationalen Investitionsschutzverträge echte völkerrechtliche Verträge zwischen Staaten darstellen, mag diese Annahme etwas außergewöhnlich erscheinen. Dennoch ist es im modernen Völkerrecht nicht vollkommen unüblich, wie bereits im Rahmen der Besprechung des Falls *LaGrand*[1048] aufgezeigt wurde, dass dem Individuum direkte subjektive Rechte durch Völkervertragsrecht zugewiesen werden und insofern von einer partiellen Völkerrechtssubjektivität ausgegangen werden kann.

Infolgedessen kann angenommen werden, dass private Investoren aus internationalen Investitionsschutzverträgen direkte eigene Rechte gegenüber dem Gaststaat erlangen, die sie bei deren Nichtbeachtung im Rahmen internationaler Durchsetzungsmechanismen, losgelöst von der nationalen Rechtsordnung, gegenüber dem Gaststaat geltend machen können.[1049] Auf diesen Standpunkt stellte sich auch der englische *Court of Appeal* (Oberstes Berufungsgericht), als dieser über die Aufhebung eines Schiedsspruchs in *Occidental v Ecuador*[1050] entscheiden musste. Ecuador ersuchte die Aufhebung des gegen sie erlassenen internationalen Investitionsschiedsspruchs unter dem US-Ecuador BIT. Daraufhin erhob *Occidental* die Einwendung gegen das Aufhebungsverfahren, dass der Tatbestand der *non-*

1048 Zu LaGrand unter dem Aspekt der Schaffung völkerrechtlicher subjektiver Individualrechte siehe Kapitel 6.

1049 Vgl. zu dieser Ansicht *Crawford*, The Creation of States, 28 f.: "The term 'international personality' has been defined as 'the capacity to be bearer of rights and duties under international law'. (…) any person or aggregate of persons has the capacity to be given rights and duties by States, and in an era of human rights, investment protection and international criminal law, everyone is at some level 'the bearer of rights and duties' under international law." (Fußnoten weggelassen); *Zedalis*, Claims by Individuals, in: AmRev IntlArb 7 (1996), 115, 117; *Douglas*, Investment Claims, 35; *Paulsson*, Arbitration without Privity, in: *Wälde*, ECT, 422, 441; *Spiermann*, Twentieth Century Internationalism, in: EJIL 18 (2007), 785; *Juillard*, Les conventions bilatérales d'investissement, in: Journal du droit international 106 (1979), 274, 290; *Kettemann*, Investment Protection and Humanization, in: *Reinisch/Knahr*, Investment Law, 151, 162 ff.; *McLachlan/Shore/Weiniger*, Investment Treaty Arbitration, 63 f.

1050 Ecuador v Occidental (Judgment of the Court of Appeal).

justiciability nach englischem Recht erfüllt sei. Nach dieser Regel sind englische Gerichte nicht zur Entscheidung berufen, wenn es sich in der Sache um Rechtsgeschäfte zwischen souveränen Staaten handelt. *Occidental* behauptete, dass es sich bei dem US-Ecuador BIT und den sich daraus ergebenden Berechtigungen um ein derartiges Rechtsgeschäft zwischen Staaten handelt und der *Court of Appeal* folglich seine Zuständigkeit verneinen müsste. Den im Fall einer Sachentscheidung würde das englische Gericht mithin im Rahmen des Aufhebungsverfahrens über Rechte zwischen Staaten, nämlich USA und Ecuador, befinden. Aufgrund dieser Argumentation musste der englische *Court of Appeal* darüber entscheiden, ob es sich bei den Bestimmungen des BITs um Rechte der USA oder des Investors handelt:

> „**The Treaty would have to be regarded as conferring or creating direct rights in international law in favour of investors** either from the outset, or at least (and in this event retrospectively) as and when they pursue claims in one of the ways provided. (…) That treaties may in modern international law give rise to direct rights in favour of individuals is well established, particularly where the treaty provides a dispute resolution mechanism capable of being operated by such individuals acting on their own behalf and without their national state's involvement or event consent."[1051]

Die Investitionsschutzverträge begünstigen unzweifelhaft letztlich den ausländischen Investor und erlegen ihm die Rechtsdurchsetzung auf. Es erscheint grundlos umständlich, unbedingt den Weg über abgeleitete Rechte der Heimatstaaten und deren Durchsetzung in Form der Prozessstandschaft durch den Investor gehen zu wollen. Des Weiteren erlaubt die Auffassung, dass es sich bei den Behandlungsstandards in Investitionsschutzverträgen um eigene subjektive Rechte des Investors handelt, die konsequente und einleuchtende Beantwortung verschiedener praktisch relevanter Fragestellungen im Investitionsschutzrecht. Handelt es sich um eigene Rechte des Investors ist es zum Beispiel nachvollziehbar und wenig überraschend, dass er auf diese auch durch Vereinbarung in einem Investitionsvertrag mit dem Gaststaat in concreto verzichten kann. Darüber hinaus ist es nur bei Anwendung des Modells direkter Investorenrechte logisch, dass sich die Höhe des Schadensersatzes allein nach dem Schaden des Investors bestimmt, ohne auf einen möglichen Schaden des Heimat

---

1051 Ecuador v Occidental (Judgment of the Court of Appeal), [2005] EWCA Civ 1116; [2005] QB 432 (CA), paras 18, 19 (Hervorhebung durch den Verfasser).

staates einzugehen. Nach diesem Modell werden dem Investor in den internationalen Investitionsschutzverträgen direkte eigene Rechte unabhängig von seinem Heimatstaat zugewiesen.

3.   Bewertung

Bei der Frage nach der Inhaberschaft der in internationalen Investitionsschutzverträgen vereinbarten Rechten gibt es nach oben Gesagtem zwei mögliche Ansätze. Verfolgt man einen traditionellen Ansatz, der das Recht des diplomatischen Schutzes als Ausgangspunkt nimmt, handelt es sich um völkerrechtliche Rechte der Vertragsstaaten des in Rede stehenden Investitionsschutzvertrags. Dem Investor wird dieser Ansicht nach lediglich aus Gründen der Zweckmäßigkeit eine direkte internationale Klagemöglichkeit gegen den Gaststaat gewährt. Man könnte diese Konstellation als eine Art Prozessstandschaft klassifizieren, aufgrund derer der Investor selbst prozessual tätig wird. Dieses System der Investitionsschutzverträge stellt mithin eine ‚Institutionalisierung und Verfestigung'[1052] des traditionellen Rechts des diplomatischen Schutzes dar. Der moderne Ansatz hingegen orientiert sich primär an der veränderten Stellung des Individuums im Völkerrecht, weg von einer reinen Objektsstellung hin zu einer partiellen Völkerrechtssubjektivität. Er geht davon aus, dass nach Intention der Vertragsstaaten die Bestimmungen der Investitionsschutzverträge den Investoren eigene direkte subjektive Rechte verleihen, deren Beachtung die Investoren zudem in einem eigenen internationalen Verfahren gegenüber dem Gaststaat prozessual verfolgen können. Dieser Ansicht widerspricht nicht, dass diese Rechte in ihrem Bestand und ihrer Ausgestaltung vom Willen der Vertragsstaaten als eigentliche Herren über die Investitionsschutzverträge abhängig sind.[1053] Der Investor ist somit nach diesem Ansatz im Bereich des internationalen Investitionsschutzrechts selbst partielles Völkerrechtssubjekt und daher Inhaber der subjektiven Rechte aus den Investitionsschutzverträgen.

Im folgenden Teil der Untersuchung soll unter Berücksichtigung der besonderen Charakteristika von internationalen Investitionsschutzverträ-

---

1052 So bezeichnet *Crawford* den Grundgedanken der Theorie abgeleiteter Rechte „to institutionalize and reinforce the system of diplomatic protection", ILC's Articles on Responsibility of States, in: AJIL 96 (2002), 874, 888.
1053 Vgl. zu diesem Punkt bereits oben S. 47 ff.

gen und deren Anwendung[1054] durch die internationalen Schiedsgerichte bestimmt werden, welcher der beiden möglichen Ansätze im Hinblick auf die Natur der Rechte aus diesen Verträgen vorzugswürdig ist. Methodisch soll dieses Ziel durch einen Vergleich mit den Grundzügen des Rechts des diplomatischen Schutzes erreicht werden, da die Theorie abgeleiteter Rechte dieses als dogmatische Grundlage für ihren Standpunkt heranzieht. Durch diese Gegenüberstellung des Rechts des diplomatischen Schutzes und des Investitionsschutzrechts soll Klarheit geschaffen werden, ob es sich beim Rechtssystem der Investitionsschutzverträge tatsächlich schlichtweg um eine Institutionalisierung und Verfestigung der Regeln des diplomatischen Schutzes handelt. Dies wäre anzunehmen, wenn die Ausgestaltung und Anwendung des Investitionsschutzrechts eine weiterentwickelte Form des diplomatischen Schutzes wiederspiegelt. Ist dies nicht der Fall und unterscheidet sich dieses Rechtssystem in grundlegenden Zügen vom Recht des diplomatischen Schutzes, sollte es als eigenständiger Bereich des Völkerrechts bewertet werden. Ein derartiges Ergebnis würde Raum schaffen, das internationale Investitionsschutzrecht als Teil eines modernen Völkerrechts anzusehen, in dem eine veränderte Stellung des Individuums vorherrschend ist. Entkräftet der Vergleich mit dem Recht des diplomatischen Schutzes die Theorie abgeleiteter Rechte, entledigt es zwar nicht davon, den Nachweis zu erbringen, dass die Schaffung eigener subjektiver Rechte des Investors auch der in den Bestimmungen der Investitionsschutzverträge niedergelegten Intention der Vertragsstaaten entspricht. Aber es würde eine aussagekräftige Stütze für die Annahme direkter Rechte des Investors darstellen.

a.   Verfahrensherrschaft in Investitionsschiedsverfahren

Zuerst muss man sich erneut die Ausgangslage bei der Geltendmachung von Ansprüchen im Wege des diplomatischen Schutzes vor Augen führen. Zwar ist der Staatsangehörige zu Anfang der tatsächlich Betroffene beziehungsweise Verletzte. Er selbst hat jedoch keinen Anspruch gegenüber seinem Heimatstaat auf Ausübung diplomatischen Schutzes. Der Heimatstaat entscheidet also nach eigenem Ermessen darüber, ob er die Rechtsverletzung gegenüber seinem Staatsangehörigen durch den Gaststaat durch die Einleitung diplomatischer Schritte oder vor internationalen Gerichten

---

1054 Die spätere Praxis bezüglich der Anwendung des Vertrags stellt nach Art. 31 (3) WVK ein weiteres Mittel der Auslegung dar.

rügen möchte.[1055] Entschließt sich der Heimatstaat zur Aufnahme des Rechtsstreits, hat der betroffene Staatsangehörige ab diesem Zeitpunkt keinen Einfluss mehr auf den Gang oder die Gestaltung des Verfahrens. Bei dieser Entschließung spielen Gesichtspunkte wie eine drohende Verschlechterung der diplomatischen Beziehungen, wirtschaftliche Abhängigkeit und ähnliche, rein staatliche Interessen eine Rolle, fern vom Interessenhorizont des Einzelindividuums. So beschließt auch allein der Heimatstaat in Ausübung seiner Dispositionsmaxime über eine Fortführung oder eine Beendigung des Rechtsstreits, beispielsweise durch Vergleich. Letztlich ist der Heimatstaat derjenige, dem ein eventuell bestehender Schadensersatzanspruch zusteht, ohne dass der Einzelne Ansprüche auf eine eigene Kompensation seines Schadens gegenüber seinem Heimatstaat hat.

Dies steht im starken Kontrast zur Verfahrensherrschaft, wie sie sich in internationalen Investitionsschiedsverfahren darstellt. Im typischen Investitionsschiedsverfahren liegt die Verfahrensherrschaft ohne jeden Zweifel beim Investor selbst. Erstens liegt die Entscheidung, ob eine Verletzung des Investitionsschutzvertrages durch den Gaststaat in einem Investitionsschiedsverfahren gerügt werden soll, allein beim Investor.[1056] Er beschließt über die Einleitung, Fortführung und Beendigung des Verfahrens, wobei er gleichzeitig die Kostenlast des Verfahrens trägt. Zweitens trifft den Investor weder eine Verpflichtung seinen Heimatstaat über ein drohendes Investitionsschiedsverfahren oder den Gang eines eingeleiteten Verfahrens zu informieren, noch muss er die vorherige Zustimmung des Heimatstaates zur Verfahrenseinleitung einholen.[1057] Drittens steht der durch ein Investitionsschiedsgericht festgestellte Schadensersatz dem Investor zu und wird im Hinblick auf die allein ihm widerfahrenen Nachteile berechnet ohne Berücksichtigung eines eventuell verletzten Interesses des

---

1055 Vgl. zu den Charakteristika des Rechts des diplomatischen Schutzes bereits unter S. 100 ff., 262 ff. Die angesprochenen Gesichtspunkte wurden auch durch den IGH deutlich gemacht: ICJ, Barcelona Traction, ICJ Rep 1970, 3, 44, paras. 78 f.

1056 Vgl. hierzu die Formulierungen in den Bestimmungen über die Streitbeilegung in den Investitionsschutzverträgen, Art. 10 German Model Treaty 2008: „If the dispute cannot be settled within six months of the date on which it was raised by one of the parties to the dispute, it shall, at the request of the investor of the other Contracting State, be submitted to arbitration."; Art. 24 (1)(a) US Model BIT (2004); Art. 8 UK Model BIT (2005); Art. 26 (2) ECT.

1057 Im Gegenteil fanden bereits Investitionsschiedsverfahren gegen den ausdrücklichen Willen des Heimatstaates des Investors statt! Siehe *Gami Investments v Mexico*, paras. 11, 29, gegen den ausdrücklich geäußerten Willen der USA; *Mondev v USA*, Second Submission of Canada pursuant to Art. 1128 NAFTA.

Heimatstaates.[1058] Aus diesen Gründen erscheint es überaus widersprüchlich, dass der Investor nicht einmal eine Informationspflicht gegenüber dem Heimatstaat im Hinblick auf ein Investitionsschiedsverfahren hat, wenn gleich er Rechte des Heimatstaates aus dem in Rede stehenden Investitionsschiedsvertrag für diesen prozessual geltend machen soll. Infolgedessen liegt die Verfahrensherrschaft über ein Investitionsschiedsverfahren wegen Verletzung eines Investitionsschutzvertrags beim Investor und nicht bei seinem Heimatstaat. Die Verfahrensherrschaft des Investors im Investitionsschiedsverfahren spricht daher gegen die Annahme vom Heimatstaat abgeleiteter Rechte und unterstützt den Ansatz, dass der Investor im Investitionsschiedsverfahren direkte eigene Rechte aus dem Investitionsschutzvertrag geltend macht.

b.   *Ratione Personae*: Die Frage der Staatsangehörigkeit im Investitionsschutzvertrag

Internationale Investitionsschutzverträge setzten in der Regel für die Eröffnung des persönlichen Anwendungsbereichs voraus, dass es sich um einen Investor der jeweils anderen Vertragspartei handelt, dem der Schutz des Investitionsschutzabkommens zu Teil wird. Dies entspricht auf den ersten Blick einer der Voraussetzungen für die Ausübung diplomatischen Schutzes, dass es sich um einen Staatsangehörigen des Heimatstaates handeln muss, für den er sich einsetzt.[1059] Im Rahmen des diplomatischen Schutzes gelten zur Bestimmung der Staatsangehörigkeit sowohl für Individuen als auch juristische Personen strenge Voraussetzungen. Im Hinblick auf natürliche Personen gilt im Recht des diplomatischen Schutzes ein Prinzip, das in der *Nottebohm*[1060] Entscheidung des IGH festgelegt wurde. In dieser Entscheidung stellte der IGH klar, dass neben der formellen Staatsangehörigkeit nach nationalem Recht des Heimatstaates auch noch eine sogenannte echte Verbindung (*genuine link*) zum Heimatstaat bestehen muss beziehungsweise dass es sich bei der Staatsangehörigkeit, auf die sich berufen wird, um die *effektive*, das heißt tatsächlich wahrge-

---

1058 Als Beispiel zur Schadensfeststellung in Investitionsschiedsverfahren siehe *Ripinski*, Assessing Damages, in: JWIT 10 (2009), 5.
1059 Vgl. *Muchlinski*, Diplomatic Protection of Foreign Investors, in: *Binder/Kriebaum/Reinisch/Wittich*, Investment Law, 342, 347 ff.; *Brownlie*, Public International Law, 402 f.
1060 ICJ, *Nottebohm*, ICJ Rep 1955, 4.

nommene handelt.[1061] Bezüglich der Staatsangehörigkeit juristischer Personen wird auf die *Barcelona Traction* Entscheidung des IGH zurückgegriffen, nach der es allein auf den Gründungsort der Gesellschaft (*place of incorporation*) ankommt.[1062] Ziel dieser strengen Regelungen im Bereich des diplomatischen Schutzes ist es, die verschiedenen, möglicherweise betroffenen Interessen zahlreicher Personen unter eine Staatsangehörigkeit zu bündeln. Dadurch soll vermieden werden, dass mehrere Staaten tätig werden, wenn gleich es sich um entferntere Interessen handelt. Es darf allein derjenige Heimatstaat tätig werden, der eine enge Verbindung zum Verletzten aufweist.

Auch für den persönlichen Anwendungsbereich der Investitionsschutzverträge kommt es vornehmlich auf die Staatsangehörigkeit an. Diese entscheidet sowohl über die Anwendbarkeit der materiell-rechtlichen Bestimmungen des Vertrages als auch über die Zuständigkeit des unter dem Investitionsschutzvertrag eventuell zur Streitbeilegung berufenen Schiedsgerichts. Trotzdem stellen sich die von den Investitionsschutzverträgen und den sie anwendenden Investitionsschiedsgerichten an die Staatsangehörigkeit gestellten Anforderungen im Vergleich zur strengen Herangehensweise im Recht des diplomatischen Schutzes als wesentlich offener und flexibler dar. Im Hinblick auf natürliche Personen als Investoren ist auch die Staatsangehörigkeit, deren Bestand sich nach dem innerstaatlichen Recht des jeweiligen Staates richtet, entscheidend.[1063] Problematisch ist von jeher der Fall, dass eine Person die Staatsangehörigkeit mehrerer Staaten besitzt. Nach der Praxis der Investitionsschiedsgerichte scheint es möglich, dass der betroffene Investor frei entscheiden kann, auf welche er sich berufen möchte, solange beide effektiv sind und der Investitionsschutzvertrag selbst keine ausdrücklichen Einschränkungen enthält.[1064] Es ist gerade bei den juristischen Personen, wo die entscheidenden Unterschiede deutlich werden. Grundsätzlich ist auch hier Ausgangspunkt der Gründungsort der Gesellschaft.[1065] Für den Fall, dass die Nationalität der

---

1061 Ibid., 22; siehe hierzu auch *Harris*, Protection of Companies, in: ICQL 18 (1969), 275, 285 ff.

1062 ICJ, *Barcelona Traction*, ICJ Rep 1970, 4, 42; allgemein *Brownlie*, Public International Law, 482 ff.; *Muchlinski*, Diplomatic Protection of Foreign Investors, in: *Binder/Kriebaum/Reinisch/Wittich*, Investment Law, 342, 352 ff.

1063 Siehe z.B. *Soufraki v United Arab Emirates*, paras. 55 ff.

1064 Dies war so in *Olguin v Paraguay*, paras. 60 ff.

1065 *Autopista Concesionada v Venezuela*, para. 107; *SOABI v Senegal*, para. 29; vgl. Art. 1 (7)(a)(ii) ECT; *Muchlinski*, Diplomatic Protection of Foreign Investors, in: *Binder/Kriebaum/Reinisch/Wittich*, Investment Law, 342, 348 ff.

Gesellschaft die einzige Voraussetzung für die Eröffnung des persönlichen Anwendungsbereichs nach dem Vertrag darstellt, waren Investitionsschiedsgerichte bisher nicht bereit den Schleier der Rechtspersönlichkeit einer Gesellschaft zu lüften (*pierce the corperate veil*). Dies führte dazu, dass zahlreiche Gesellschaften, sogenannte *investment vehicles*, in Ländern errichtet wurden, die Investitionsschutzverträge mit dem Gaststaat einer geplanten Investition abgeschlossen hatten.[1066] Auf diese Weise wird es den Investoren ermöglicht, durch die Gründung sogenannter *shell companies* sich den Schutz eines günstigen Investitionsschutzvertrages zu eröffnen.[1067]

Weitaus wichtiger ist dennoch, dass nach den meisten internationalen Investitionsschutzverträgen auch Investoren geschützt werden, deren Investition lediglich eine indirekte Beteiligung darstellt. Nach der weiten Definition von ‚Investition' der meisten internationalen Investitionsschutzverträge werden nicht nur die Gesellschaft selbst, sondern auch Anteile beziehungsweise Beteiligungen und sonstige Interessen an dieser geschützt.[1068] Dies kann dazu führen, dass derselbe Schaden in verschiedenen Investitionsschiedsverfahren von unterschiedlichen Investoren geltend gemacht wird. Am meisten Aufsehen zu diesem Thema haben zwei Schiedsverfahren gegen die Tschechische Republik erregt, die identische Verletzungshandlungen auf Seiten des Tschechischen Staates zum Streitgegenstand hatten, aber zu unterschiedlichen Schiedssprüchen, sprich unterschiedlichen rechtlichen Bewertungen der Verletzungshandlungen, führten.[1069] Das eine Verfahren wurde von der Gesellschaft selbst unter dem für sie anwendbaren BIT (*Netherlands-Czech BIT*) eingeleitet, wohingegen das andere Schiedsverfahren von dem Anteilseigner dieser Gesellschaft unter einem anderen BIT (*US-Czech BIT*) eingeleitet wurde. Dies steht im direkten Widerspruch zur Entscheidung des IGH im Fall *Barcelona Traction*[1070], in dem er diesen Schutz für Belgien, als Heimat-

---

1066 In *Tokios Tokeles v Ukraine*, paras. 21 ff. ging es um den BIT zwischen Litauen und der Ukraine. Tokios ist eine unter litauischem Recht gegründete Gesellschaft, die zu 99 Prozent bei Ukrainischen Anteilseignern kontrolliert wird. Das Schiedsgericht lies diese Tatsache nicht ausreichen, um seine Zuständigkeit unter dem BIT abzulehnen.

1067 Siehe auch *Saluka v Czech Republic*, paras. 239 ff.; *AES v Argentina*, paras. 75 ff.; *Wena v Egypt,* paras. 79 ff.

1068 Vgl. zu Schiedsklage von Anteilsinhabern *Cohen Smutny*, Claims of Shareholders, in: *Binder/Kriebaum/Reinisch/Wittich*, Investment Law, 364, 369 ff.

1069 *CME v Czech Republic* und *Lauder v Czech Republic*.

1070 Siehe auch ICJ, ELSI, ICJ Rep 1989, 15, paras. 92 ff.

staat der Anteilseigner, nicht jedoch der Gesellschaft, gerade verneinte. Investitionsschiedsverfahren beschränken demnach nicht die Möglichkeit, dass auch indirekte Interessen, wie beispielsweise die von Anteilseigner an Gesellschaften, im Hinblick auf ein und derselben Verletzungshandlung geltend gemacht werden. Im Recht des diplomatischen Schutzes hingegen darf immer nur der Heimatstaat handeln, dessen Interesse an der Wiedergutmachung der Verletzung aufgrund der Verknüpfung durch die Staatsangehörigkeit das unmittelbarste oder direkteste darstellt. Aus diesem Vergleich lässt sich schließen, dass dementsprechend im Rahmen der Investitionsschutzverträge die Heimatstaaten der betroffenen Investoren kein Interesse an der Rechtsdurchsetzung in den Investitionsschiedsverfahren haben. Dies spricht dafür, dass es sich nicht um ihre Rechte handelt, die der Investor geltend macht, sondern um seine eigenen.

c.   Erschöpfung des innerstaatlichen Rechtswegs
       (*exhaustion of local remedies*)

Ein Eckpunkt für die Ausübung diplomatischen Schutzes ist die Erschöpfung des innerstaatlichen Rechtswegs. Der Heimatstaat kann erst dann für seinen Staatsangehörigen tätig werden, wenn dieser den innerstaatlichen Rechtsweg zuvor erschöpft hat.[1071] Die Erschöpfung des Rechtsweges muss vor den innerstaatlichen Gerichten desjenigen Staates erfolgen, in dem die Verletzungshandlung begangen wurde. Das hat in der Regel zur Folge, dass sich der Betroffenen mit langwierigen Verfahren durch verschiedene Instanzenzüge im Gastland auseinandersetzen muss. Diese Voraussetzung ist ein Tribut an die Souveränität des Gaststaates, dem es ermöglicht werden soll, sein völkerrechtswidriges Verhalten zuerst auf dem Wege seiner eigenen Gerichtsbarkeit auszuräumen, bevor er sich dafür auf internationaler Ebene gegenüber dem Heimatstaat der verletzten Person verantworten muss.[1072] Zusätzlich kommt es dem Heimatstaat selbstver-

---

1071 Siehe zu dieser Voraussetzung oben *S. 107 ff.*; vgl. allgemein *Brownlie*, Public International Law, 492 ff.

1072 *Amerasinghe*, Local Remedies, 61; *Brownlie*, Public International Law, 492 f.; *Muchlinski*, Diplomatic Protection of Foreign Investors, in: *Binder/Kriebaum/Reinisch/Wittich*, Investment Law, 341, 343 ff.; vgl. ICJ, Interhandel, ICJ Rep 1959, 6, 27: „Before resort may be made to an international court in such a situation, it has been considered necessary that the State where the violation occurred should have an opportunity to redress it by its own means, within the framework of its own domestic legal system".

ständlich entgegen, wenn dieser nicht selbst tätig werden muss, sondern die Völkerrechtswidrigkeit auf anderem Wege behoben wird.

Im Gegensatz hierzu kennt das internationale Investitionsschutzrecht grundsätzlich keine Voraussetzung der Erschöpfung des innerstaatlichen Rechtswegs als Schranke für die Zuständigkeit des internationalen Investitionsschiedsgerichts. Ein Investor kann grundsätzlich sofort nach erfolgter Verletzungshandlung ein Investitionsschutzverfahren gegen den Gaststaat unter dem Investitionsschutzvertrag einleiten.[1073] Im Rahmen der Vertragsfreiheit können die Vertragsstaaten einen Investitionsschutzvertrag selbstverständlich mit einem Vorbehalt abschließen, dass vor Einleitung des Investitionsschiedsverfahrens der nationale Rechtsweg erschöpft sein muss. Es ist deswegen bezeichnend, dass kaum ein Investitionsschutzvertrag diese Voraussetzungen aufgenommen hat.[1074] Ganz in diesem Sinne steht auch das ICSID Übereinkommen, dass bei erfolgter Zustimmung zur Durchführung eines Schiedsverfahrens unter dem ICSID-Übereinkommen im konkreten Fall bestimmt, dass andere Rechtsbehelfe ausgeschlossen sind:

> „Consent of the parties to arbitration under this Convention shall, unless otherwise stated, be deemed consent to such arbitration to the exclusion of any other remedy. A Contracting State may require the exhaustion of local administrative or judicial remedies as a condition of its consent to arbitration under this Convention."[1075]

Es erscheint aber inkonsequent, für den Fall, dass es sich bei den Bestimmungen der Investitionsschutzverträge um Rechte der Vertragsstaaten handelt, die der Investor lediglich geltend macht, dass beim Procedere von traditionellen Grundsätzen des diplomatischen Schutzes abgewichen wird. Die Voraussetzung der Erschöpfung des innerstaatlichen Rechtsschutzes erfüllt im Bereich des diplomatischen Schutzes eine Funktion, nämlich die Souveränität des Gaststaates zu achten und Konflikte zwischen Staaten zu vermeiden.[1076] Ginge es bei den Bestimmungen der Investitionsschutzverträge um eine mit dem diplomatischen Schutz vergleichbare Konstellation, ist nicht einzusehen, warum in diesem Fall nicht auch die Erschöpfung des innerstaatlichen Rechtswegs verlangt wird und der Gaststaat sein Recht

---

1073 Dies mit Vorbehalt, dass er die im jeweiligen Investitionsschutzvertrag vorgesehenen Fristen zur gütlichen Streitbeilegung („cool down period") eingehalten hat.
1074 *Schreuer/Malintoppi/Reinisch/Sinclair*, ICSID Convention, Art. 26 Rn. 199 ff.
1075 Art. 26 ICSID Übereinkommen. Zwei Staaten haben davon Gebrauch gemacht, die vorherige Erschöpfung des innerstaatlichen Rechtswegs zu verlangen, sind Costa Rica und Guatemala. *Schreuer/Malintoppi/Reinisch/Sinclair*, ICSID Convention, Art. 26 Rn. 192 ff.
1076 Siehe zu den Nachweisen bereits Fn. 1073.

hier verliert. Würde es sich um Rechte der Vertragsstaaten handeln, würde auch ein berechtigtes Interesse des Gaststaates bestehen, zuerst seine Souveränität gegenüber dem Heimatstaat zu wahren und selbst durch seine innerstaatlichen Gerichte Abhilfe zu schaffen. Da dieser Aspekt in Investitionsschutzverträgen unberücksichtigt geblieben ist, spricht auch dieser Punkt dafür, dass es sich um eigene subjektive Rechte des Investors gegenüber dem Gaststaat handelt, die dieser direkt gegenüber dem Gaststaat auf internationaler Ebene durchsetzen kann.

d. Anwendbares Recht im Investitionsschiedsverfahren

Die Bestimmung des anwendbaren Rechts in Investitionsschiedsverfahren stellt, wie im Bereich der internationalen Handelsschiedsgerichtsbarkeit, eine Herausforderung dar, da sich das anwendbare Recht regelmäßig aus einem komplexen Zusammenspiel mehrerer Rechtsordnungen für verschiedene Bereiche des Verfahrens ergibt. Für den Fall, dass die Parteien selbst keine ausdrücklichen Regelungen für jeden Teilbereich getroffen haben, muss das jeweils anwendbare Recht aufgrund einer genauen Analyse unter Zuhilfenahme von Grundsätzen des internationalen Privatrechts bestimmt werden. Sachbereiche, die unterschieden werden müssen, sind das auf die Parteien anwendbare Recht, das auf die Schiedsvereinbarung anwendbare Recht, das anwendbare Verfahrensrecht, das anwendbare materielle Recht, das auf die Anerkennung und Vollstreckung des Schiedsurteils anwendbare Recht sowie das Recht des Schiedsortes (*lex fori*). Die Trennung dieser Teilbereiche und die oft schwierige Analyse der verschiedenen, anwendbaren Rechtsordnungen muss grundsätzlich auch für Investitionsschiedsverfahren durchgeführt werden, wenn gleich sich Unterschiede daraus ergeben, dass materiell-rechtliche Entscheidungsgrundlage ein völkerrechtlicher Vertrag ist.[1077] Das anwendbare materielle Recht für die Beurteilung einer Vertragsverletzung durch den Gaststaat ist der jeweilige Investitionsschutzvertrag. Im Hinblick auf das für das Investitionsschiedsverfahren anwendbare Verfahrensrecht kommt es vornehmlich darauf an, welche Streitbeilegungsmechanismen im Investitionsschutzvertrag vorgesehen sind und welchen der Investor letztlich durch

---

1077 Siehe zur Frage des anwendbaren Rechts in Investitionsschiedsverfahren *Parra*, Settlement of Investment Disputes, in: ICSID Review 12 (1997), 287; *Broches*, ICSID, in: *ders.*, Selected Essays, 179; *Shihata/Parra*, Applicable Substantive Law, in: ICSID Review 9 (1994), 183.

Einleitung des Verfahrens in concreto ausgewählt hat. Entscheidet sich der Investor beispielsweise für ein UNCITRAL Verfahren, finden die UNCITRAL Schiedsregeln[1078] auf das Investitionsschiedsverfahren Anwendung. Daneben muss zudem noch das nationale Recht des Schiedsortes, die *lex fori*, berücksichtigt werden.[1079] Die einzige wichtige Ausnahme zu diesem Grundsatz stellt ein Verfahren unter Anwendung des ICSID Übereinkommens dar. Wird ein Investitionsschiedsverfahren unter der Administration des ICSID Zentrums nach den Regeln des ICSID Übereinkommens durchgeführt, regeln ausschließlich die Verfahrensvorschriften des ICSID Übereinkommens und die ICSID Schiedsregeln das Verfahren.[1080] Deswegen wird das Investitionsschiedsverfahren nach dem ICSID Übereinkommen oft als das wahrhaftig internationalisierte Schiedsverfahren (*truly international*) bezeichnet.[1081]

Im Gegensatz dazu steht das anwendbare Recht auf Verfahren zwischen Staaten, wie zum Beispiel im Rahmen der Ausübung diplomatischen Schutzes. Auf Verfahren zwischen Staaten auf internationaler Ebene findet ausschließlich internationales Recht, sprich Völkerrecht, Anwendung.[1082] Aus eben Festgestelltem ergibt sich aber ein Widerspruch zum Model der abgeleiteten Rechte im Rahmen von Investitionsschutzverträgen. Wenn der Investor in Investitionsschiedsverfahren Rechte der Staaten in ihrem Namen für sie wahrnimmt, dann sollte daraus geschlossen werden können, dass auf diese Verfahren internationales Recht anwendbar sein muss. Daher ist es zumindest überraschend, dass nach oben Gesagtem für Investitionsschiedsverfahren mit Ausnahme der reinen ICSID Verfahren dem nicht so ist. Aus der Tatsache, dass auf Investitionsschiedsverfahren mit Ausnahme von ICSID auch nationales Recht Anwendung findet, lässt sich mithin der Rückschluss ziehen, dass es sich bei den geltend gemachten Rechten aus den Investitionsschutzverträgen um eigene subjektive Rechte der Investoren handeln muss.

1078 Abrufbar auf http://www.uncitral.org.
1079 Dies wurde bestätigt in *Ecuador v Occidental*, [2005] EWCA, Civ. 1116.
1080 Vgl. Art. 44 ICSID Übereinkommen.
1081 *Broches*, Awards Rendered Pursuant to ICSID, in: ICSID Review 2 (1987), 287; *ders.*, ICSID, in: RdC 136 (1972), 331, 349 f.
1082 *Mann*, State Contracts, in: BYIL 42 (1967), 1, 2; allgemein *Brownlie*, Public International Law, 433 ff.; 475 ff.

e.   Schadensersatz

Der Inhalt des Schadensersatzes im Völkerrecht wird durch die Vorschriften über die Staatenverantwortlichkeit geregelt und kann grundsätzlich in Form von Wiederherstellung, Entschädigung oder Genugtuung bestehen.[1083] Im Gegensatz dazu besteht der Schadensersatz in Investitionsschiedsverfahren regelmäßig aus Entschädigungszahlungen in Geld.[1084] Das Bestehen und die Höhe des entstandenen Schadens werden in Investitionsschiedsverfahren nach den Einbußen bestimmt, die der Investor selbst aufgrund des in Rede stehenden Verhaltens des Gaststaates erlitten hat.[1085] Im Grundsatz steht diese Methode im Einklang mit der Bestimmung des Schadensersatzes im Rahmen des Rechts des diplomatischen Schutzes. Auch hier ist erster Orientierungspunkt für den entstandenen Schaden die wirtschaftliche Einbuße des betroffenen Staatsangehörigen. Nach den im Fall *Chorzow Factory* vom StIGH entwickelten Grundsätzen müssen daneben aber auch eventuell beeinträchtigte Interessen des Heimatstaates des betroffenen Individuums berücksichtigt werden:

> „The reparation due by one State to another does not however change its character by reason of the fact that it takes the form of an indemnity for the calculation of which the damage suffered by a private person is taken as the measure. The rules of law governing the reparation are the rules of international law in force between the two States concerned, and not the law governing the relations between the State which has committed the wrongful act and the individual who has suffered the damage. Rights or interest of an individual the violation of which rights causes damage are always in a different plane to rights belonging to a State, which rights may also be infringed by the same act. The damage suffered by an individual is never therefore identical in kind with that which will be suffered by a State; it can only afford a convenient scale for the calculation of the reparation to the State."[1086]

Diese im Völkerrecht zwischen Staaten geltenden Grundsätze zur Bestimmung des entstandenen Schadens unterscheiden sich von den Investitionsschiedsverfahren dadurch, dass hier ein eventuell beeinträchtigtes In-

---

1083 Siehe hierzu Art. 34 ILC Draft Articles on State Responsibility of States for Internationally Wrongful Acts.
1084 *Ripinski*, Assessing Damages in Investment Disputes, in: JWIT 10 (2009), 5; *Marboe*, Compensation and Damages, in: JWIT 7 (2006), 723.
1085 Vgl. *Metalclad v Mexico*, para. 122; *Azurix v Argentina*, para. 425.
1086 PCIJ, *Chorzów*, PCIJ Series A No. 17 (1928), 4, 28.

teresse des Heimatstaates des Investors keine Berücksichtigung findet.[1087] Hinzu kommt, dass im Rahmen des diplomatischen Schutzes eine Entschädigung in Geld immer an den tätig werdenden Heimatstaat zu zahlen ist und das betroffene Individuum keinen Anspruch auf Erhalt dieser Summer hat.[1088] Dagegen erhält der Investor selbst die Entschädigung, die ihm von Investitionsschiedsgerichten zugesprochen wird, ohne dass er verpflichtet wäre, an seinen Heimatstaat einen Teil abzugeben. Die Tatsache, dass ein Interesse des Heimatstaates bei der Bestimmung des Schadensersatzes in Investitionsschiedsverfahren nicht berücksichtigt wird und der Investor der alleinige Empfänger der Entschädigung ist, unterstützt die Annahme, dass es sich bei den verletzten Rechten aus Investitionsschutzverträgen, deren Beeinträchtigung kompensiert wird, um eigene subjektive Rechte des Investors handelt.

f.   Gerichtsstandsklauseln in Investitionsverträgen

Es ist nicht gerade selten, dass sich in Investitionsverträgen (*investment contracts*) zwischen Gaststaat und ausländischem Investor sogenannte Gerichtsstandsklauseln finden, die eine Zuständigkeit der innerstaatlichen Gerichte des Gaststaates für alle den Investitionsvertrag betreffenden Streitigkeiten vorsehen.[1089] Die Auswirkungen, die derartige Gerichtsstandsklauseln auf die internationalen Streitbeilegungsmechanismen der Investitionsschutzverträge haben, und insbesondere die Frage, ob der Investor dadurch auf den internationalen Streitbeilegungsmechanismus des Investitionsschutzvertrags wirksam verzichtet, sind äußerst umstritten.[1090] Es ist jedoch anerkannt, dass eine derartige Wahl des Gerichtsstandes, die eine ausschließliche Zuständigkeit der nationalen Gerichte des Gaststaates vorsieht, keinen Einfluss auf die Möglichkeit der Ausübung diplomatischen Schutzes durch den Heimatstaat hat.[1091] Dies liegt daran, dass das Recht zur Ausübung diplomatischen Schutzes für die eigenen Staatsange-

---

1087 *Marboe*, Compensation and Damages, in: JWIT 7 (2006), 723. Im Investitionsschutzrecht stellt die ganz überwiegende Mehrheit der angeordneten Form des Schadensersatzes Wertersatz dar; Wiederherstellung und Genugtuung spielen keine Rolle. Schreuer, Non-Pecuniary Remedies, in: ArbIntl 20 (2004), 325.
1088 Allgemein *Brownlie*, Public International Law, 464 f.; 533 ff.
1089 Siehe hierzu bereits oben unter Kapitel 7, S. 257 ff.
1090 Vgl. die Analyse bei *Spiermann*, Individual Rights, in: ArbIntl 20 (2004), 178.
1091 *Van Haersolte-Van Hof/Hoffmann*, International Tribunals and Domestic Courts, in: *Muchlinski/Ortino/Schreuer*, Handbook of Investment Law, 962, 998.

hörigen ein Recht des Heimatstaats ist und der Investor folglich durch eine Gerichtsstandsklausel dieses Recht seines Heimatstaates nicht in irgendeiner Weise beeinflussen oder gar darauf wirksam verzichten kann. Dies wurde im Zusammenhang mit sogenannten „Calvo-Klauseln" ausdrücklich festgestellt, durch deren Einfügung in den Investitionsvertrag vornehmlich lateinamerikanische Staaten versuchten, eine Ausübung diplomatischen Schutzes durch den jeweiligen Heimatstaat des Investors zu unterbinden. Eine derartige Wirkung und folglich ein Rechtsverlust des Heimatstaates, sich im Rahmen des diplomatischen Schutzes eines Streitfalls anzunehmen, wurden diesen Klauseln jedoch abgesprochen.[1092] In der Praxis der Investitionsschiedsgerichtsbarkeit hat sich zunehmend die Auffassung herausgebildet, dass zwischen vertraglichen Streitigkeiten unter der Gerichtsstandsklausel des Investitionsvertrags (*contract claims*) und zwischen Streitigkeiten unter dem Investitionsschutzvertrag (*treaty claims*) unterschieden werden muss.[1093] Daraus folgt, dass im Hinblick auf die sogenannten *treaty claims* unter dem Investitionsschutzvertrag die Gerichtsstandsklauseln im Grundsatz keine Auswirkungen haben. Dieses Ergebnis besteht unabhängig davon, ob es sich bei den Rechten aus dem Investitionsschutzvertrag um eigene subjektive Rechte des Investors oder um Rechte der Vertragsstaaten handelt. Dementsprechend kann aus dieser Problematik kein Rückschluss auf die Frage der Inhaberschaft der Rechte aus dem Investitionsschutzvertrag gezogen werden.

Eine andere Konstellation liegt dann vor, wenn der Investitionsschutzvertrag selbst, dem Investor die Wahlmöglichkeit zwischen den nationalen Gerichten des Gaststaates und einem internationalen Investitionsschiedsverfahren in Bezug auf eine mögliche Verletzung des Investitionsschutzvertrages gewährt. Je nachdem welchen Weg der Investor durch Einleitung des Verfahrens beschreitet, sind die jeweils anderen Streitbeilegungsmechanismen für dieselbe Streitigkeit für den Investor gesperrt (*fork in the road*).[1094] Wählt der Investor mithin die nationalen Gerichte des

---

1092 Vgl. *North American Dredging v Mexico*, UN Reports 4 (1926), 26, 29; *Lipstein*, Calvo Clause, in: BYIL 22 (1945), 130, 139.

1093 *Gill/Gearing/Birt*, Contractual Claims, in: JIntlArb 21 (2004), 397; *Alexandrov*, Breaches of Contract and Breaches of Treaty, in: JWIT 5 (2004), 555; *Griebel*, Jurisdiction over "Contract Claims", in: TDM 4(5) (2007); *Sinclair*, Contract/Treaty Divide, in: *Binder/Kriebaum/Reinisch/Wittich*, Investment Law, 93; *Spiermann*, Individual Rights, in: ArbIntl 20 (2004), 178.

1094 Zur den sogenannten Fork-in-the-Road-Bestimmungen vgl. *Schreuer*, Travelling the BIT Route, in: JWIT 5 (2004), 231, 239 ff.; *Liebscher*, Domestic Courts, in: *Binder/Kriebaum/Reinisch/Wittich*, Investment Law, 105, 108 ff.

Gaststaates für die Streitbeilegung aus, ist ihm für diese Streitigkeit der Weg zu einem internationalen Investitionsschutzverfahren versperrt.[1095] Der Wahl des Investors, welchen Weg er zur Streitbeilegung beschreiten möchte, kommt demnach ausschließende Wirkung zu. Verfolgt man die Ansicht, dass der Investor im Rahmen von internationalen Investitionsschutzverträgen Rechte des Heimatstaates für diesen geltend macht, erscheint es ungewöhnlich, dass der Heimatstaat keinen Einfluss auf diese Entscheidung des Investors nehmen kann, obwohl es um die Durchsetzung seiner Rechte geht. Die Tatsache, dass das Wahlrecht allein beim Investor liegt, welchen Streitbeilegungsmechanismus er aktivieren möchte, lässt es logisch erscheinen, dass es sich bei den geltend gemachten Rechten um seine eigenen subjektiven Rechte handelt.

g. Die Anfechtung und Vollstreckung von Schiedssprüchen aus Investitionsschiedsverfahren

Ist das Investitionsschiedsverfahren durch einen ergangenen Schiedsspruch beendet worden, hat der Investor im Falle seines Obsiegens damit sein Ziel noch nicht erreicht. Um von seinem Schiedsspruch Gebrauch machen zu können, muss er ihn in der Regel anerkennen und vollstrecken (*recognition and enforcement*) lassen. Zudem steht der unterliegenden Partei die Möglichkeit offen, gegen den Schiedsspruch durch Anfechtung vorzugehen. Die Anfechtung eines Investitionsschiedsspruchs richtet sich, gleich einem Schiedsspruch der internationalen Handelsschiedsgerichtsbarkeit, nach den Regeln des Schiedsortes, sprich nationalem Recht, sowie anderen internationalen Vertragswerken über die Anerkennung und Vollstreckung von Schiedssprüchen der internationalen Handelsschiedsgerichtsbarkeit.[1096] Demnach fallen auch Schiedssprüche aus Investitionsschiedsverfahren unter den Anwendungsbereich des New Yorker Übereinkommen[1097] über die Anerkennung und Vollstreckung ausländischer

---

1095 Dieser Ausschluss der anderen Streitbeilegungsmechanismen des Investitionsschutzvertrags gilt nur für den gleichen Streitgegenstand. Siehe *CMS v Argentina*, para. 80; *Azurix v Argentina*, para. 86; *Genin v Estonia*, para. 331.
1096 Vgl. beispielsweise § 1059 ZPO.
1097 New York Convention vom 10. June 1958.

Schiedssprüche.[1098] Dies hat zur Folge, dass Schiedssprüche aus internationalen Investitionsschiedsverfahren somit als handelsrechtliche Schiedssprüche (*commercial*) im Sinne von Art. I des New Yorker Übereinkommens gewertet werden. Einzige Ausnahme bilden Schiedssprüche die unter dem ICSID Übereinkommen erlassen werden. Nach dem ICSID Übereinkommen binden ICSID Schiedssprüche die Vertragsstaaten und können ausschließlich mittels der im ICSID Übereinkommen vorgesehenen Rechtsmitteln angegriffen werden.[1099] Diese rechtlichen Verhältnisse nach Erlass des Schiedsspruchs unterscheiden sich grundsätzlich von anderen internationalen Verfahren zwischen Staaten. Internationale Verfahren zwischen Staaten und daraus ergangene Entscheidung richten sich allein nach Völkerrecht und sind einer Kontrolle der nationalen Gerichte vollständig entzogen.[1100] Infolgedessen spricht die Art und Weise der Anerkennung und Vollstreckung von Investitionsschiedssprüchen, insbesondere deren Anfechtungsmöglichkeit vor innerstaatlichen Gerichten nach nationalem Recht, gegen die Annahme, dass es sich bei den der Entscheidung zu Grunde liegenden Bestimmungen um völkerrechtliche Rechte der Vertragsstaaten handelt. Die Unterschiede zu den gängigen internationalen Verfahren zwischen Staaten, bei denen über Rechte der Staaten befunden wird, entbehren einer logischen Erklärung, wenn man der Theorie abgeleiteter Rechte folgt. Auch dieser Punkt unterstützt daher die Annahme, dass es sich bei den Bestimmungen in Investitionsschutzverträgen um eigene subjektive Rechte des Investors handelt, die dieser prozessual gegenüber dem Gaststaat durchsetzt.

Die Theorie abgeleiteter Rechte hat ihre dogmatische Grundlage in der Annahme, dass es sich beim Investitionsschutzrecht allein um eine Institutionalisierung und Verfestigung des Rechts des diplomatischen Schutzes handelt. Die eben aufgeführten Aspekte widerlegen jedoch diese Annahme. Insofern wird der Theorie abgeleiteter Rechte die dogmatische Grund-

---

1098 Dies wird in einigen Investitionsverträgen ausdrücklich klargestellt, vgl. Art. 1136 (7) NAFTA; Art. 26 (5)(b); siehe auch *Bjorklund*, State Immunity, in: *Binder/Kriebaum/Reinisch/Wittich*, Investment Law, 305, 307 ff.; *Alexandrov*, ICSID Awards, in: *Binder/Kriebaum/Reinisch/Wittich*, Investment Law, 322.

1099 Vgl. Art. 53 (I) ICSID Übereinkommen und Art. 54 (I) ICSID Übereinkommen, der vorgibt, dass die Vertragsstaaten des ICSID Übereinkommens ICSID Schiedssprüchen die Wirkung eines Endurteils ihrer nationaler Gerichte innerstaatliche zukommen lassen müssen.

1100 PCIJ, *Chorzów*, PCIJ Series A No. 17 (1928), 28, 33; *Honduras v Nicaragua*, ICJ Rep 1960, 192; *Guinea-Bissau v Senegal*, ICJ Rep 1991, 53; *Schachter*, Enforcement, in: AJIL 54 (1960), 1, 12 ff.

lage entzogen. Deswegen lässt sich daraus schließen, dass es sich um eigene subjektive Rechte des Investors handelt. Dieses Ergebnis muss jedoch im folgenden Teil der Untersuchung noch anhand der Ausgestaltung der Investitionsschutzverträge überprüft werden. Denn nur wenn dieses Ergebnis mit der Analyse der Bestimmungen der internationalen Investitionsschutzverträge und der darin zum Ausdruck kommenden Intention der Vertragsstaaten in Einklang steht, kann es aufrechterhalten werden.

B. Bestätigung des Ergebnisses: Übertragung der Kriterien LaGrand

In der *LaGrand* Entscheidung des IGH befand der Gerichtshof, dass die aus Art. 36 Abs. 1 WKK resultierenden Pflichten nicht nur gegenüber dem anderen Vertragsstaat, sondern auch gegenüber der von der Vorschrift betroffenen Person geschuldet werden.[1101] Er stützte diese Erkenntnis allein auf den Wortlaut der Vorschrift, der von einer Informationspflicht des Gaststaates über die Rechte des betroffenen Individuums (das heißt des Inhaftierten) spricht.[1102] Der IGH bejahte ein eigenes subjektives Individualrecht der betroffenen Person, ohne dass dafür erforderlich wäre, dass es sich gleichzeitig um ein Menschenrecht handelt.[1103] Dies steht im Einklang mit der Annahme, dass im Völkerrecht grundsätzlich keine Prädisposition gegen die Verleihung oder das Vorhandensein subjektiver Individualrechte existiert.[1104] Obwohl im Falle einer Verletzung der Konsularrechte die betroffenen Individuen zur Rechtsdurchsetzung auf ihren Heimatstaat und die Ausübung diplomatischen Schutzes angewiesen sind, stellte dies für den IGH kein Hindernis zur Annahme eines subjektiven Individualrechts dar. Im Rahmen der BITs stellt sich dieses Problem der Rechtsdurchsetzung nicht, da in modernen BITs die eigene Klagemöglichkeit des Investors auf internationaler Ebene vor Schiedsgerichten den absoluten Regelfall darstellt.[1105] Das Vorhandensein einer eigenen Möglichkeit zur Rechtsdurchsetzung auf internationaler Ebene allein erlaubt keinen sofortigen Rückschluss auf Natur oder Inhaberschaft der in den internationalen Investitionsschutzverträgen enthaltenen materiellen Rechten.

1101 Siehe hierzu bereits ausführlich oben S. 162 ff.
1102 Vgl. noch einmal das Urteil ICJ, LaGrand, ICJ Rep 2001, 466, 492, paras. 75-78.
1103 Ibid., para. 78.
1104 Vgl. hierzu bereits oben unter Kapitel 3 S. 39 ff.
1105 *Newcombe/Paradell*, Investment Treaties, 57.

Eine direkte Klagemöglichkeit von Privaten gegenüber Staaten geschaffen durch die Grundlage internationaler Verträge zwischen souveränen Staaten vergleichbar dem internationalen Investitionsschutzrecht stellt keinen Ausnahmefall dar. Ein ähnliches System, wurde im Rahmen des Iran-US Claims Tribunal durch die *Algiers Accords*[1106] im Jahre 1981 geschaffen. Im Hinblick auf die Zuständigkeit des Iran-United States Claims Tribunal legt Art. II der *Claims Settlement Declaration* fest:

> (i) Claims by American and Iranian nationals against Iran and the United States respectively that 'arise out of debts, contracts, (...) expropriations or other measures affecting property rights';

> (ii) Official claims of the United States and Iran against each other arising out of contractual arrangements between them for the purpose and sale of goods and services; and

> (iii) disputes between Iran and the United States concerning the interpretation or performance of the General Declaration or the Claims Settlement.[1107]

Interessant für diese Untersuchung ist vornehmlich Art. II (i) Claims Settlement Declaration, der eine Klagemöglichkeit für Private gegen die USA oder den Iran vor dem Iran-US Claims Tribunal vorsieht. Wenn gleich das Iran-US Claims Tribunal auf eine bald dreißigjährige Tätigkeit und zahlreiche Schiedsurteile zurückblicken kann, herrscht weiterhin Uneinigkeit, was den rechtlichen Status des Iran-US Claims Tribunal betrifft.[1108] Die hierzu geäußerten Ansichten könnten verschiedener nicht sein. Zum einen wird angenommen, dass es sich um eine internationale Einrichtung handelt, die deswegen dem Völkerrecht unterliegt, beziehungsweise anders formuliert, dass das Schiedsgericht ausschließlich internationalen Charakter aufweist.[1109] Zum anderen lassen sich Aussagen hören, dass es sich um eine private Schiedsgerichtsbarkeit handelt, die dem nationalen Recht des Schiedsortes, mithin den Niederlanden, unterliegt oder versöhnlicher um eine private Schiedsgerichtsbarkeit, die aber denationalisiert, sprich losge-

---

1106 Declaration of the Government of the Democratic and Popular Republic of Algeria and the Declaration of the Government of the Democratic and Popular Republic of Algeria concerning the Settlement of Claims by the Government of the United States of America and the Government of the Islamic Republic of Iran (Claims Settlement Declaration), in: AJIL 75 (1981), 418.

1107 Siehe Art. II (i)-(iii) Claims Settlement Declaration.

1108 Zur Praxis des Iran-United States Claims Tribunal *Weiss*, Inherent Powers International Courts, in: *Binder/Kriebaum/Reinisch/Wittich*, Investment Law, 185.

1109 Vgl. zu dieser Auffassung *Brower/Brueschke*, The Iran-United States Claims Tribunal, 16; *Seifi*, State Responsibility, in: JIntlArb 16 (3) (1999), 5, 17.

löst von nationalem Schiedsrecht, durchgeführt wird.[1110] Aus diesen gegensätzlichen Positionen lässt sich somit keine Hilfestellung für die internationale Investitionsschiedsgerichtsbarkeit ziehen, in deren Schiedsurteilen regelmäßig auf die rechtsdogmatische Grundlage ihrer Zuständigkeit zum Zwecke des konkreten Streitentscheids nicht weiter eingegangen wird. Verleihen die Bestimmungen der internationalen Investitionsschutzverträge also eigene subjektive Rechte des Investors oder nur eine vom Heimatstaat abgeleitete Position? Die vorher durchgeführte Gegenüberstellung des Rechts des diplomatischen Schutzes mit dem System der Investitionsschutzverträge spricht zwar eindeutig dafür, die Bestimmungen der Investitionsschutzverträge im Sinne letzterer Auffassung nicht lediglich als Institutionalisierung des diplomatischen Schutzes anzusehen. Denn eigentlich wird der Theorie abgeleiteter Rechte bereits die dogmatische Grundlage entzogen. Dennoch muss weiterhin nach den im Rahmen der Untersuchung der *LaGrand* Entscheidung herausgearbeiteten Kriterien zu den Voraussetzungen subjektiver Individualrechte im Völkerrecht positiv bestimmt werden, ob die in den internationalen Investitionsschutzverträgen niedergelegten Rechte eigene Rechte des Investors darstellen. Die *LaGrand* Entscheidung des IGH bestätigte einen bereits bestehenden Trend im modernen Völkerrecht, subjektive Individualrechte, die mit der Annahme der partiellen Völkerrechtssubjektivität des Individuums im Völkerrecht grundsätzlich möglich sind, durch einen Wechsel von formalen hinzu materiellen Kriterien zu bestimmen.[1111] Ein internationaler Durchsetzungsmechanismus als unabdingbare Voraussetzung subjektiver Individualrechte im Völkerrecht wird nunmehr mehrheitlich abgelehnt.[1112] Dagegen wird mithin der materielle, also inhaltliche Gehalt der in Rede stehenden Regelung als entscheidend angesehen.

1110 Siehe hierzu *Caron*, Iran-United States Claims Tribunal and International Dispute Resolution, in: AJIL 84 (1990), 104, 146 ff.; *Van den Berg*, Iran United States Claims Settlement Declaration, in: Intl B Lawyer 12 (1984), 341; *Hardenberg*, Iran-US Claims Tribunal Seen, in: Intl B Lawyer 12 (1984), 337; *Lake/Dana*, Judicial Review of Awards of the Iran-United States Claims Tribunal, in: L & Pol'y in Int'l Bus 16 (1984), 755, 811 f.; *Avanessian*, New York Convention, in: JIntlArb 8 (1991), 5, 8.
1111 Siehe hierzu oben unter Kapitel 5, S. 108 ff.
1112 Siehe zu diesem Ergebnis oben unter Kapitel 5, S. 124 ff.

I. Auslegung der Investitionsschutzverträge als Mittel zur Bestimmung

Ein völkerrechtlicher Rechtssatz verleiht immer dann ein subjektives Individualrecht, wenn er seinem Inhalt nach, nicht allein die Interessen der Staatengemeinschaft zu schützen bestimmt ist, sondern daneben auch den Schutz konkreter Individualinteressen von Einzelrechtssubjekten verfolgt.[1113] In Abwesenheit ausdrücklicher Anordnung in der Vorschrift kann der materiell individualrechtsschützende Charakter einer Vorschrift auch mittels Auslegung gewonnen werden.[1114] Die Frage nach dem subjektivrechtlichen Gehalt der zu beurteilenden Regelung muss unter Ausschöpfung aller zur Verfügung stehenden Auslegungsmethoden[1115] beantwortet werden. Der Vertragstext wird regelmäßig als zentraler Ausgangspunkt der Auslegung einer Vorschrift betrachtet. Dennoch kommt es neben dem Wortlaut der Vorschrift vor allem auf den systematischen Zusammenhang der Vorschrift sowie Ziel und Zweck des gesamten Regelungswerks, in dem sich die Regelungen befinden, an.[1116] Aufgrund dieser Gesamtanalyse muss sich unzweideutig ergeben, dass die Vorschrift an sich die Verleihung von Individualrechten bezweckt und dies auch nicht im Widerspruch zum Gesamtregelungswerk, in dem sich die Vorschrift befindet, steht. So sind auch die internationalen Schiedsgerichte im Bereich des Investitionsschutzrechts, die sich mit der Frage nach den subjektiven Rechten des Investors aus Investitionsschutzverträgen befasst haben, dieser Ansicht gefolgt, dass eine Auslegung des Textes des in Rede stehenden Investitionsschutzvertrages grundsätzlich das erste, entscheidende Kriterium für die Verleihung subjektiver Individualrechte sein muss:

> „This question is not to be answered by applying general principles of the law of diplomatic protection but by reference to the actual terms of the 1987 ASEAN Agreement."[1117]

1113 Vgl. dieses gefundene Ergebnis oben unter Kapitel 5, S. 108 f.

1114 S. 113 ff.

1115 Vgl. zur Auslegung im Völkerrecht oben Viertes Kapitel; allgemein *Gardiner*, Treaty Interpretation, 141 ff.; *Wälde*, Interpreting Investment Treaties, in: *Binder/Kreibaum/Reinisch/Wittich*, Investment Law, 724.

1116 Diese Auslegungskriterien ergeben sich aus Art. 31, 32 WVK; vgl. oben Kapitel 6, S. S. 173 ff. und Kapitel 4, S. 71 ff.; zur Auslegung völkerrechtlicher Verträge Bernhardt, Evolutive Treaty Interpretation, in: GYIL 42 (1999), 11 ff.; *Wälde*, Interpreting Investment Treaties*, in: Binder/Kreibaum/Reinisch/Wittich*, Investment Law, 724; *Gardiner,* Treaty Interpretation, 141 ff.

1117 *Yaung Chi Oo v Myanmar*, in: ILM 42 (2003), 540, para. 39.

Hierbei müssen jedoch die Besonderheiten des internationalen Investitionsschutzrechts und seiner Rechtstexte Berücksichtigung finden. Das Investitionsschutzrecht besteht nicht aus einem einzigen Regelungswerk zum Schutz ausländischer Investitionen im Gaststaat.[1118] Vielmehr besteht es aus einer Vielzahl, mittlerweile um die 4000, verschiedener bilateraler und multilateraler Investitionsschutzverträge.[1119] Normalerweise müsste nun zur Bestimmung der Frage nach subjektiven Individualrechten des Investors in Investitionsschutzverträgen jeder einzelne dieser Verträge analysiert werden, da sie regelmäßig zwischen zwei oder mehreren Vertragsstaaten abgeschlossen wurden. Eine derartige Analyse stellt sich als praktisch schwer durchführbar dar und würde den Rahmen dieser Untersuchung sprengen. Glücklicherweise stehen sogenannte Model BITs zur Verfügung, auf dessen Grundlage die jeweiligen Staaten ihre konkreten BITs verhandeln und abschließen. Diese repräsentieren im Wesentlichen ein einheitliches System von Investitionsschutzverträgen von Industrienationen und Entwicklungsländern gleichermaßen, da sich in allen BITs dieselben wichtigen materiell-rechtlichen Vertragsbestimmungen finden, die sich vom Wortlaut her nur minimal unterscheiden.[1120] Diese Tatsache erlaubt es, die nachstehende Untersuchung der wichtigsten Vertragsbestimmungen auf einer Auswahl an Model BITs sowie dem ECT als Vertreter eines multilateralen Investitionsschutzabkommens basieren zu lassen.

II. Intention Individualschutz in Investitionsschutzverträgen

Für eine Feststellung subjektiver Individualrechte des Investors in internationalen Investitionsschutzverträgen ist die Auslegung der Vertragsbestimmungen erforderlich, um auf diese Weise eine dahingehende Intention der Vertragsstaaten nachzuweisen, da die Verträge selbst keine eindeutige Aussage bezüglich der Rechtsinhaberschaft treffen. Ausgangspunkt für diese Analyse stellt Art. 31 (1) WVK[1121] dar, der auch auf internationale Investitionsschutzverträge anwendbar ist. Danach müssen der Vertragstext, der systematische Zusammenhang der Vertragsbestimmungen sowie Ziel und Zweck des Gesamtregelungswerkes zu Rate gezogen werden. Beginnt man mit der Untersuchung des Ziels und Zwecks von Inves-

---

1118 Siehe zum Scheitern des MAI bereits oben S. 239 f.
1119 Vgl. zu diesem Charakteristikum des Investitionsschutzrecht Kapitel 7, S. 216 ff.
1120 Vgl. zu den vorherrschenden Behandlungsstandards Kapitel 7, S. 249 ff.
1121 Siehe Art. 31 (I) WVK.

titionsschutzverträgen, wie er vornehmlich dem Vertragtitel und der Präambel des Vertrages zu entnehmen ist, zeigt sich bereits die Einheit zwischen den verschiedenen Model BITs. Hauptzweck eines Investitionsschutzvertrages ist regelmäßig Förderung und Schutz von Auslandsinvestitionen auf dem Staatsgebiet der anderen Vertragspartei.[1122] Durch einen verbesserten Schutz von Auslandsinvestitionen soll ein Zuwachs an Investitionstätigkeit angeregt werden und somit zu größerem wirtschaftlichen Wachstum und Wohlstand im Gaststaat beitragen.[1123] Der Zweck, Auslandsinvestitionen zu schützen, wird durch die Verpflichtung verwirklicht, günstige Investitionsbedingungen zu schaffen.[1124] Beispielsweise wird beim ECT auf die besondere Zielsetzung Bezug genommen, durch den multilateralen Vertrag die Schaffung und den Erhalt einer stabilen, langzeitigen Energiewirtschaft zu erreichen.[1125] Ziel der Investitionsschutzverträge ist es demnach einerseits die wirtschaftliche Entwicklung und den Wohlstand im Gastland durch vermehrtes ausländisches Kapital zu verbessern. Diese Verbesserung der wirtschaftlichen Lage liegt ausschließlich im Interesse der vertragsschließenden Staaten. Andererseits ist aus den Präambeln auch eine Bezugnahme auf rein wirtschaftliche Interessen privater Investoren zu entnehmen. Deren Schutz im Gastland sowie insbesondere der Erhalt der investierten wirtschaftlichen Werte stellen den zweiten, gleichwertigen Zentralaspekt der Zielsetzung von BITs dar.[1126] Somit kann festgehalten werden, dass es sich aufgrund der Formulierung der Präambeln bei einem Investitionsschutzvertrag in keinster Weise um einen Vertrag mit rein zwischenstaatlicher Zielsetzung handelt. Die allein zwischenstaatliche Zielsetzung wurde bis zur Entscheidung *LaGrand* ger-

---

1122 Vgl. Präambel German Model BIT (2008): "recognizing that the encouragement and contractual protection of such investments are apt to stimulate private business initiative and to increase prosperity of both nations"; Präambel UK Model BIT (2005); allgemein *Wälde*, Interpreting Investment Treaties, in: *Binder/Kreibaum/Reinisch/Wittich*, Investment Law, 724, 751 ff.

1123 Zu den angestrebten Wechselwirkungen durch IIAs Kapitel 7, S. 205 ff.

1124 "(…) to create favourable conditions for investments by investors", Präambel German Model BIT (2008); "Recognizing that agreement on the treatment to be accorded such investment will stimulate the flow of private capital (…)", Präambel US Model BIT (2004).

1125 Vgl. Art. 2 ECT.

1126 Dies macht gerade die Präambel des US Model BIT (2004) sehr gut deutlich: "Recognizing the importance of providing effective means of asserting claims and enforcing rights with respect to investment under national law as well as through international arbitration".

ne gegen die Verleihung subjektiver Individualrechte ins Feld geführt.[1127] Im Hinblick auf die Frage nach der Inhaberschaft der Rechte aus Investitionsschutzverträgen lässt sich der allgemein gehaltenen Ziel- und Zwecksetzung dieser Verträge hingegen keine genauere Aussage entnehmen, als dass die Investitionsschutzverträge ihrem Telos nach durchaus neben staatlichen auch auf den Schutz privater Interessen ausgerichtet sind. Damit schließen sie eine Verleihung eigener subjektiver Rechte des Investors nicht von vornherein aus, aber genauso wenig kann diese Intention unzweideutig belegt werden. Etwas anderes ergibt sich, wenn man den Wortlaut der einzelnen Vertragsbestimmungen betrachtet. Sämtliche materiellrechtliche Bestimmungen über die geforderte Behandlung ausländischer Investoren und deren Investitionen regeln ausschließlich die rechtliche Beziehung zwischen privatem Investor und Gaststaat, ohne Bezug auf den Heimatstaat des Investors zu nehmen. In diesem Sinne wurde auch keine Verpflichtung aufgenommen, die das geschuldete Verhalten des Gaststaates in Beziehung zur Behandlung des Heimatstaates gegenüber den jeweils anderen Investoren setzt und die Einhaltung der Standards von Gegenseitigkeit abhängig macht. Der Gaststaat schuldet zum Beispiel gerade gegenüber der Investition des Investors faire und gerechte Behandlung:

> „Each Contracting State **shall** in its territory in every case **accord investments by investors** of the other Contracting State **fair and equitable treatment** as well as full protection under this treaty."[1128] (Hervorhebung durch den Verfasser)

Nach dem eindeutigen Wortlaut aller analysierten Bestimmungen wird dieser absolute Behandlungsstandard der fairen und gerechten Behandlung gerade gegenüber den Investitionen der ausländischen Investoren geschuldet. Das in der Vorschrift widergespiegelte geschützte Interesse ist demnach das rein private Interesse des ausländischen Investors. Ähnlich verhält es sich bei den relativen Behandlungsstandards der Meistbegünstigung und der Inländergleichbehandlung. Vergleichspunkt sind dabei jeweils die Investoren und Investitionen aus Drittstaaten oder des Gaststaates selbst:

> „Each Party **shall accord to investors** of the other Party treatment **no less favourable** that that it accords, in like circumstances, to investors of any non-Party (…)."[1129] (Hervorhebung durch den Verfasser)

1127 Vgl. hierzu Kapitel 6, S. 163 f.
1128 Art. 2 (2) German Model BIT (2008); Art. 5 (1) US Model BIT (2004); Art. 3 Chinese Model BIT (2003); Art. 4 French Model BIT.
1129 Art. 4 (1) US Model BIT (2004); Art. 3 (2) UK Model BIT (2005).

Unbestreitbar ist, dass die für eine Verletzung durchzuführende Prüfung allein eine Gegenüberstellung zwischen Investoren und Investitionen unter dem BIT auf der einen Seite und anderen Investoren und Investitionen des Gaststaates/Drittstaaten erfordert. Ein Interesse oder Verhalten des Heimatstaates des Investors wird nicht erwähnt. Des Weiteren kann angenommen werden, dass Vergleichspunkt, sofern es sich um Rechte zwischen den Vertragsstaaten handeln soll, die Behandlung sein müsste, die der Heimatstaat Investoren und Investitionen des Gaststaates zukommen lässt. Ginge es um die wechselseitigen Rechte der Vertragsstaaten würde man demnach ein Kriterium der Gegenseitigkeit erwarten. Darüber hinaus stellen die Vorschriften über Enteignungen klar, welche Voraussetzungen für eine rechtmäßige Enteignung gegenüber dem Investor eingehalten werden müssen und dass gerade der Investor selbst zum Erhalt einer Entschädigung berechtigt ist:

> „An investor of a Contracting Party which claims to be affected by expropriation by the other Contracting Party **shall have the right** (...)"[1130] (Hervorhebung durch den Verfasser)

Obwohl ähnlich deutliche Formulierungen in vielen Investitionsschutzverträgen nicht zu finden sind, ist die Interessenausrichtung aller materiell-rechtlichen Behandlungsstandards deutlich. Sie regeln das Verhältnis zwischen Investor und Gaststaat und berechtigen ihrem Wortlaut nach ersteren, vom Gaststaat eine diesen Vorschriften entsprechende Behandlung nicht nur zu erwarten sondern auch zu fordern. Diese materiell-rechtlichen Behandlungsstandards werden durch die Bestimmungen über die prozessuale Durchsetzung unterstützt und in ihrer Effektivität verstärkt. Die Streitbeilegungsbestimmungen erlauben dem Investor nach eigenem Ermessen einen der genannten Streitbeilegungsmechanismen auszuwählen und auf diesem Wege eine Verletzung der materiell-rechtlichen Behandlungsstandards zu rügen:

> „If the dispute cannot be settled within six months of the date on which it was raised by one of the parties to the dispute, it shall, **at the request of the investor** of the other Contracting State, be submitted to arbitration."[1131] (Hervorhebung durch den Verfasser)

Im Hinblick auf die Streitbeilegung liegt es daher in der Hand des Investors, zu entscheiden, ob er überhaupt den Weg der Investitionsschiedsgerichtsbarkeit beschreiten will und wenn er dies tut, welche konkrete Insti-

---

1130 Art. 5 (3) Austrian Model BIT; Art. 5 (3) Austrian-Ethiopian BIT 2005.
1131 Art. 10 (2) German Model BIT (2008); Art. 9 (2) Chinese Model BIT (2003).

tution er involvieren möchte. Diese Entscheidungsfreiheit des Investors erscheint allein nachvollziehbar, wenn es sich um die Durchsetzung seiner eigenen subjektiven Rechte aus dem Investitionsschutzvertrag handelt. Teilweise wird in Bezug auf die prozessualen Bestimmungen in Investitionsschutzverträgen vertreten, dass nur diese eigene direkte Rechte der Investoren darstellen, wohingegen die materiell-rechtlichen Bestimmungen den Gaststaat gegenüber dem Heimatstaat zur Errichtung eines abstrakten Behandlungsregimes verpflichten.[1132] Dem ist jedoch entgegenzuhalten, dass mit dem Zeitpunkt der Zulassung und der tatsächlichen Vornahme der Investition durch einen ausländischen Investor die materiell-rechtlichen Behandlungsstandards nicht mehr abstrakt-generell geschuldet werden, sondern gerade gegenüber dem konkreten Investor und seiner Investitionstätigkeit, also konkret-individuell. Somit stützt der Wortlaut der materiell-rechtlichen Behandlungsstandards und der prozessualen Durchsetzungsmöglichkeit die Annahme, direkter eigener Rechte des Investors.

Dieses Ergebnis wird zudem durch die systematische Stellung der Vorschriften im Investitionsschutzvertrag unterstützt. Die materiell-rechtlichen Behandlungsstandards befinden sich zumeist in Abschnitten des Investitionsschutzvertrages, die mit Überschriften wie beispielsweise „Investment Promotion and Protection"[1133] oder „Minimum Standard of Treatment"[1134] versehen sind. Diese Überschriften beziehen sich auf die Investition und deren Behandlung und lassen keine Verbindung zu Interessen des Heimatstaates erkennen. Noch deutlicher wird dies bei einer Gegenüberstellung der Bestimmungen über die Streitbeilegung. Jeder Investitionsschutzvertrag unterscheidet strikt die Streitbeilegung zwischen den Vertragsstaaten im Hinblick auf die allgemeine Interpretation des Vertrages und zwischen Investor und Gaststaat bezüglich der Behandlung der konkreten Investition des ausländischen Investors und der Anwendung der materiell-rechtlichen Bestimmungen auf diese.[1135] Somit lässt sich eine systematische Trennung zwischen den allgemeinen Belangen des Investitionsschutzvertrages wie zum Beispiel Geltungsbereich und -dauer sowie den konkreten Bestimmungen im Hinblick auf die Investition und den In-

---

1132 *Spiermann*, Individual Rights, in: ArbIntl 20 (2004), 178, 185: "(...) it would seem fair to say that the power to commence arbitral proceedings under a bilateral investment treaty implies rights and personality on the part of the investor"; *Douglas*, Investment Treaty Arbitration, in: BYIL 74 (2003), 151; 184.
1133 Vgl. Part III ECT.
1134 Vgl. Art. 5 US Model BIT (2004).
1135 Vgl. Art. 9, 10 German Model BIT (2008); Art. 8, 9 Chinese Model BIT (2003).

vestor erkennen. Dementsprechend unterstützt auch die systematische Auslegung des Investitionsschutzvertrages die Annahme, dass die materiell-rechtlichen Bestimmungen des Vertrages dem Investor eigene direkte Rechte verleihen.

So wird auch in der Literatur angenommen, dass die Auslegung der Investitionsschutzverträge im Zusammenhang mit der Bejahung einer partiellen Völkerrechtssubjektivität des Individuums, ohne den Inhalt der Bestimmungen in Investitionsschutzverträgen künstlich zu verengen, keinen anderen Schluss zulässt, als dass Investitionsschutzverträge dem Investor direkte eigene Rechte verleihen und seine Stellung folglich im Bereich des internationalen Investitionsschutzrechts zum partiellen Völkerrechtssubjekt aufgewertet wird:

> „It would take an excessively narrow, albeit not unprecedented standard of interpretation to find that bilateral investment treaties do not vest rights in the investor as a subject of international law."[1136]

Nach erfolgter Auslegung lässt sich letztlich die Annahme bestätigen, dass sowohl die materiell-rechtlichen als auch die prozessualen Bestimmungen der Investitionsschutzverträge dem Investor eigene direkte Rechte verleihen. Dies steht im Einklang mit dem im Vorhergehenden gefundenen Ergebnis, dass der widerstreitenden Theorie abgeleiteter Rechte durch die praktische Anwendung der Investitionsschutzverträge durch die Investitionsschiedsgerichte und die Gegenüberstellung des Investitionsschutzrechts mit dem Recht des diplomatischen Schutzes die dogmatische Grundlage entzogen wurde. Auslegung der Vertragsbestimmungen, Analyse der Charakteristika des Investitionsschutzrechtes sowie die Praxis der Investitionsschiedsgerichte unterstützen die Annahme, dass die internationalen Investitionsschutzverträge eigene subjektive Rechte des Investors, sowohl materiell-rechtlicher als auch prozessualer Natur verleihen.

C.   Prozessualer Durchsetzungsmechanismus

Im Zusammenhang mit der Völkerrechtssubjektivität von Individuen stellte einen zentralen Aspekt der Thematik das Vorhandensein eines interna-

---

1136 *Spiermann*, Individual Rights, in: ArbIntl 20 (2004), 178, 184; ebenso auch *Paulsson*, Arbitration Without Privity, in: *Wälde*, ECT, 422, 429, 441 f.; *Zedalis*, Claims by Individuals, in: AmRev Intl Arb 7 (1996), 115, 117 (Fn. 14); *Juillard*, Conventions bilatérales d'investissement, in: J Droit Int'l 106 (1979), 274, 290.

tionalen Durchsetzungsmechanismus dar.[1137] Die bislang herrschende Ansicht ging davon aus, dass Individuen nur dann eigene subjektive Rechte im Völkerrecht besitzen konnten, wenn ihnen gleichzeitig auf völkerrechtlicher Ebene die Möglichkeit zur prozessualen Durchsetzung dieser Rechte gewährt wurde. Da die meisten völkerrechtlichen Durchsetzungsmechanismen im Hinblick auf die Parteifähigkeit jedoch auf Staaten beschränkt waren, wurde auf diese Weise zumeist das Bestehen subjektiver Individualrechte und mithin die (partielle) Völkerrechtssubjektivität des Individuums abgelehnt. Im modernen Völkerrecht hat sich diese Ansicht gewandelt, indem man sich von der völkerrechtlichen Durchsetzungsmöglichkeit als Voraussetzung subjektiver Individualrechte und der Völkerrechtssubjektivität von Individuen an sich wegbewegte. Dadurch wurde eine dogmatisch reine Trennung zwischen materiellen und prozessualen Rechten im Völkerrecht erreicht, wie sie auch aus nationalen Rechtsordnungen bekannt ist. So wird dementsprechend nun mehrheitlich angenommen, dass das Vorhandensein eines Rechts oder einer Pflicht unmittelbar aus dem Völkerrecht ausreicht, ohne dass für dieses Recht ein eigener völkerrechtlicher Durchsetzungsmechanismus, in dem das Individuum die Parteifähigkeit besitzt, vorhanden sein müsste.[1138] Unbestritten bleibt hingegen, dass eine prozessuale Durchsetzungsmöglichkeit für eigene Individualrechte des Individuums von großer Bedeutung für deren effektive Beachtung durch die verpflichteten Rechtssubjekte ist.

Alle modernen Investitionsschutzverträge sehen einen internationalen Durchsetzungsmechanismus für den Investor gegenüber dem Gaststaat bezüglich einer Verletzung von Vorschriften aus dem Vertrag im Wege internationaler unabhängiger Schiedsverfahren vor.[1139] Zwar ist der Wortlaut der Bestimmungen über den prozessualen Durchsetzungsmechanismus nicht einheitlich. Es könnte von einem Recht des Investors zur prozessualen Durchsetzung gesprochen werden. Der Investor soll die Möglichkeit haben, auf seinen Antrag hin (at the request) ein Schiedsverfahren einleiten zu können, oder soll nach seiner Wahl berechtigt sein, den in Rede stehenden Streitgegenstand vor ein Schiedsgericht zu bringen.[1140] Wel-

---

1137 Siehe zum prozessualen Durchsetzungsmechanismus oben unter S. 307 ff.

1138 Zu diesem Ergebnis vgl. Kapitel 3 S. 59. *Lauterpacht*, International Law and Human Rights, 61; *Brownlie*, International Law, 60; *Barberis*, Nouvelles Questions, RdC 179 (1983), 145, 185 ff.; *Clapham*, Non-State Actors, 71.

1139 Zur sogenannten „zweiten Generation" von Investitionsschutzverträgen ab 1980 siehe *Braun*, Investitionsschutz durch internationale Schiedsgerichte, 9 f.

1140 Art. 10 (2) German Model BIT (2008); Art. 26 (2) ECT.

che dieser alternativen Formulierungsmöglichkeiten im jeweiligen Investitionsschutzvertrag gewählt wurde, das Ergebnis bleibt dasselbe. Der Investor kann Vertragsverletzungen im Hinblick auf seine Investition vor einem internationalen Schiedsgericht geltend machen, sobald er das im Investitionsschutzvertrag enthaltene Angebot des Gaststaates auf Durchführung eines Schiedsverfahrens annimmt und auf diese Weise die erforderliche Zustimmung (*consent*) zur Durchführung eines Investitionsschiedsverfahrens vorliegt. Die Stärke der Stellung des Investors kommt bei der prozessualen Durchsetzung besonders dadurch zur Geltung, dass eine vorweggenommene Zustimmung von Seiten des Gaststaates in Investitionsschutzverträgen zur Durchführung eines Investitionsschiedsverfahrens durch diesen nicht mehr einseitig zurückgenommen werden kann, solange der Vertrag in Kraft ist.[1141] Das einseitige Angebot des Gaststaates auf Durchführung eines Investitionsschiedsverfahrens und die damit einhergehende Pflicht zur Anerkennung der Zuständigkeit des internationalen Investitionsschiedsgerichts ist das Korrespondent zu dem Recht des betroffenen Investors, im Streitfalle dieses Angebot anzunehmen.[1142] Durch die vorgezogene Zustimmung des Gaststaates zu einer Streitbeilegung im Wege eines internationalen Investitionsschiedsverfahrens erhalten die in Investitionsschutzverträgen enthaltenen materiellen Rechte eine besonders effektive Durchschlagkraft, da der Investor nach eigenem Ermessen deren Beachtung in einem internationalen Verfahren gegenüber dem Gaststaat durchsetzen kann. Deswegen wird der prozessuale Durchsetzungsmechanismus in internationalen Investitionsschutzabkommen auch als das „Herzstück" des Investitionsschutzrechts beschrieben.[1143] Dieses Ergebnis wird dadurch gestärkt, dass diese Entwicklung auch historisch durch die Schaffung und Ausgestaltung des ICSID Übereinkommens, mittlerweile eines der wichtigsten Streitbeilegungsmechanismen im internationalen Investitionsschutzrecht, intendiert war:

> „From a legal point of view the most striking feature of the Convention is that it firmly establishes the capacity of a private individual or a corporation to proceed directly against a State in an international forum, thus contributing to the growing

---

1141 Art. 1122 (1) NAFTA; Art. 25 (1) US Model BIT (2004); Art. 26 (3) (a) ECT; Art. 10 (2) German Model BIT (2008); *Schreuer/Malintoppi/Reinisch/Sinclair*, ICSID Convention, Art. 25 Rn. 596 ff.

1142 Siehe allgemein *Schreuer/Malintoppi/Reinisch/Sinclair*, ICSID Convention, Art. 25 Rn. 607 ff.; *Spiermann*, Individual Rights, in: ArbIntl 20 (2004), 178, 184; *Salacuse/Sullivan*, Do BITs Really Work?, in: Harv ILJ 46 (2005), 67, 88.

1143 So *Braun*, Investitionsschutz durch internationale Schiedsgerichte, 9.

Zudem haben auch Staaten wie die Volksrepublik China, die zu anfangs eine zwingende Klagemöglichkeit des Investors zu verhindern suchten, ihre Investitionsschutzpolitik dahingehend verändert, eine uneingeschränkte prozessuale Durchsetzungsmöglichkeit in ihren Investitionsschutzverträgen vorzusehen.[1145] Im Ergebnis kann von einer umfassenden prozessualen Durchsetzungsmöglichkeit der materiellen Schutzbestimmungen im Rahmen der internationalen Investitionsschutzverträge zu Gunsten des Investors ausgegangen werden. Im heutigen Investitionsschutzrecht bestehen mithin nicht allein eigene materielle Rechte des Investors, sondern gleichzeitig ist eine eigene prozessuale Durchsetzungsmöglichkeit auf internationaler Ebene vorhanden. Der Investor erhält somit in diesem Bereich eine Rechtsstellung von besonderer Effektivität und wird zu Recht als partielles Völkerrechtssubjekt angesehen.

D.   Fazit der Untersuchung

Die Untersuchung widmet sich der Stellung des Individuums im Völkerrecht sowie im internationalen Investitionsschutzrecht. In diesem Rahmen sollte zu der Frage Stellung genommen werden, ob die in internationalen Investitionsschutzverträgen niedergelegten materiellen und prozessualen Berechtigungen eigene subjektive Rechte des Investors darstellen und dadurch die grundsätzliche Aufwertung des Individuums zum partiellen Völkerrechtssubjekt für diesen Bereich des Wirtschaftsvölkerrechts positiv bekräftigt wird. Als Bilanz der vorliegenden Untersuchung lassen sich folgende Punkte zur Bejahung der aufgeworfenen Fragestellung zusammenfassen. Völkerrechtssubjektivität ist als die Fähigkeit zu verstehen, Inhaber unmittelbarer völkerrechtlicher Rechte und Pflichten sein zu können. Das Rechtsgebilde der Völkerrechtssubjektivität oder Völkerrechtsfähigkeit unterliegt von vornherein keiner dogmatischen Beschränkung

---

1144 So der damalige General Counsel der Weltbank und Wegbereiter des ICSID Übereinkommens *Aaron Broches*, ICSID, in: RdC 136 (1972), 331, 349; *ders.*, ICSID Jurisdiction, in: Colum J Transnat'l 5 (1966), 263, 265: "This capacity of individuals to appear with States on a footing of equality before international conciliation commissions and arbitral tribunals is a further recognition of the status of the individual as a subject of international law".
1145 Diese Entwicklung läutete die Volksrepublik China mit ihrem Beitritt zum ICSID-Übereinkommen am 9. Februar 1990 ein. *Choi*, Investor-State Dispute Settlement, in: J Int'l Eco L 10 (2007), 725.

und kann und wurde daher auf andere Rechtssubjekte als souveräne Staaten ausgedehnt. Voraussetzung ist das zumindest in Teilbereichen tatsächliche Bestehen völkerrechtlicher Rechte und Pflichten. Da dem Individuum vor allem in „moderneren" Bereichen des Völkerrechts unmittelbare völkerrechtliche Rechte und Pflichten auferlegt werden, kann mithin eine partielle und abgeleitete Völkerrechtssubjektivität des Individuums angenommen werden (Drittes Kapitel). Das Völkerrecht kennt anders als manche nationale Rechtsordnung keine ausgeprägte Dogmatik subjektiver Rechte. Dennoch lässt sich anhand der Beispiele des Rechts der Staatenverantwortlichkeit sowie des diplomatischen Schutzes aufzeigen, dass sich auch das Völkerrecht dem System der subjektiven Rechte zur Gewährleistung der Einhaltung des objektiven Rechts bedient. Hierbei ist von der Forderung nach einem eigenen völkerrechtlichen Durchsetzungsmechanismus für die Bejahung von Rechten und Pflichten abzusehen. Die prozessuale Fähigkeit, Rechte in einem Verfahren selbst geltend zu machen, trägt zwar maßgeblich zur effektiven Beachtung dieser Rechte bei, ist jedoch nicht als Voraussetzung für das Bestehen eines materiellen subjektiven Rechts anzusehen. Ein Festhalten am Verfahrenskriterium würde der völkerrechtlichen Wirklichkeit als internationale Rechtsordnung ohne zentrale Vollzugsgewalt widersprechen. Für das Bestehen eines völkerrechtlichen Individualrechts kommt es daher maßgeblich auf die materielle Qualität der Norm als Individualrecht an (Fünftes Kapitel). Dieser individualschützende Inhalt einer völkerrechtlichen Norm muss in Abwesenheit einer expliziten Anordnung durch Auslegung unter Ausschöpfung aller zur Verfügung stehenden Auslegungsparameter zweifelsfrei ermittelt werden (Viertes Kapitel). Den Wechsel von formellen hinzu materiellen Kriterien bei der Bestimmung subjektiver Individualrechte im Völkerrecht hat der IGH in seiner *LaGrand* Entscheidung bestätigt. Die große Bedeutung dieser Entscheidung liegt vor allem darin, dass der IGH die Möglichkeit des Bestehens subjektiver Individualrechte auch außerhalb des für sie typischen Bereichs der Menschenrechtsverträge feststellte. In diesem Sinne gestand er einer Vorschrift der WÜK als einem Völkerrechtsvertrag, der rein zwischenstaatliche Rechtsbeziehungen regelt, individualschützenden Charakter zu. Demnach sind auch Völkerrechtsverträgen über rein zwischenstaatliche Beziehungen subjektive Individualrechte zu entnehmen, wenn eine vertragliche Bestimmung eindeutig auf die Interessen des Einzelnen Bezug nimmt (Sechstes Kapitel). Zusätzlich muss eine völkerrechtliche Norm zur Verleihung subjektiver Individualrechte unmittelbar anwendbar sein, das heißt ihrem Inhalt und Zweck nach so klar und bestimmt sein, dass für ihren Vollzug keine weiteren Konkretisierungsakte erforderlich sind. Zwar enthält nicht jede unmittelbar anwendbare Norm ein subjektives Recht, aber ohne diese Bestimmtheit kann ein individualschützender Inhalt zwangsläufig nicht zweifelsfrei festgestellt werden (Fünftes Kapitel). Im Zusammenhang mit dem Themenkomplex subjektiver Individualrechte im Völkerrecht stellt das internationale Investitionsschutzrecht einen Sonderbereich dar. Die internationalen Investitionsschutzverträge beinhalten materielle Gewährleistungen hinsichtlich der Behandlung von Investitionsvorhaben ausländischer Investoren im Gastland sowie eine direkte Klagemöglichkeit zu Gunsten des Investors auf internationaler Ebene für den Fall einer Verletzung eben dieser Bestimmungen. Dadurch wird dem Interesse ausländischer Investoren an größerer Rechtssicherheit und stärkerem Schutz ihrer Investitionen im Gaststaat Rechnung getragen (Siebtes Kapitel). Unstreitig profitieren private Investoren von den materiellen Behandlungsstandards der internationalen Investitionsschutzverträge. Aber stellen diese Bestimmungen tatsächlich subjektive Rechte des Investors dar oder Rechte der Vertragsstaaten, die der Investor im Sinne einer Prozessstandschaft selbst wahrnimmt? Besteht hinsichtlich der prozessualen Durchsetzungsmacht Einigkeit, dass es sich dabei um ein eigenes Recht des Investors handelt, wird der Beantwortung der Frage im Hinblick auf die materiell-rechtlichen Gewährleistungen kaum Aufmerksamkeit geschenkt. Aufgrund der besonderen Charakteristika des Investitionsschutzrechtes und der Investitionsschiedsverfahren kann festgestellt werden, dass es sich nicht um eine bloße Institutionalisierung des diplomatischen Schutzes handelt, wie teilweise zu hören war. Dies spricht für ein Verständnis der materiell-rechtlichen Behandlungsstandards als eigene subjektive Rechte des Investors. Dieses Ergebnis wird durch die im Wege der Auslegung analysierte, in den materiellen Gewährleistungen wiedergegebene Interessenlage verifiziert. Die Untersuchung sowohl der materiell-rechtlichen Behandlungsstandards als auch der prozessualen Bestimmungen lässt auf eine Intention der Vertragsstaaten schließen, dem Investor eigene subjektive Rechte zu verleihen (Achtes Kapitel). Anhand dieser abschließenden Einschätzung kann dementsprechend die Frage nach der Inhaberschaft der in internationalen Investitionsschutzverträgen enthaltenen materiellen und prozessualen Berechtigungen für den privaten Investor positiv bejaht werden. Lässt sich somit im Völkerrecht allgemein eine Entwicklung hin zu einer stärkeren Stellung des Individuums feststellen, ist das internationale Investitionsschutzrecht dieser aufgrund seiner umfangreichen materiellen und prozessualen Gewährleistungen weit voraus. Die Aufwertung des Einzelnen zum partiellen Völkerrechtssubjekt ist im Investitionsschutzrecht bereits verfestigt.

Literaturverzeichnis

Abi-Saab, Georges, Whither the International Community?, in: EJIL 9 (1998), 248

Aden, Menno, Völkerrechtssubjektivität der Menschheit, Ein Diskussionsanstoß, in: ZVglRWiss 105 (2006), 55

Ago, Roberto, Third Report on State Responsibility, in: YILC 1971, Volume II, Part 1, Documents of the twenty-third session: Reports of the Special Rapporteurs and report of the Commission to the General Assembly, 1973, 199

Aguilar Alvarez, Guillermo/Park, William W., The New Face of Investment Arbitration: NAFTA Chapter 11, in: YJIL 28 (2003), 365

Akinkugbe, Oluyele, A Two-Part Econometric Analysis of Foreign Direct Investment Close to Africa, in: JWIT 39 (2005), 907

Akinsanya, Adeoye, International Protection of Direct Foreign Investments in the Third World, in: ICLQ 36 (1987), 58

Aldrich, George H., What Constitutes a Compensable Taking of Property? The Decision of the Iran-United States Claims Tribunal, in: AJIL 88 (1994), 587

Alexandrov, Stanimir A., Breaches of Contract and Breaches of Treaty – The Jurisdiction of Treaty based Arbitration Tribunals to Decide Breach of Contract Claims in SGS v. Pakistan and SGS v. Philippines, in: JWIT 5 (2004), 555

Alexandrov, Stanimir A., Enforcement of ICSID Awards: Articles 53 and 54 of the ICSID Convention, in: B/K/R/W, International Investment Law, 322

Al Faruque, Abdullah, Validity and Efficacy of Stabilization Clauses – Legal Protection v. Functional Value, in: JIntlArb 23 (2006), 317.

Alkholy, Ahmed, Arbitration in Energy Disputes, in: JArabArb 2 (2000), 46

Ambos, Kai 14 examensrelevante Fragen zum neuen Internationalen Strafgerichtshof, in: JA 1998, 988

Amerasinghe, Chittharanjan Felix, Issues of Compensation for the Taking of Alien Property in the Light of Recent Cases and Practices, in: ICLQ 41 (1992), 22

Amerasinghe, Chittaranjan Felix, Local Remedies in International Law, 2. Auflage 2004

Asante, Samuel K. B., International Law and Foreign Investment: A Reappraisal, in: ICLQ 37 (1988), 588

Asiedu, Elisabeth, On the Determinants of Foreign Direct Investment to Developing Countries. Is Africa Different?, in: World Development 30 (2002), 107

Aust, Anthony, Modern Treaty Law and Practice, 2009

Aust, Anthony, Vienna Convention on the Law of Treaties (1969), in: MPEPIL, 2010

Avanessian, Aida B., The New York Convention and Denationalised Arbitral Awards (With Emphasis on the Iran-United States Claims Tribunal), in: JIntlArb 8 (1991), 5

Banz, Michael, Völkerrechtlicher Eigentumsschutz durch Investitionsschutzabkommen, Insbesondere die Praxis der Bundesrepublik Deutschlang seit 1959, 1988

Barberis, J.A., Nouvelles Questions concernant la personalité juridique international, in: RdC 179 (1983-I), 145

Bauer, Hartmut, Geschichtliche Grundlagen der Lehre vom subjektiven öffentlichen Recht, Schriften zum öffentlichen Recht, 1986

Bauer, Hartmut, Altes und Neues zur Schutznormtheorie, in: AÖR 113 (1988), 582

Baxter, R.R., Treaties and Custom, in: RdC 129 (1970), 25

Becker, Florian, Schiedssprüche v. 16.4.1938 und v. 11.3.1941 – Trail Smelter I und II, Unzulässigkeit grenzüberschreitender Emissionen, in: Menzel, Jörg/Pierlings, Tobias/Hoffmann, Jannine (Hrsg.), Völkerrechtsprechung, 2005, 726

Bedjaoui, Mohammed, Responsiblity of States: Fault and strict Liability, in: Bernhardt, Rudolf (Hrsg.), EPIL, Volume IV, 2000, 212

Behrens, Peter, Towards the Constitutionalization of International Investment Protection, in: AVR 45 (2007), 153

Bernhardt, Rudolf, Focus Section: The Law of International Treaties in the 21st Century, Evolutive Treaty Interpretation, Especially of the European Convention on Human Rights, in: GYIL 42 (1999), 11

Bernhardt, Rudolf, Interpretation in International Law, in: ders. (Hrsg.), EPIL, Volume II, 1995, 1416

Bernhardt, Rudolf (Hrsg.), EPIL, Max Planck Institute for Comparative Public Law and International Law, Volume I, 1992

Bernhardt, Rudolf (Hrsg.), EPIL, Max Planck Institute for Comparative and International Law, Volume II, 1995

Bernhardt, Rudolf (Hrsg.), EPIL, Max Planck Institute for Comparative Public Law and International Law, Volume III, 1997

Bernhardt, Rudolf (Hrsg.), EPIL, Max Planck Institute for Comparative Public Law and International Law, Volume IV, 2000

Bernhardt, Rudolf (Hrsg.), EPIL, Max Planck Institute for Comparative Public Law and International Law, Volume VII, 1984

Bettlem, Gerrit/Nollkaemper, Andre, Giving effect to public international law and European Community law before domestic courts. A comparative analysis of the practice of consistent interpretation, in: EJIL 2003, 569

Bhagwati, Jagdish, In Defense of Globalization, 2004

Bleckmann, Albert, The Subjective Right in Public International Law, in: GYIL 28 (1985), 144

Bleckmann, Albert, Begriff und Kriterien der innerstaatlichen Anwendbarkeit völkerrechtlicher Verträge, Versuch einer Theorie des self-executing treaty auf rechtsvergleichender Grundlage, 1970

Blumenwitz, D., Treaties of Friendship, Commerce and Navigation, in: Bernhardt, Rudolf (Hrsg.), EPIL VII, 484

Biehler, Gernot, Procedures in International Law, 2008

Binder, Christina/Kriebaum, Ursula/Reinisch, August/Wittich, Stephan (Hrsg.), International Investment Law for the 21st Century, Essays in Honour of Christoph Schreuer, 2009 (zitiert B/K/R/W, International Investment Law)

Bishop, Raymond Doak/Crawford, James/Reisman, Michael W., Foreign Investment Disputes: Cases, Materials and Commentary, 2005

Bishop, Raymond Doak, International Arbitration of Petroleum Disputes: The Development of a *Lex Petrolea*, in: YCommArb XXIII (1998), 1131

328

Bjorklund, Andrea K., State Immunity and the Enforcement of Investor-State Arbitral Awards, in: B/K/R/W, International Investment Law, 305

Böckstiegel, Karl-Heinz, Internationaler Investitionsschutz aus der Perspektive eines Schiedsrichters, in: SchiedsVZ 2008, 265

Böckstiegel, Karl-Heinz/Catranis, Alexander, Verhaltenskodex der Vereinten Nationen für multinationale Unternehmen: Illusion oder absehbare Realität?, in: NJW 1980, 1823

Bos, Maarten, Theory and Practice of Treaty Interpretation, in: NILR 27 (1980), 3

Braun, Tillmann Rudolf, Die Investitionsschutzpolitik der Bundesregierung, in: Tietje, Christian (Hrsg.), International Investment Protection and Arbitration, Theoretical and Practical Perspectives, Schriften zum transnationalen Wirtschaftsrecht, Bd. 10, 2008

Braun, Tillmann Rudolf, Globalisierung und Internationales Investitionsrecht, in: Ehlers/ Wolfgang/Schröder, Rechtsfragen internationaler Investitionen, 155

Braun, Tillmann Rudolf, Investitionsschutz durch internationale Schiedsgerichte, in: Trans-State Working Papers, 89, Sonderforschungsbereich 597, Staatlichkeit im Wandel, 2009, 1

Broches, Aaron, Awards Rendered Pursuant to the ICSID Convention: Binding Force, Finality, Recognition, Enforcement, Execution, in: ICSID Rev 2 (1987), 287

Broches, Aaron, The Convention on the Settlement of Investment Disputes between States and Nationals of Other States: Applicable Law and Default Procedure, in: ders. (Hrsg.), Selected Essays: World Bank, ICSID, and Other Subjects of Public and Private International Law, 1995, 179

Broches, Aaron, The Convention on the Settlement of Investment Disputes: Some Observations on Jurisdiction, in: Colum J Transnat'l L 5 (1966), 263

Broches, Aaron, The Convention on the Settlement of Investment Disputes between States and Nationals of Other States, in: RdC 136 (1972), 331

Broches, Aaron, The Dimension of Development, in: ders. (Hrsg.), Selected Essays: World Bank, ICSID, and Other Subjects of Public and Private International Law 1995, 513

Broches, Aaron, Selected Essays: World Bank, ICSID, and Other Subjects of Public and Private International Law, 1995

Brower, Charles, NAFTA's Investment Chapter: Initial Thoughts about Second-Generation Rights, in: Vand L Rev 36 (2003), 1533

Brower, Charles, Structure, Legitimacy and NAFTA's Investment Chapter, in: Vand L Rev 36 (2003), 37

Brower, Charles, The Iran-United States Claims Tribunal, in: RdC 224 (1990), 123

Brower, Charles/Brueschke, Jason D., The Iran-United States Claims Tribunal, 1998

Brownlie, Ian, Principles of Public International Law, 7. Auflage 2008

Caron, David D., The Nature of the Iran-United States Claims Tribunal and the Evolving Structure of International Dispute Resolution, in: AJIL 84 (1990), 104

Charney, Jonathan I., Universal International Law, in: AJIL 87 (1993), 529

Choi, Won-Mog, The Present and Future of the Investor-State Dispute Settlement Paradigm, in: JIntlEconL10 (2007), 725

Choudhury, Barnali, Evolution or Devolution? Defining Fair and Equitable Treatment in International Investment Law, in: JWIT 6 (2005), 297

Christie, G. C., What Constitutes a Taking of Property under International Law?, in: BYIL 38 (1962), 307

Clapham, Andrew, Human Rights Obligations of None State Actors, 2006

Clapham, Andrew, The Role of the Individual in International Law, in: EJIL 21 (2010), 25

Coe Jr., Jack J./Rubins, Noah Regulatory Expropriation and the Tecmed Case: Context and Contributions, in: Weiler, International Investment Law, 597

Cohen Smutny, Abby, Claims of Shareholders in International Investment Law, in: B/K/R/W, International Investment Law, 364

Crawford, James, The ILC's Articles on Responsibility of States for Internationally Wrongful Acts: A Retrospect, in: AJIL 96 (2002), 874

Crawford, James, The Creation of States in International Law, 2. Auflage, 2006

Dahm, Georg/Delbrück, Jost/Wolfrum, Rüdiger, Völkerrecht, Band I/1, Die Grundlagen. Die Völkerrechtssubjekte, 2. Auflage, 1989

Dahm, Georg/Delbrück, Jost/Wolfrum, Rüdiger, Völkerrecht, Band I/2, Der Staat und andere Völkerrechtssubjekte; Räume unter internationaler Verwaltung, 2. Auflage, 2002

Dahm, Georg/Delbrück, Jost/Wolfrum, Rüdiger, Völkerrecht, Band I/3, Die Formen des völkerrechtlichen Handelns; Die inhaltliche Ordnung der internationalen Gemeinschaft, 2. Auflage, 2002

De Vattel, Emer, Le Droit des gens ou principes de la loi naturelle appliqués à la conduite et aux affaires des nations et des souverains, dt. Übersetzung v. Walter Schätzel, 1959 (frz. Original 1758)

Deen-Racsmány, Zsuzsanna, Diplomatic Protection and the *LaGrand* Case, in: LJIL 15 (2002), 87

Del Vecchio, Angela, International Courts and Tribunals, Standing, in: MPEPIL 2010

Denza, Eileen/Brooks, Shelagh, International Protection of Investment Treaties: UK Investment Protection Treaties, in: ICLQ 36 (1987), 908

Detterbeck, Steffen, Allgemeines Verwaltungsrecht mit Verwaltungsprozessrecht, 7. Auflage 2009

Diehl, Alexandra N., Tracing a Success Story or „The Baby Boom of BITs", in: R/K, International Investment Law, 7

Dietze, Hans-Helmut, Europarecht als Einheit, in: Zeitschrift für Vermessungswesen 1936, 290 ff., 319 ff

Diez, Emanuel/Monnier, Jean/Müller, Jörg P./Reimann, Heinrich/Wildhaber, Luzius (Hrsg.), Festschrift für Rudolf Bindschedler, 1980

Di Fabio, Kommentierung zu Art. 2 Abs. 2 Satz 1 GG, in: Maunz, Theodor/Dürig, Günther, Grundgesetz, Kommentar, 2010

Doehring, Karl, Der Mensch in einer veränderten Staatenwelt, in: ZaöRV 64 (2004), 659

Doehring, Karl, Handelt es sich bei einem Recht, das durch diplomatischen Schutz eingefordert wird, um ein solches, das dem die Protektion ausübenden Staat zusteht, oder geht es um die Erzwingung von Rechten des betroffenen Individuums?, in: Ress, Georg/Stein, Torsten (Hrsg.), Der diplomatische Schutz im Völkerrecht und Europarecht, 1996, 12

Doehring, Karl, Gewohnheitsrecht aus Verträgen, in: ZaöRV 36 (1976), 77

Doehring, Karl, Völkerrecht, 2. Auflage, 2004

Dolzer, Rudolf, Eigentum, Enteignung und Entschädigung im geltenden Völkerrecht, 1985

Dolzer, Rudolf, Expropriation and Nationalization, in: Bernhardt (Hrsg.), EPIL II, 319

Dolzer, Rudolf, Indirect Expropriation: New Developments?, in: NYU EnvironLJ 11 (2003), 64

Dolzer, Rudolf, Permanent Sovereignty over Natural Resources and Economic Decolonization, in: HRLJ 7 (1986), 217

Dolzer, Rudolf, New Foundations of the Law of Expropriation of Alien Property, in: AJIL 75 (1981), 553

Dolzer, Rudolf/Herdegen, Matthias/Vogel, Bernhard (Hrsg.), Auslandsinvestitionen, 2006

Dolzer, Rudolf/Schreuer, Christoph, Principles of International Investment Law, 2008

Dolzer, Rudolf/Stevens, Margarete, Bilateral Investment Treaties, 1995

Doré, Julia, Negotiating the Energy Charter Treaty, in: Waelde, Thomas (Hrsg.), The Energy Charter Treaty. An East-West Gateway for Investment and Trade, 1996, 137

Douglas, Zachary, The Hybrid Foundations of Investment Treaty Arbitration, in: BYIL 74 (2003), 151

Douglas, Zachary, The International Law of Investment Claims, 2009

Dugan, Christopher/Wallace Jr., Don/Rubins, Noah/Sabashi, Borzu, Investor-State Arbitration, 2008

Duguit, Leon, Traité du droit constitutionnel, 3. Auflage, 1927

Dupuy, Pierre-Marie, The Constitutional Dimension of the Charter of the United Nations Revisited, Max Planck UN Yearbook 1 (1997), 1

Dupuy, Pierre-Marie/Petersmann, Ernst-Ulrich/Francioni, Francesco, Human Rights in International Investment Law and Arbitration, 2009

Echandi, Roberto, Bilateral Investment Treaties and Investment Provisions in Regional Trade Agreements: Recent Developments in Investment Rulemaking, in: Yannaca-Small, Katia (Hrsg.), Arbitration under International Investment Agreements: A Guide to the Key Issues, 3

Economou, Persephone/Dunning, John H./Sauvant, Karl P., Trends and Issues in International Investment, in: Sauvant, Karl P. (Hrsg.), Yearbook on International Investment Law & Policy, 30

Ehlers, Dirk/Wolfgang, Hans-Michael/Schröder, Ulrich (Hrsg.), Rechtsfragen internationaler Investitionen, Tagungsband zum 13. Münsteraner Außenwirtschaftsrechtstag 2008, 2009 (zitiert: E/W/S, Rechtsfragen)

Elias, T.O., The Doctrine of Intertemporal Law, in: AJIL 74 (1980), 285

El-Kosheri, Riad, The Law Governing a New Generation of Petroleum Agreements: Changes in the Arbitration Process, in: ICSID Rev 1 (1986), 257

Epping, Volker, 2. Kapitel: Völkerrechtssubjekte, in: Ipsen, Knut (Hrsg.,) Völkerrecht, 5. Auflage, 2004, vor Rn. 1

Erichsen, Hans-Uwe/Ehlers, Dirk (Hrsg.), Allgemeines Verwaltungsrecht, 13. Auflage 2005

Evans, Malcom D., International Law, 2. Auflage 2006

Fassbender, Bardo, Der Schutz der Menschenrechte als zentraler Inhalt des völkerrechtlichen Gemeinwohls, in: EuGRZ 2003, 1

Fassbender, Bardo, Die Völkerrechtssubjektivität internationaler Organisationen, in: Öster-rZÖVR 37 (1986), 17

Fatouros, A.A., National Legal Persons in International Law, in: Bernhardt, Rudolf (Hrsg.), EPIL III, 1997

Fitzmaurice, Malgosia, The Practical Working of the Law of Treaties, in: Evans, Malcom (Hrsg.), International Law, 2. Auflage 2006

Franck, Thomas M., Individuals and Groups of Individuals as Subjects of International Law, in: Hofmann, Rainer (Hrsg.), Non-State Actors as New Subjects of International Law, International Law – From the Traditional State Order Towards the Law of the Global Community, 1999

Frowein, Jochen Abr., Konstitutionalisierung des Völkerrechts, in: BDGV 39 (2000), 427

Frowein, Jochen Abr., Das Staatengemeinschaftsinteresse – Probleme bei Formulierung und Durchsetzung, in: Hailbronner, Kay/Ress, Georg/Stein, Torsten (Hrsg.) Staat und Völkerrechtsordnung. Festschrift für Karl Doehring, 219

Gaillard, Emmanuel, The First Association of Southeast Asian Nations Award, in: NYLJ 2003, Issue 3

Gaillard, Emmanuel/McNeill, Mark, The Energy Charter Treaty, in: Yannaca-Small, Katia (Hrsg.), Arbitration under International Investment Agreements, 37

Gaja, Giorgio, The Position of Individuals in International Law: An ILC Perspective, in: EJIL 21 (2010), 11

Garcia-Amador, F.V., Fifth Report on State Responsibility, in: YILC 1960, Volume II, Documents of the twelfth session including the report of the Commission to the General Assembly, 1961, 41

Gardiner, Richard, Treaty Interpretation, 2010

Geck, Wilhelm Karl, Diplomatic Protection of Foreign Nationals, in: Bernhardt, Rudolf (Hrsg.), EPIL I, 1992

Geiger, Rudolf, Grundgesetz und Völkerrecht mit Europarecht, Juristische Kurzlehrbücher, 4. Auflage 2009

Geiger, Rainer, Towards a Multilateral Agreement on Investment, in: Cornell Intl LJ 31 (1998), 467

Gess, Karol N., Permanent Sovereignty over Natural Resources An Analytical Review of the United Nations Declaration and its Genesis, in: ICLQ 13 (1964), 398

Gill, Judith/Gearing, Matthew/Birt, Gemma, Contractual Claims and Bilateral Investment Treaties: A Comparative Review of the SGS Cases, in: JIntlArb 21 (2004), 397

Ghandi, Avena and Other Mexican Nationals (Mexico v United States of America), Case Comment, in: ICLQ 45 (2005), 779

Grabenwarter, Christoph, Europäische Menschenrechtskonvention, Juristische Kurz-lehrbücher, 4. Auflage 2009

Gramlich, Ludwig, Rechtsgestalt, Regelungstypen und Rechtsschutz bei grenzüber-schreitenden Investitionen, 1984

Grassi, Mario, Die Rechtsstellung des Individuums im Völkerrecht, 1955

Griebel, Jörn, Die Geltendmachung von Ansprüchen aus Investitionsschutzverträgen in Investitionsschiedsverfahren auf der Grundlage von Investitionsschutzabkommen, in: E/W/S, Rechtsfragen, 187

Griebel, Jörn, Internationales Investitionsrecht, 2008

Griebel, Jörn, Jurisdiction over "Contract Claims" in Treaty-Based Investment Arbitration on the Basis of the Wide Dispute Settlement Clauses in Investment Agreements, in: TDM 4 (5) (2007)

Grzeszick, Bernd, Rechte und Ansprüche, 2002

Grzeszick, Bernd, Rechte des Einzelnen im Völkerrecht, in: AVR 43 (2005), 312

Häde, Ulrich, Der völkerrechtliche Schutz von Direktinvestitionen im Ausland. Vom Fremdenrecht zum Multilateralen Investitionsabkommen, in: AVR 35 (1997), 181

Hafner, Gerhard/Loibl, Gerhard/Rest, Alfred/Sucharipa-Behrmann, Lilly/Zemanek, Karl (Hrsg.), Liber Amicorum Professor Ignaz Seidl-Hohenveldern, in Honour of his 80th Birthday, 1998

Hailbronner, Kay, Die Rechtsträger im Völkerrecht, ihre Organe und die Regeln des zwischenstaatlichen Rechtsverkehrs, in: Vitzthum, Wolfgang (Hrsg.), Völkerrecht, 167

Hailbronner, Kay/Ress, Georg/Stein, Thorsten (Hrsg.), Staat und Völkerrechtsordnung, Festschrift für Karl Doehring, Beiträge zum ausländischen öffentlichen Recht und Völkerrecht, Band 98, 1989

Hailbronner, Kay, Die allgemeinen Regeln des völkerrechtlichen Fremdenrechts, Bilanz und Ausblick an der Jahrtausendwende, Beiträge anläßlich des Kolloquiums zu Ehren von Prof. Dr. Karl Doehring aus Anlaß seines 80. Geburtstages am 17. März 1999 in Konstanz, 2000 (zitiert: Hailbronner, Fremdenrecht)

Hahn, Hugo J./Gramlich, Ludwig, Regelungstypen internationaler Investitionen, in: AVR 21 (1983), 145

Happ, Richard, Dispute Settlement under the Energy Charter Treaty, in: GYIL 45 (2002), 331

Happ, Richard, Investitionsschiedsverfahren unter dem Energiechartervertrag: AES Summit Corp./Ungarn, in: Recht der Energiewirtschaft 2002, 39

Hardenberg, L., The Awards of the Iran-US Claims Tribunal Seen in Connection with the Law of the Netherlands, in: Int'l B Lawyer 12 (1984), 337

Hardenbrook, Andrew, The Equator Principle: The Private Financial Sector's Attempt at Environmental Responsibility, in: Vand J Transnt'l L 40 (2007), 197

Harris, David, The Protection of Companies in International Law in the Light of the Nottebohm Case, in: ICLQ 18 (1969), 275

Heintschel v. Heinegg, Wolff, 3. Kapitel: Die völkerrechtlichen Verträge als Hauptrechtsquelle des Völkerrechts, in: Ipsen, Knut, Völkerrecht, 141

Hempel, Michael, Die Völkerrechtssubjektivität internationaler nichtstaatlicher Organisationen, 1999

Herdegen, Matthias, Völkerrecht, 6. Auflage 2007

Herdegen, Matthias, Internationales Wirtschaftsrecht, 8. Auflage 2009

Herdegen, Matthias, Asymmetrien in der Staatenwelt und die Herausforderung des "konstruktiven Völkerrechts", in: ZaöRV 64 (2004), 571

Herdegen, Matthias, Die Bedeutung von Auslandsinvestitionen für die wirtschaftliche, soziale und kulturelle Entwicklung, in: Dolzer,/Herdegen/Vogel, (Hrsg.), Auslandsinvestitionen, 352

Herdegen, Matthias, Investitionsschutz in Lateinamerika: Neuere Entwicklungen im Verfassungs- und Völkervertragsrecht, in: ZVglRWiss 94 (1995), 341

Herdegen, Matthias, Der „Fremde" im Völkerrecht – Wandlungen eines Begriffs, in: Hailbronner, Fremdenrecht, 11

Herdegen, Matthias, Diplomatischer Schutz und die Erschöpfung von Rechtsbehelfen, in: Ress/Stein (Hrsg.), Der diplomatische Schutz im Völker- und Europarecht, 63

Hermann, Christoph/Weiß, Wolfgang/Ohler, Christoph, Welthandelsrecht, 2. Auflage 2007

Higgins, R., The Taking of Foreign Property by the State, in: RdC 176 (1982), 259

Hillgruber, Christian, Anmerkung zum Urteil des IGH im Fall LaGrand, in: JZ 2002, 94

Hindelang, Steffen, Bilateral Investment Treaties, Custom and a Healthy Investment Climate – The Question of Whether BITs Influence Customary International Law Revisited, in: JWIT 5 (2004), 789

Hobe, Stephan, Individuals and Groups as Global Actors: The Denationalization of International Transactions, in: Hofmann, Non-State Actors, 119

Hobe, Stephan, Der Rechtsstatus der Nichtregierungsorganisationen nach gegenwärtigem Völkerrecht, in: AVR 37 (1999), 152

Hobe, Stephan, Kimminich, Otto, Einführung in das Völkerrecht, 8. Auflage 2004

Hofmann, Rainer (Hrsg.), Non-State Actors as New Subjects of International Law: International Law – from the Traditional State Order towards the Law of the Global Community: Proceedings of an International Symposium of the Kiel Walther-Schücking-Institute of International Law, March 25 to 28, 1999 (zitiert: Hofmann, Non-State Actors)

Hoppe, Carsten, Implementation of LaGrand and Avena in Germany and the United States: exploring a transatlantic divide in search of a uniform interpretation of consular rights, in: EJIL 18 (2007), 317

Horn, Norbert/Kröll, Stefan, Arbitrating Foreign Investment Disputes: Procedural and Substantive Legal Aspects, 2004

Hummer, Waldemar, „Ordinary" versus „Special" Meaning Approach, in: ÖsterrZÖVR 26 (1975/76), 87

ICSID, History of the ICSID Convention: Documents Concerning the Origin and Formulation of the Convention on the Settlement of Investment Disputes between States and Nationals of Other States, Vols. I-IV, ICSID, 1970

ILC Draft Articles on the Responsibility of States for Internationally Wrongful Acts, General commentary, in: YILC 2001, Volume II, Part 2, Report of the Commission to the General Assembly on the work of its fifty-third session, 2007, 31

Ipsen, Knut, Völkerrecht, Juristische Kurzlehrbücher, 5. Auflage 2004

Jennings, Robert/Watts, Arthur (Hrsg.), Oppenheim's International Law, A Treatise, Volume I, Peace, Parts 2 to 4, 9. Auflage 1992

Jennings, Robert, The LaGrand Case, in: The Law and Practice of International Courts and Tribunals 1 (2002), 13

Jolly, Curtis M./Knapp, Mary/Kusumastanto, Tridoyo, U.S. Competitive Position and Capital Investment Flows in the Economic Citizen Market: Constraints and Opportunities of the U.S. Investor Program, in: Am J EcoSoc 57 (1998), 155

Juillard, Patrick, Les conventions bilatérales d'investissement concludes par la France, in: J droit int'l 106 (1979), 274

Kalicki, Jean Engelmayer/Medeiros, Suzanne, 'Fair, Equitable and Ambigous: What is Fair and Equitable Treatment in International Investment Law?', ICSID Rev 22 (2007), 24

Karl, Joachim Karl, Grundlagen und wirtschaftliche Bedeutung internationaler Investitionen, in: E/W/S, Rechtsfragen, 7

Kettemann, Matthias, Investment Protection Law and the Humanization of International Law: Selected Lessons from, and Experiences with, the Position of the Individual in Investment Protection Law, in: R/K, International Investment Law, 151

Khalil, Mohamed I., Treatment of Foreign Investment in Bilateral Investment Treaties, in: ICSID Rev 7 (1992), 339

Kimminich, Otto, Einführung in das Völkerrecht, 6. Auflage 1997

Kinkel, Klaus, Der Internationale Strafgerichtshof, in: NJW 1998, 2650

Kinley, David/Chambers, Rachel, The UN Human Rights Norms for Corporations: The Private Implications of Public International Law, in: HRLR 6 (2006), 447

Kinnear, Meg/Bjorklund, Andrea/Hannaford, John F. G., Investment Disputes under NAFTA. An Annotated Guide to Nafta Chapter 11, 2006

Kinsella, N. Stephan/Rubins, Noah, International Investment, Political Risk and Dispute Resolution – A Practitioners' Guide, 2005

Kischel, Uwe, State Contracts, 1992

Klein, Eckart, Nochmals: Diplomatischer Schutz und Grundrechtliche Schutzpflichten, in: DÖV 1979, 39

Klein, Eckart, Die Internationalen und die Supranationalen Organisationen, in: Graf Vitzthum, Wolfgang (Hrsg.), Völkerrecht, 3. Auflage 2004, 251

Klemm, Ulrich, Die Bedeutung des Investitionsschutzrechts bei der Planung und Strukturierung eines Auslandsvorhabens, in: Tietje, Christian (Hrsg.), International Investment Protection and Arbitration, Theoretical and Practical Perspectives, Schriften zum transnationalen Wirtschaftsrecht, Band 10, 2008

Knahr, Christina, Investments in „ Accordance with Host State Law", in: R/K, International Investment Law, 27

Knox, John H., Horizontal Human Rights Law, in: AJIL 102 (2008), 1

Kodama, Yoshi, Asia-Pacific Region: APEC and ASEAN, in: Int'l Lawyer 30 (1996), 368

Kokkini-Iatridou, D./de Waart, P.J.I.M., Foreign Investment in Developing Countries – Legal Personality of Multi-Nationals in International Law, in: NYIL 14 (1983), 87

Koessler, Maximilian, Government Espousal of Private Claims Before International Tribunals, in: UChiLRev 13 (1945-1946), 189

Kokkini-Iatridou, D./de Waart, P.J.I.M., Foreign Investment in Developing Countries – Legal Personality Of Multinationals In International Law, in: NYIL 14 (1983), 87

Kokott, Juliane, Souveräne Gleichheit und Demokratie im Völkerrecht, in: ZaöRV 64 (2004), 517

Kokott, Juliane, Zum Spannungsverhältnis zwischen nationality rule und Menschenrechtsschutz bei der Ausübung diplomatischer Protektion, in: Ress/Stein (Hrsg.), Der diplomatische Schutz im Völker- und Europarecht, 45

Koller, Arnold, Die unmittelbare Anwendbarkeit völkerrechtlicher Verträge und des EWG-Vertrags im innerstaatlichen Bereich, 1971

Krabbe, Hugo, Die Lehre von der Rechtssouveränität, 1906

Krajewski, Markus, Wirtschaftsvölkerrecht, 2008

Kreindler, Richard, Corruption in International Investment Arbitration: Jurisdiction and the Unclean Hands Doctrine, in: Hober, Kaj/Magnusson, Annette/Öhrström, Marie (Hrsg.), Between East and West: Essays in Honour of Ulf Franke, 309

Kunczik, Niclas, IGH v. 27.6.2001 – LaGrand, in: Menzel, Jörg/Pierlings, Tobias/ Hoffmann, Jeannine (Hrsg.), Völkerrechtsprechung, 472

Künzli, Annemarieke, Exercising Diplomatic Protection – The Fine Line Between Litigation, Demarches and Consular Assistance, in: ZaöRV 66 (2006), 321

Künzli, Annemarieke, Case Concerning Mexican Nationals, in: LJIL 18 (2005), 49

Kunoy, Björn, Developments in Indirect Expropriation Case Law in ICSID Transnational Arbitration, in: JWIT 6 (2005), 467

Lador-Lederer, Josef J., Nichtstaatliche Organisationen und die Frage der Erweiterung des Kreises der Völkerrechtssubjekte, in: ZaöRV 23 (1963), 657

Laird, Borzu/Sabahi, Frederic G., Trends in International Investment Disputes, in: Sauvant, Karl P. (Hrsg.), YB Int'l Inv L Pol 2008-2009, 2009, 79

Lake, William T./Dana, Jane, Judicial Review of Awards of the Iran-United States Claims Tribunal: Are the Tribunal's Awards Dutch?, in: L & Pol'y Int'l Bus 16 (1984), 755

Lauterpacht, Hersch, International Law and Human Rights, 1950

Lauterpacht, Hersch, Individuals, in: Oppenheims International Law, Volume I, Peace, 1955

Lauterpacht, Elihu, International Law and Foreign Investment, in: Ind J Global Legal Stud 4 (1997), 259

Leben, Charles, La théorie du Contract d'État et l'Évolution du Droit International des Investissements, in: RdC 302 (2003), 197

Levy, Tali, NAFTA's Provision for Compensation in the Event of Expropriation: A Reassessment of the "Prompt, Adequate and Affective" Standard, in: StanJIL 31 (1995), 423

Liebscher, Christoph, Monitoring Domestic Courts in BIT Arbitration, in: B/K/R/W, International Investment Law, 105

Lipstein, Kurt, The Place of the Calvo Clause in International Law, in: BYIL 22 (1945), 130

Lowenfeld, Andreas F., International Economic Law, 2. Auflage 2008

Mann, F.A., State Contracts and International Arbitration, in: BYIL 42 (1967), 1

Manner, George, The Object Theory of the Individual in International Law, 46 AJIL 1952, 428

Marakov, Alexander N., Das Urteil des Internationalen Gerichtshofs im Falle Nottebohm, in: ZaöRV 16 (1955/56), 407

Marauhn, Thilo (Hrsg.), Die Rechtsstellung des Menschen im Völkerrecht, Entwicklungen und Perspektiven, 2003

Marboe, Irmgard/Reinisch, August, Contracts between States and Foreign Private Law Persons, in: MPEPIL 2010

Marboe, Irmgard, Compensation and Damages in International Law, The Limits of „Fair Market Value", in: JWIT 7 (2006), 723

Masing, Johannes, Die Mobilisierung des Bürgers für die Durchsetzung des Rechts, Europäische Impulse für eine Revision der Lehre vom subjektiv-öffentlichen Recht, 1997

336

Maunz, Theodor/Dürig, Günther, Grundgesetz, Kommentar, 58. Ergänzungslieferung, 2010 (zitiert MD/Bearbeiter)

McCorquodale, Robert, The Individual and the International Legal System, in: Evans, Malcom (Hrsg.), International Law, 2. Auflage 2006

McLachlan, Campbell/Shore, Laurence/Weininger, Matthew, International Investment Arbitration: Substantive Principles, 2007

McLachlan, Campbell, 'Investment treaties and general international law', in: ICLQ 2008, 361, 400

Von Mehren, Robert B./Kourides, P. Nicholas, International Arbitration between States and Foreign Private Parties: The Libyan Nationalization Cases, in: AJIL 75 (1981), 476

Mendelson, Martin, What Price Expropriation?, in: AJIL 79 (1985), 414

Mennecke, Martin/Tams, Christian, The Right to Consular Assistance Under International Law: The *LaGrand Case* Before the International Court of Justice, in: GYIL 42 (1999), 192

Menon, P.K., The International Personality of Individuals in International Law: A Broadening of the Traditional Doctrine, in: J Transnat'l L & Pol 1 (1992), 151

Menon, P.K., The Subjects of Modern International Law, in: HYIL 3 (1990), 30

Menzel, Jörg/Pierlings, Tobias/Hoffmann, Jeannine, Völkerrechtsprechung, 2005

Mexico-United States: Expropriation by Mexico of Agrarian Properties Owned by American Citizens, in: AJIL Supp 32 (1938), 191

Milewicz, Karolina, Emerging Patterns of Global Constitutionalization: Towards a Conceptual Framework, in: Ind J Global Legal Stud 16 (2009), 413

Mössner, Jörg Manfred, Privatpersonen als Verursacher Völkerrechtlicher Delikte, Bemerkungen zu Art. 11 des Entwurfs der ILC zur Staatenverantwortlichkeit, in: GYIL 24 (1981), 63

Mosler, Hermann, Die Erweiterung des Kreises der Völkerrechtssubjekte, in: ZaöRV 22 (1962), 1

Mosler, Hermann, Subjects of International Law, in: Bernhardt, Rudolf (Hrsg.), EPIL IV, 711

Mosler, Hermann, Völkerrecht als Rechtsordnung, in: ZaöRV 36 (1976), 6

Morrison, Fred L., Aliens and Citizens in the United States, in: Hailbronner, Fremdenrecht, 77

Muchlinski, Peter, Multinational Enterprises and the Law, 2. Auflage 2007

Muchlinski, Peter, The Rise and Fall of the Multilateral Agreement on Investment: Where Now?, in: Int'l Lawyer 34 (2000), 1033

Muchlinski, Peter, Coporate Social Responsibility and International Investment Law, in: M/O/S, International Investment Law, 3

Muchlinski, Peter, The Diplomatic Protection of Foreign Investors: A Tale of Judicial Caution, in: B/K/R/W, International Investment Law, 341

Muchlinski, Peter/Ortino, Federico/Schreuer, Christoph, The Oxford Handbook of International Law, 2008 (zitiert: M/O/S, International Investment Law)

Müller-Terpitz, Ralf, Beteilgungs- und Handlungsmöglichkeiten nichtstaatlicher Organisationen im aktuellen Völker- und Gemeinschaftsrecht, in: AVR 43 (2004), 466

Nacimiento, Patricia, Streitbeilegung nach Maßgabe der ICSID-Regeln, in: E/W/S, Rechtsfragen, 171

Nathan, K. V. S. K., The ICSID Convention: The Law of the International Centre for Settlement of Investment Disputes, 2000

Nettesheim, Martin, Subjektive Rechte im Unionsrecht, in: AVR 132 (2007), 333

Newcombe, Andrew Paul/Paradell, Lluis, Law and Practice of Investment Treaties, 2009

Nijman, Janne Elisabeth, The Concept of International Legal Personality, An Inquiry Into the History and Theory of International Law, 2004

Norton, Patrick M., A Law of the Future or a Law of the Past? Modern Tribunals and the International Law of Expropriation, in: AJIL 85 (1991), 474

Norton, Patrick M., Back to the Future: Expropriation and the Energy Charter Treaty, in: Waelde, Thomas (Hrsg.), The Energy Charter Treaty: An East-West Gateway for Investment and Trade, 365

Nowrot, Karsten, Steuerungssubjekte und –mechanismen im Internationalen Wirtschaftsrecht (einschließlich regionale Wirtschaftsintegration), in: Tietje, Christian (Hrsg.), Internationales Wirtschaftsrecht, 2009

Nowrot, Karsten, Die UN-Norms on the Responsibility of Transnational Corporations and Other Business Enterprises with Regard to Human Rights – Gelungener Beitrag zur transnationalen Rechtsverwirklichung oder das Ende des Global Compact, in: Tietje, Christian/Kraft, Gerhard/Sethe, Rolf (Hrsg.), Beiträge zum Transnationalen Wirtschaftsrecht, Heft 21, 2003, 5

Nussbaum, Arthur, The Arbitration between Lena Goldfields, Ltd. And the Soviet Government, in: Cornell LQ 36 (1950/51), 31

Ocran, Modibo T., Bilateral Investment Protection Treaties: A Comparative Study, in: NYLSch J Int'l & Comp L 8 (1987), 401

Oellers-Frahm, Karin, Der Internationale Gerichtshof stärkt die Stellung des Individuums im Völkerrecht und klärt wichtige Fragen der internationalen Gerichtsbarkeit, in: NJW 2001, 3688

Oellers-Frahm, Karin, Die Entscheidung des IGH im Fall LaGrand – ein Markstein in der Rechtsprechung des IGH, in: Marauhn, Thilo (Hrsg.), Die Rechtsstellung des Menschen im Völkerrecht, Entwicklungen und Perspektiven, 21

Oellers-Frahm, Karin, Internationaler Gerichtshof (IGH), Den Haag, Entscheidung vom 9. April 1998 – Fall betreffend das Wiener Übereinkommen über konsularische Beziehungen (Paraguay gegen die Vereinigten Staaten von Amerika) – Antrag auf Erlass einstweiliger Maßnahmen in der Sache Breard, in: EuGRZ 26 (1999), 451

Oellers-Frahm, Karin, Die Entscheidung des IGH im Fall LaGrand – Eine Stärkung der internationalen Gerichtsbarkeit und der Rolle des Individuum im Völkerrecht, in: EuGRZ 28 (2001), 265

Oellers-Frahm, Karin, Interim Measures of Protection, in: Bernhardt, Rudolf (Hrsg.), EPIL II, 1027

Oellers-Frahm, Karin, Pacta sunt servanda – Gilt das auch für die USA?, in: EuGRZ 26 (1999), 437

Oleschak Pillai, Rekha, Export Credit and Investment Insurance Agencies - Extraterritorial Obligations of Home States of Investors, in: R/K, International Investment Law, 115

338

Oppermann, Thomas/Classen, Claus Dieter/Nettesheim, Martin, Europarecht, Ein Studienbuch, 4. Auflage 2009

Orakhelashvili, Alexander, The Position of the Individual in International Law, in: Cal W Int'l LJ 31 (2000-2001), 241

Orakhelashvili, Alexander, Hague International Tribunals, Judicial Competence and Judicial Remedies in the *Avena* Case, in: LJIL 18 (2005), 31

Ostrovsky, Aaron A./Reavis, Brandon E., Comment, *Rebus Sic Stantibus*: Notification of Consular Rights after Medellin, in: MJIL 27 (2005-2006), 657

Paasivirta, Esa, Internationalization and Stabilization of Contracts versus State Sovereignty, in: BYIL 60 (1989), 315

Pappas, Athena J., References on Bilateral Investment Treaties, in: ICSID Rev 4 (1989), 189

Parra, Antonio R., Provisions on the Settlement of Investment Disputes in Modern Investment Laws, Bilateral Investment Treaties and Multilateral Instruments on Investment, in: ICSID Rev 12 (1997), 287

Partsch, Karl Josef, Restitution, in: Bernhardt, Rudolf (Hrsg.), EPIL IV, 229

Paulsson, Jan, Arbitration Without Privity, in: ICSID Rev 10 (1995), 232

Paulsson, Jan, Arbitration without Privity, in: Wälde, Thomas (Hrsg.), The Energy Charter Treaty: An East-West Gateway for Investment and Trade, 422

Paulus, Andreas L., Zur Zukunft der Völkerrechtswissenschaft in Deutschland: Zwischen Konstitutionalisierung und Fragmentierung des Völkerrechts, in: ZaöRV 67 (2007), 695

Pellonpää, Matti/Fitzmaurice, Malgosia, Taking of Property in the Practice of the Iran United States Claims Tribunal, in: NYIL 19 (1988), 53

Pergantis, Vasileios, Towards a „Humanization" of Diplomatic Protection?, Zeitschrift für ausländisches öffentliches Recht und Völkerrecht 66 (2006), 351

Peters, Anne, Das subjektive internationale Recht, in: JbÖR 59 (2011), 1

Picciotto, Sol, Linkages in International Investment Regulation: The Antinomies of the Draft Multilateral Agreement on Investment, in: UPenn J Int'l Eco L 19 (1998), 731

Politis, Nicolas E., Les nouvelles tendences du droit international, 1927

Reading, Michael R., The Bilateral Investment Treaty in ASEAN: A Comparative Analysis, in: Duke LJ 42 (1992), 679

Reed, Lucy/Paulsson, Jan/Blackaby, Nigel, Guide to ICSID Arbitration, 2004

Reinisch, August, Substantive Standards of Protection, 2008

Reinisch, August/Knahr, Christina (Hrsg.), International Investment Law in Context, 2008 (zitiert: R/K, International Investment Law)

Reinisch, August/Malintoppi, Loretta/Methods of Dispute Resolution, in: M/O/S, International Investment Law, 691

Reinisch, August, Internationales Investitionsschutzrecht, in: Tietje, Christian (Hrsg.), Internationales Wirtschaftsrecht, 2009, 346

Reinisch, August, „Investment and …" – The Broader Picture of Investment Law, in: R/K, International Investment Law, 201

Reisman, Michael/Sloane, Robert, Indirect Expropriation and its valuation in the BIT Generation, in: BYIL 74 (2004), 115

Ress, Georg, Supranationaler Menschenrechtsschutz und der Wandel der Staatlichkeit, in: ZaöRV 64 (2004), 621

Ress, Georg/Stein, Thorsten (Hrsg.), Der diplomatische Schutz im Völker- und Europarecht: Aktuelle Probleme und Entwicklungstendenzen, 1996 (zitiert: Ress/Stein, Der diplomatische Schutz im Völker- und Europarecht)

Riesenfeld, Stefan A., Foreign Investments, in: Bernhardt, Rudolf (Hrsg.), EPIL II, 435

Ribeiro, Clarisse, Investment Arbitration and the Energy Charter Treaty, 2006

Riphagen, Willem, Preliminary Report on the content, forms and degrees of international responsibility, in: YILC 1980, Volume 2, Part 1, Documents of the thirty-second session (excluding the report of the Commission to the General Assembly, 1982, 107

Ripinski, Sergey, Assessing Damages in Investment Disputes: Practice in Search of Perfect, in: JWIT 10 (2009), 5

Rowat, Malcom D., Multilateral Approaches to Improving the Investment Climate of Developing Countries: The Cases of ICSID and MIGA, in: HarvILJ 33 (1992), 103

Rubins, Noah/Kinsella, Stephan N., International Investment, Political Risk and Dispute Resolution, 2005

Rubins, Noah, The Notion of 'Investment' in International Investment Arbitration, in: Horn, Norbert/Kröll, Stefan (Hrsg.), Arbitration Foreign Investment Disputes, 283

Rubins, Noah, 'Loewen v. United States: The Burial of an Investor-State Arbitration Claim', in: Arbitration International 22 (2005), 1

Sacerdoti, Giorgio, Bilateral Investment Treaties and Multilateral Instruments on Investment Protection, in: RdC 269 (1997), 251

Sacerdoti, Giorgio, Investment Arbitration under ICSID and UNCITRAL Rules: Prerequisites, Applicable Law, Review of Awards, in: ICSID Rev 19 (2004), 1

Salacuse, Jeswald W., The Emerging Global Regime for Investment, in: HarvILJ 51 (2010), 427

Salacuse, Jeswald W./Sullivan, Nicholas P., Do BITs Really Work?: An Evaluation of Bilateral Investment Treaties and Their Grand Bargain, in: HarvILJ 46 (2005), 67

Salacuse, Jeswald W., The Treatification of International Investment Law: a Victory of Form Over Life? A Crossroads crossed?, in: TDM 3 (2006), 1

Salacuse, Jeswald W., BIT by BIT: The Growth of Bilateral Investment treaties and Their Impact on Foreign Investment in Developing Countries, in: Int'l Lawyer 24 (1990), 655

Scelle, Georges, Some Reflections on Juridical Personality in International Law, Law and Politics in the World Community, 1958

Salvarese, Eduardo, Investment Treaties and the Investor's Right to Arbitration between Broadening and Limiting ICSID Jurisdiction, in: JWIT 7 (2006), 408

Sauvant, Karl P. (Hrsg.), Yearbook on International Investment Law & Policy 2008-2009, 2009

Schachter, Oscar, Compensation for Expropriation, in: AJIL 78 (1984), 121

Schachter, Oscar, The Enforcement of International Judicial and Arbitral Decisions, in: AJIL 54 (1960), 1

Scherzberg, Arno, Grundlagen und Typologie des subjektiv-öffentlichen Rechts, in: DVBl. 1988, 129

Scherzberg, Arno, § 11 Subjektiv-öffentliche Rechte, in: Erichsen, Hans-Uwe/Ehlers, Dirk, Allgemeines Verwaltungsrecht, 13. Auflage 2005

Scherzberg, Arno, Das subjektiv-öffentliche Recht – Grundfragen und Fälle, in: Jura 2006, 839

Schoch, Friedrich, Die Europäisierung des verwaltungsgerichtlichen Rechtsschutzes, 2000

Schiffmann, Howard S., The LaGrand Decision: the Evolving Legal Landscape of the Vienna Convention on Consular Relations in U.S. Death Penalty Cases, in: SCL Rev 42 (2001-2001), 1099

Schill, Stephan, Auf zu Kalypso? Staatsnotstand und Internationales Investitionsschutzrecht – Anmerkung zur ICSID-Entscheidung LG&E Energy Corp v. Argentina, in: SchiedsVZ 2007, 178

Schill, Stephan, Private Enforcement of International Investment Law: Why we need investor standing in BIT Dispute Settlement, in: W/K/C/B, Backlash, 29

Schilling, Theodor, Internationaler Menschenrechtsschutz, Das Recht der EMRK und des IPbpR, 2. Auflage 2010

Schlemmer, Engela C., Investment, Investor, Nationality, and Shareholders, in: M/O/S, International Investment Law, 49

Schlochauer, Hans-Jürgen, Permanent Court of Arbitration, in: Bernhardt, Rudolf (Hrsg.), EPIL III, 981

Schmalenbach, Kirsten, Multinationale Unternehmen und Menschenrechte, in: AVR 39 (2001), 57

Schmidt-Aßmann, Eberhard, Kommentierung zu Art. 19 Abs. 4 GG, in: Maunz, Theodor/Dürig, Günther, Grundgesetz, Kommentar, 2010

Schneiderman, David, Constitutionalizing Economic Globalization: Investment Rules and Democracy's Promise, 2008

Schöbener, Burkhard/Herbst, Jochen/Perkams, Markus, Internationales Wirtschaftsrecht, 2010

Schöbener, Burkhard/Markert, Lars, International Centre for Settlement of Investment Disputes (ICSID), in: ZVglRWiss 105 (2006), 65

Schollendorf, Kai, Die Auslegung völkerrechtlicher Verträge in der Spruchpraxis des Appellate Body der Welthandelsorganisation (WTO), 2005

Schreuer, Christoph, Fair and Equitable Treatment in Arbitral Practice, in: JWIT 6 (2005), 357

Schreuer, Christoph, Denunciation of the ICSID Convention and Consent to Arbitration, in: W/K/C/B, Backlash, 353

Schreuer, Christoph/Malintoppi, Loretta/Reinisch, August/Sinclair, Anthony, The ICSID Convention – A Commentary, 2. Auflage 2009

Schreuer, Christoph, Internationale Verträge als Elemente der Bildung von völkerrechtlichem Gewohnheitsrecht, in: Flumer, Werner/Hahn, Hugo J. Simmonds, Kenneth (Hrsg.), Internationales Recht und Wirtschaftsordnung Festschrift für F.A. Mann zum 70. Geburtstag, 409

Schreuer, Christoph, Non-Pecuniary Remedies in ICSID Arbitration, in: ArbInt'l 20 (2004), 325

Schreuer, Christoph, Travelling the BIT Route: Of Waiting Periods, Umbrella Clauses and Forks in the Road, in: JWIT 5 (2004), 231

Schröder, Meinhard, Verfassungsrechtlicher Investitionsschutz beim Atomausstieg, in: NVwZ 2013, 105

Schwartmann, Rolf, Beteiligung privater Unternehmen im Wirtschaftsvölkerrecht, in: ZVglRWiss 102 (2003), 75

Schwartmann, Rolf, Private im Wirtschaftsvölkerrecht, 2005

Schwebel, Stephan M., The Story of the U.N.'s Declaration on Permanent Sovereignty over Natural Resources, in: ABAJ 49 (1963), 463

Seidl, Gerd, Die Völkerrechtsordnung an der Schwelle zum 21. Jahrhundert, in: AVR 38 (2000), 23

Seidel, Gerd/Stahn, Carsten, Das Statut des Weltstrafgerichtshofs, in: JURA 1999, 14

Seifi, Seyed Jamal, State Responsibility for Failure to Enforce Iran-United States Claims Tribunal Awards by the Respective National Courts: International Character and Non-Reviewability of the Awards Reconfirmed, in: JIntlArb 16 (1999), 5

Sen, B., Investment Protection and New World Order, in: ZaöRV 48 (1988), 419

Shaw, Malcom N., International Law, 6. Auflage 2008

Shelton, Dinah, The Participation of nongovernmental organizations in international judicial proceedings, in: AJIL 88 (1994), 611

Shihata, Ibrahim, Legal Treatment of Foreign Investment: The World Bank Guidelines 2, 1993

Shihata, Ibrahim/Parra, Antonio, Applicable Substantive Law in Disputes Between States and Private Foreign Parties: The Case of Arbitration under the ICSID Convention, in: ICSID Rev 9 (1994), 183

Simma, Bruno, From Bilateralism to Community Interest in International Law, in: RdC 250 (1994), 221

Sinclair, Anthony, Bridging the Contract/Treaty Divide, in: B/K/R/W, International Investment Law, 93

Sohn, Louis B./Baxter, R. R., Responsibility of States for Injuries to the Economic Interests of Aliens, in: AJIL 55 (1961), 545

Sornarajah, Muthucumaraswamy, The International Law On Foreign Investment, 2. Auflage 2004

Sornarajah, Muthucumaraswamy, State Responsibility and Bilateral Investment Treaties, in: JWIT 79 (1986), 79

Spiermann, Ole, Twentieth Century Internationalism in Law, in: EJIL 18 (2007), 785

Spiermann, Ole, Individual Rights, State Interests and the Power to Waive ICSID Jurisdiction under Bilateral Investment Treaties, in: ArbInt'l 20 (2004), 179

Stein, Thorsten, Demokratische Legitimierung auf supranationaler und internationaler Ebene, in: ZaöRV 64 (2004), 563

Stein, Thorsten/von Buttlar, Christian, Völkerrecht, 12. Auflage 2009

Stern, Klaus, Das Staatsrecht der Bundesrepublik Deutschland, Band III/1, Allgemeine Lehren der Grundrechte, Grundlagen und Geschichte, nationaler und internationaler Grundrechtskonstitutionalismus, juristische Bedeutung der Grundrechte, Grundrechtsberechtigte, Grundrechtsverpflichtete, 1988

Stirling-Zanda, Simonetta, Obtaining judicial enforcement of individual conventional rights, in: AVR 42 (2004), 184

Storhost, Christian, Der Fall Abassi: Wegbereiter eines gemeineuropäischen Anspruchs auf diplomatischen Schutz, in: AVR 42 (2004), 411

Tams, Christian, Consular assistance: rights, remedies and repsonsibility: comments on the ICJ's judgement in the LaGrand case, Case Comment, in: EJIL 5 (2002), 1257

Tams, Christian/Mennecke, Martin, Case Comment, LaGrand (Germany v United States of America) (Unreported, June 27, 2001) (ICJ), in: ICLQ 51 (2002), 449

Tams, Christian, Das LaGrand-Urteil – IGH, in: Europäische GRUNDRECHTE-Zeitschrift 2001, 287; Entscheidungsrezension, in: JuS 2002, 324

Teitelbaum, Ruth, Who's afraid of Maffezini? Recent Developments in the Interpretation of Most Favored Nation Clauses, in: JIntlArb 22 (2005), 225

Thirlway, Hugh, The Law and Procedure Of The International Court Of Justice 1960-1989, Part Three, in: BYIL 62 (1991), 1

Thirlway Hugh, The recommendations made by the International Court of Justice: a skeptical view, in: ICLQ 58 (2009), 151

Thomas, Christopher J., Reflections on Article 1105 NAFTA: History, State Pratice and the Influence Of Commentators, in: ICSID Rev 17 (2002), 21

Thürer, Daniel, Modernes Völkerrecht: Ein System im Wandel und Wachstum – Gerechtigkeitsgedanke als Kraft der Veränderung?, in: ZaöRV 60 (2000), 557

Tietje, Christian, Grundstrukturen und aktuelle Entwicklungen des Rechts der Beilegung internationaler Investitionsstreitigkeiten, in: ders./Kraft, Gerhard/Sethe, Rolf, Arbeitspapiere aus dem Institut für Wirtschaftsrecht, Heft 10, 5

Tietje, Christian, Internationales Wirtschaftsrecht, 2009

Tietje, Christian, The Changing Legal Structure of International Treaties as an Aspect of an Emerging Global Governance Architecture, in: GYIL 42 (1999), 26

Tietje, Christian, The Law Governing the Settlement of International Investment Disputes – Structures and some Recent Developments – in: ders. (Hrsg.), International Investment Protection and Arbitration, Theoretical and Practical Perspectives, Schriften zum transnationalen Wirtschaftsrecht, Bd. 10, 2008

Tietje, Christian/Nowrot, Karsten/Wackernagel, Clemens, Once and Forever? The Legal Effects of a Denunciation of ICSID, in: Tietje, Christian/Kraft, Gerhard/Sethe, Rolf (Hrsg.), Beiträge zum Transnationalen Wirtschaftsrecht, Heft 74, 2008

Tietje, Christian, International Investment Protection and Arbitration – Theoretical and Practical Perspectives, Theoretical and Practical Perspectives, Schriften zum transnationalen Wirtschaftsrecht, Bd. 10, 2008

Tietje, Christian/Kraft, Gerhard/Sethe, Rolf (Hrsg.), Beiträge zum Transnationalen Wirtschaftsrecht, Heft 74, 2008

Tinta, Monica Feria, Due Process and the Right to Life in the Context of the Vienna Convention on Consular Relations: Arguing the LaGrand Case, in: EJIL 12 (2001), 363

Tomuschat, Christian, Grundpflichten des Individuums nach Völkerrecht, in: AVR 21 (1983), 289

Tomuschat, Christian, Die internationale Gemeinschaft, in: AVR 33 (1995), 1

Tomuschat, Christian, Obligations Arising for States Without or Against Their Will, RdC 241 (1993),195

Tomuschat, Christian, International Law: Ensuring the Survival of Mankind on the Eve of a New Century, RdC 281 (1999), 9

Tomuschat, Christian, Die Charta der wirtschaftlichen Rechte und Pflichten der Staaten, Zur Gestaltungskraft von Deklarationen der UN Generalversammlung, in: ZaöRV 36 (1976), 444

Tomuschat, Christian, International Courts and Tribunals, in: Bernhardt, Rudolf (Hrsg.), EPIL II, 1108

Toth, A. G., The Individual and European Law, in: ICLQ 24 (1975), 659

Tudor, Ioanna, The Fair and Equitable Treatment Standard, 2008

Tully, Stephen, The 2000 Review of the OECD Guidelines for Multinational Enterprise, in: ICLQ 50 (2001), 394

United Nations, UNCTAD, Lessons from the MAI: UNCTAD Series on Issues in International Investment Agreements (1999), abrufbar unter www.unctad.org

United Nations, UNCTAD, World Investment Report 2006, FDI from Developing and Transition Economies: Implications for Development, 2006

United Nations, UNCTAD, World Investment Report 2010, Investing in low-carbon economy, 2010

United Nations, UNCTAD, Assessing the impact of the current financial and economic crisis on global FDI flows, January 2009

United Nations, UNCTAD, Development Implications of International Investment Agreements, IIA Monitor No. 2 (2007)

United Nations, General Assembly, Outcome of the International Conference on Financing for Development, Report of the Secretary-General, August 2002, abrufbar unter http://www.un.org/esa/ffd/ffdconf/

United Nations, UNCTAD, Economic Development in Africa – Re-Thinking the Role of Foreign Direct Investment, 2005

United Nations, UNCTAD, Course on Dispute Settlement, International Centre for Settlement of Investment Disputes, 2.4 Requirements Ratione Personae, 2003, abrufbar auf http://www.unctad.org/en/docs/edmmisc232add3_en.pdf

United Nations, UNCTAD, Bilateral Investment Treaties 1959-1999, 2000

Van Aaken, Anne, Defragmentation of public international law through interpretation: a methodological approach, in: Ind J Global Legal Stud 16 (2009), 483

Van den Berg, Albert, Proposed Dutch Law on the Iran United States Claims Settlement Declaration, A Reaction to Mr. Hardenberg's Article, in: Int'l B Lawyer 12 (1984), 341

Van Harten, Gus, Investment Treaty Arbitration and Public Law, 2007

Vandevelde, Kenneth J., The Bilateral Investment Treaty Program of the United States, in: Cornell Int'l LJ 21 (1988), 201

Vandevelde, Kenneth J., A Brief History of International Investment Agreements, in: UCD JIntlLPol 12 (2005), 157

Vandevelde, Kenneth, U.S. International Investment Agreements, 2009

Vasciannie, Stephen, The Fair And Equitable Treatment Standard In International Investment Law and Practice, in: BYIL 70 (2000), 99

Vázquez, Carlos Manuel, Treaty-Based Rights and Remedies of Individuals, in: ColumLRev 92 (1992), 1082

Veeder, V.V., The Lena Goldfields Arbitration: The Historical Roots of Three Ideas, in: ICLQ 47 (1998), 747

Verdross, Alfred, Simma, Bruno, Universelles Völkerrecht, Theorie und Praxis, 3. Auflage 1984

Verdross, Alfred, Völkerrecht, 5. Auflage 1964

Verwey, Schrijver, The Taking of Foreign Property under International Law: A New Legal Perspective?, in: NYIL 15 (1984), 3

Vitzthum, Wolfgang, Völkerrecht, 4. Auflage 2007

Vicuna, Francisco Orrego, International Claims, in: MPEPIL 2010

Vicuna, Francisco Orrego, The Changing Law of Nationality of Claims, Report fort he International Law Association Committee on Diplomatic Protection of Persons and Property, Sixty-Ninth Conference, 2000, 631

Villiger, Mark E., Commentary on the 1969 Vienna Convention on the Law of Treaties, 2009

Vogelaar, Th.; Multinational Corporations and International Law, in: NILR 27 (1980), 69

von Arnauld, Andreas, Möglichkeiten und Grenzen dynamischer Interpretation von Rechtsnormen, in: Rechtstheorie 32 (2001), 465

von Bogdandy, Armin, Demokratie, Globalisierung, Zukunft des Völkerrechts – eine Bestandsaufnahme, in: ZaöRV 63 (2003), 853

von Haersolte-Van Hof, Jacomijn J/Hoffmann, Anne K., The Relationship between International Tribunals and Domestic Courts, in: M/O/S, International Investment Law, 962

Wallace, Don Jr., 'Fair and Equitable Treatment and Denial of Justice: Loewen v. US and Chattin v. Mexico' in Weiler, International Investment Law, 1

Wälde, Thomas W., A Requiem for the „New International Economic Order" – The Rise and Fall of Paradigms in International Economic Law and a Post-Mortem with Timeless Significance", in: Hafner, Gerhard/Loibl, Gerhard/Rest, Alfred, Sucharipa-Behrmann, Lilly/Zemanek, Karl (Hrsg.), Liber Amicorum Professor Ignaz Seidl-Hohenveldern in Honor of his 80th Birthday, 1998, 771

Wälde, Thomas, The Energy Charter Treaty. An East-West Gateway for Investment and Trade, 1996

Wälde, Thomas, Investment Arbitration under the Energy Charter Treaty: An Overview of Selected Key Issues Based on Recent Litigation Experience, in: Horn, Norbert (Hrsg.), Arbitrating Foreign Investment Disputes, 2004, 193

Wälde, Thomas/Ndi, George, „Stabilizing International Investment Commitments": International Law versus Contract Interpretation, in: TILJ 31 (1996), 215

Wälde, Thomas, Interpreting Investment Treaties: Experiences and Examples, in: B/K/R/W, International Investment Law, 724

Wagner, Wolfgang, Non-State Actors, in: MPEPIL 2009

Wahl, Rainer, Der Einzelne in der Welt jenseits des Staates, in: Der Staat 40 (2001), 45

Waibel, Michael/Kaushal, Asha/Chung, Kyo-Hwa/Balchin, Claire, The Backlash against Investment Arbitration, 2010 (zitiert: W/K/C/B, Backlash)

Walter, Christian, Subjects of International Law, in: MPEPIL 2009

Walz, Gustav Adolf, „Minderheitenrecht oder Volksgruppenrecht", in: 3 Völkerbund und Völkerrecht (1936-1937), 594 ff

Wegener, Bernhard, Rechte des Einzelnen, Die Interessenklage im europäischen Umweltrecht, 1998

Weiler, Todd, NAFTA Investment Law and Arbitration: Past Issues, Current Practice, Future Prospect, 2004

Weiler, Todd, International Investment Law and Arbitration: Leading Cases from the ICSID, NAFTA, Bilateral Treaties and Customary International Law, 2005 (zitiert: Weiler, International Investment Law)

Weiler, Todd, 'NAFTA Art. 1105 and the Principles of International Economic Law', in: Colum J Transnat'l L 42 (2003-2004), 74

Weiler, Todd, Saving Oscar Chin: Non-Discrimination in International Investment Law, in: ders. (Hrsg.), International Investment Law, 557

Weiler, Todd, Prohibitions against Discrimination in NAFTA Chapter 11, in: ders. (Hrsg.), NAFTA Investment Law and Arbitration: Past Issues, Current Practice, Future Prospects, 2004, 27

Weiss, Friedl, Inherent Powers of Nationals and International Courts: The Practice of the Iran-US Claims Tribunal, in: B/K/R/W, International Investment Law, 185

Weissbrodt, David/Kruger, Muria, Current Developments, Norms on the Responsibility of Transnational Corporations and Other Business Enterprises with Regard to Human Rights, in: AJIL 97 (2003), 901

Wells, Louis T., Backlash to Investment Arbitration: Three Causes, in: W/K/C/B, Backlash, 341

Weston, Burns H., The Charter of Economic Rights and Duties of States and the Deprivation of Foreign-Owned Wealth, in: AJIL 75 (1981), 437

Westcott, Thomas J., The practice on fair and equitable treatment, in: JWIT 8 (2007), 409

Wildhaber, Luzius, Multinationale Unternehmen und Völkerrecht, in: BDGV 18 (1987), 7

Wildhaber, Luzius, Some Aspects Of The Transnational Corporation In International Law, in: NILR 27 (1980), 79

Wolff, Hans J./Bachoff, Otto/Stober, Rolf/Kluth, Winfried, Verwaltungsrecht I, 12. Auflage 2007

Wolfrum, Rüdiger, Die Bewertung von internationalen Enteignungsansprüchen unter besonderer Berücksichtigung der Rechtsprechung des Iran/US Claims Tribunals, in: Hafner, Gerhard/Loibl, Gerhard/Rest, Alfred, Sucharipa-Behrmann, Lilly/Zemanek, Karl (Hrsg.), Liber Amicorum Professor Ignaz Seidl-Hohenveldern in Honor of his 80th Birthday, 1998, 823

Yannaca-Small, Katia, Arbitration under International Investment Agreements, 2010

YILC 1960, Volume I, Summary Records of the Twelfth Session, 25 April – 1 July 1960, 1960

YILC 1960, Volume II, Documents of the twelfth session including the report of the Commission to the General Assembly, 1961

YILC 1961, Volume II, Documents of the thirteenth session including the report of the Commission to the General Assembly, 1962

YILC 1971, Volume II, Part I, Documents of the twenty-third session: Reports of the Special Rapporteurs and report of the Commission to the General Assembly, 1973

YILC 1980, Volume II, Part 1, Documents of the thirty-second session (excluding the report of the Commission to the General Assembly), 1982

YILC 2001, Report of the Commission to the General Assembly on the work of its fifty-third session, Volume II, Part 2, 2007

Zedalis, Rex J., Claims by Individuals in International Economic Law: NAFTA Developments, in: AmRev IntlArb 7 (1996), 115

Zemanek, Karl, Schuld- und Erfolgshaftung im Entwurf der Völkerrechtskommission über Staatenverantwortlichkeit, in: Diez, Emmanuel/Monnier, Jean/Müller, Jörg/Reimann, Heinrich/Wildhaber, Luzius (Hrsg.), Festschrift für Rudolf Bindschedler zum 65. Geburtstag, 315

Zemaneck, Karl, Is the Term "Soft Law" Convenient?, in: Hafner, Gerhard/Loibl, Gerhard/Rest, Alfred, Sucharipa-Behrmann, Lilly/Zemanek, Karl (Hrsg.), Liber Amicorum Professor Ignaz Seidl-Hohenveldern in Honor of his 80th Birthday, 1998, 843

Zemanek, Karl, Responsiblity of States: General Principles, in: Bernhardt, Rudolf (Hrsg.), EPIL IV, 219

Zuleeg, Manfred, Abschluss und Rechtswirkung völkerrechtlicher Verträge in der Bundesrepublik Deutschland, in: JA 1983, 1

Zuleeg, Manfred, Die innerstaatliche Anwendbarkeit völkerrechtlicher Verträge am Beispiel des GATT und der Europäischen Sozialcharta, in: ZaöRV 35 (1975), 431

Cases

ADF Group Inc v United States of America, ICSID Case No. ARB(AF)/00/1, Award, 9. Januar 2003

AES Corporation v The Argentine Republic, ICSID Case No. ARB/02/17, Decision on Jurisdiction, 26 April 2005

AGIP S.p.A. v The People's Republic of the Congo, ICSID Case No. ARB/77/1, Award, 30. November 1979

Aguas del Tunari, S.A. v Republic of Bolivia, Decision on Respondent's Objections to Jurisdiction, ICSID Case No. ARB/02/3, 21 October 2005

Amco Asia Corporation v Republic of Indonesia, Decision on Jurisdiction, 25. September 1983, 1 ICSID Reports 389

Arbitral Award Made (Honduras v Nicaragua), 23 December 1906, ICJ Reports 1960, 192

Arbitral Award (Guinea-Bissau v Senegal), 31 Juli 1989, ICJ Reports 1991, 53

Autopista Concesionada de Venezuela, C.A. v Bolivian Republic of Venezuela, ICSID Case No. ARB/00/5, Decision on Jurisdiction, 27. September 2001

Award in the Matter of the American Independent Oil Company (Aminoil) v Kuwait, Final Award, 24 März 1982, in: ILM 21 (1982), 976

Azinian v Mexico, ICSID Case No. ARB(AF)/97/2, Award, 1 November 1999

Azurix Corporation v The Argentine Republic, ICSID Case No. ARB/01/12, Award, 14 Juli 2006

Bayindir Insaat Turizm Ticaret Ve Sanayi, A.S. v Islamic Republic of Pakistan, ICSID Case No. ARB/03/29, Decision on Jurisdiction, 14. November 2005

Biwater Gauff (Tanzania) Ltd. v The Republic of Tanzania, ICSID Case No. ARB/05/22, Award, 24 Juli 2008

British Petroleum Exploration Company (Libya) v. Libya, Award, 10. Oktober 1973 und 1. August 1974; in: ILR 53 (1979), 297

Champion Trading Company et al. v Arab Republic of Egypt, ICSID Case No. ARB/02/9, Decision on Jurisdiction, 21. Oktober 2003

CME Czech Republic BV v Czech Republic, UNCITRAL, Final Award,14 März 2003

CMS Gas Transmission Company v The Republic of Argentina, ICSID Case No ARB/01/8, Decision of the Tribunal on Objections to Jurisdiction, 17. Juli 2003

Compania del Desarrollo de Santa Elena S.A. v Costa Rica, Award, 17. Februar 2000, 5 ICSID Reports 157

Compania de Aguas del Aconquija S.A. & Vivendi Universal (Vivendi) v The Argentine Republic, ICSID Case No. ARB/97/3, Decision on Annulment, 3 Juli 2002

CSOB v The Slovak Republic, ICSID Case No. ARB/97/4, Decision of Tribunal on Objections to Jurisdiction, 24. Mai 1999

Duke Energy International Peru Investments No. 1, Ltd. v Peru, ICSID Case ARB/03/28, Decision on Jurisdiction, 1. Februar 2006

ECHR, James & Others v. United Kingdom, Judgment of 21.02.1986, ECHR Series A No. 98

Emilio Augustin Maffezini v Kingdom of Spain, ICSID Case No. ARB/97/7, Decision on Jurisdiction

Enron Corporation Ponderosa Assets, L.P. v The Argentine Republic, ICSID Case No. ARB/01/3, Award, 22 Mai 2007

Eureko B.V. v Republic of Poland, Partial Award, 19 August 2005

EuGH, Van Gend en Loos v. Government of the Netherlands, Judgement of 5. Februar 1963, Case 26/62, in: Slg. Der Rechtsprechung des Gerichtshofs, Bd. IX (1963), 1, 25; C.M.L.R. 1 (1963), 82

EuGH, Fall Meryem Demirel gegen Stadt Schwäbisch Gmünd, Rs. 12/86 – Slg. 1987 IV, 3719, 3752

Gami Investments, Inc. v The Government of the United Mexican States, Final Award (UNCITRAL), 15. November 2004

Alex Genin, Eastern Credit Limited, Inc. and A.S. Baltoil v The Republic of Estonia, ICSID Case No. ARB/99/2, Award, 25 Juni 2001

Holiday Inns S.A. and others v Marocco, ICSID Case No. ARB/72/01, Decision on Jurisdiction, 12. Mai 1974

ICJ, Aegean Sea Continental Shelf Case (Greece v. Turkey), Judgement of 19. Dezember 1978, ICJ Reports 1978, 3

ICJ, Avena and other Mexican Nationals (Mexico v. United States of America), Judgment, 31. März 2001, ICJ Reports 2004, 12

ICJ, Case Concerning the Barcelona Traction, Light and Power Company, Ltd. (Belgium v Spain), Second Phase, Judgment, 5. Februar 1970, ICJ Reports 1970, 3

ICJ, Case concerning the Elettronica Sicula SpA. (ELSI) (United States of America v Italy), Judgment, 20 Juli 1989, ICJ Reports 1989, 15

ICJ, Case concerning rights of nationals of the United States of America in Marocco (France v. USA), Judgement, 27. August 1952, ICJ Reports 1952, 176

ICJ, Case Concerning the Temple of Preha Vihear (Cambodia v. Thailand), Judgement, 26. Mai 1961 (Preliminary Objections), ICJ Reports 1961, 17

ICJ, Case Concerning the Territorial Dispute (Libyan Arab Jamahiriya/Chad), Judgment, 3. Februar 1994, ICJ Reports 1994, 6

ICJ, Case Concerning the Vienna Convention on Consular Relations (Paraguay v. USA), 9. April 1998, ICJ Reports 1998, 248

ICJ, Competence of the General Assembly for the admission of a State to the United Nations, Advisory Opinion, 3. März 1950, ICJ Reports 1950, 4

ICJ, Constitution of the Maritime Safety Committee of the Inter-Governmental Maritime Consultative Organization, Advisory Opinion, 8. Juni 1960, ICJ Reports 1960, 150

ICJ, The Corfu Channel Case (United Kingdom v. Albania), Judgment, 9. April 1949, ICJ Reports 1949, 4

ICJ, Interhandel (Switzerland v United States of America), Judgment, 21 März 1959, ICJ Reports 1959, 6

ICJ, LaGrand Case (Germany v. United States of America), Judgment, 21. Juni 2001, ICJ Reports 2001, 466

ICJ, Legal Consequences for States of the Continued Presence of South Africa in Namibia (South West Africa) notwithstanding Security Council Resolution 276 (1970), Order No. 1, 26. Januar 1971, ICJ Reports 1971, 3

ICJ, North Sea Continental Shelf (Germany v Netherlands), Judgment, 20. Februar 1969, ICJ Reports 1969, 3

ICJ, Nottebohm Case (Liechtenstein v Guatemala), Second Phase, Judgment, 6 April 1955, ICJ Reports 1955, 4

ICJ, Reparations for Injuries Suffered in the Service of the United Nations, Advisory Opinion, 11 April 1949, ICJ Reports 1949, 174 (Bernadotte)

ICJ, Reservations to the Convention on the Prevention and Punishment of the Crime of Genocide, Advisory Opinion, 28. Mai 1951, ICJ Reports 1951, 15

ICJ, United States Diplomatic and Consular Staff in Teheran (United States v. Iran), Judgment, 24. Mai 1980; ICJ Reports 1980, 3

ICTY, Prosecutor v. Furundžija, Judgment, 10. Dezember 1998, case no. IT-95-17/I-T, in: ILM 38 (1999), 317

Impregilo S.p.A. v Islamic Republic of Pakistan, ICSID Case No. ARB/03/3, Decision on Jurisdiction, 22. April 2005

Inceysa Vallisoletana S.L. v Republic of El Salvador, ICSID Case No. ARB/03/26, Award, 2. August 2006

Jan de Nul N.V. and Dredging International N.V. v Arab Republic of Egypt, ICSID Case No. ARB/04/13, Decision on Jurisdiction, 16. Juni 2006

Joy Mining Machinery Limited v Arab Republic of Egypt, ICSID Case No. ARB/03/11, Decision on Jurisdiction, 6. Augsut 2004

Klöckner v Cameroon, Award, 21. Oktober 1983, 2 ICSID Reports 9

LANCO International Inc. v The Argentine Republic, ICSID Case No. ARB/97/6, Preliminary Decision: Jurisdiction of the Arbitral Tribunal, 8. Dezember 1998

L.E.S.I. S.p.A. & ASTALDI S.p.A. v République Algérienne Démocratique et Populaire, ICSID Case No. ARB/05/3, Decision on Jurisdiction, 12. Juli 2006

L.F.H. Neer & Pauline Neer (USA v. Mexico), Final Award, 25. Oktober 1926, in: AJIL 21 (1927), 555

Libyan American Oil Company (Liamco) v. Libya, Award, 12. April 1977, in: ILR 62 (1982), 140

Loewen Group, Inc. and Raymond L. Loewen v United States of America, ICSID Case No. ARB(AF)/98/3, Award, 26 Juni 2003

Malaysan Historical Salvors, SDN, BHD v The Government of Malaysia, ICSID Case No. ARB/05/10, Decision on Jurisdiction, 17. Mai 2007

Metalclad Corporation v The United Mexican States, ICSID Case No. ARB(AF)/97/1, Award, 30. August 2000

Methanex Corporation v United States of America, Award (UNCITRAL), 3. August 2005

MINE v Guinea, Award, 6. Januar 1988, 4 ICSID Reports 61

Mondev International Ltd v United States of America, ICSID Case No. ARB(AF)/99/2, Award, 11. Oktober 2002

Mondev International Ltd v United States of America, ICSID Case No. ARB(AF)/99/2, Award, 11 Oktober 2002, Second Submission of Canada pursuant to Art. 1128 NAFTA, 6 Juli 2001

MTD Equity Sdn. Bhd. and MTC Chile SA v Republic of Chile, ICSID Case No. ARB/01/7, Award, 25 Mai 2004

North American Dredging Co. of Texas (U.S.A.) v. United Mexican States, 21 März 1926, UN Reports 4 (1926), 26

Occidental Petroleum Corporation and Occidental Exploration and Production Company v Republic of Ecuador, ICSID Case No. ARB/06/11, Decision on Jurisdiction, 9. September 2008,

Occidental Exploration and Production Company v Republic of Ecuador, LCIA Case No. UN3467, Final Award, 1. Juli 2004

Eudoro Armando Olguin v Republic of Paraguay, ICSID Case No. ARB/98/5, Award, 26 Juli 2001

Patrick Mitchell v Democratic Republic of Congo, ICSID Case No. ARB/99/7, Decision on the Application of Annulment of the Award, 1. November 2006

PCIJ, Appeal from a Judge of the Hungaro/Czechoslovak Mixed Arbitral Tribunal (The Peter Pázmány University), Judgment, 15. Dezember 1993, Series A/B, No. 61, 208

PCIJ, Case Concerning The Payment of Various Serbian Loans Issued In France, Judgment, 12 Juli 1929, Series A No. 20 (1929)

PCIJ, Factory at Chorzów (Germany v Poland), Judgment (Merits), 13 September 1928, Series A No. 17 (1928), 4

PCIJ, Jurisdiction of the Courts of Danzig, Advisory Opinion (1982), Series B, Nr. 15, 4

PCIJ, Jurisdiction of the European Commission of the Danube (1927), Series B, Nr. 14, 4

PCIJ, Territorial Jurisdiction of the International Commission of the River Oder, 1929, Series A, No. 23, 4, 42

PCIJ, Peter Pázmány University Fall, Series A/B, No. 61, 231

PCIJ, Serbian Loans Case, Judgment, 12 Juli 1927, Series A, No. 20, 3

PCIJ, Mavrommatis Palestine Concessions (Greece v UK), Judgment, 30. August 1924 (Objections to the Jurisdiction of the Court), Series A, No. 2 (1924), 7

PCIJ, Panecezys-Saldutiskis Railway Case, Judgment, 28 Februar 1939, PCIJ Series A/B No. 76 (1939)

PCIJ, Polish Postal Service in Danzig (Advisory Opinion), Series B, No. 11, 4

Plama Consortium Limited v Republic of Bulgaria, ICSID Case No. ARB/03/24, Decision on Jurisdiction, 8. Februar 2005

Pope & Talbot Inc. v The Government of Canada, Interim Award, 26. Juni 2000

Pope & Talbot Inc. v Canada, The Government of Award on the Merits of Phase 2, 10 April 2001

Pope & Talbot Inc. v The Government of Canada, Award in Respect of Costs, 26. November 2002

Republic of Ecuador v Occidental Exploration and Production Co (Judgment of the Court of Appeal regarding non-justiciability of challenge to arbitral award), 9 September 2005, [2005] EWCA Civ 1116; [2005] QB 432 (CA).

Ronald S. Lauder v The Czech Republic, Final Award (UNCITRAL), 3 September 2001

Salini Costruttori S.p.A. and Italstrada S.p.A. v Kingdom of Marocco, ICSID Case No. ARB/00/4, Decision on Jurisdiction, 23. Juli 2001

Saluka Investments BV v The Czech Republic, Partial Award, 17. März 2006

S.D. Myers Inc. v Government of Canada, First Partial, Award, 13. November 2000

S.D. Mayers Inc. v Government of Canada, Final Award, 30. Dezember 2002

Siemens v The Argentine Republic, ICSID Case No. ARB/02/08, Award, 6. Februar 2007

SOBI v Senegal, Decision on Jurisdiction, 1. August 1984, 2 ICSID Reports 175

SGS Société Générale de Surveillance S.A. v Islamic Republic of Pakistan, ICSID Case No. ARB/01/13, Decision on Jurisdiction, 6. August 2003

SGS Société Générale de Surveillance S.A. v Republic of the Philippines, ICSID Case No. ARB/02/6, Decision on Jurisdiction, 29. Januar 2004

Hussein Nuaman Soufraki v The United Arab Emirates, ICSID Case No. ARB/02/7, Decision on Jurisdiction, 7 Juli 2004

Southern Pacific Properties (Middle East) v The Arab Republic of Egypt, Decision on Jurisdiction I, 27. November 1985, 3 ICSID Reports 112

Técnicas Medioambientales Tecmed, S.A. v The United Mexican States, ICSID Case No. ARB(AF)/00/2, Final Award, 29 Mai 2003

Texaco Oversees Petroleum Company/California Asiatic Oil Company v the Government of the Libyan Arab Republic, in: ILM 17 (1978)

Tokios Tokéles v Ukraine, ICSID Case No. ARB/02/19, Decision on Jurisdiction, 29. April 2004

Tradex Hellas S.A. v Republic of Albania, ICSID Case No. ARB/94/2, Decision on Jurisdiction, 24. Dezember 1996

Trail Smelter I und II, Schiedssprüche v. 16.4.1938 und v. 11.3.1941 (United States of America v. Canada), UNTS Vol. III, 1905

Vattenfall AB, Vattenfall Europe AG, Vattenfall Europe Generation AG & CO KG (Sweden and Europe) v Federal Republic of Germany, ICSID (ECT), ICSID Case No. ARB/09/6, Request for Arbitration, 30. März 2009

Vattenfall AB, Vattenfall Europe AG, Vattenfall Europe Generation AG v The Federal Republic of Germany, ICSID Case No. ARB/12/12, Notice of Arbitration, 31. Mai 2012

Vattenfall AB, Vattenfall Europe AG, Vattenfall Europe Generation AG & CO KG (Sweden and Europe) v The Federal Republic of Germany, ICSID (ECT), ICSID Case No. ARB/09/6, Award, 11. März 2011

Waste Management Inc. v The United Mexican States, ICSID Case No. ARB(AF)/00/3, Final Award, 30 April 2004

Wena Hotels Ltd v Arab Republic of Egypt, ICSID Case No. ARB/98/4, Decision on Jurisdiction, 29 Juni 1999

World Duty Free v Kenya, Award, 4. Oktober 2006

Yaung Chi Oo Trading PTE Ltd. v Government of the Union of Myanmar, Award, 31. März 2003, in: ILM 42 (2003), 540